贵州省社会科学院智库·茶产业系列

贵州省茶产业发展报告
（2020）

主　　　编　吴大华　李　胜
执 行 主 编　罗以洪
执行副主编　谢孝明　范　松　颜　强

知识产权出版社

图书在版编目（CIP）数据

贵州省茶产业发展报告.2020 / 吴大华, 李胜主编. — 北京：知识产权出版社, 2021.2
（贵州省社会科学院智库·茶产业系列丛书）
ISBN 978-7-5130-7426-1

Ⅰ.①贵… Ⅱ.①吴…②李… Ⅲ.①茶叶–产业发展–研究报告–贵州–2020 Ⅳ.①F326.12

中国版本图书馆 CIP 数据核字（2021）第 024530 号

责任编辑：王 辉　　　　　　　　　　　　　　责任印制：孙婷婷

贵州省社会科学院智库·茶产业系列丛书
贵州省茶产业发展报告（2020）
GUIZHOU SHENG CHACHANYE FAZHAN BAOGAO（2020）

| 主　　　编 | 吴大华　李　胜 |
| 执 行 主 编 | 罗以洪　范　松　谢孝明　颜　强 |

出版发行：知识产权出版社有限责任公司	网　　址：http://www.ipph.cn
电　　话：010-82004826	http://www.laichushu.com
社　　址：北京市海淀区气象路50号院	邮　　编：100081
责编电话：010-82000860转8381	责编邮箱：laichushu@cnipr.com
发行电话：010-82000860转8101	发行传真：010-82000893
印　　刷：北京中献拓方科技发展有限公司	经　　销：各大网上书店、新华书店及相关专业书店
开　　本：700mm×1000mm　1/16	印　　张：21.25
版　　次：2021年2月第1版	印　　次：2021年2月第1次印刷
字　　数：360千字	定　　价：138.00元

ISBN 978-7-5130-7426-1

出版权专有　侵权必究
如有印装质量问题，本社负责调换。

《贵州省社会科学院智库·茶产业系列丛书》编委会

编委会主任：慕德贵
副 主 任：王秉清　胡继承　吴大华　张学立
委　　员：李　胜　魏明禄　王丽军　向　波　雷睿勇
　　　　　杨　力　黄亚辉　吕立堂　范　松　罗以洪
　　　　　谢孝明　魏　霞　谢忠文　周开讯　李德生
　　　　　赵　青　黄　昊　颜　强　张云峰　肖　越
　　　　　李发耀　肖勉之　姚　鹏　才海峰　陈加友
　　　　　陈　涛　范仕胜　余海游　朱　薇　任永强
　　　　　卫肖晔　曾　亮

《贵州省茶产业发展报告(2020)》编辑部

主　　　编：吴大华　李　胜
执 行 主 编：罗以洪　范　松　谢孝明　颜　强
编　　　辑：魏　霞　陈　涛　陈加友　姚　鹏　陆光米
　　　　　　才海峰　黄　昊　张云峰　任永强　赵　青
　　　　　　朱　薇　李德生　卫肖晔　曾　亮　柳嘉佳
　　　　　　李　燕　钟　庆　周开讯　肖　越

主要编撰者简介

吴大华,男,1963年生,侗族,湖南新晃人,法学博士,法学博士后,经济学博士后,博士生导师,博士后合作导师。现任贵州省社会科学院党委书记,贵州省茶产业发展研究院院长,二级研究员。兼任中国法学会常务理事,中国法学会民族法学研究会常务副会长等。系国务院政府特殊津贴专家(1999),第三届"全国十大杰出中青年法学家"(2002),全国首届杰出专业技术人才(2002),教育部第四届"高校优秀青年教师奖"(2002),"新世纪百千万人才工程国家级人选"(2007),国家"万人计划"哲学社会科学领军人才(2014),全国文化名家暨"四个一批"人才(2014),中国社会科学院首届"十大杰出法学博士后"(2017),贵州省核心专家(2013)。在《人民日报》《光明日报》《经济日报》《中国法学》《民族研究》等刊物上发表专业论文400多篇。出版个人专著13部,合著70余部,主编参编教材15部,主持国家社科基金重大、重点、一般、委托和后期资助课题6项,省部级以上课题15项。

李胜,男,1976年生,汉族,山东省邹城市人,哲学硕士,法学博士。贵州省社会科学院党委常委、副院长,贵州省茶产业发展研究院执行院长,研究员。在《光明日报》《经济日报》《国外理论动态》《贵州社会科学》等省级以上期刊发表文章,主持《一带一路背景下贵州茶产业高质量发展战略研究》《贵州推动大数据与实体经济深度融合研究》等多项省级重大课题。

罗以洪,男,1968年生,土家族,重庆市酉阳土家族苗族自治县人,管理科学与工程博士,贵州省社会科学院区域研究所研究员,贵州省茶产业发展研究院副院长。中国区域经济学会少数民族地区经济专业委员会理事,贵州省大数据局专家库专家。研究方向为区域经济、大数据、工业经济、茶产业、创新管理等。在国家自然基金委A类核心期刊《管理科学学报》发表论文1篇,在《技术经济》《经济日报》等发表文章10多篇,出版专著2部。负责或参与了《贵州省"十三五"工业发展规划》《贵州省数字经济规划》《贵州省"十三五"现代服务业发展总体规划》等多项经济发展规划课题,主持了1项国家课题,5项省级课题,承担的科研项目阶段性成果得到了省级主要领导的肯定性批示,负责执行主编的蓝皮书及编著主要有《贵安新区发展报告(2015—2016)》《贵安新区发展报告(2016—2018)》《贵州省民营企业社会责任蓝皮书(2017—2019)》《贵州省民营经济改革开放40年(1978—2018)》等。

范松,男,1970年生,汉族,贵州贵阳人,贵州省社会科学院历史研究所副所长、研究员,贵州省黔学研究院副院长,贵州省三线建设研究院副院长。研究方向为文博考古、民族地区城市史、地方史。主持国家社会科学基金项目1项、省部级科研课题3项,参与国家级、省部级项目多项。独立出版专著4部,编著2部;在国家级、省级以上学术期刊发表论文50余篇,其中,17篇学术论文发表于全国中文核心期刊、CSSCI来源期刊。

谢孝明,男,1968年生,湖南桂阳人,汉族,中共党员,贵州省社会科学院历史研究所副研究员,贵州省史学会理事,中国书院学会理事,贵州省茶产业发展研究院副院长,历史学博士,专业为中国思想文化史,研究领域主要集中于中国思想文化史、中国经济思想史、书院与儒学传播、湖湘文化与湖南人才群体、湘黔文化交流史、中国茶文化等。在省级以上学术刊物发表学术论文40余篇;参与国家和省级课题8项;主持国家和省级课题子课题1项;专著6部(其中,独著、合著各3部);研究报告3个;获得省、地厅、院级学术奖励各1项。总计完成研究成果约1000万字,其中论文约100万字,专著(文献整理)约900万字。

颜强,男,1989年生,山东临沂人,汉族,中共党员,贵州省社会科学院工业经济研究所助理研究员,贵州省茶产业发展研究院秘书长,贵州省宏观经济学会理事。主要研究方向为农业经济管理、生态经济、恢复生态学、绿色发展等。以第一作者在《农村经济》(被引100多次)、《南方农业学报》《贵州农业科学》《北方园艺》发表双核心期刊4篇,科技核心期刊1篇,中国社会科学报1篇,贵州日报等省级期刊、蓝皮书文章,专著文章10多篇。以第二、第三作者发表文章被SCI、EI各收录1篇,以前三作者发表于北大中文核心期刊6篇;参与国家省部课题10多项,主持省级课题1项,贵州省领导圈示指示课题5项,其他厅级课题4项。

序

中国是世界上最早发现茶树和利用茶树的国家。据植物学家分析,茶树起源至今已有6000万年至7000万年的历史。在茶史研究中,经常提到上古时代的神农氏:"神农尝百草,日遇七十二毒,得茶而解之。"神农尝百草是我国流传很广、影响很深的一个古代传说,在《史记·三皇本纪》《淮南子·修务训》《本草衍义》等书中均有记载。据此表明,中国茶的发现和利用始于原始母系氏族社会,迄今已有五六千年的历史。公元前200年左右秦汉年间的字书《尔雅》,称茶为"槚";汉代司马相如的《凡将篇》,称茶为"荈诧",将茶列为20种药物之一,是我国历史上把茶作为药物的最早文字记载。大量的历史文献资料表明,我国古代野生大茶树遍及南方诸省,特别是贵州、四川、云南等地。近代学者通过研究逐渐达成了共识:中国是世界茶文化的发祥地,中国是茶的故乡。鸦片战争爆发之前,中国茶叶曾经垄断世界茶叶市场,和瓷器、丝绸等成为中国的代名词,中国的各大名茶更是蜚声海外,誉满天下。今天的中国,茶叶种植面积和产量依然在世界上排名第一位,但肯尼亚、印度、斯里兰卡等国家的茶叶出口也占据了很大一部分世界市场。

贵州是茶树的原生地和古老茶区之一。1980年发现的晴隆茶籽化石,是世界上迄今为止发现的唯一茶籽化石,它标志着贵州茶的历史在100万年以上。贵州省现有各种类型的茶树品种资源600余种,是我国保存茶树品种资源最丰富的省份之一。文献中有关贵州茶的记载始见于距今1600多年的《华阳国志》,表明贵州是有千年产茶史的地区。历代国家史志、地方史志及著述中大都有关于贵州的茶文献,其中以唐代陆羽的《茶经》最为著名。特殊的生态环境和气候条件奠定了贵州茶叶生产的重要地位,作为国内唯一低纬度、高海拔、寡日照兼具的茶区,海拔高度、年均气温、日照时数、空气湿度、年降雨量、土壤酸碱度等,都特别适宜茶树生长。历史上,数千年前的古黔濮苗茶俗沿袭至今。早在唐代,产于思州、播州、夷州、费州的贵州优质茶便已扬名天下。务川都濡月兔、贵定云雾茶、思州银钩茶、湄潭眉尖茶、织金平桥茶、金沙清池茶、贞丰坡柳茶、都匀鱼钩茶、大方海马宫茶等,都是历史上各具特色的"贡茶"。1915年,都匀鱼钩茶和贵州茅台酒、玉屏箫笛一起,在巴拿马万国博览会上获奖,贵州茶开始走向世界。进入21世纪,贵州不仅茶园面积居全国前列,而且形成了都匀毛尖、湄潭翠芽等知名品牌,在2007年10月的第四届中国国际茶业博览会上,凤冈县的"雀舌报春""明前翠芽"和湄潭县的"兰馨雀舌""湄潭翠芽"获得金奖,占该次评比中12个绿茶金奖的三分之一。

茶产业是贵州的传统产业,大力发展茶产业,不仅可以促进贵州省特色农业和高效农业的发展,带动农业种植结构的调整和优化升级,提升农业经济增长的质量和效益,加速传统农业向现代农业的转化,而且有利于保护生态环境。茶树根系发达,四季常绿,固土能力强,对于保持水土、优化生态环境,都能起到积极的作用。发展茶产业,既符合农民增收的要求,又符合生态建设的需要。实行退耕还茶、林间种茶、荒山造茶等,可以实现保护生态环境与农民增收致富的最佳结合,把绿水青山与金山银山在真正意义上有机结合。

2007年以来,贵州省委、省政府高度重视茶产业发展,先后出台多个文件要求认真研究贵州茶叶的悠久历史、品质特征、文化内涵,要在产品定位、品牌塑造、宣传推介和市场拓展上下功夫,着力培育一批全国性的知名品牌,努力提高"黔茶"在国内外的知名度。品牌的内涵是文化,品牌要形成产业,根本在品质,关键在文化。必须加大宣传推介力度,要把茶产业宣传作为对内对外宣传的重要组成部分,努力树立"黔茶"新形象,充分挖掘茶与历史、文化、名人、健康、饮食等诸多元素的相关性,提升"黔茶"影响力,加快全省茶产业发展,积极推动贵州由茶叶大省向茶叶强省转变。

在发展茶产业方面,贵州提出了"四个最严"要求,即最严谨的标准、最严格的监管、最严厉的处罚、最严肃的问责。贵州省各级各部门上下联动,通力协作,合力推动坚持贵州原料、贵州制造、贵州创造、贵州品牌的发展道路,延伸产业链、提升价值链、构建供应链,贵州茶产业加速发展、加快转型,规模质量和效益不断提升。经过十多年的不懈努力,贵州一跃成为全国产茶大省,茶产业成为贵州省12个农业特色产业之一,逐步实现了高质量发展。截至2019年年底,贵州省茶园面积已达700万亩(其中投产面积601.7万亩),连续七年居全国第一,茶叶产量40.1万吨、产值451.2亿元,茶产业辐射带动356.1万人,带动贫困户34.81万人,脱贫17.46万人。茶产业已成为贵州脱贫攻坚的支撑力量、优势产业的发展龙头、生态产业的重要抓手。2020年,贵州茶产业克服疫情影响,逆势上扬,前三季度贵阳海关出口茶叶量、出口额分别增长64.7%和173%;截至10月底,贵州省生产茶叶40.1万吨,产值474.3亿元,同比分别增长9.91%、9.88%。

大力推动茶产业高质量发展,不仅有助于改善人民生活品质,而且有利于推动绿色发展,促进人与自然和谐共生,是"绿水青山就是金山银山"重要论述在贵州的生动实践。贵州省社会科学院作为省委、省政府的"思想库""智囊团",致力于服务全省经济社会发展大局,为更好推动贵州省茶产业高质量发展,组建了贵州省茶产业发展研究院。在贵州省农村产业革命茶产业发展领导小组直接领导下,贵州省社会科学院组织精干科研力量,聚焦茶产业发展相关问题,深入开展调查研究。一方面,做好基础工作,着力于茶历史茶文化研究,挖掘贵州厚重的茶历史文化资源;另一方面,做好应用对策研究,着力开展茶产业发展研究,服务政府决策和企业参考,取得了阶段性成果,形成了一定的学术影响力和社会影响力。

《贵州省社会科学院智库·茶产业系列丛书》第一辑推出3本:《贵州茶文献辑录》《贵州茶产业转型升级推动经济高质量发展研究》《贵州省茶产业发展报告(2020)》。《贵州省茶产业发展报告(2020)》是贵州省茶产业发展研究院2020年重点的基础性研究成果之一,是贵州省哲学社会科学创新工程的重大项目。本书主要对2010年以来贵州省茶产业发展历程做了系统总结归纳,主要由总报告、专题报告、品牌报告、案例报告、附录组成。总报告主要回顾了改革开放以来,特别是2010年以来贵州省茶产业高质量发展取得的历史性成就,面临的问题,续写贵州省茶产业高质量发展新篇章三大部分。专题报告主要对贵州省茶源头中心、贵州茶产业标准发展、贵州做强茶产业基地建设、贵州省茶种质资源、贵州省茶旅一体化、贵州省茶与生态环境保护、茶产业助推脱贫攻坚、贵州省茶文化、消费者视角下贵州省茶产业竞争优势分析等予以研究。品牌报告主要对都匀毛尖茶品牌发展、湄潭翠芽茶品牌发展、凤冈锌硒茶品牌发展、遵义红茶品牌发展、雷山银球茶品牌发展、梵净山茶品牌发展予以专题研究。案例报告主要对雷山县毛克翕茶业有限公司、凤冈县秀姑茶业有限公司、都匀供销茶叶有限责任公司茶产业发展案例予以分析。附录主要对2010—2019年贵州省茶产业发展的主要事件予以记录。

《贵州省社会科学院智库·茶产业系列丛书》编委会
二〇二〇年十二月十八日

摘 要

近年来,在贵州省委、省政府坚强领导下,贵州省农村产业革命茶产业发展领导小组高起点谋划贵州省茶产业发展布局,将茶产业打造成为脱贫攻坚的支撑力量,乡村振兴的产业基础,优势产业的发展龙头,生态产业的重要抓手。贵州省茶产业发展取得历史性突破,贵州省茶园面积连续七年居全国第一,茶品质臻于全国上乘,品牌名扬天下,贵州作为茶的起源地正日益得到普遍认同,茶产业已成为助推贵州省融入"一带一路"的亮丽名片,贵州省茶产业在全国综合地位显著提升,助推脱贫取得新成效,塑造黔茶品牌新形象,构筑世界茶源新共识,开拓黔茶发展新空间,推动黔茶品质新提升,夯实黔茶发展新基石。

《贵州省茶产业发展报告(2020)》主要对2010年以来贵州省茶产业发展历程做了系统总结归纳,主要由总报告、专题报告、品牌报告、案例报告、附录组成。总报告主要回顾了改革开放以来,特别是2010年以来贵州省茶产业高质量发展取得的历史性成就,面临的问题,续写贵州省茶产业高质量发展新篇章三大部分。专题报告主要对贵州省茶源头中心、贵州茶产业标准发展、贵州做强茶产业基地建设、贵州省茶种质资源、贵州省茶旅一体化、贵州省茶与生态环境保护、贵州省茶产业助推脱贫攻坚、贵州省茶文化、消费者视角下贵州省茶产业竞争优势分析予以研究。品牌报告主要对都匀毛尖茶品牌发展、湄潭翠芽茶品牌发展、凤冈锌硒茶品牌发展、遵义红茶品牌发展、雷山银球茶品牌发展、梵净山茶品牌发展予以专题研究。案例报告主要对雷山县毛克翕茶业有限公司、凤冈县秀姑茶业有限公司、都匀供销茶叶有限责任公司茶产业发展案例予以分析。附录主要对2010—2019年贵州省茶产业发展的主要事件予以记录。

尽管贵州省茶产业发展取得了显著成效,同时也应该看到,贵州省茶叶也面临黔茶品牌综合竞争力仍需进一步提升、贵州作为世界茶源仍需进一步说清、茶产品市场化建设需进一步深化、茶产业发展机制需进一步健全等问题。在未来贵州茶产业发展中,贵州茶产业发展有待强化全局思维优化黔茶产业发展空间、强化系统思维完善黔茶发展有效机制、强化创新思维推进大数据与茶产业融合、强化战略思维加大黔茶品牌宣传及管理、强化科学思维促进科研成果服务茶产业发展、强化文化思维形成贵州作为世界茶源共识,推动贵州省茶产业高质量发展续写新篇章。

《贵州省茶产业发展报告(2020)》编写组

二〇二〇年十二月十八日

目 录

Ⅰ 总报告 ⋯⋯⋯⋯⋯⋯⋯⋯⋯⋯⋯⋯⋯⋯⋯⋯⋯⋯⋯⋯⋯⋯⋯⋯⋯⋯⋯1
 B.1 树品牌 正源头 强产业 助脱贫——深入推进贵州省
    茶产业高质量发展 ⋯⋯⋯⋯⋯⋯("贵州省茶产业发展报告"课题组)2

Ⅱ 专题报告 ⋯⋯⋯⋯⋯⋯⋯⋯⋯⋯⋯⋯⋯⋯⋯⋯⋯⋯⋯⋯⋯⋯⋯⋯⋯21
 B.2 贵州省茶源头中心研究 ⋯⋯⋯⋯⋯⋯⋯⋯⋯⋯⋯⋯(谢孝明)22
 B.3 贵州茶产业标准发展报告 ⋯⋯⋯⋯⋯⋯⋯⋯⋯⋯⋯⋯(姚 鹏)37
 B.4 贵州做强茶产业基地建设研究 ⋯⋯⋯⋯⋯⋯⋯⋯⋯⋯(陆光米)62
 B.5 贵州省茶树种质资源研究 ⋯⋯⋯⋯⋯⋯(颜 强 柳嘉佳 李 燕)76
 B.6 贵州省茶旅一体化研究 ⋯⋯⋯⋯⋯⋯⋯⋯⋯⋯⋯⋯⋯(才海峰)88
 B.7 贵州省茶与生态环境保护研究 ⋯⋯⋯⋯⋯⋯⋯⋯⋯⋯(黄 昊)99
 B.8 贵州省茶产业助推脱贫攻坚研究 ⋯⋯⋯⋯⋯⋯⋯⋯⋯(陈加友)113
 B.9 贵州省茶文化研究 ⋯⋯⋯⋯⋯⋯⋯⋯⋯⋯⋯⋯⋯⋯⋯(张云峰)123
 B.10 消费者视角下贵州省茶产业竞争优势分析 ⋯⋯⋯⋯⋯(罗以洪)135

Ⅲ 品牌报告 ⋯⋯⋯⋯⋯⋯⋯⋯⋯⋯⋯⋯⋯⋯⋯⋯⋯⋯⋯⋯⋯⋯⋯⋯167
 B.11 都匀毛尖茶品牌发展研究 ⋯⋯⋯⋯⋯⋯(赵 青 钟 庆 徐兴国)168
 B.12 湄潭翠芽茶品牌发展研究 ⋯⋯⋯⋯⋯⋯⋯⋯(任永强 周开讯)185
 B.13 凤冈锌硒茶品牌发展研究 ⋯⋯⋯⋯⋯⋯⋯⋯⋯(朱 薇 陈 涛)198
 B.14 遵义红茶品牌发展研究 ⋯⋯⋯⋯⋯⋯⋯⋯⋯⋯⋯⋯(李德生)215
 B.15 雷山银球茶品牌发展研究 ⋯⋯⋯⋯⋯⋯(张云峰 肖 越 陈启静)226
 B.16 梵净山茶品牌发展研究 ⋯⋯⋯⋯(魏 霞 孟 麟 马芝新 陈永前
    ⋯⋯⋯⋯⋯⋯⋯⋯⋯⋯⋯⋯⋯⋯⋯⋯⋯⋯⋯徐代刚 肖 楚)237

Ⅳ 案例报告 …………………………………………………………………257

B.17 雷山县毛克翕茶业有限公司案例 ……………………（卫肖晔）258

B.18 凤冈县秀姑茶业有限公司案例 ……………………（曾 亮 邓小海）270

B.19 都匀供销茶叶有限责任公司案例 ……………………（卫肖晔 蒙帮婉）281

Ⅴ 附 录 …………………………………………………………………291

B.20 贵州省茶产业大事记（2010—2019年）……………………（赵 青）292

Ⅰ 总报告

B.1 树品牌 正源头 强产业 助脱贫
——深入推进贵州省茶产业高质量发展

"贵州省茶产业发展报告"课题组*

摘 要: 近年来,在贵州省委、省政府坚强领导下,省农村产业革命茶产业发展领导小组高起点谋划全省茶产业发展布局,将茶产业打造成为脱贫攻坚的支撑力量,乡村振兴的产业基础,优势产业的发展龙头,生态产业的重要抓手。贵州省茶产业发展取得历史性突破,贵州省茶园面积连续七年居全国第一,茶品质臻于全国上乘,品牌名扬天下,贵州作为茶的起源地正日益得到普遍认同,茶产业已成为助推贵州融入"一带一路"的亮丽名片,贵州省茶产业在全国综合地位显著提升,助推脱贫取得新成效,塑造黔茶品牌新形象,构筑世界茶源新共识,开拓黔茶发展新空间,推动黔茶品质新提升,夯实黔茶发展新基石。但是贵州省茶产业也面临黔茶品牌综合竞争力仍需进一步提升、贵州作为世界茶源仍需进一步说清、茶产品市场化建设需进一步深化、茶产业发展机制需进一步健全等问题。在未来贵州茶产业发展中,建议强化系统思维完善黔茶发展有效机制、强化创新思维推进大数据与茶产业融合、强化战略思维加大黔茶品牌宣传及管理、强化科学思维促进科研成果服务茶产业发展、强化文化思维形成贵州作为世界茶源共识,推动贵州省茶产业高质量发展续写新篇章。

关键词: 贵州省 茶产业 转型升级 高质量发展

在贵州省委、省政府坚强领导下,省农村产业革命茶产业发展领导小组提出"守正创新、正本清源、确立地位"战略思路,高起点谋划贵州省茶产业发展布局,将茶产业打造成为脱贫攻坚的支撑力量,乡村振兴的产业基础,优势产业的发展龙

---

*课题组组长:罗以洪,贵州省社会科学院区域经济研究所研究员、博士。课题组成员:陈涛,贵州师范大学经济管理学院电子商务系副教授、博士;谢孝明,贵州省社会科学院历史研究所副研究员、博士;颜强,贵州省社会科学院工业经济研究所助理研究员;陈加友,贵州省社会科学院工业经济所副研究员、博士。

头,生态产业的重要抓手。贵州省茶产业发展取得历史性突破,茶品质臻于全国上乘,品牌名扬天下,贵州作为茶的起源地正日益得到普遍认同,茶产业已成为助推贵州融入"一带一路"的亮丽名片,为贵州建成茶叶强省打下了坚实基础,正蓄积起贵州省茶产业发展新腾飞的磅礴力量和雄厚势能。

一、取得的历史性成就

按照贵州省农业产业结构调整与农村产业革命的安排部署,贵州省茶产业以农村产业革命"八要素"为总要求,聚焦政策设计的系统化,聚焦对外宣传的精准化,聚焦茶源论证的科学化,聚焦市场开拓的国际化,聚焦质量安全的标准化,聚焦基地建设的规模化,牢牢把握扩规模、调结构、闯市场、强龙头、带农户等关键环节,有效促进黔茶全产业链提升,有力助推决战脱贫攻坚。

(一)高速度发展黔茶产业,全国综合地位大提升

茶产业是贵州省委、省政府重点打造的"五张名片"产业之一。通过共同努力,贵州茶品牌美誉度和区域综合影响力不断扩大,消费市场进一步拓展,黔茶走出去的步伐更快和更加坚实。贵州省茶加工企业加速实现集群集聚,实现加工标准化、规模化、连续化、清洁化,产品的性价比不断提高,茶产业的竞争力不断增强。茶基地的规模化、标准化、生态化、集约化水平得到进一步提升,初步奠定了贵州作为中国茶叶原料中心、加工中心的地位。截至2019年年底,贵州省茶园面积700万亩(其中投产面积601.7万亩),已连续七年居全国第一位。全年茶叶产量40.1万吨、产值451.2亿元,同比分别增长10.7%、14.5%;茶产业辐射带动356.1万人,带动贫困户34.81万人,脱贫17.46万人,涉茶人员年人均收入10699.08元,其中涉茶贫困户人均年收入5722.79元。

1. 茶叶产量全国增长最大

据中国茶叶流通协会统计数据分析,2019年,贵州省干毛茶产量28.60万吨,在全国18个茶产区中排名第5,贵州省干毛茶总产量占全国的10.24%。改革开放以来,贵州省茶叶产量从1978年的0.66万吨增加到2019年的28.6万吨,41年间年均增长9.63%,贵州省茶叶产量占全国的比重从1978年的2.46%上升到2019年的

10.24%,增长了7.78个百分点。

2. 区域公共品牌影响力大幅度提升

围绕以"三绿一红"为重点,加快推进具有黔茶特色品牌建设,重点加强宣传推广,使黔茶品牌的认可度、美誉度以及区域影响力不断扩展。自2010年浙江大学开展中国茶叶区域公用品牌价值评估以来,贵州省先后有10个品牌参与了公共品牌价值评估。2010年以来,贵州省在国内各种传媒宣传黔茶的产业发展动态,采取多种措施,使贵州省茶叶的品牌影响力得到较大提升。2017年,都匀毛尖茶被评选为中国十大茶叶公用区域品牌,湄潭翠芽茶被评选为中国优秀茶叶公用区域品牌。在2020年浙江大学中国茶叶区域公用品牌价值评估中,都匀毛尖茶品牌价值为35.28亿元,品牌影响力居全国第10位,湄潭翠芽茶品牌价值排名第24位(2019年),梵净山茶品牌价值排名第29位,凤冈锌硒茶品牌价值排名第39位,遵义红品牌价值排名第80位(2018年),余庆小叶苦丁茶品牌价值排名第88位。表1所示为2010—2020年浙江大学中国茶叶区域公用品牌价值评估贵州茶品牌排名。

表1 2010—2020年浙江大学中国茶叶区域公用品牌价值评估贵州茶品牌排名

品牌名称	2010	2011	2012	2013	2014	2015	2016	2017	2018	2019	2020
都匀毛尖茶	18	18	22	20	24	13	12	11	9	11	10
梵净山茶					36		41	35	31	31	29
梵净山翠峰茶		74	56	61	61	64		62	53		
贵定云雾贡茶			86	81	71						
凤冈锌硒茶		59	67	74	70	56	51	45	44	42	39
湄潭翠芽茶	25	27	26	25	26	28	26	26	24	24	
遵义红									80		
石阡苔茶		70									
余庆小叶苦丁茶		75	80	86	85	85	83	82	85	91	88
正安白茶		90	87	92	89	87					

数据来源:浙江大学中国茶叶品牌价值评估课题组2010—2020年《中国茶叶区域公用品牌价值评估报告》综合整理,空白表示当年无数据。

（二）高起点谋定发展战略，助推脱贫取得新成效

1. 制定茶产业发展战略文件

贵州省接连"出狠招"，大力扶持发展茶产业。于2014年、2017年，相继出台贵州省茶产业提升三年行动计划、茶产业助推脱贫攻坚三年行动方案等有关政策举措。2018年，出台《中共贵州省委、贵州省人民政府关于加快建设茶产业强省的意见》（黔党发〔2018〕22号），为茶产业步入新的历史阶段、加快推进贵州省茶产业转型升级、建设茶产业强省、助推脱贫攻坚、实现同步小康提供了强有力的政策支撑。

2. 发挥茶产业发展领导小组统领作用

成立以省领导为组长，以16个省直有关单位为成员的茶产业发展领导小组，充实人员组建茶叶工作专班，统筹抓好贵州省茶产业发展工作。茶产业发展领导小组先后召开了多次领导小组会议和茶产业省级财政资金整合、茶产业宣传推介等专题会议，研究部署推进贵州省茶产业发展各项工作，系统谋划、明确任务、细化职责，强化协同配合，共同持续发力，提出"守正创新、正本清源、确立地位"的战略思路和工作举措，出台《贵州省农村产业革命茶产业发展推进方案（2019—2020年）》等文件，明确目标任务和重点工作，确保落小落细落实，推动实现贵州省茶产业更好更快发展。

3. 助推脱贫攻坚成效显著

贵州省茶园面积从2006年的不足100万亩增加到2019年年底的700万亩，其中投产面积601.7万亩。2019年，全年茶叶产量40.1万吨、产值451.2亿元，同比分别增长10.7%、14.5%；茶产业辐射带动356.1万人，带动贫困户34.81万人，带动17.46万人脱贫，涉茶人员年人均收入10699.08元，其中涉茶贫困户人均年收入5722.79元。茶产业已成为贵州省脱贫攻坚的支撑力量、优势产业的发展龙头、生态产业的重要抓手。

（三）高站位构建宣传格局，塑造黔茶品牌新形象

1. 统筹安排宣传工作

制定《贵州茶产业三年宣传行动方案（2019—2021年）》《贵州省农村产业革命茶产业发展推进工作方案》《贵州茶"春季攻势"宣传工作方案》《"茶的起源在贵州"

宣传工作方案》等,整合国际、国内、省内的媒体、商业、行业、学界等资源,大力推介贵州"生态茶""干净茶""贵州冲泡"等,结合贵州省茶产业发展实际,立足中长期宣传规划视野,指导各新闻单位加强对贵州茶的宣传推广,茶产业宣传正形成"铺天盖地、耳目一新"之势。

2. 制定创新传播内容

聚焦贵州绿茶、都匀毛尖、湄潭翠芽等省重点品牌,开展多层次、多角度、多形式的宣传推介。开展"我有贵州半亩茶"网络名人公益活动、"春来喜看贵茶绿"系列主题宣传、"贵州春茶'DOU'起来"抖音达人挑战赛等多项重点宣传活动,协调人民网、新华网等连续刊发系列报道;制作《一片贵州茶,原来藏着这么多秘密!》等系列短视频和抖音作品,在网上打造"永不落幕的茶博会暨贵茶博物馆";建立"我有贵州半亩茶"宣传营销平台。国家地理·地道风物、黔茶资讯、贵州茶香、多彩贵州等网络新媒体大量宣传报道贵州茶。据不完全统计,2019年全年电视、报纸杂志、网络等报道20344篇、广告36313条(次)。在省内高速公路沿线建立广告牌479块,设立户外广告牌5320块,户内广告牌4865块,流动广告6790条。

3. 强力推广黔茶品牌

近年来,贵州省领导率队先后赴北京、上海、广东、浙江、青海等地出席茶产业推介会,赴巴西等国展示推介贵州茶,黔茶品牌风行天下。丰富活动载体,以"贵州绿茶·秀甲天下"为主题,组织企业集群参加省外主要目标市场的茶博会、农交会、贸易洽谈会,在城市商业广场、城市地标、旅游景区等人流量集中的地段举办万人品茗活动,开展"丝绸之路·黔茶飘香""品黔茶·赏樱花""品黔茶·赏红叶"等系列推广活动。媒体立体宣传,贵州日报、贵州电视台、多彩贵州网等省内主要新闻媒体开办专刊、专栏、专版、专访,全媒体、立体化、滚动式集中持续宣传;人民日报、中央电视台、新华网、新浪网、农民日报等中央媒体网站对贵州茶也开展强有力宣传报道,大力提升了贵州茶知名度和美誉度。

(四)高强度打好两场战役,构筑世界茶源新共识

1. 打好茶源中心论证战役

按照时间节点,"及时、有效、系统、科学"推进茶源中心论证工作。贵州省茶产业发展领导小组强调要正本清源,用两三年的时间"说清楚"世界茶的源头在中国,中国茶的源头在贵州,并深入湄潭、西秀、兴仁、普安、正安、毕节、习水等地就茶源头开展调研。组织省内外研究机构从茶源历史综合渊源、茶生物进化、贵州古茶树分布等研究论证世界茶的原产地中心在贵州,系统梳理古茶树、茶历史、茶文化、茶诗词、茶地名等资料。贵州作为世界茶树原产地中心和茶叶故乡,正日益形成共识。

2. 打好茶源中心宣传战役

围绕"中国茶、世界茶源头在贵州"主题,省内媒体和中央媒体开展了长时期大声势的宣传,各地各有关部门也通过举办座谈论坛、发表文章等丰富多彩的活动进行大力宣传,成效显著。2019年6月27日,由贵州省茶产业发展领导小组、贵州省委宣传部、贵州省农业农村厅指导举办的"中国古茶树高峰论坛",探讨世界茶树发源地——贵州茶产业高质量发展之路,邀请了全国目前最权威的古生物、植物、古茶树研究方面的专家虞富莲、杨世雄、肖坤冰、赵德刚等高端对话,共话如何运用茶园第一大省优势和丰富的古茶树资源推动贵州成为茶业强省,对贵州作为茶源中心做了更有力度和信服度的宣传。

(五)高效率拓展市场,开拓黔茶发展新空间

1. 重点拓展国内市场

围绕目标市场,立足省内市场、重点开拓省外市场、促进渠道落地。以一线城市茶叶消费市场和东北、西北、华北等非茶产区地方市场作为主攻方向,组织茶叶主产县、茶叶企业抱团出击,线上与线下联动,以嫁接方式为主,促进目标市场贵州茶叶营销渠道落地。2019年贵州省领导带队到北京、上海、南京、广州、西宁、济南、青岛、大连、济宁等12个城市举办20场茶产业专场推介活动。凤冈县组织企业赴上海、西安、甘肃、山东、哈尔滨等地举办了凤冈锌硒茶推介活动,湄潭县组织茶叶企业赴上海、西安、沈阳、兰州、太原、西宁等地推介湄潭翠芽、遵义红。2019年,共组织384家茶叶企业参加北京、上海、广州、杭州、深圳、香港、驻马店、厦门、重庆、济南、青岛、大连、济宁13个城市、地区22场茶博会及综合类展会。贵州茶企业到32个省(市)建立营运中心,共开设旗舰店、形象店、专卖店、代销点等13861个,其中产品进入吴裕泰、沃尔玛等大型商超系统8550个销售网点。

2. 巩固提升省内市场

积极推进茶文化与旅游融合发展,形成多点支撑。组织279家企业在省内60

个景区开展"五一"品茗活动,组织265家企业在省内60个景区开展"十一"品茗活动,开展茶文化"六进"活动577次,营造全社会饮茶、爱茶、关心茶的良好氛围。加快推进湄潭中国茶城、贵阳太升茶叶市场、都匀毛尖茶城、安顺大明茶城、黎平中国侗乡茶城等产地茶叶批发市场改造升级,加快冷链物流、检验检测设施、信息平台等基础设施建设,提升服务能力。湄潭中国茶城入驻企业(商户)400家,年交易额18.6亿元;太升茶城入驻企业(商户)411家,年交易额21亿元。贵州省共建立销售点11876个,其中旗舰店、形象店、专卖店1484个,店中店3060个,专柜2107个,嫁接专业茶叶渠道销售网点5225个,进入大型连锁超市沃尔玛、盒马鲜生,省级红华、勇惠等便利店、乌江鱼等连锁餐饮店2950个。

3. 积极开拓国际市场

贵州省在拓展国内市场的同时,积极支持瓮安、余庆等县和铜仁市整体推进欧标茶园基地建设。鼓励支持企业参加各类茶叶博览会、贸易洽谈会等,搭建绿茶、红茶等茶出口通道,出口国家从传统的中东向北欧、东南亚、美国转移。2018年贵阳海关共检验检疫出口茶叶2834.6吨、货值6200.2万美元,茶叶已成为仅次于白酒、烤烟的贵州第三大出口食品。2019年,依托太古集团、联合利华公司、中粮集团有限公司等国内外知名茶叶出口企业以及省内贵州贵茶(集团)有限公司、贵州茗之天下茶业有限公司等本地出口企业,积极推动贵州省茶出口。其中贵茶(集团)有限公司出口金额约300万美元,贵州茗之天下茶业有限公司出口摩洛哥金额3000万元;七味茗香CTC红碎茶订单完成300吨;联合利华公司采购自铜仁、遵义和黔东南州的订单500余吨。2019年贵阳海关共检验检疫出口茶叶529批,重量4008.8吨,金额1.3亿美元,同比分别增长130%、41.4%和109.7%,销往缅甸、俄罗斯、德国、美国、日本、摩洛哥等国家及地区,茶叶成为贵州第一大出口农产品。凤冈县黔雨枝、浪竹、娄山春等13家企业通过自营出口和委托第三方出口茶叶1817吨,金额2.5亿元。

4. 积极发展茶电子商务

积极引导支持茶叶企业入驻淘宝、天猫、京东等电商平台,在湄潭、凤冈等茶区建设茶园直供电子交易平台、网上商店,打造茶旅路线、主题餐厅、主题酒店、主题公园、专属茶园、品牌体验店等,线上线下联动,推动茶产业与电商融合发展。在

2019中国·贵州网上茶博会线上展区共有1486家企业参展,淘宝、京东、苏宁易购、茶博会官网、云上遵义等平台在一个月时间总销售额突破5000万元;通过贵农网及网上茶博会上网展示销售的茶叶企业57家,入驻平台茶叶有红茶、绿茶、白茶、黑茶等9个大类,单品(SKU)数达到338个,茶叶网上销售额约8700万元。

5. 实施双向结合拓展黔茶市场

2019年贵州省坚持"走出去"与"请进来"相结合的方式,积极引进浙江、江苏等国内国际知名茶叶企业49家到贵州投资,总投资额8.04亿元。2019年贵州茶博会前,贵州省农业农村厅联合省投资促进局组成招商小分队赴福建、浙江开展精准招商,并邀请到日本伊藤忠(中国)公司、福建安溪铁观音集团股份有限公司等大企业参会;遵义市领导带队组成4个招商小分队赴10个省(区)销区,开展招商招展,邀请到经销商666人参会,同比增长139.57%。其中,山东茶企248人包2架客机、广东茶企120人包2节高铁车厢来贵州参会。据初步统计,2019年贵州的省外茶叶经销商数量同比增加接近20%,省内茶企接到的订单多、金额大。铜仁市在南京推介会上签订了茶产业发展项目和产销协议,现场签约8个项目,签约金额4.5亿元。黔南州在广州推介会上签订了8个合作协议,总投资3.2亿元;六盘水市在大连茶博会上签订协议,金额1209.8万元;凤香苑公司在国际(杭州)茶博会上获得1000吨订单。贵州贵茶集团2019年实现销售额3亿元、兰馨公司实现销售额1.75亿元。

(六)高品质严守质量安全,推动黔茶品质新提升

1. 严格对标国际标准

贵州把茶叶质量安全放在首位,制定、修订了"贵州绿茶""都匀毛尖"等产品标准,农残、重金属等指标标准大规模与欧标等国际标准接轨。在全国率先提出茶园禁止草甘膦和水溶性农药。在全国茶园60种禁用农药名单基础上,参照欧盟、日本及摩洛哥等国家茶园禁用标准,将茶园禁用农药名单设置为128种,组织开展以茶园为主的草甘膦等除草剂专项整治行动、以查处催芽素和违禁农药为重点的茶叶质量安全专项检查,督促各地开展质量安全风险排查,在7个茶叶主产县收缴经营环节除草剂14吨。从源头控制茶园投入品,在贵州省9个市(州)茶叶主产县324个5000亩以上乡镇全面实行茶园用农药专营店(专柜)制度,挂牌经营,建立销

售台账和销向可追溯制度,实现登记备案制度。

2. 推进生态建园模式

早在2008年贵州省启动大规模建茶园时,就对贵州省400多万亩拟建茶园土壤取样,进行了pH和铅等7项重金属指标检测,凡是土壤重金属背景值超标的土地一律不得建园。大力推进"林中有茶、茶中有林"的生态建园模式,在全国率先制定并发布了《贵州省茶园间作树木及技术要点》,推广茶园套种桂花、杉树、银杏、樱花等,茶园生态系统不断完善,生物多样性不断增加。大力推广茶中有林、林中有茶的生态建园模式,2019年,开展以草抑草、以草治草面积20.36万亩。全年建立林—灌—草立体生态系统示范点162个,推广面积57.8万亩。凤冈县实施"畜—沼—茶—林(花、果)"生态建园模式。引导开展茶园绿色防控,重点在出口基地、品牌专用基地、产业融合基地、茶旅基地、公路沿线茶园等基地,安插黄蓝板、投放天敌和性诱剂,实行病虫害统防统治面积217.03万亩。

3. 建设检测网络体系

在贵州省全面启动43个县级检测站、龙头企业检测室、重点市场和核心乡镇速测点的检测网络体系建设,省内具备茶叶检测资质的食品检验机构共15个。创建政府监管、行业自律、企业追溯、消费者查询的贵州省茶叶质量安全云服务平台,上线企业60家。

4. 茶叶品质得到公认

贵州严守茶叶质量安全,坚持做生态茶、干净茶。近几年,农业农村部和省内每年抽检茶样1500多个,重金属和农残均100%合格。2019年农业农村部对贵州茶叶例行检测抽检茶样40个、省市场监管局监测茶叶及制品1223个、省农业农村厅质量安全监督抽检茶样400个,农药残留和重金属检测合格率100%。农业农村部对贵州茶叶质量安全给予高度赞誉,认为贵州茶叶的质量安全是中国一流。中国工程院院士陈宗懋多次为贵州茶叶质量安全点赞:"贵州茶干净安全,可放心喝。"

(七)高标准推进基地建设,夯实黔茶发展新基石

1. 大力建设规模化集约化茶园基地

按照以农户为主体、户均建园3~5亩,新建茶园必须无性系的思路,贵州省2008—2013年连续6年年均新增茶园70万亩以上,占全国年新增茶园总面积的一半,形成了黔东北、黔西北、黔东南、黔中、黔西南五大产业带。截至2019年年底,遵义、铜仁、黔南茶园面积分别达187万亩、164万亩、138万亩,累计占贵州省茶园面积的2/3。以铜仁、遵义、黔南、黔东南等茶区为主的武陵山区茶园面积达到500万亩以上,成为中国绿茶的新金三角。截至2019年年底,贵州省现有茶园面积在30万亩以上的县3个,20万～30万亩的县8个,10万～20万亩的县15个,万亩以上的乡镇232个,万亩以上的村83个。企业自有茶园343万亩,农户茶园357万亩,分别占总面积的49%、51%。贵州省进入合作社管理的茶园342.9万亩,占贵州省茶园总面积的48.9%;其中企业茶园124.4万亩、农户茶园218.5万亩。以实施标准园建设为抓手,集成推广先进适用技术,重点抓推广茶叶专用肥,茶园病虫害统防统治,机械化管护与采摘技术,促进茶园提质增效。2019年,推广瓮福、开磷、金正大等优质茶叶专用肥205万亩;推广夏秋茶机械化采摘茶园面积101.5万亩。湄潭县指导14家企业实施统一病虫害防治、统一茶园肥料、统一茶青收购建设的示范基地1.11万亩。推动品牌企业、企业集团、出口企业到茶叶主产县的核心乡镇、规模茶场建设出口、品牌专属、有机茶、特色茶、茶资源综合开发利用等专用基地205.5万亩;推动茶园种(养)、茶旅一体化、林木产业等深度融合,建成产业融合茶园117.07万亩。开展良好农业规范、UTZ及雨林联盟认证等认证面积8.8万亩;出口欧标产品茶园54.87万亩。在湄潭县、余庆县、瓮安县全县域推进欧标茶建设,湄潭县在2018年5万亩基础上,2019年再打造10万亩欧标茶园。协调支持凤冈茶海之心旅游景区等7个茶文化景区建设发展。

2. 加快形成大中小并举的企业集群

通过引进、培育和壮大茶叶企业规模。截至2019年年底,贵州省注册茶叶企业(含合作社)5705家,其中国家级龙头企业10家,省级龙头企业228家,市级龙头企业384家。新建初制加工企业219家,精制加工企业33家,其中,依托企业集团新建改建茶叶精制加工中心38个,深加工企业5家。通过SC认证企业691家,ISO 9001、SIO 2000、HACCP等质量体系认证185家,获得对外贸易经营资格92家。引进英国联合利华、太古集团、中粮、盘江、同济堂等国内外大型企业。推动茶叶企业资产并购、兼并重组,组建遵茶集团、都匀毛尖集团、六盘水市茶叶集团、凤冈茶产业发展联盟。

二、面临的问题

（一）黔茶品牌综合竞争力仍需进一步提升

1. 品牌价值与贵州茶叶大省地位不够匹配

2010—2020年浙江大学中国茶叶区域公用品牌价值评估课题组评估中，贵州还没有品牌价值进入全国前8名的茶品牌，与贵州茶园种植面积相比，黔茶品牌价值综合竞争力较低，市场地位不容乐观。

2. 消费者对黔茶品牌关注度不够高

通过百度搜索指数对贵州省的十大茶品牌分析发现，都匀毛尖的日平均搜索指数全省最高，但仅为476，全国排名第10位，而排名第1位的云南普洱茶日平均搜索指数为4381，是都匀毛尖茶的9.2倍。在"中国十大名茶"抽样调查中，消费者对都匀毛尖品牌的关注度只有55.24%，而排名第1位的福建安溪铁观音为91.67%。

（二）贵州作为世界茶源仍需进一步说清

1. 对贵州作为世界茶原产地的研究深度仍然不够

通过"研究+宣传"组合拳，使"世界茶起源于中国、中国茶起源于贵州"逐渐成为共识，但云南、四川、福建、浙江等地，甚至印度等也认为是世界茶的原产地，贵州省从茶源文化历史综合渊源、茶生物进化、贵州古茶树分布等深入挖掘、研究论证"世界茶起源于贵州"的力度还不够，对"为什么"的问题还要深入论证。

2. 对贵州作为世界茶原产地的影响力宣传还不足

对"世界茶起源于中国、中国茶起源于贵州"的宣传已有一定声势，但学术研究、权威媒体、自媒体相融合的宣传推广模式还有不足，特别是宣传精准度还不够强，理论阐释度还不够深，总体看来，贵州作为世界茶原产地中心的综合影响力仍需提升。

（三）茶产品市场化建设需进一步深化

1. 茶叶流通体系不够完善

茶叶批发市场规模化尚未完全形成，一级销售市场相对比较混乱，交易方式落后。外地市场销售企业规模小、销售能力弱,在广州、北京、浙江、上海等知名茶叶批发市场,贵州优质茶青、毛茶被其他地区茶品牌冒替的较多,贵州茶产品品牌较少,国内市场开拓力度不够,贵州茶出口渠道较窄,依赖江浙转口现象较为严重。

2. 黔茶产品消费者市场仍需细分

通过对不同收入群体消费者茶产品价格偏好调查研究发现,贵州绿茶产品生产工艺复杂,生产成本高,价格偏高,消费对象主要是中高档消费者,而对数量庞大的中低收入消费群体而言,黔茶大宗产品开发不足。

3. 茶产品产业链延伸不够

调研发现,随着生活的多样化,茶消费者群体的消费偏好发生了改变,单独消费传统茶饮品的客户为30.24%,单独消费茶延伸产品的客户为13.93%,两者兼有的客户为55.48%。贵州茶生产产品以绿茶传统茶饮品为主,其主要目标市场是传统茶饮料,由于产品特性及生产成本等原因,与全国其他地区相比较,贵州茶叶销售价格较高,消费者群体体量较小。

4. 产品同质化问题较为严重

贵州茶叶品牌众多、品牌杂、品牌乱现象比较突出,在贵州省有一定规模的茶企品牌中,其企业产品品牌市场占有率、茶叶基地规模和质量等参差不齐,很多茶品牌的产品在工艺、外形和特色等方面相近,缺乏差异化和核心竞争力,企业抱团发展不够。

(四)茶产业发展机制需进一步健全

1. 现有茶园模式存在产品质量及安全不够稳定因素

贵州省茶园主要采取农户为主体的模式、企业办基地的模式、"公司+农户+合作社+基地"等模式,前两种建园方式,虽然在前期能够快速推进基地发展,但在质量及安全上仍存在一定风险。

2. 产品质量监督及管控仍有困难

在茶叶质量安全管理上,大的区域性公共品牌生产企业众多,对企业特别是中小企业产品质量监督管理存在困难,产品质量安全追溯系统不够健全,消费者缺少权威渠道查询产品质量及安全,产品质量监督管理人才及设施投入不足。

三、续写茶产业高质量发展新篇章

(一)强化系统思维,完善黔茶发展有效机制

1. 制定长远发展规划

结合贵州省茶产业发展实际及未来发展趋势,编制好《贵州省茶产业"十四五"发展专项规划》,系统谋划未来5~10年贵州省茶全产业链发展整体布局,将贵州茶产业打造成为国内领先、世界驰名的绿色生态产业。

2. 健全茶产业管理机构

完善茶主管机构,在省级层面,继续设置贵州省茶产业联席会议办公室,协调解决贵州省茶产业发展重大问题。在主产茶区设置茶产业管理办公室,负责主产茶区茶产业发展相关工作。

3. 扩大合作机制

强化部门合作,强化部门绩效考核,明确部门职责,将各对口部门对茶产业的合作协作纳入领导及部门绩效考核,改变部门间相互推诿、多头管理现象。强化区域协作,加强与中央、兄弟省份及有关企业、协会、科研机构的合作,构建统分结合、特色明显、务实高效的区域协作机制。

(二)强化创新思维,推进大数据与茶产业融合

1. 推进黔茶产业智能化发展

依托贵州大数据发展基础,推进大数据与茶产业深度融合,推进黔茶产业生产基地、生产加工、茶旅融合的智能化发展。采集政府、科研机构、高校、茶叶基地、生产企业、交易市场、茶消费者等数据,通过人工、终端和机器智能统计、分析、整理和挖掘,完善茶产业数据统计、决策支持、行为分析和市场预测、风险预警等功能,为省内外政府茶管理机构、高校、科研机构、茶叶基地、生产企业、交易市场及普通消费者服务。

2. 建设黔茶公共品牌官网

通过建设黔茶公共品牌官网,将官网功能和贵州省茶产业发展紧密结合,使官网真正成为展示黔茶品牌形象,推介贵州茶产品、传播茶文化、服务茶受众、推动茶

产业发展的又一引擎和强大助推器,将官网打造成为企业及消费者质量安全认证的重要平台,黔茶产业跨区域合作的对外开放平台。

3. 建设黔茶产品网上商城

依托贵州大数据战略,将大数据与茶产业深度融合,按照"一网一云一平台一码"要求,建设由茶主管部门监管、质量安全可控的黔茶网上商城,让消费者能够通过安全渠道购买到质优价廉的贵州茶产品及服务,为消费者购买质量安全可信的贵州茶产品提供保障。

4. 拓展茶市场,提高贵州茶市场占有率

盯紧省外重点目标市场,大力开拓出口市场,坚持"走出去"与"请进来"相结合,采取茶区、企业抱团,以嫁接渠道为主的方式,努力提高贵州茶的市场占有率。聚焦北上广深等一线城市和对口帮扶城市、东北、西北等不产茶少产茶区域等目标市场,参加茶博会、农业博览会、文化博览会,举办贵州茶产业的宣传推介和品茗活动,促进产销衔接;支持企业到目标市场发展经销商、代理商,在商业中心、茶城以及大型连锁零售渠道建立贵州茶营销窗口。参加日本、韩国、俄罗斯、摩洛哥等出口市场的各类茶博会,对标珠茶、眉茶、抹茶、红碎茶等出口产品国际标准,依托太古集团、联合利华、贵茶、茗之天下等出口规模企业,促进贵州茶叶出口快速增长;推动以酒带茶、以旅促茶,促进产业深度融合,推动茶叶全面进入省内景区、星级酒店、高速公路服务区、贵州酒的销售渠道、始发高铁、出港航班,巩固提升本地市场。

(三)强化战略思维,加大黔茶品牌宣传及管理

1. 聚焦品牌重点打造

聚焦"贵州绿茶",促进"三绿一红"省级重点品牌与之相生相伴,贵州省以"贵州绿茶"引领各市(州)核心区域品牌整合,企业品牌跟进的方式,构建"省级公用品牌(母品牌)+核心区域品牌+企业品牌(子品牌)"的贵州茶品牌体系。各市(州)重点推进一个区域公用品牌。协同推进贵州绿茶、贵州红茶、贵州黑茶、贵州抹茶等品牌同步发展。加大贵州绿茶等品牌授权,规范企业规范包装标识等,提升企业品牌形象,以品牌整合倒逼企业走品牌化发展道路。

2. 加强品牌精准宣传推广

以提升品牌知名度及市场占有率为目标,不断加大黔茶品牌宣传推广力度。重点宣传茶源头在贵州。分别从生物进化、考古发现、文化传承三个方面,重点宣传"中国茶、世界茶源头在贵州",以铺天盖地的宣传形成轰炸效果。加大黔茶精准宣传力度。从地理区域条件、营养特征、品质特征、价格特征、高中低三类消费者等方面,结合黔茶大数据中心、贵州绿茶官网、黔茶产品网上商城及茶生产企业,加大传统媒体及互联网精准宣传力度,建立黔茶的精准宣传、精准营销体系。实施品牌建设及推广的差异化特色化。研究制定黔茶品牌发展壮大的统一战略,重点突出品牌差异化及个性化特征,减少省内品牌同质化无序竞争。

3. 加大品牌管理力度

严格品牌的统一规范管理。对黔茶公共品牌产品实施统一的标准化管理,提高品牌使用准入门槛,建立"统一品牌、统一包装、统一质量、统一宣传、统一价格、统一店型标准化体系"的"六统一"品牌管理体系。实施品牌维护。建立品牌诚信机制,把诚信作为企业品牌建设的命脉所在,将企业对品牌的诚信机制纳入企业的信用体系建设,严厉惩处有损茶叶公用品牌的行为。加大对假冒伪劣品牌商品打击力度。强化对黔茶品牌使用的市场规范,加大对非法品牌的市场清理力度和假冒伪劣产品的打击力度,切实维护黔茶品牌信誉。

(四)强化科学思维,促进科研成果服务茶产业发展

1. 加强科研成果转化

充分发挥高校、科研院所科研力量,聚焦茶产业发展的相关问题,从产业经济、历史文化、大数据等多学科视角对贵州省茶产业发展开展综合研究。挖掘贵州厚重的茶历史文化资源,争取形成一定的学术影响力和社会影响力的科研成果,为省委省政府推动贵州省茶产业发展提供决策服务。

2. 加大新产品研发力度

从茶饮创新来看,传统的红茶已满足不了消费者对于茶饮的追求,众多茶饮品牌开始把新的茶消费引入到其他茶产品之中,市面上也因此出现了很多让消费者眼前一亮的产品。加强名优茶品质提升和夏秋茶技术研发,推进茶叶清洁化、连续

化加工和茶食品、茶饮料、茶用品、茶药品、茶保健、茶化工等产品的开发,多方面多渠道开发茶叶的附加值。

3. 加大本地茶树良种研发力度

加大对优良品种研发及推广力度,在地方品种中选育和推广一批具有自主知识产权的地方优良品种,重点发展名优茶的开发,提升黔茶区域特色。为适应开发规模化、标准化和多元化产品的需要,研发质量好、产量高,适宜机械化、规模化、标准化作业的大宗茶品种,有效提高茶区劳动力资源季节性均衡配置。

4. 加大对不同茶区科学化布局的研究

根据省内不同区域茶叶的品质特征、品牌定位、自然环境、发展基础、产品类型和发展方向不同,加大对适制优良茶树品种、茶区分布、产业加工模式等的研发力度,对不适宜发展茶产业的区域不重点发展茶产业,避免贵州省茶产业发展区域的盲目增加,实现茶产业发展的科学化布局。

(五)强化文化思维,形成贵州作为世界茶源共识

1. 深入挖掘中国茶、贵州茶的文化渊源

从古茶树生物进化、茶化石考古发现、茶文化传承等方面,挖掘整理"中国茶、世界茶源头"的系列文献资料,结合黔茶品牌的精准宣传推广,用两三年时间形成世界茶的源头在中国,中国茶的源头在贵州的共识。

2. 构建系统完备的黔茶文化体系

围绕贵州茶产业发展各个环节,从茶树起源、进化、品种、加工工艺、产品特色、冲泡品饮、保健功效、历史故事、饮茶器具等方面系统梳理,深入挖掘黔茶文化内涵。

3. 努力营造黔茶文化氛围

鼓励在贵阳、都匀、遵义、铜仁、凯里、安顺等城市,普及茶消费活动,营造贵州人爱贵州茶的茶文化消费氛围;通过各级媒体渠道传播茶叶种植、加工、冲泡、品饮、保存及茶艺表演等茶文化知识,培育一批茶艺演艺人员和茶文化人员,大力营造黔茶文化浓厚氛围。

参考文献

[1] 马国君,王紫玥.清至民国时期贵州茶业经营及其影响研究[J].原生态民族文化学刊,2020(3):1-12.

[2] 罗以洪,陈涛,谢孝明.基于茶文化视角的黔茶产业转型升级路径研究[J].贵州师范大学学报(社会科学版),2018(1):104-110.

[3] 中共贵州省委,贵州省人民政府.中共贵州省委、贵州省人民政府关于加快建设茶产业强省的意见(黔党发〔2018〕22号)[EB/OL].[2019-03-05].http://szb.gzrbs.com.cn/gzrb/gzrb_rb/20190107/Articel19006JQ.htm.

[4] 贵州省人民政府办公厅.省人民政府办公厅关于印发贵州省发展茶产业助推脱贫攻坚三年行动方案(2017—2019年)的通知(黔府办发〔2017〕48号)[EB/OL].(2017-11-21)[2018-05-12].http://www.guizhou.gov.cn/jdhywdfl/qfbf/201711/t20171121_1082193.html.

[5] 罗以洪,陈涛.贵州省都匀毛尖品牌转型升级研究[J].中国茶叶加工,2016(4):60-65.

[6] 郎萍萍.贵州茶叶产业竞争力研究[J].农技服务,2015(1):188-190.

[7] 林宏伟,罗以洪,李应祥,等.基于互联网+的贵州省茶产业转型升级研究——以中国十大名茶"都匀毛尖"品牌营销策略为例[J].经营管理者,2015(26):121-122.

[8] 贵州省人民政府办公厅关于印发《贵州省茶产业提升三年行动计划(2014—2016年)》的通知[J].贵州省人民政府公报,2014(5):56-62.

[9] 中共黔南州委,黔南州人民政府.关于进一步推进加快茶产业发展的意见[EB/OL].(2013-11-04)[2014-05-11].http://www.zgsxzs.com/a/20131104/540338.html.

[10] 贵州省委、省政府领导高度重视茶产业发展[J].贵州茶叶,2011(2):61.

[11] 农业部办公厅.全国茶叶重点区域发展规划(2009—2015年)[EB/OL].[2010-08-15].http://www.zgchawang.com/news/show-23405.html.

[12] 梁勇,唐义.贵州茶产业发展思路[J].中国茶叶,2008(5):24-25.

[13] 中共贵州省委、贵州省人民政府.关于加快茶产业发展的意见(黔党发〔2007〕6号)[EB/OL].(2016-11-18)[2017-07-12].http://nynct.guizhou.gov.cn/xwzx/tzgg/2016/t20161118_23397986.html.

[14]陈宗懋.我国茶叶卫生质量面临的问题和对策[J].茶业通报,2001(1):7-10.

[15]田永辉.对贵州有机茶开发的思考[J].贵州茶叶,1999(2):12-14.

[16]魏国雄.贵州茶区茶树生态因子评述[J].生态学杂志,1989(1):43-47.

[17]尹明吴,阚泗英.贵州鱼钩茶[J].茶业通报,1959(6):35.

[18]祝敬奇.贵州遵义大树茶初步调查[J].茶叶,1957(3):14-15.

Ⅱ 专题报告

B.2 贵州省茶源头中心研究

谢孝明*

摘　要：探讨贵州是茶源头的中心，首先必须解决两个逻辑预设，一是世界茶树的原产地在中国；二是中国茶树的原产地在西南，之后在此基础上才能来论证贵州是茶源头的中心。本文即以此逻辑预设展开论证，逐步推演，先论证中国是世界毋庸置疑的茶树原产地和茶叶的祖国，再论证西南地区是我国茶树的原产地和茶叶的故乡，之后从深化历史的解读，扩展观察的视野，提出新材料（包括民族语言、古茶树、独特的饮茶习俗、茶籽化石）等几个方面来论证贵州是茶树原产地的中心和茶叶故乡的深深庭院，从而以丰富的材料，充分的证据和清晰的逻辑脉络达到本文研究的目的和诉求。

关键词：中国　西南　贵州　茶源头　茶源中心

历史研究需要"大胆的假设"，更需要"小心的求证"[1]，我国茶史研究与黔茶史研究亦复如是。我国是世界茶树的原产地和茶叶的祖国，我国西南地区又是我国茶树的原产地和茶叶的故乡，在已有充足的证据下，这一结论成了世人的共识。而历史上曾经是"蛮天瘴雨，鸟道蚕丛"的"天末"贵州，是中国西南地区茶树原产地的中心和茶叶故乡的深深庭院，这一判断，随着科学的发现和更为合乎历史逻辑的推断，也在逐渐得到"证实"。

---

*谢孝明，湖南桂阳人，贵州省社会科学院历史研究所副研究员，贵阳孔学堂入驻学者，历史学博士，中国书院学会理事、贵州省史学会理事、贵州省茶产业高质量发展研究院副院长。主要研究方向为中国思想文化史、中国经济思想史、书院与儒学传播、湖湘文化与湖南人才群体研究、湘黔文化交流史、中国茶文化等。

[1] 按："大胆的假设，小心的求证"是胡适提倡的治学方法。1919年8月，胡适撰成《清代汉学家的科学方法》（即《清代学者的治学方法》），认为清代汉学家的训诂方法之所以有科学价值，就是因为其具有"假设"和"证实"的特点。系统地来说，胡适治学重视资料的收集，强调历史和语言双重逻辑的建构，讲求确凿的证据、关注后续的延展，对于疑难和新材料会持续不断地跟进。胡适是在20世纪初中西文化交融冲突的历史背景下提出这一治学方法的，实际上是中国固有之学术研究方法在西学东渐背景下的再发展。胡适的治学思想一直以来被视为以"方法"见长，但实质上，其治学态度已然自觉融入其治学方法中。

一、中国是世界茶树的原产地和茶叶的祖国

在19世纪末之前,中国作为茶树的原产地和茶叶的祖国是毫无疑问和毫无异议的。自从1824年英国人勃鲁士(B. Bruce)在印度东北部阿萨姆地方发现所谓野生茶树后,1877年英国人贝尔登(Samuel Baildon)又在同一地区发现大茶树,并由此罗列三点理由,反对茶树原产于中国的历史结论,提出了"茶树原产于印度"之说。之后,这一谬说得到其同胞勃莱克(John H. Black)、易培生(A. Jabbetson)、勃朗(Edith A. Browne)和其他一些西方人叶卜生(Ibbtson)、林得莱(Lindley)以及日本人横井、加藤繁、伊藤、村山镇等人的随声附和,一时甚嚣尘上。除此之外,还有其他植物学家对茶树原产地问题提出了"二源论""多源论""折中论"三种不同的看法[1]。

英国人以其无知者无畏的武断抛出"茶树原产于印度"的谬论之后,引起了中国茶学界的极大义愤。中国茶学泰斗、"当代茶圣"吴觉农先生就曾针对此事发表评论说:"中国有几千年茶业的历史,为全世界需茶的出产地,凡能平心地考究过中华的历史的,谁也不能否认中华是茶的原产地了。但是因袭的直译式的学者们,抱着Imperialism的头脑,使学术为商品化,硬要玩弄文字,引证谬说,使世界上没有能力辨别的人们,大都不认茶树为中国的原产。"他就此认为"在学术上最黑暗、最痛苦的事情,实在无过于此了"[2]。

为了正本清源,廓清谬误,中国茶学界的前辈们以炽热的爱国情怀和科学理性的精神对英国人的谬说进行了批驳,吴觉农、庄晚芳、陈椽、刘其志等人是其中的代表人物。

吴觉农先生是中国茶学界关注茶树原产地问题最早、用力最勤、成果最多、影响也最大的人。从20世纪20年代初到70年代末,他先后发表了《茶树原产地考》《湖南茶业史话》《四川茶业史话》《中国西南地区是世界茶树的原产地》等多篇专题文章。这些文章不仅以科学的分析和历史的证据批驳了"茶树原产于印度"和产于其他地方的种种谬说,证明和维护了我国作为茶树原产地与茶叶的祖国这一历史论断及绝对权威,同时对于我国茶树的原产地也进行了深入的考察和研究。在证

---

[1] 吴觉农.茶树原产地考、中国西南地区是世界茶树的原产地[M]//吴觉农选集.上海:上海科学技术出版社,1987:2-8,377-378.

[2] 吴觉农.茶树原产地考[M]//吴觉农选集.上海:上海科学技术出版社,1987:1.

明我国是茶的原产地时,吴先生运用了多重证据加以证明:中国古文献《神农本草经》《尔雅》《广雅》《茶经》《晏子春秋》《食论》《韦曜传》《茶史》《僮约》《介翁茶史》记载的茶事与茶史;印度人吃茶的历史;印度栽培华茶的历史;茶的植物学名称;地理变迁与气候土壤[1]。

庄晚芳先生对茶树原产地问题也极为关注。他在考述这一问题的时候,不唯大茶树有无这一点为原产地的根据,而是从古地理、古历史、古生物学、民族迁移、茶树遗传性变异性等多方面深入论证。这就是他的《茶树原产于我国何地》一文包含的主要内容和展示出来的研究特色[2]。

英国人"茶树原产于印度"的谬说也遭到国外有识之士的批驳和否定,如英国学者哈勒(C. R. Harler),日本学者后藤肃堂、太田义,美国学者韦尔须(Joseph M. Walsh)等。韦尔须(Joseph M. Walsh)用以批判的比喻尤为生动形象。他说:"茶和中国是形异而义同的,中国当然是无可辩驳的茶的国了。……就此,现在一般英国的学者们,要想把中国以外的国家,当作茶的家乡,他的糊涂和矛盾,仿佛想以阿美利克思(意大利航海者)来替代哥伦布,或是以培根去替代莎士比亚啊!"[3]喧嚣一时的英国人的谬说和欺人之谈在中外学者的批驳下,最终偃旗息鼓,归于沉寂。

二、西南地区是中国茶树的原产地和茶叶的故乡

我国的前辈学者在20世纪20年代就证明了我国是世界茶树的原产地。之后,经过数十年的研究,到六七十年代又进一步证明了我国西南地区是世界茶树的原产地。而论证西南地区是我国茶树的原产地,实际是要回答茶树原产于我国何地,其前提仍是必须先论证我国是世界茶树原产地。只有论证了我国是世界茶树的原产地和茶叶的祖国,才能在下一步论证西南地区是我国茶树的原产地和茶叶的故乡,前辈学者所走的研究路子基本如此。其中仍以吴觉农先生最具代表性。他在证明我国西南地区是世界茶树的原产地时,对外国的诸家异说再一次进行了总结性的一一批驳,有理有据,有破有立,可谓深入其堂奥,令人信服。其结论归于四点:(1)从我国悠久的茶叶史料和广泛的茶树野生植被来看,可以初步证明茶树原

---

[1] 吴觉农.茶树原产地考[M]//吴觉农选集.上海:上海科学技术出版社,1987:8-14.
[2] 庄晚芳.茶树原产于我国何地[M]//庄晚芳茶学论文选集.上海:上海科学技术出版社,1992:270-275.
[3] 吴觉农.茶树原产地考[M]//吴觉农选集.上海:上海科学技术出版社,1987:14-15.

产于我国西南地区。(2)130多年来国际上有关茶树原产地的各种争议,归纳他们的理由,共七点,对此七点详为介绍和说明,并逐一加以分析、批判,因此,他们所持的论点是不成立的,是完全错误的。(3)从茶树的种外亲缘,证明茶树原产于我国西南地区。(4)从茶树内变异的外因立论,只有通过"茶树原产于我国西南地区"才能得到充分的解释❶。同一时期,庄晚芳先生也通过自己的研究提出了他的"茶树起源中心说",不仅明确西南地区是我国茶叶的原产地,且认为横断山脉至大娄山脉的山区是茶树原产地的主要区域,其他可作为"隔离分布"的"演化地区"❷。

三、贵州是茶树原产地的中心和茶叶故乡的深深庭院

经过中外学者长期的研究证明,茶树的原产地在我国西南,这是肯定无疑了,但是我国西南的茶树中心又在哪里？是"同源"还是"多源"？换言之,是云南的大叶种一脉相传？还是除云南以外,如四川、贵州、湖南、广西、广东等地也有它们自己生长的茶树呢？这一问题,因为不同学者考察侧重的对象和取材不一,研究所运用的方法有所不同,得出的结论自然也各有不同。吴觉农先生的结论是:"茶树最早应为同源,原产地的中心地区,是在云贵高原及其边缘地区,由于大地环境的剧烈变化,造成同源茶种隔离分居,以后在各自不同的生存条件下,向着不同的演化方向发展,具有各自的类型系统的这种设想,是基本上可以成立。"❸庄晚芳先生最初认为茶树原产地是以云南为中心的地带,后来他又自我否认这一观点。他最后的结论与吴觉农先生基本一致:"茶树起源中心说在云贵高原及其邻近的川、桂、湘等边区(就是古代巴蜀国所在地,也是少数民族居住的山地),是比较合理的。至于茶树变异较多的其他地区,如南岭、武陵山、武夷山和大庾山的茶树,是否与西南地区同时存在,尚待进一步探讨。依照植物起源和分布有'连续分布'和'隔离分布'之说,这些地带似乎可另列为'隔离分布'的一种'演化区域'。"❹与吴、庄两位先生不同,陈橼、陈震古、彭承鉴、虞富年、李一鲲诸先生则坚持中国云南是茶树原产

---

❶吴觉农.中国西南地区是世界茶树的原产地[M]//吴觉农选集.上海:上海科学技术出版社,1987:387.
❷庄晚芳.茶树原产于我国何地、茶的使用及其原产地问题[M]//庄晚芳茶学论文选集.上海:上海科学技术出版社,1992:272,333.
❸吴觉农.四川茶叶史话[M]//吴觉农选集.上海:上海科学技术出版社,1987:355.
❹庄晚芳.茶树原产于我国何地[M]//庄晚芳茶学论文选集.上海:上海科学技术出版社,1992:272.

地。[1]他们的观点也得到了日本学者乔本实等人的支持[2]。此外,苏联茶叶专家K.M.吉莫哈捷通过他的研究,也肯定了茶树原产地是我国的云南省[3]。

对于茶树原产地中心的问题,贵州的专家学者也在吸取吴觉农、庄晚芳等先生成果的基础上,进一步提出了自己的看法。从20世纪50年代到80年代,刘其志、邓乃朋、林蒙嘉、罗庆芳等人通过系统深入的研究,提出了茶树起源于云贵高原,其中心地带在黔滇桂台向穴处的论点,并且认为云南西双版纳不是茶的主要原产地,因为它跟茶的起源时间与大地构造相矛盾[4]。

以上是探讨我国西南茶树原产地中心所在的主要观点。在这些观点中,我们更倾向于吴觉农、庄晚芳、刘其志几位前辈学者的观点。吴觉农、庄晚芳、刘其志是我国著名的茶学家、茶学教育家和茶树栽培学科的奠基人,他们的茶学理论代表着中国茶学的最高水平和权威。但是,这些前辈学者提出或最后确定他们茶树原产地中心理论的时候,最迟已经到了20世纪80年代,距离现在已有40年了。在这40年当中,随着科学的发展和新材料的发现,他们的理论观点也需要进一步推进和完善,写作本文的最终目的也即在此。

吴觉农、庄晚芳、刘其志这些前辈,已经将茶树原产地中心确定在云贵高原及其邻近的川、渝、桂、湘、鄂边区,而40年来科学的发展和新材料的发现使我们可以将这一论断大胆地向前推进,将茶树原产地中心确定在更为精确的区域,即由云贵高原广大范围更集中于贵州省域。当然,我们的推论是建立在继承前辈学者理论成果的基础上,是"接着讲",所以,我们无须重复使用前辈们从古地理、古历史、古气候、古生物学、民族迁移、茶树遗传性变异性等研究方法和研究路径。我们所要增加的方法是深化历史的解读、扩展观察的视野和提出新材料三个方面。

---

[1] 陈椽,陈震古.中国云南是茶树原产地[J].中国农业科学,1979(1);虞富莲.论茶树原产地和起源中心[J].茶叶科学,1986(1);李一鲲.茶树的原产地是云南[J].云南林业,1997(6).

[2] 乔本实,志村乔,张若梅.关于茶树起源的形态学研究[J].茶叶,1981(4);陈椽.茶业通史[M].北京:农业出版社,1984:38-39.

[3] 吴觉农.湖南茶叶史话[M]//吴觉农选集.上海:上海科学技术出版社,1987:328.

[4] 刘其志.茶的起源演化及分类问题的商榷[J].茶叶科学,1966(1);邓乃朋.恢复发展贵州历史名茶议[J].贵州农业科学,1983(4);罗庆芳.贵州高原,茶树主要的起源地[J].农业考古,2009(2).

（一）深化历史的解读

吴觉农先生在论证中国是茶树的原产地的时候，对中国古代茶史文献的运用和解读是非常详尽和透彻的，中国是世界茶树的原产地因此具有无可辩驳的历史依据。同样如此，吴先生在研究中国地方茶史的时候，也是非常娴熟地运用了相关的文献。吴先生将西南地区茶树原产地中心确定在云贵高原及其边缘地区，又将四川视为云贵高原这一大区域中心的中心，这种倾向在他的《四川茶业史话》[1]一文中表现很明显。但是，吴先生在这里运用史料的时候也出现了一个问题，他将一些本属于西南地区共有的文献史料独自运用于四川而并没有作古史的分辨和说明，从而对滇黔两省的茶史真相有所遮蔽，也影响对贵州在西南茶树原产地中心地位的判断。例如，他在《四川茶业史话》中引用《史记·周本纪》和《华阳国志》："当武王出兵伐纣时，有许多友邦和庸、蜀、羌、髳（苗）、微、纑、彭、濮八个南方小国都率兵来会。另据晋常璩所撰的《华阳国志》说，这八个南方小国在参加这次战争的时候，有的曾从巴蜀（四川）把所产的茶叶，作为'贡品'送给武王。"吴先生以这些史料记载为据，说明"我国特别是四川的茶叶远在三千多年以前已有栽植了"[2]。实际上，吴先生引用的这些史料，不只说明远在三千多年以前四川就已栽植茶叶了，同样也可以说明远在三千多年以前，古黔地也已栽植茶叶了。因为在当时，不仅跟随武王伐纣的巴蜀其辖地包括今贵州境内的道真、务川、德江、习水等地，就是跟随武王伐纣的庸、蜀、羌、髳（苗）、微、纑、彭、濮八个南方小国中，有的也是世居贵州的少数民族部落政权。吴先生引用这些史料，固然能够说明四川茶史的悠久，但又在不经意间遮蔽了贵州悠久的茶史。如吴先生引用战国末年，秦、楚两国争夺巴蜀，以及西汉初年，汉、楚争霸的历史来说明川茶传播到长江两岸主要是南岸地区，对我国茶叶生产作出巨大贡献的情况。[3]实际上，这时四川的管辖之地就包括古黔地的部分地区，川茶传播长江两岸之功，自然也包括黔茶的传播。

为什么会产生黔茶被川茶遮蔽的情况呢？主要原因是贵州建制较晚，开发落后，经济文化不及周边省份发达，历史叙事的话语权重偏向于四川。以汉代故事为

---

[1] 吴觉农.四川茶叶史话[M]//吴觉农选集.上海：上海科学技术出版社，1987:351-355.
[2] 吴觉农.四川茶叶史话[M]//吴觉农选集.上海：上海科学技术出版社，1987:348.
[3] 吴觉农.四川茶叶史话[M]//吴觉农选集.上海：上海科学技术出版社，1987:350.

论,此时的四川已是经济文化发达的文明奥区,古黔地却比较落后。夜郎王因为一句"汉孰与我大?"❶即招致了"夜郎自大"的千年笑谈。牂牁人盛览向司马相如学习作赋,归以授其乡人,文教始盛。毋敛人尹珍,自以生于荒裔,不知礼义,乃从大儒许慎、应奉受学而成为贵州文教的先师❷。这些都说明贵州文化的落后和贵州先贤努力追赶的精神。但是,这种文化的落后却并不能说明贵州茶史的落后,只能说明贵州茶史叙事的话语权不强。吴先生引用西汉文学家王褒的《僮约》"武阳买茶"的故事,用以说明早在公元前60年左右,四川已有贩卖茶叶的市场了❸。而据《贵州古代史》一书记载有:"汉武帝建元六年(公元前135),派遣中郎将唐蒙通夷,发现在夜郎市场上,除了僰僮、筰马、髦牛之外,还有枸酱、荼(茶)、蜜、雄黄、丹砂等商品。"❹这说明,在夜郎时期,古黔地不仅已有明确的茶叶产地,且出现了中国历史上有文字记载的最早的茶市。

古黔地在不同的历史时期大多分属周边政权,也出现过短期的地方政权如且兰、夜郎和地方土司的统治。贵州建省始于明永乐十一年(1413),建省之前分属于四川、云南、湖广三省,其茶史的真相往往容易被周边政权或省份所遮蔽,从而影响我们对于贵州作为茶树起源中心的判断。因此,在研究贵州茶史与茶文化的时候,我们必须注意文献的"解蔽"工作,深化对历史的解读,从而弄清贵州茶树的起源地和传播方向,将贵州不同的茶树品种资源加以系统化和科学利用。

(二)扩展观察的视野

英国生物学家达尔文在探讨物种起源的时候,在经过无数次的观察实践后,得出结论:"每一个种都有它的起源中心,这一规律是存在的","这一个中心,就是这一个物种分布区的起源中心。因为每个种最初都只出现于一个中心,然后从这里

---

❶ 司马迁《史记·西南夷列传》,"滇王与汉使者言曰:'汉孰与我大?'及夜郎侯亦然。以道不通,故各以为一州主,不知汉广大。"以此观之,"滇王自大"实早于"夜郎自大",何以然世传"夜郎自大"而不知有"滇王自大",其中原因值得深思。

❷ 贵州省文史研究馆点校.(民国)贵州通志·人物志[M].贵阳:贵州人民出版社,2001:2-8.

❸ 吴觉农.四川茶叶史话[M]//吴觉农选集.上海:上海科学技术出版社,1987:357.

❹ 周春元.贵州古代史[M].贵阳:贵州人民出版社,1982:57-64.

向四周迁移到分布环境和从前及目前的条件所允许的地方去。"[1]我国西南茶树原产地的中心在云贵高原及其边缘地区,这在我国茶学界已经成为共识。但更精确、更核心的茶树原产地又在哪里？是云南？是四川？还是贵州？要做出这一判断,我们可以根据达尔文的物种起源中心论,反道而行,来考察西南茶树原产地的边界在哪里,再回溯它的中心。

根据吴觉农先生对湖南和四川茶史的考察,在湘西的苗属自治州、辰溪、溆浦、永顺、龙山等县的茶树,可能是自产的大叶种一类的原始茶种[2],或者是由四川或贵州的茶树最早传播到这一地区的。鄂西山地的大巴山、武当山、荆山、巫山也是茶树原产地之一。贵州、四川与湘西、鄂西东邻,因此,西南原生茶树的边界可以延伸到这两个地区。四川西接西藏,北界陕西、甘肃、青海。青海、西藏的地理气候环境不宜大面积种茶[3],陕西的商洛、安康、汉中和甘肃的陇南市康县、文县、武都区三县区交界处产茶,但茶种都多从四川传入,没有本土茶种,因此西南原生茶树的北部边界并未跨出四川省域。云南省位于我国西南边陲,东部与贵州、广西为邻,北部与四川相连,西北部紧依西藏,西部与缅甸接壤,南部和老挝、越南毗邻。与云南比邻的川、黔、桂都在西南茶树原产地,滇藏交界处是茶树原产地的边缘。此外,虽然与云南为邻的缅甸、老挝、越南产茶,但这些国家的茶树多由云南传入,这些国家没有本土茶种,因此西南原生茶树的南部边界也未超出云南本境。贵州南邻广西,桂西北也是茶树原产地之一,西南茶树原产地的东南边界延伸至此。

由此我们可总结,整个西南原生茶树的边界所抵范围,东：湘西和鄂西,东南：桂西北,南：滇南,西：滇西川西,北：川北。鸟瞰这一分布范围图,贵州恰好在这一区域的中心。而考察贵州野生茶树的分布,在黔渝、黔滇、黔桂的交界地方尤多,与贵州中心非常一致。另外,吴觉农先生分别从茶树的种外亲缘和茶树的种内变异论证了我国西南地区是茶树的原产地。在西南地区,云南只有大叶种,而四川、贵

---

[1] 达尔文《物种起源》,转引自吴觉农.中国西南地区是世界茶树的原产地[M]//吴觉农选集.上海：上海科学技术出版社,1987：381.

[2] 吴觉农.湖南茶叶史话[M]//吴觉农选集.上海：上海科学技术出版社,1987：342.

[3] 在西藏山南市勒布沟、藏东南地区林芝市的易贡县和墨脱县,从20世纪60年代就开始建设茶叶种植基地,西藏因此有了茶叶生产的历史。参见陈定海,李惠,赤桑单吉.西藏山南市勒布沟茶叶种植气候条件评价调研报告[J].西藏科技,2019(10)；王贞红.西藏茶叶生产现况浅析[J].中国茶叶,2016(8).

州则小叶种和大叶种茶树同时存在,也说明贵州、四川比之云南的原生茶树资源更为丰富[1]。

事实上,如果我们扩展观察的视野,将贵州纳入整个西南茶树的原产地这一广阔的视野作全景考察,而不仅仅限于贵州本土一域和已有的成见,就会发现,贵州作为中国西南地区的茶树原产地中心,就有更多的比较优势。贵州地处云贵高原,介于东经103°36′~109°35′、北纬24°37′~29°13′之间,处于地球最适宜植物生长的地带。贵州有广大肥沃的土地,复杂多样的地形,温暖湿润的气候,纵横交错的水系,具有生产茶叶的优越的地理生态环境。贵州地处中国西南内陆地区腹地,东靠湖南,南邻广西,西毗云南,北连四川和重庆,处在长江和珠江两大水系上游交错地带,是长江、珠江上游地区的重要生态屏障,具有天然的区位优势,有利于茶树资源向外传播。

(三)提出新材料

中国历史研究,在近代之前,传统史家常常只是运用文献记载作为唯一的研究历史的证据材料。20世纪初,王国维先生提出了"二重证据法"[2]并在汉简和甲骨文的综合整理考释和证史领域取得一系列成果。"二重证据法"就是将"地下发现之新材料"与"纸上之材料"二者互相释证,以达到考证古史的目的。"二重证据法"的提出和运用是中国史学研究一个重大的突破和变革。之后,20世纪80年代,中国史学界在"二重证据法"的基础上又发展出"三重证据法",即文献、考古发现和民族学材料皆可作为史料证据。随着时间的推移,这一方法已经不仅仅局限于史学研究领域,而是迅速扩展到人类学、民族学、文学、语言学等一切研究领域。根据不同学术领域、不同学者的不同理解与实践,三重证据法有着不同的解释,举其大端,约有陈寅恪、黄现璠、徐中舒、饶宗颐及近年的叶舒宪等诸家[3]。

三重证据法也非常适用于中国茶史和茶文化的研究。论证贵州是西南茶树原

---

[1] 吴觉农.中国西南地区是世界茶树的原产地[M]//吴觉农选集.上海:上海科学技术出版社,1987:383-387.

[2] 王国维.古史新证[M].长沙:湖南人民出版社,2010:2.

[3] 董志翘.浅谈汉语史研究中三重证据法之运用——以马王堆汉墓出土简帛医方中的"冶""䏽"研究为例[J].苏州大学学报(哲学社会科学版),2017(1).

产地的中心,不唯需要理论的证实和学理的建构,更需要提出和展现考古发现和民族学材料这类"硬核"证据的证明。在这一点上,贵州恰恰具有云南和四川等省所不具备或不完备的条件和优势。这些证据材料就是有"活化石"之称的民族语言、古茶树、独特的饮茶习俗和考古发现的茶籽化石。

1. 民族语言

自从茶叶与国人结缘,就有了许多的正名和别号[1]。扬雄《方言》记载:"蜀西南人,谓茶曰蔎";《三国志·吴书·韦曜传》:"曜饮酒不过二升,皓初礼异,密赐茶荈以代酒";史载南朝琅琊王肃喜茗,一饮一斗,人号为漏卮;陆羽的《茶经·一之源》算是对这些茶的别名有个小结:"其名一曰茶,二曰槚,三曰蔎,四曰茗,五曰荈。"[2]可以说,如果从茶的别名演变过程,来考察茶的起源和历史的发展脉络,是可以理出一部中国茶史来。此足见语言文字在研究中国茶史和中国茶文化的重要性。

贵州是一个多民族共居的省份,世居的少数民族即有17个,民族文化和民族语言丰富多彩。在丰富多彩的贵州民族语言中也保存了许多关于茶的古音和别名。这些古音和别名是证明贵州茶史和茶文化历史悠久的重要证据,也是贵州作为茶树原产地中心的重要佐证,所以受到茶学和茶史研究专家的高度重视。庄晚芳先生为了考证茶树的原产地,在他的《茶的始用及其原产地问题》这篇重要的茶学论文中,就对贵州称茶的民族方言写下了浓重的一笔,"在贵州称茶方言:侗族称'蔎''腊'(syj),布依族称'荈',苗族称'槚'(jia)或'将',彝族称'巴饦',还有称为'煲熬洌',其他如'荈''选'和'游',均与茶的古音有关。"[3]

实际上,贵州与茶相关联的民族语言远比庄先生文中列举的要丰富生动得多。今天黔南州的布依族方言中,普遍称茶为"荈""改",也有的称茶为"槚"。长顺、惠水一带的布依族称茶为"者",与两县接壤的安顺、紫云、镇宁一带的布依族称茶也叫"者"。黔西南州贞丰及周边县的布依族则称茶为"莎"。都匀市摆忙乡甲林寨的布依族称茶为"诘"。黔南的苗族方言中,茶有"吉""及"等称谓,贵定、龙里、惠水三县交界处云雾山海葩苗称茶为"几",瓮安、湄潭一带的苗族称茶为"刷",都匀、三都

---

[1] 陈宗懋.中国茶叶大辞典[M].北京:中国轻工业出版社,2008:2-4;庄晚芳.茶的别号[M]//庄晚芳茶学论文选集.上海:上海科学技术出版社,1992:425-427.

[2] 陆羽著,沈冬梅编著.茶经[M].北京:中华书局,2010:7.

[3] 庄晚芳.茶的始用及其原产地问题[M]//庄晚芳茶学论文选集.上海:上海科学技术出版社,1992:332.

一带苗族称茶为"无及"。黔东南凯里、台江苗族称茶为"吉"。安顺苗族称茶为"及",字虽不同,发音与"吉"相同。黔西南州贞丰的苗族称茶为"将"。贵州西部织金的苗族或许受彝族语的影响,称茶为"阿沱"。罗甸边阳镇和罗沙乡周边村寨的布依族、苗族称茶为"馘"。黔南的水族方言中,三都县东区水族称茶为"節",西南区水族称茶为"雜(杂)",北区水族称茶为"银雞切",独山县水岩乡的水族称茶为"节"。茶在黔南、黔东南的侗族中被称为"谢"。都匀的瑶族分支绕家则把茶称为"檽记"。盘县彝族称茶为"爬拖"❶。将这些贵州少数民族的茶方言与专家研究结果对比,可以发现相同的"荈""馘""檟"等称谓和贵州少数民族特有的"吉""几""及""诘""节""雞"等称谓之间是极具相似性与关联性的。

总之,贵州的民族语言与茶的称呼有着千丝万缕的联系。中外学者通过深入研究认为,茶、诧、苦荼、檟、馘、茗、荈、皋芦等这些代表古代茶的汉字,与贵州山地少数民族的方言有关。这不仅说明了贵州茶的本土化及悠久的历史,同时对于中国的茶史和茶文化也是一个巨大的贡献。

2. 古茶树

古茶树与茶树原产地有着密切的关系,如果在一个自称为茶树原产地的地方竟然找不出一棵古茶树来,那是不可想象的。英国人贝尔登之所以敢于提出"茶树原产于印度"之说,就是因为他在印度北部发现了所谓的古茶树。而1939年我国茶叶专家李联标、叶知水在贵州婺川县(今务川仡佬族苗族自治县)老鹰岩发现比之印度更古老的大茶树,贝尔登的谬论便不攻自破了。另外,我们应该看到,古茶树并不是茶树原产地的铁定的证据,不能过分夸大其证明力。吴觉农先生认为:凡是发现野生茶树的地方,有可能是茶树的原产地,也可能是茶树原产地的边缘,但更有可能是在历史时期由外地传到这里安家落户,而不是原产❷。庄晚芳先生也说过:茶树起源已有几千万年的历史,当前所存在的变种,当然是由原种演变而来的,但不能说现在"无原种就无所谓变种",变种分类便无法研究。经过多少年代的变迁,原种已无处寻找,只有变种存在❸。所以,吴觉农、庄晚芳先生他们主张,对茶树原产地的研究,既要针对茶树本身的演化和变异,同时还要注意古地理、古气候、古

---

❶李应祥.都匀毛尖茶[M].北京:中国广播电视大学出版社,2013:22-23.
❷吴觉农.中国西南地区是世界茶树的原产地[M]//吴觉农选集.上海:上海科学技术出版社,1987:378.
❸庄晚芳.茶的始用及其原产地问题[M]//庄晚芳茶学论文选集.上海:上海科学技术出版社,1992:274.

历史的研究。

贵州古茶树的文献记载,最早见于唐代茶圣陆羽的《茶经》。《茶经·一之源》记载,在"巴山峡川"(即今重庆东部、贵州北部)已有"两人合抱者"[1]野生大茶树。贵州最早发现古茶树,是1939年我国早期的茶叶专家李联标、叶知水在贵州婺川县老鹰岩发现了一株大茶树[2]。这也是我国西南茶树原产地最先发现的大茶树,从此开启了中国古茶树研究的大门。之后到了1950年,苏正先生才在云南勐海糯山发现三株野生大茶树[3]。时至今日,贵州境内发现体量巨大的古茶树已非往昔同日而语了。我们仅从2018年5月中国农业出版社出版的《贵州古茶树》[4]和2018年6月云南科技出版社出版的《黔南茶树种质资源》[5]两书,即可见一斑。

贵州是我国野生古茶树保存最多的省份之一,贵州省88个县级行政区域中有52个县都有古茶树。贵州省已发现有500余万株(丛)古茶树,据不完全统计,贵州具有一定规模(1000亩以上)的连片古茶园达18处,200年以上的古茶树15万株以上,其中千年以上的古茶树上千余株,普安林场茶树王经中国农业科学院茶叶研究所专家虞富年测定树龄在3000年以上,是目前全国发现的古茶树中树龄最长的古茶树。

贵州古茶树主要分布于黔滇、黔渝以及黔桂的交界地方,东至黎平老山界原始森林区,西至威宁县云贵乡,南至兴义七舍革上村,北至道真县棕坪乡。著名的古茶树分布区有贵阳市花溪区、贵安新区、习水县、道真县、沿河县、石阡县、普定县、兴义市、普安县、晴隆县、水城县、纳雍县、金沙县、大方县、惠水县、长顺县、贵定县、平塘县、七星关区、六枝特区等。贵州古茶树数量之多,体量之大,分布之广,树龄之长,在国内是极为罕见的[6]。

野生茶树、古茶树不仅是茶树原产地、茶树规范化和规模化种植起源地的"活

---

[1] 陆羽著,沈冬梅编著.茶经[M].北京:中华书局,2010:3.
[2] 吴觉农.中国西南地区是世界茶树的原产地[M]//吴觉农选集.上海:上海科学技术出版社,1987:378.
[3] 吴觉农.中国西南地区是世界茶树的原产地[M]//吴觉农选集.上海:上海科学技术出版社,1987:378.
[4] 贵州省茶叶协会,中国国际茶文化研究会民族民间茶文化研究中心,贵州省茶叶研究所.贵州古茶树[M].北京:中国农业出版社,2018.
[5] 魏明禄.黔南茶树种质资源[M].昆明:云南科技出版社,2018.
[6] 贵州省茶叶协会,中国国际茶文化研究会民族民间茶文化研究中心,贵州省茶叶研究所.贵州古茶树[M].北京:中国农业出版社,2018.

化石",也是未来茶业发展的重要资源库。贵州古茶树至今仍然具有较强的生产与生态功能,具有丰富的生物多样性和独特的生态系统,也是弥足珍贵的茶文化资源,应该倍加珍惜和爱护。

3. 独特的饮茶习俗

考察饮茶的习俗,也是我国茶学界论证茶树原产地一种重要的方法。庄晚芳先生甚至将云贵高原少数民族古老的"烤茶",视为茶的始用法的一种"活化石"[1]。在贵州,这种"活化石"般的烤茶法的确是丰富多彩的。黔南的布依族用纸烤茶,水族将茶放入小土罐中直接烤,而安顺、平坝一带的屯堡人既用土砂罐烤茶,还用土陶碗烤茶。毕节地区的彝族则先将鹅蛋大小的砂罐烤烫,再放入一小撮茶慢慢烤。此外,贵州苗族的油茶汤、布依族的甜酒茶、侗家的油茶、土家的擂茶、彝族的罐罐茶、仡佬族的"三幺台"茶席、瑶族、藏族的咸油茶,都是名闻遐迩的茶饮[2]。这些古老而独特的民族制茶饮茶习俗,是贵州的各族人民一代代传承下来的生活智慧,反映了多彩贵州的民族风情,沉积了悠久的民族历史和深厚的民族文化底蕴,是贵州茶史当之无愧的"活化石"。

4. 茶籽化石

考古发现在历史研究中的意义是巨大的,甚至可以改写历史。历史研究的三重证据法,其重点实际是着落在第三重,即考古发现和民族学材料。

考古发现对于研究茶树原产地的巨大意义是毋庸置疑的。我国的茶学界在研究茶树原产地问题时,几乎都要强调茶化石的关键性作用。吴觉农先生在批驳英国人贝尔登"阿萨姆种长势很'野',所以是原种"的错误时说:"(茶树)这个共同的原种现在已经不存在,只有在化石中才能找到。"[3]庄晚芳先生在谈到古茶树对于论证茶树原产地的局限性时也说到茶化石的重要性:"现存的野生大茶树,计算其年龄,最长也不过千年左右,与茶树在地质史上的年代相比,何止千百倍。要探求茶树原种,既无考古化石为依据,又无现存的'活化石'。从现存茶树来推测原种的真相,未免有点勉强。"[4]刘其志先生在20个世纪60年代讨论茶的起源、原产地和孰是

---

[1] 庄晚芳. 茶的始用及其原产地问[M]//庄晚芳茶学论文选集. 上海:上海科学技术出版社,1992:331.

[2] 李应祥. 都匀毛尖茶[M]. 北京:中国广播电视大学出版社,2013:150-176.

[3] 吴觉农. 中国西南地区是世界茶树的原产地[M]//吴觉农集. 上海:上海科学技术出版社,1987:380.

[4] 庄晚芳. 茶树原产于我国何地[M]//庄晚芳茶学论文选集. 上海:上海科学技术出版社,1992:272-273.

比较原始的茶种问题时,认为"孰是比较原始的茶种,真正原始的茶种只能借供地质化石",而当时不能决疑的最大的问题就是"迄今未见有茶化石"[1]。可见茶化石的发现,对于奠定茶树原产地的地位所具有的决定意义。

1980年7月,在贵州省晴隆县尹家箐发现茶籽化石三枚,经中国科学院南京地质古生物研究所鉴定,确定为第三纪至第四纪四球茶茶籽化石,距今至少已有100万年。这是迄今为止世界上发现的唯一最早的茶籽化石[2]。这一发现不仅再次有力地证明了我国西南地区是世界茶树的原产地,还以最有力的证据证明了贵州是中国茶树原产地的核心,从而奠定了贵州在世界茶叶起源地的地位。

当然,也有人对晴隆茶籽化石的真实性置疑,这是很正常的。任何科学的发现,在最初的时候大都不免遭到质疑。在贵州的大山深处发掘出来世界级瑰宝的茶籽化石,这对于茶界和世人所产生的震撼与冲击也是很自然的事。但是,这颗茶籽化石的科学性和权威性是毋庸置疑的。首先,贵州的地质生态环境是具备茶树化石存在的可能性的。根据吴觉农先生研究,在远古的地理时代,中国西南地区是非常适宜于茶树类植物生长的,之后经历漫长的地球板块运动和地质变迁,在中国西南地区的地质构层中留下茶籽化石是完全可能的[3]。刘其志先生则进一步通过对茶树品种资源的调查、搜集、整理工作,根据茶树在植物分类上的演化地位,结合古地理气候环境,推断茶树有可能起源于第三纪,原产地的中心在云贵高原[4]。这些研究,为晴隆茶籽化石的发现提供了理论预设,而晴隆茶籽化石的发现也最终证明了这一理论推断和预设是极为正确的。其次,茶籽化石的确认是经过业界专家严格的考察、检测和鉴定的,其专业权威是值得信赖的。1980年7月13日,贵州省野生茶树资源调研组成员卢大明在晴隆县碧痕镇云头大山野生茶地,发现疑似"茶籽化石"后,先经贵州省茶叶研究所刘其志、林蒙嘉两位专家会同贵州省农业科学院、贵州省地质局等单位专家,联合对它进行了初步鉴定,一致认为它是距今百万年前的第三纪形成的四球茶籽化石。在作此鉴定前,他们专门亲临现场,对野生茶类植物生长的气候、土壤等自然环境,作过全面综合的考察。为了进一步确定鉴定

---

[1] 刘其志.茶的起源演化及分类问题的商榷[J].茶叶科学,1966(1).
[2] 胡伊然,陈璐瑶,蒋太明.贵州晴隆茶籽化石的发现及其价值[J].农技服务,2019(11).
[3] 吴觉农.中国西南地区是世界茶树的原产地[M]//吴觉农选集.上海:上海科学技术出版社,1987:384.
[4] 刘其志.茶的起源演化及分类问题的商榷[J].茶叶科学,1966(1):37.

的准确性和可靠性，他们还专程找到广州中山大学的茶类植物学家张宏达教授，张教授的看法与他们基本一致。1987年，他们又将茶籽化石送到中国科学院南京地质古生物研究所，找到了我国地质古生物学方面的权威专家郭双兴教授作更权威的鉴定。郭双兴教授接到任务后，便赶到贵州，会同贵州方面的专家，再度深入晴隆县深山，对当地的地质地理环境做了进一步的考察，取回了各方面的样本，进行了周密的分析、讨论和测定，最终确认为第三纪末第四纪初距今200万~500万年的古生物四球茶茶籽化石，形成的地质年代是在2400万年前。可以说，对茶籽化石鉴定的整个过程，专家学者的态度都是严肃、审慎、认真的，使用的方法是科学、理性、实事求是的，故得出的结论是可靠的、权威的、值得信赖和能够作为坚实证明的。

茶起源于何时于何地？孰是比较原始的茶种？孰是茶树的故乡？是云南？是四川？还是贵州？虽然迄今在茶学界仍有分歧，但是这种分歧随着科学的发现和新材料、新成果的不断出现，贵州作为茶树原产地的中心地位得到越来越多人们的认同。2019年6月27日，中国古茶树群高峰论坛在贵阳举行。中国农业科学院茶叶研究所致信称贺：中国是茶的故乡，贵州是中国茶树的起源中心。这是国家研究茶叶的最高权威机构对于贵州茶树发源中心地位的承认和肯定，代表官方的态度和业界的风向。据传，最近在贵州某茶区又发现了疑似茶籽的化石，如果鉴定属实，那么，贵州作为茶树原产地的中心和茶叶故乡的地位将会更加巩固。

参考文献

[1]钟建安.中国茶文化史[M].北京：中国文化出版社，2013.

[2]胡适.历史科学的方法[M]//胡适作品集.台北：远流出版公司，1986.

[3]陈椽.茶叶通史[M].北京：中国农业出版社，2008.

[4]吴觉农.茶经述评[M].北京：中国农业出版社，2019.

[5]陈寅恪.陈寅恪集[M].北京：生活·读书·新知三联书店，2015.

[6]许慎.说文解字[M].徐铉，校订.北京：中华书局，2013.

B.3 贵州茶产业标准发展报告

姚 鹏[*]

摘 要：我国是世界上最大的茶叶种植及加工国家，栽种面积及产量都位居世界第一，茶叶也是我国多个省份的支柱型产业之一。近年来，随着贵州茶产业的不断快速发展，茶产业正逐步成为贵州农业产业的又一个支柱型产业。将当前我国现行的茶叶相关标准进行梳理，为在以后产业发展面临及解决相关技术问题及对策建议的提出提供主要依据，对加速推进贵州的茶产业建立及完善标准体系、标准化发展、保障茶叶质量安全、促进产业的健康发展有着十分重要的意义。

关键词：贵州 茶 标准

茶作为我国的传统饮品，有着悠久的历史，早在唐朝时期的茶学家陆羽就创作出中国乃至世界现存最早、最完整、最全面介绍茶的第一部专著《茶经》。《茶经》里面详细地记载了茶叶生产的历史、源流、现状、生产技术以及饮茶技艺、茶道原理等，被誉为茶叶百科全书，而陆羽也被尊为"茶圣"。当前我国已是世界上最大的茶叶种植及加工国家，根据国家统计局的数据显示，2018年我国的实有茶园面积达到了4478.8万亩，其中采摘茶园面积达到了3466.14万亩，占到了总面积的77.4%，2019年度的茶叶产量达到了277.72万吨，茶叶栽种面积及产量都位居世界第一。同时茶叶作为我国的传统优势经济类作物，其早已发展成为多个省份的支柱型产业之一，如茶叶年产量排名全国前五的云南省、福建省、湖北省、四川省、湖南省，在2018年度的茶叶年产量都达到了20万吨以上，全国第一的云南省茶产量更是达到了42.33万吨。而贵州近年来随着茶产业的不断快速发展，茶叶的栽种面积及年产业都得到了大幅度的提升，特别是在茶叶的栽种面积上，截至2018年年底，贵州的茶叶栽种总面积达到698.7万亩，仅次于排名第一位的云南的699.9万亩，位列全国第二。在茶叶年产量上贵州也实现了跨越式的增长，2010年贵州的茶叶产量为

---

[*] 姚鹏，男，贵州省社会科学院助理研究员，硕士。

5.23万吨,截至2018年则增长到了18.03万吨,8年时间翻了3.5倍以上,同时在全国的排名也提升到了第六名,可见茶产业正逐步成为贵州农业产业的又一个支柱型产业。不过当前贵州茶产业的发展状况与其他如云南、福建、浙江、四川等省相比,在栽种面积上实现了持平甚至超越,但在加工及产值上还有着不小的差距,在茶叶的产品质量、品牌打造及销售贸易等方面均不具备优势,特别是对于茶叶的标准化种植及加工工艺的提升等问题急需解决。而基于贵州自身的自然生态环境条件及全国甚至是全球对茶叶各类产品的需求量日益增长的趋势,贵州的茶产业有着广阔的发展空间。近十年来,随着经济全球化进程的不断加快,我国对茶叶的出口量也是与日俱增,与茶叶相关的标准在国际贸易中发挥的重要作用已是日益凸显,这些标准文件也成了各个国家在进行茶叶贸易中解决各种技术争端的重要依据之一。所以,将当前我国现行的茶叶相关标准进行梳理,为在以后产业发展面临及解决相关技术问题及对策建议的提出提供主要依据,对加速推进贵州的茶产业建立及完善标准体系、标准化发展、保障茶叶质量安全、促进产业的健康发展有着十分重要的意义。

当前我国实行的《中华人民共和国标准化法》中将标准划分为五个大类,分别为国家标准、行业标准、地方标准、团体标准以及企业标准,而以标准发布单位的属性进行区分可分为两类,一类为以政府为主导开展制定并发布的标准包括国家标准、行业标准及地方标准;另一类为以市场为主导开展制订,经相关团体、企业等组织发布的标准,包括有团体标准和企业标准,如图1所示。以当前我国已发布各类相关茶叶标准的统计数据来看,茶叶标准在我国的发展已较为完善,特别是贵州省内茶叶地方标准已初具规模,这也为贵州茶产业的健康快速发展形成了强有力的保障及支撑作用,下面就国家标准、行业标准、地方标准、团体标准以及企业标准五大标准分类展开对全国以及贵州的茶叶标准进行逐一介绍及简要分析。

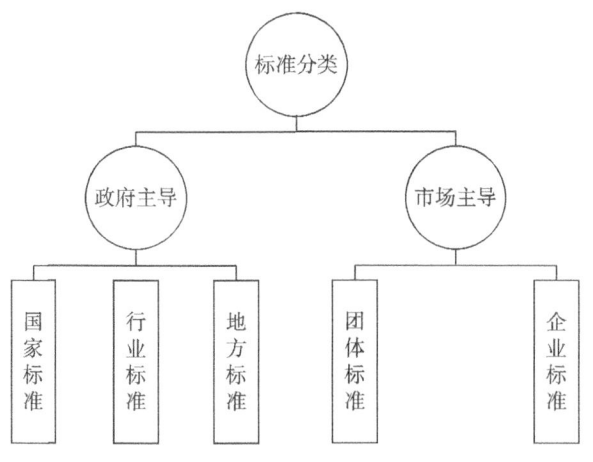

图1 我国标准分类图

一、茶叶相关国家标准现状

以"全国标准信息公共服务平台"中对茶叶相关国家标准的检索数据进行统计,当前我国现行有效的茶叶相关国家标准总计有111项,在这111项茶叶各类国家标准中以标准的适用范围可分为六类标准,分别为产品质量标准(43项)、检测方法标准(30项)、地理标志产品标准(15项)、加工工艺标准(15项)、栽培管理标准(4项)、储运销售标准(4项),详见表1,图2。

表1 茶叶国家标准统计表

序号	标准类型	标准号	标准名称	发布时间
1	检测方法标准	GB/T 18625	茶中有机磷及氨基甲酸酯农药残留量的简易检验方法(酶抑制法)	2002年
2		GB/T 5009.57	茶叶卫生标准的分析方法	2003年
3		GB/T 5009.176	茶叶、水果、食用植物油中三氯杀螨醇残留量的测定	
4		GB/T 23204	茶叶中519种农药及相关化学品残留量的测定-气相色谱-质谱法	2008年
5		GB/T 21727	固态速溶茶 儿茶素类含量的检测方法	
6		GB/T 21728	砖茶含氟量的检测方法	

续表

序号	标准类型	标准号	标准名称	发布时间
7		GB/T 23379	水果、蔬菜及茶叶中吡虫啉残留的测定 高效液相色谱法	2009年
8		GB/T 23376	茶叶中农药多残留测定 气相色谱/质谱法	
9		GB/T 18795	茶叶标准样品制备技术条件	2012年
10		GB/T 18797	茶叶感官审评室基本条件	
11		GB/T 8302	茶 取样	
12		GB/T 8303	茶 磨碎试样的制备及其干物质含量测定	
13		GB/T 8305	茶 水浸出物测定	
14		GB/T 8309	茶 水溶性灰分碱度测定	
15		GB/T 8310	茶 粗纤维测定	
16		GB/T 8311	茶 粉末和碎茶含量测定	
17		GB/T 8312	茶 咖啡碱测定	2013年
18		GB/T 8314	茶 游离氨基酸总量的测定	
19	检测方法标准	GB/T 18798.5	固态速溶茶第5部分:自由流动和紧密堆积密度的测定	
20		GB/T 30376	茶叶中铁、锰、铜、锌、钙、镁、钾、钠、磷、硫的测定 电感耦合等离子体原子发射光谱法	
21		GB/T 30483	茶叶中茶黄素的测定 高效液相色谱法	
22		GB 23200.13	食品安全国家标准茶叶中448种农药及相关化学品残留量的测定液相色谱–质谱法	2016年
23		GB 23200.26	食品安全国家标准茶叶中9种有机杂环类农药残留量的检测方法	
24		GB/T 14487	茶叶感官审评术语	
25		GB/T 18798.1	固态速溶茶 第1部分:取样	2017年
26		GB/T 23193	茶叶中茶氨酸的测定 高效液相色谱法	
27		GB/T 8313	茶叶中茶多酚和儿茶素类含量的检测方法	
28		GB/T 18798.2	固态速溶茶 第2部分:总灰分测定	2018年
29		GB/T 23776	茶叶感官审评方法	
30		GB/T 35825	茶叶化学分类方法	

续表

序号	标准类型	标准号	标准名称	发布时间
31		GB 19965	砖茶含氟量	2005年
32		GB/T 21733	茶饮料	2008年
33		GB/T 13738.3	红茶 第3部分:小种红茶	2012年
34		GB/T 30357.1	乌龙茶 第1部分:基本要求	
35		GB/T 30357.2	乌龙茶 第2部分:铁观音	
36		GB/T 9833.1	紧压茶 第1部分:花砖茶	
37		GB/T 9833.2	紧压茶 第2部分:黑砖茶	
38		GB/T 9833.3	紧压茶 第3部分:茯砖茶	
39		GB/T 9833.4	紧压茶 第4部分:康砖茶	2013年
40		GB/T 9833.5	紧压茶 第5部分:沱茶	
41		GB/T 9833.6	紧压茶 第6部分:紧茶	
42		GB/T 9833.7	紧压茶 第7部分:金尖茶	
43		GB/T 9833.8	紧压茶 第8部分:米砖茶	
44	产品质量标准	GB/T 9833.9	紧压茶 第9部分:青砖茶	
45		GB/T 18798.4	固态速溶茶 第4部分:规格	
46		GB/T 30766	茶叶分类	2014年
47		GB/T 31751	紧压白茶	
48		GB/T 31740.1	茶制品 第1部分:固态速溶茶	
49		GB/T 31740.2	茶制品 第2部分:茶多酚	
50		GB/T 31740.3	茶制品 第3部分:茶黄素	2015年
51		GB/T 30357.3	乌龙茶 第3部分:黄金桂	
52		GB/T 30357.4	乌龙茶 第4部分:水仙	
53		GB/T 30357.5	乌龙茶 第5部分:肉桂	
54		GB/T 32719.1	黑茶 第1部分:基本要求	
55		GB/T 32719.2	黑茶 第2部分:花卷茶	
56		GB/T 32719.3	黑茶 第3部分:湘尖茶	
57		GB/T 32719.4	黑茶 第4部分:六堡茶	2016年
58		GB/T 14456.3	绿茶 第3部分:中小叶种绿茶	
59		GB/T 14456.4	绿茶 第4部分:珠茶	

续表

序号	标准类型	标准号	标准名称	发布时间
60	产品质量标准	GB/T 14456.5	绿茶 第5部分:眉茶	2016年
61		GB/T 14456.6	绿茶 第6部分:蒸青茶	
62		GB/T 34778	抹茶	2017年
63		GB/T 30357.6	乌龙茶 第6部分:单丛	
64		GB/T 30357.7	乌龙茶 第7部分:佛手	
65		GB/T 13738.1	红茶 第1部分:红碎茶	
66		GB/T 13738.2	红茶 第2部分:工夫红茶	
67		GB/T 14456.1	绿茶 第1部分:基本要求	
68		GB/T 22291	白茶	
69		GB/T 22292	茉莉花茶	
70		GB/T 32719.5	黑茶 第5部分:茯茶	2018年
71		GB/T 14456.2	绿茶 第2部分:大叶种绿茶	
72		GB/T 21726	黄茶	
73		GB/T 24690	袋泡茶	
74	地理标志产品标准	GB/T 18745	地理标志产品 武夷岩茶	2006年
75		GB/T 20354	地理标志产品 安吉白茶	
76		GB/T 20360	地理标志产品 乌牛早茶	
77		GB/T 20605	地理标志产品 雨花茶	
78		GB/T 21003	地理标志产品 庐山云雾茶	2007年
79		GB/T 18650	地理标志产品 龙井茶	2008年
80		GB/T 18665	地理标志产品 蒙山茶	
81		GB/T 18957	地理标志产品 洞庭(山)碧螺春茶	
82		GB/T 19698	地理标志产品 太平猴魁茶	
83		GB/T 19460	地理标志产品 黄山毛峰茶	
84		GB/T 19691	地理标志产品 狗牯脑茶	
85		GB/T 22109	地理标志产品 政和白茶	
86		GB/T 22111	地理标志产品 普洱茶	
87		GB/T 22737	地理标志产品 信阳毛尖茶	
88		GB/T 26530	地理标志产品 崂山绿茶	2011年

续表

序号	标准类型	标准号	标准名称	发布时间
89	加工工艺标准	GB/T 18526.1	速溶茶辐照杀菌工艺	2001年
90		GB/Z 21722	出口茶叶质量安全控制规范	2008年
91		GB/T 24614	紧压茶原料要求	2009年
92		GB/T 24615	紧压茶生产加工技术规范	
93		GB/T 25436	热封型茶叶滤纸	2010年
94		GB/Z 26576	茶叶生产技术规范	2011年
95		GB/T 28121	非热封型茶叶滤纸	
96		GB/T 30378	紧压茶企业良好规范	2013年
97		GB/T 31748	茶鲜叶处理要求	2015年
98		GB/T 32743	白茶加工技术规范	
99		GB/T 32744	茶叶加工良好规范	2016年
100		GB/T 32742	眉茶生产加工技术规范	
101		GB/T 34779	茉莉花茶加工技术规范	2017年
102		GB/T 35863	乌龙茶加工技术规范	2018年
103		GB/T 35810	红茶加工技术规范	
104	栽培管理标准	GB 11767	茶树种苗	2003年
105		GB/T 20014.12	良好农业规范 第12部分:茶叶控制点与符合性规范	2013年
106		GB/T 30377	紧压茶茶树种植良好规范	
107		GB/T 33915	农产品追溯要求 茶叶	2017年
108	储运销售标准	GB/T 30375	茶叶贮存	2013年
109		GB/T 31280	品牌价值评价 酒、饮料和精制茶制造业	2014年
110		GB/Z 35045	茶产业项目运营管理规范	2018年
111		GB/T 38126	电子商务交易产品信息描述 茶叶	2019年

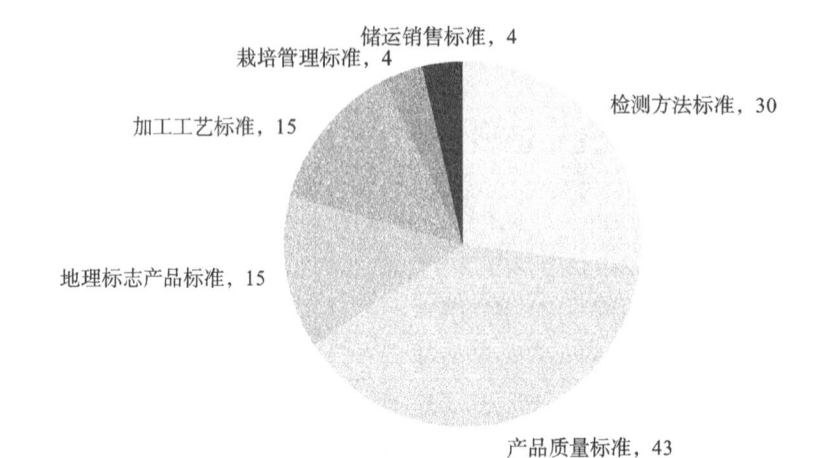

图2 茶叶国家标准统计图(单位:项)

- 储运销售标准，4
- 栽培管理标准，4
- 加工工艺标准，15
- 地理标志产品标准，15
- 检测方法标准，30
- 产品质量标准，43

根据表1中的统计数据分析，当前我国发布执行的茶叶相关国家标准中以茶叶相关感官、理化及安全指标的检测方法及各类产品的质量标准居多，同时地理标志产品标准在其适用的属性上也可归为产品质量标准一类，所以在现行的茶叶相关国家标准中关于检测方法及产品质量标准占到了总量的3/4，特别是在检测方法标准中尤以对安全指标即农药残留的检测方法标准居多。在这111项国家标准中有四项为强制性标准，即GB 23200.13《食品安全国家标准 茶叶中448种农药及相关化学品残留量的测定 液相色谱-质谱法》、GB 23200.26《食品安全国家标准 茶叶中9种有机杂环类农药残留量的检测方法》、GB 19965《砖茶含氟量》及GB 11767《茶树种苗》，除了一项是对茶树苗木的相关规定要求外，其他三项均为对茶叶中的农药残留量的检测方法及限定指标的技术要求；另外的107项均为推荐性国家标准。以茶叶相关国家标准的发布时间进行分析，以五年为一个阶段，在2000—2005年期间发布了6项，2006—2010年期间发布了24项，2011—2015年期间发布了43项，2016—2020年发布了38项(见图3)，由此可以看出我国茶叶相关国家标准的发布呈现出逐年快速递增的发展趋势，这也反映了我国的茶产业正处于快速稳定发展阶段，随着相关国家标准的持续增多，茶叶国家标准体系正逐渐建立并完善，其对茶产业发展的技术支撑作用也日趋成熟。

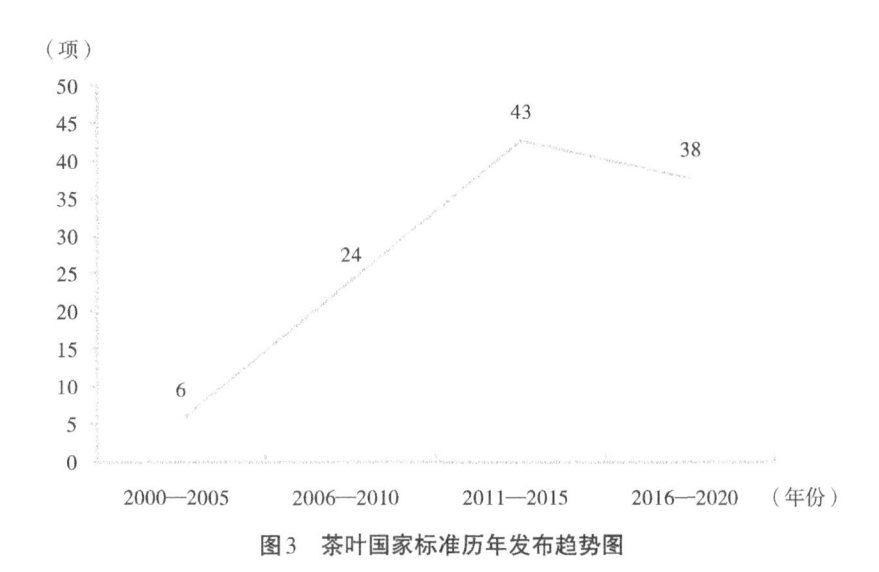

（项）
50
45   43
40   38
35
30
25   24
20
15
10
5 6
0
  2000—2005 2006—2010 2011—2015 2016—2020 （年份）

图3　茶叶国家标准历年发布趋势图

二、茶叶相关行业标准现状

以"全国标准信息公共服务平台"中对茶叶相关行业标准的检索数据进行统计，当前我国现行有效的茶叶相关行业标准总计有119项（见表2、图4），涉及了八个行业领域，分别为包装（BB）、轻工（QB）、商业（SB）、机械（JB）、供销合作（GH）、林业（LY）、农业（NY）、出入境检验检疫（SN）行业，其中以供销合作领域标准最多，达到了36项，农业领域标准次之，也达到了33项，出入境检验检疫领域标准有22项，机械领域标准有13项，商业领域标准有8项，轻工领域标准有4项，林业领域标准2项，包装领域标准1项。以茶叶相关行业标准涉及的各个行业的分布状况分析，茶叶作为我国的传统优势经济类作物，当前发布的供销合作及农业行业标准最多也是理所当然，同时当前我国也是茶叶出口的大国，这也需要大量的出入境检验检疫相关标准来规范及加强茶叶的进出口贸易市场，同时对于茶叶相关产品的加工工艺、加工设备、产品包装、储运运输及相关产业链的拓展也有着制定林业、商业、轻工、机械及包装等标准的需求。而且上述各类行业标准的发布与实施也印证了当前我国的茶产业链条已基本建立形成，产业化发展初具一定规模。

表2 茶叶行业标准统计表

序号	行业领域	标准号	标准名称	发布时间
1	农业	NY/T 5019	无公害食品 茶叶加工技术规程	2001年
2		NY/T 482	敬亭绿雪茶	2002年
3		NY/T 600	富硒茶	
4		NY 5122	无公害食品 窨茶用茉莉花	
5		NY 5123	无公害食品 窨茶用茉莉花产地环境条件	
6		NY/T 5124	无公害食品 茶用茉莉花生产技术规程	
7		NY 5196	有机茶	
8		NY/T 5197	有机茶生产技术规程	
9		NY/T 5198	有机茶加工技术规程	
10		NY 5199	有机茶产地环境条件	
11		NY 659	茶叶中铬、镉、汞、砷及氟化物限量	2003年
12		NY/T 779	普洱茶	2004年
13		NY/T 780	红茶	
14		NY/T 781	六安瓜片茶	
15		NY/T 782	黄山毛峰茶	
16		NY/T 783	洞庭春茶	
17		NY/T 784	紫笋茶	
18		NY/T 787	茶叶感官审评通用方法	
19		NY/T 838	茶叶中氟含量测定方法 氟离子选择电极法	
20		NY/T 853	茶叶产地环境技术条件	
21		NY/T 863	碧螺春茶	
22		NY/T 1206	茶叶辐照杀菌工艺	2006年
23		NY/T 5337	无公害食品 茶叶生产管理规范	
24		NY/T 1721	茶叶中炔螨特残留量的测定 气相色谱法	2009年
25		NY/T 1724	茶叶中吡虫啉残留量的测定 高效液相色谱法	
26		NY/T 1763	农产品质量安全追溯操作规程 茶叶	
27		NY/T 1999	茶叶包装、运输和贮藏通则	2011年
28		NY/T 2102	茶叶抽样技术规范	
29		NY/T 864	苦丁茶	2012年

续表

序号	行业领域	标准号	标准名称	发布时间
30	农业	NY/T 2140	绿色食品 代用茶	2015年
31		NY/T 2672	茶粉	
32		NY/T 2798.6	无公害农产品 生产质量安全控制技术规范 第6部分:茶叶	
33		NY/T 5018	茶叶生产技术规程	
34	出入境检验检疫	SN 0497	出口茶叶中多种有机氯农药残留量检验方法	1995年
35		SN/T 0914	进出口茶叶粉末和碎茶含量的测定方法	2000年
36		SN/T 0918	进出口茶叶抽样方法	
37		SN/T 0912	进出口茶叶包装检验方法	
38		SN/T 0924	进出口茶叶重量鉴定方法	
39		SN/T 1490	进出口茶叶检疫规程	2004年
40		SN/T 1541	出口茶叶中二硫代氨基甲酸酯总残留量检验方法	2005年
41		SN/T 1774	进出口茶叶中八氯二丙醚残留量检测方法 气相色谱法	2006年
42		SN/T 1950	进出口茶叶中多种有机磷农药残留量的检测方法 气相色谱法	2007年
43		SN/T 2072	进出口茶叶中三氯杀螨砜残留量的测定	2008年
44		SN/T 0917	进出口茶叶品质感官审评方法	2010年
45		SN/T 0348.1	进出口茶叶中三氯杀螨醇残留量检测方法	
46		SN/T 0711	出口茶叶中二硫代氨基甲酸酯(盐)类农药残留量的检测方法液相色谱-质谱/质谱法	2011年
47		SN/T 3133	出口茶叶检验规程	2012年
48		SN/T 4256	出口普洱茶良好生产规范	2015年
49		SN/T 4594	出口珠茶、眉茶检验审评方法	2016年
50		SN/T 0797	出口保健茶检验通则	
51		SN/T 0147	出口茶叶中六六六、滴滴涕残留量的检测方法	
52		SN/T 4456	进出口袋泡茶检验规程	

续表

序号	行业领域	标准号	标准名称	发布时间
53	出入境检验检疫	SN/T 4582	出口茶叶中10种吡唑、吡咯类农药残留量的测定方法 气相色谱-质谱/质谱法	2016年
54		SN/T 4777	出口茶叶中蒽醌残留量的检测方法 气相色谱-质谱/质谱法	2017年
55		SN/T 0348.2	出口茶叶中三氯杀螨醇残留量检测方法 第2部分:液相色谱法	2018年
56	供销合作	GH/T 1070	茶叶包装通则	2011年
57		GH/T 1071	茶叶贮存通则	
58		GH/T 1077	茶叶加工技术规程	
59		GH/T 1076	茶叶生产技术规程	
60		GH/T 1090	富硒茶	2014年
61		GH/T 1091	代用茶	
62		GH/T 1116	九曲红梅茶	2015年
63		GH/T 1115	西湖龙井茶	
64		GH/T 1120	雅安藏茶	
65		GH/T 1117	桂花茶	
66		GH/T 1119	茶叶标准体系表	
67		GH/T 1118	金骏眉茶	
68		GH/T 1128	天目青顶茶	2016年
69		GH/T 1124	茶叶加工术语	
70		GH/T 1127	径山茶	
71		GH/T 1126	茶叶氟含量控制技术规程	
72		GH/T 1125	茶叶稀土含量控制技术规程	
73		GH/T 1232	蒙顶甘露茶	2018年
74		GH/T 1236	诏安八仙茶	
75		GH/T 1234	武阳春雨茶	
76		GH/T 1233	雅安藏茶企业良好生产规范	
77		GH/T 1231	加香调味茶	
78		GH/T 1235	莫干黄芽茶	

续表

序号	行业领域	标准号	标准名称	发布时间
79	供销合作	GH/T 1275	粉茶	2019年
80		GH/T 1276	开化龙顶茶	
81		GH/T 1241	漳平水仙茶	
82		GH/T 1244	固态速溶普洱茶	
83		GH/T 1246	茯茶加工技术规范	
84		GH/T 1247	调味茶	
85		GH/T 1260	固态速溶茶中水分、茶多酚、咖啡碱含量的近红外光谱测定法	
86		GH/T 1243	英德红茶	
87		GH/T 1178	祁门工夫红茶	
88		GH/T 1242	紧压白茶加工技术规范	
89		GH/T 1248	信阳红茶	
90		GH/T 1277	蒸青茶加工技术规范	
91		GH/T 1245	生态茶园建设规范	
92	机械	JB/T 6671	辊式切茶机 试验方法	1993年
93		JB/T 5674	茶树修剪机	2007年
94		JB/T 5676	茶叶抖筛机	
95		JB/T 6281	采茶机	
96		JB/T 6670	切茶机	
97		JB/T 7321	茶叶风选机	
98		JB/T 9810	转子式茶叶揉切机	
99		JB/T 9813	阶梯式茶叶拣梗机	
100		JB/T 9814	茶叶揉捻机	
101		JB/T 10809	茶叶微波杀青干燥设备	
102		JB/T 10810	茶叶蒸青机	
103		JB/T 10748	扁形茶炒制机	2016年
104		JB/T 10808	扁形茶加工成套设备	
105	商业	SB/T 10034	茶叶加工技术术语	1992年
106		SB/T 10036	紧压茶运输包装	

续表

序号	行业领域	标准号	标准名称	发布时间
107	商业	SB/T 10157	茶叶感官审评方法	1993年
108		SB/T 10168	闽烘青绿茶	
109		SB/T 10560	中央储备边销茶储存库资质条件	2010年
110		SB/T 10872	农产品批发市场商品经营管理规范 第1部分：茶叶	2012年
111		SB/T 11061	茶叶交易市场建设和经营管理规范	2013年
112		SB/T 11072	茶馆等级划分与评定	
113	轻工	QB/T 4067	食品工业用速溶茶	2010年
114		QB/T 4068	食品工业用茶浓缩液	
115		QB/T 5206	植物饮料 凉茶	2019年
116		QB/T 5405	口腔清洁护理用品 牙膏用茶提取物	
117	林业	LY/T 1170	茶叶包装箱用胶合板	2013年
118		LY/T 1924	木制茶具	2010年
119	包装	BB/T 0078	茶叶包装通用技术要求	2018年

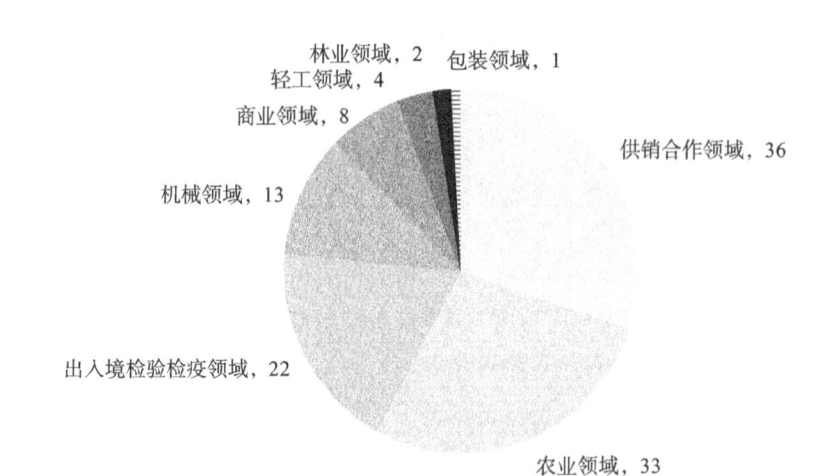

图4 茶叶行业标准统计图(单位:项)

通过对茶叶相关行业标准的统计，再将各项标准的在实施过程中的应用范围进行区分(见图5)，可分为产地环境标准(3项)、栽培管理标准(7项)、生产设备标准(13项)、加工技术标准(16项)、产品质量标准(41项)、检验检测标准(28项)、储运销售标准(11项)七类标准。在与已发布实施的茶叶相关国家标准的应用范围进行对比中,行业标准中虽未涉及地理标志产品标准,但增加了对茶叶种植中的产地环境条件技术要求标准,同时也增加了茶叶在栽种、采摘及加工过程中应用相关设备的技术标准。对于行业标准中未涉及地理标志产品标准,主要原因是地理标志产品标准作为在其保护范围内具有特有的产品品质特征的产品技术要求,在标准的使用属性上的确不适宜制定为行业标准。在行业标准中加入生产设备的相关标准对于当前及以后茶叶在栽种及加工中进行机械化、规模化、规范化生产都是十分必要的,体现了我国茶产业在下一阶段的发展趋势。同时在行业标准中对于茶叶种植产地环境条件标准的增加,不但有利于对现有土地资源的合理利用,保障茶叶种植的产地安全,促进各类农业投入品的安全使用,也将茶叶产品的质量控制延伸至产地源头,有力地保障了茶叶品质的稳定性。由此可见,茶叶的行业标准对于国家标准在数量上的增长及在应用范围的拓宽都极大地发挥了其在缺少相应国家标准的补充作用。

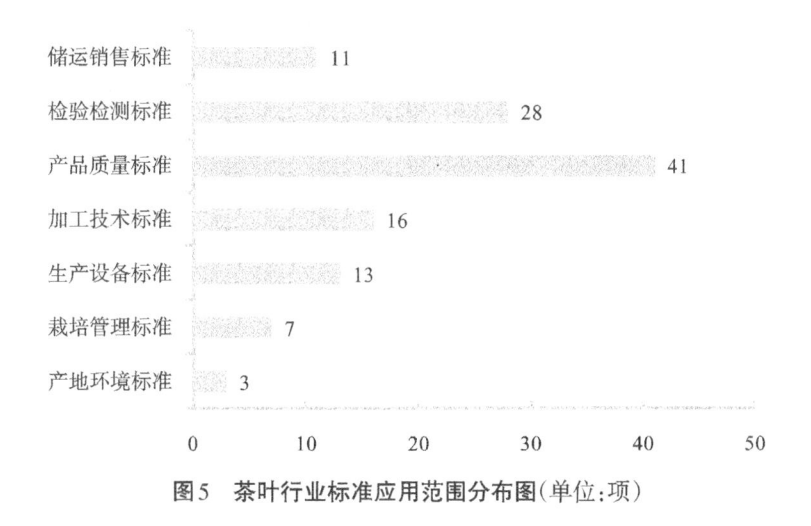

图5 茶叶行业标准应用范围分布图(单位:项)

三、茶叶相关地方标准现状

以"全国地方标准信息服务平台"中对全国各省、自治区、直辖市发布的与茶叶相关地方标准的检索数据显示,截至目前,我国各省、自治区、直辖市发布的与茶叶相关地方标准总计达到了722项,涉及的省、自治区及直辖市有18个,其中有12个省份、自治区及直辖市发布的茶叶相关地方标准超过了30项,5个省份、自治区及直辖市超过了40项,1个省份超过了100项,即贵州省的茶叶相关地方标准达到了120项,为全国之最,第二为江苏省,达到了91项,第三是广西壮族自治区有85项,上述三个省份发布的茶叶相关地方标准占到了全国总量的41%(见图6)。贵州、江苏及广西三个省份在我国虽不是茶叶年产量最大的产区,但在茶叶的栽种面积上在近年来却出现了迅猛的增长,截至2018年,根据全国统计局发布的数据,这三个省份、自治区的茶园面积达到了近900万亩,占到了全国纵面的近20%,这三个省份、自治区在茶叶大面积栽种的同时自然需要大量的标准文件来作为技术的支撑,最终实现茶叶的高质、高产。

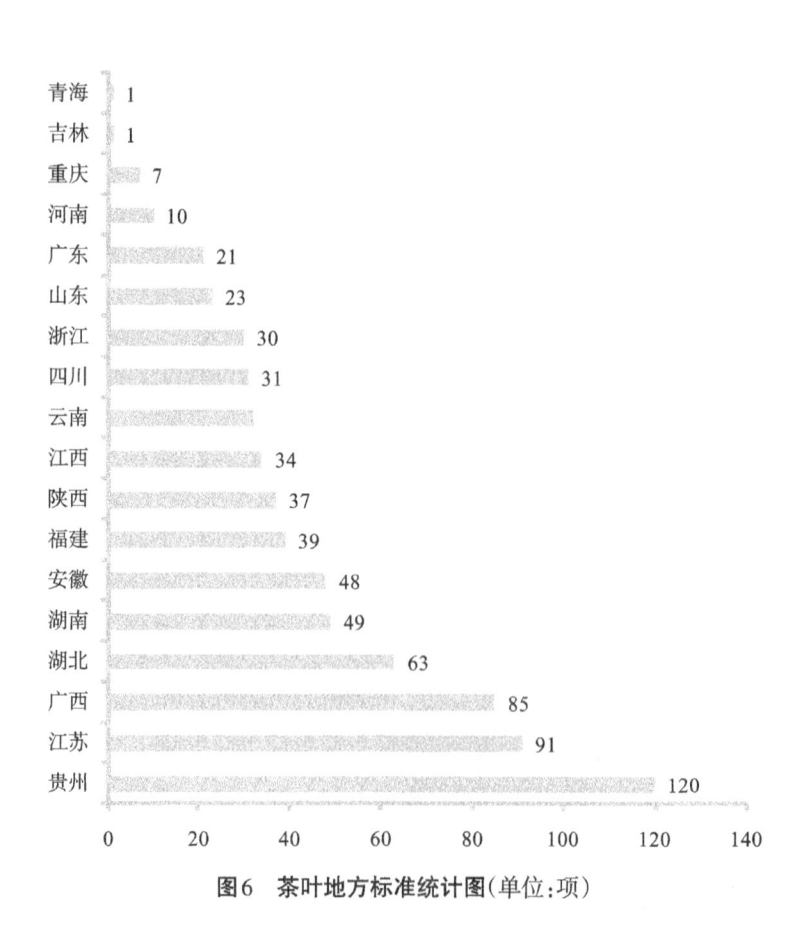

省份	项数
青海	1
吉林	1
重庆	7
河南	10
广东	21
山东	23
浙江	30
四川	31
云南	
江西	34
陕西	37
福建	39
安徽	48
湖南	49
湖北	63
广西	85
江苏	91
贵州	120

图6 茶叶地方标准统计图(单位:项)

根据"全国地方标准信息服务平台"中对贵州省茶叶地方标准的统计,目前贵州现行的地方标准总数达到了120项(见表3),其中有80项为省级地方标准,其余的40项为市(州)级地方标准,在这40项市(州)级地方标准中包括有遵义市地方标准1项,黔东南苗族侗族自治州(简称"黔东南州")、六盘水市及黔西南布依族苗族自治州(简称"黔西南州")各2项,黔南布依族苗族自治州(简称"黔南州")3项,铜仁市30项。以贵州省发布的地方标准应用范围出发,基本囊括了茶产业中的种苗、产地环境、栽培、病虫害防治、采摘、加工、产品质量安全、储运、销售、服务等各个环节,服务于产业发展的标准体系已基本建立,同时对于一些茶叶的区域品牌标准体系也正在逐步形成,如铜仁市的梵净山茶、黔南州的都匀毛尖以及遵义市的湄潭翠芽、遵义红茶等。可以看到贵州省的茶产业标准化建设已是走在了全国的前列,这对当地的茶产业发展提供了强大的技术支撑及保障的作用,但同时也要注意如此多的地方标准也给当地茶叶从事种植、加工、销售的专业合作社、企业等组织带来执行哪一个标准的困扰,而且这些标准中的技术内容及参数难免有同质化的现象,相关行政部门可对贵州省的茶叶地方标准进行梳理,在加大标准化的宣贯力度的同时,也适当删减掉一部分有重复的标准,在保证标准的科学性及可操作性,也加强体现标准在实施的针对性,以更好更有效地服务于茶产业的健康、快速、高质量的发展。

表3 贵州省茶叶地方标准统计表

序号	标准编号	标准名称	发布时间
1	DB52/T 436	贵州省名优茶审评规范	2002年
2	DB52/T 448	贵州小叶苦丁茶	2003年
3	DB52/T 454	余庆苦丁茶	2004年
4	DB52/T 648	贵州茶叶包装通用技术规范	
5	DB52/T 627	贵州低产茶园改造技术规程	
6	DB52/T 647	贵州省茶馆星级评定基本要求	
7	DB52/T 626	贵州高产优质茶园栽培技术规程	2010年
8	DB52/T 623	贵州茶树良种短穗扦插繁育技术规程	
9	DB52/T 632	贵州茶叶加工技术要求	
10	DB52/T 634	贵州绿茶 卷曲形茶加工技术规程	

续表

序号	标准编号	标准名称	发布时间
11	DB52/T 619	贵州茶叶全程清洁化生产技术规范	
12	DB52/T 633	贵州绿茶 大宗茶加工技术规程	
13	DB52/T 637	贵州绿茶 贵州针茶加工技术规程	
14	DB52/T 635	贵州绿茶 直条形毛峰茶加工技术规程	
15	DB52/T 645	茶叶冲泡品饮指南	
16	DB52/T 628	贵州茶园机械化采摘技术规程	
17	DB52/T 636	贵州绿茶 扁形茶加工技术规程	2010年
18	DB52/T 646	贵州省茶馆业服务基本要求	
19	DB52/T 639	贵州红茶 工夫红茶加工技术规程	
20	DB52/T 620	贵州省茶叶产品信息溯源管理指南	
21	DB52/T 640	贵州红茶 红碎茶加工技术规程	
22	DB52/T 644	贵州绿茶销售管理指南	
23	DB52/T 643	贵州茶青市场建设与管理基本要求	
24	DB52/T 638	贵州绿茶 珠形茶加工技术规程	
25	DB52/T 712	贵州小叶苦丁茶培育技术规程	2011年
26	DB52/T 470	梵净山绿茶	
27	DB52/T 784	茶假眼小绿叶蝉监测与无害化治理技术规程	2012年
28	DB52/T 783	茶园赤星病监测与无害化治理技术规程	
29	DB52/T 1070	地理标志产品 朵贝茶	
30	DB52/T 995	都匀毛尖茶加工技术规程	
31	DB52/T 835	地理标志产品 正安白茶	
32	DB52/T 1033	藤茶种植技术规程	
33	DB52/T 1016	地理标志产品 正安白茶加工技术规程	
34	DB52/T 1015	地理标志产品 雷山银球茶加工技术规程	2015年
35	DB52/T 1014	地理标志产品 石阡苔茶加工技术规程	
36	DB52/T 532	地理标志产品 石阡苔茶	
37	DB52/T 1013	梵净山红茶加工技术规程	
38	DB52/T 1012	梵净山红茶	
39	DB52/T 1011	梵净山颗粒形绿茶加工技术规程	

续表

序号	标准编号	标准名称	发布时间
40	DB52/T 1010	梵净山颗粒形绿茶	2015年
41	DB52/T 1009	梵净山卷曲形绿茶加工技术规程	
42	DB52/T 1008	梵净山卷曲形绿茶	
43	DB52/T 1007	梵净山针形绿茶加工技术规程	
44	DB52/T 1006	梵净山针形绿茶	
45	DB52/T 1005	安顺瀑布毛峰茶加工技术规程	
46	DB52/T 1004	安顺瀑布毛峰茶	
47	DB52/T 1003	地理标志产品凤冈锌硒茶加工技术规程	
48	DB52/T 489	地理标志产品凤冈锌硒茶	
49	DB52/T 1002	湄潭翠芽茶加工技术规程	
50	DB52/T 1001	遵义红茶加工技术规程	
51	DB52/T 999	绿宝石茶专属茶园栽培技术规程	
52	DB52/T 998	绿宝石绿茶加工技术规程	
53	DB52/T 1163	地理标志产品 普安四球茶	2016年
54	DB52/T 1162	地理标志产品 普安红茶	
55	DB52/T 1156	小黄花茶栽培技术规程	
56	DB52/T 1102	贵州青茶(乌龙茶)	
57	DB52/T 1078	地理标志产品 六盘水苦荞茶	
58	DB52/T 1076	地理标志产品 水城春茶	
59	DB52/T 1231	地理标志产品 贵定益肝草凉茶	2017年
60	DB52/T 1219	地理标志产品 道真绿茶(道真硒锶茶)	
61	DB52/T 1204	贵定云雾贡茶 工夫红茶	
62	DB52/T 1203	冷泡绿茶加工技术规程	
63	DB52/T 1202	冷泡绿茶冲泡品饮指南	
64	DB52/T 641	贵州红茶	
65	DB52/T 547	贵定云雾贡茶 绿茶	
66	DB52/T 442.5	贵州绿茶 第5部分:直条形茶	
67	DB52/T 442.4	贵州绿茶 第4部分:颗粒形茶	
68	DB52/T 442.3	贵州绿茶 第3部分:扁形茶	

续表

序号	标准编号	标准名称	发布时间
69	DB52/T 442.2	贵州绿茶 第2部分:卷曲形茶	2017年
70	DB52/T 442.1	贵州绿茶 第1部分:基本要求	
71	DB52/T 1169	离蕊金花茶育苗技术规程	
72	DB52/T 1270	老鹰茶扦插育苗技术规程	
73	DB52/T 1339	地理标志产品 开阳富硒茶	
74	DB52/T 433	都匀毛尖茶	
75	DB52/T 478	湄潭翠芽茶	
76	DB52/T 1000	遵义红 红茶	
77	DB52/T 997	绿宝石 绿茶	
78	DB52/T 1358	贵州抹茶	
79	DB5227/T 044	都匀毛尖茶园黑刺粉虱监测调查技术规范	
80	DB5227/T 043	都匀毛尖茶园小绿叶蝉监测调查技术规范	
81	DB5226/T 210	黎平红 红茶	
82	DB5226/T 209	雷公山茶 绿茶	
83	DB5206/T 31	梵净山茶品牌使用管理规范	2018年
84	DB5206/T 30	梵净山茶楼茶馆分级标准	
85	DB5206/T 29	梵净山茶楼茶馆业服务规范	
86	DB5206/T 28	梵净山茶叶冲泡品饮指南	
87	DB5206/T 27	梵净山茶叶销售管理指南	
88	DB5206/T 26	梵净山茶青市场建设与交易管理规范	
89	DB5206/T 25	梵净山名优红茶审评规范	
90	DB5206/T 24	梵净山名优绿茶审评规范	
91	DB5206/T 23	梵净山无公害茶叶企业检验、标志、包装、运输及贮存标准	
92	DB5206/T 22	梵净山红碎茶加工技术规程	
93	DB5206/T 21	梵净山直条形毛峰绿茶加工技术规程	
94	DB5206/T 20	梵净山扁形绿茶加工技术规程	
95	DB5206/T 19	梵净山绿茶加工技术规程	
96	DB5206/T 18	梵净山茶叶初精制加工技术规程	
97	DB5206/T 17	梵净山无公害茶叶加工技术规程	

续表

序号	标准编号	标准名称	发布时间
98	DB5206/T 16	梵净山茶叶加工场所基本条件	
99	DB5206/T 15	梵净山茶叶鲜叶分级标准	
100	DB5206/T 14	梵净山无公害茶园农药使用技术规程	
101	DB5206/T 13	梵净山无公害茶园土壤管理及肥料使用技术规程	
102	DB5206/T 12	梵净山茶叶机械化采摘技术规程	
103	DB5206/T 11	梵净山低产茶园改造技术规程	
104	DB5206/T 10	梵净山标准茶园建设技术规程	
105	DB5206/T 09	梵净山有机茶叶栽培技术规程	2018年
106	DB5206/T 08	梵净山无公害茶叶栽培技术规程	
107	DB5206/T 07	梵净山茶树无性系良种短穗扦插繁育技术规程	
108	DB5206/T 06	梵净山有机茶叶产地环境条件	
109	DB5206/T 05	梵净山无公害茶叶产地环境条件	
110	DB5206/T 04	梵净山茶叶产品质量安全追溯操作规程	
111	DB5206/T 03	梵净山茶叶全程清洁化技术规程	
112	DB5206/T 02	梵净山茶品牌综合标准	
113	DB5202/T 015	地理标志产品 保基茶叶	
114	DB5202/T 012	地理标志产品 九层山茶	
115	DB5223/T 2	地理标志产品 晴隆绿茶	2019年
116	DB5223/T 1	地理标志产品 七舍茶	
117	DB5203/T 30	地理标志产品 习水红茶	
118	DB52/T 1495	贵州茶叶冲泡品饮指南	
119	DB52/T 1484	老鹰茶加工技术规程	2020年
120	DB5227/T 57	贵州金花茶种植技术规程	

四、茶叶相关团体及企业标准现状

团体标准及企业标准在发布单位的属性上都是属于由市场主体来进行制定并发布,也就是团体标准及企业标准的制定及发布无须进行行政的审批及许可,团体标准的制定发布主体一般为社会团体或产业技术联盟,企业标准则是单个或是多个企业联合制定发布,标准发布后的实施最终在市场中进行竞争选择或是淘汰,但在团体、企业标准制定及实施的过程中,标准化行政主管部门需对进行必要的规范、引导及监督。由此可见,团体、企业标准的存在主要是为了迎合市场的创新性的需求,以调和市场中各利益主体之间的争议及冲突,这两种标准不但能合理分配及利用市场中的各项资源,将前沿的科学技术成果应用在实际生产中,同时也能根据市场中的各类需求来拓展产品的应用范围及其安全性,以提升其经济价值及收益水平,以最大限度地发挥团体及企业标准的技术先进性、经济合理性的特征。所以这些团体及企业标准的内在属性在于国家、行业及地方标准的对比中都体现了其"快、新、活、高"的四大特点,"快"体现在团体及企业标准不许进行行政的审批及许可,从而缩减了其制订及发布的周期,保证了其时效性;"新"是指团体及企业标准在制订中能将前沿的科技成果有效地转化到标准内容中,以指导实际生产过程,同时也能快速地制订新产品的技术要求,以满足市场需求并且延伸了产业链条;"活"的特点则是基于团体及企业标准的适用范围基础上,团体标准只适用于相关团体组织内部成员,企业标准只适用于相关企业,虽适用范围较小,但标准制定发布的工作机制却十分灵活,标准中的内容可在不违反国家强制性标准的基础上根据团体成员或企业的具体需求进行快速调整,有力地增强了标准的适用性;"高"是指团体及企业标准中的相关技术要求的制定应高于或最低以持平相应的国家标准、行业标准及地方标准,普遍处于行业的领先水平。

通过在"全国团体标准信息平台"中对茶叶的相关团体标准进行检索,当前现行有效的茶叶相关团体标准共有292项,其中贵州省内社会团体组织发布的团体标准达到了36项,分别为贵州省绿茶品牌发展促进会、贵州省食品工业协会、贵州省地理标志研究会、遵义市茶叶流通行业协会、余庆县茶叶协会、开阳县富硒产品协会及印江土家族苗族自治县梵净山茶业协会等8家社会团体组织发布(见表4)。在发布的36项团体标准中,基本都为某一产品配套性系列标准,对该产品的种植加工生产都有相应的要求,形成了一定的体系,这也表明团体标准的制定相对于国家、行业及地方标准,其指向性及针对性更强,虽然发挥的作用面不广,但作用力更强。同时通过"企业标准信息公共服务平台"中对已在平台中备案的茶叶相关企业标准的检索,不只是在全国范围,就单单是在贵州省内的茶叶相关企业标准就达到几百项之多,数量过于庞大就不再一一列表,而且在检索的数据中可以看到,茶叶相关企业标准主要有两种形式存在,一类为企业自行制定的企业标准,如贵州铜仁和泰茶业有限公司制定的 Q/HTC0002S—2013《珠茶(商品)茶》,另一类为企业引用的相关地方标准,如贵州凤冈黔风有机茶业有限公司引用地方标准 DB52/T489—2015《凤冈锌硒茶》,这反映了企业在生产相关茶叶产品时根据产品的特性在满足相关国家强制性标准的前提下可自行制定突出自身产品特征的企业标准,也突显了目前贵州省的地方标准建设已相对较为完善,使企业在生产茶叶相关产品时都有着对应的标准来参照执行,实现了企业在生产过程中都有标可循。

表4 贵州省茶叶团体标准统计表

序号	标准编号	标准名称	发布团体	发布时间
1	T/GZTPA 0001	茶叶、蔬菜中克百威残留的测定 酶联免疫吸附法	贵州省绿茶品牌发展促进会	2019年
2	T/GZTPA 0003	茶叶、茶青中赤霉酸残留量的测定 液相色谱-质谱/质谱法		
3	T/GZTPA 0004	茶叶中多种农药残留测定 液相色谱法		
4	T/GZTPA 0001	贵州绿茶主要化学成分的测定 近红外漫反射光谱法		2020年
5	T/GZTPA 0002	贵州茶叶冲泡品饮指南		
6	T/GZSX 055.5	刺梨系列产品刺梨果茶饮料	贵州省食品工业协会	2019年
7	T/GGI 021	思南晏茶产地环境条件	贵州省地理标志研究会	2018年
8	T/GGI 022	思南晏茶种植技术规程		
9	T/GGI 023	思南晏茶病虫害防治规程		
10	T/GGI 024	思南晏茶鲜叶采摘标准		
11	T/GGI 025	思南晏茶加工环境标准		
12	T/GGI 026	思南晏茶 绿茶		
13	T/GGI 050	水城春茶产地环境条件		2019年
14	T/GGI 051	水城春茶种植技术规程		
15	T/GGI 052	水城春茶病虫害防治规程		
16	T/GGI 053	水城春茶鲜叶采摘标准		

续表

序号	标准编号	标准名称	发布团体	发布时间
17	T/GGI 054	水城春茶 绿茶	贵州省地理标志研究会	2019年
18	T/GGI 055	水城春茶 红茶		
19	T/ZYCX 001.1	遵义红 袋泡原料茶	遵义市茶叶流通行业协会	2018年
20	T/ZYCX 001.2	遵义红 袋泡原料茶加工技术规程		
21	T/ZYCX 002.1	遵义绿 绿茶		
22	T/ZYCX 002.2	遵义绿 绿茶产地环境条件		
23	T/ZYCX 002.3	遵义绿 绿茶生产技术规程		
24	T/ZYCX 002.4	遵义绿 绿茶加工技术规程		
25	T/ZYCX 002.5	遵义绿 绿茶公用品牌使用管理指南		
26	T/ZYCX 002.6	遵义绿 绿茶冲泡品饮指南		
27	T/YQCX 001.1	余庆白茶 第1部分:商品茶	余庆县茶叶协会	2018年
28	T/YQCX 001.2	余庆白茶 第2部分:产地环境条件		
29	T/YQCX 001.3	余庆白茶 第3部分:生产技术规程		
30	T/YQCX 001.4	余庆白茶 第4部分:加工技术规程		
31	T/KYFX 3	开阳生态富硒红茶(硒红茶)	开阳县富硒产品协会	2019年
32	T/KYFX 4	开阳生态富硒白茶(硒白茶)		
33	T/KYFX 6	开阳生态富硒红茶(硒红茶)加工技术规程		
34	T/KYFX 7	开阳生态富硒白茶(硒白茶)加工技术规程		
35	T/YJCX 001	梵净山秀眉加工技术规程	印江土家族苗族自治县梵净山茶业协会	2020年
36	T/YJCX 002	梵净山秀眉		

当前的茶叶现行的相关国家、行业及地方标准已是达到了一定的数量,相对满足了茶产业发展的需求,但也要看到在如今消费越来越趋于多样化、个性化、精品化,单靠现行的国家、行业及地方标准发挥产业发展的技术支撑也只是解一时之需,随着茶产业的不断推进发展,必然会出现力不从心。特别是对于贵州的茶产业发展,虽然其产业化相对于其他的茶叶生产大省起步较晚,但通过以高技术生产、高要求质量、高水平管理来主导茶产业的发展方向,实现了起点高、速度快的发展

目标,在这一背景之下也为贵州茶产业大力开展团体及企业标准工作带来了绝佳的契机。贵州茶业团体及企业标准工作的持续推进,可有效补齐国家、行业及地方标准在制定过程中面临的工作周期长、修订速率慢及标准技术要求低等短板,让贵州的茶产业提质增效的同时,也提升产业发展的水平,为贵州茶产业最终实现后发赶超提供强有力的技术支撑及引领作用。

参考文献

[1] 国家统计局网站统计数据:http://www.stats.gov.cn/.

[2] 全国标准信息公共服务平台数据:http://std.samr.gov.cn/.

[3] 全国地方标准信息服务平台数据:http://dbba.sacinfo.org.cn/.

[4] 全国团体标准信息平台数据:http://www.ttbz.org.cn/.

[5] 企业标准信息公共服务平台数据:http://www.qybz.org.cn/.

B.4 贵州做强茶产业基地建设研究

陆光米[*]

摘　要：近十几年来，贵州茶产业基地建设在贵州省委、省政府高度重视和大力推动下取得喜人成绩。本报告首先阐述贵州做强茶产业基地建设的理论基础和重要意义；然后总结贵州近年来茶产业基地建设的主要做法和相关成效，并在此基础上剖析贵州茶产业基地建设存在的问题；最后结合贵州做强茶产业基地建设的现实需要提出相应的对策建议。

关键词：茶产业　基地建设　贵州

贵州地处茶树原产地核心区，得天独厚的生态环境和自然品质保障了茶产业发展的先天条件。近十几年来，贵州省委、省政府高度重视并大力推动茶产业发展，将茶产业作为贵州省绿色生态产业、优势特色产业、脱贫攻坚主导产业进行培育和发展，先后出台系列政策文件支持茶产业做大做强和高质量发展。2008—2013年连续6年年均新增茶园70万亩以上，发展速度和建设成效约占全国新增茶园面积一半，[1]茶叶主产县达43个，约占贵州省一半县份。截至2019年年底，贵州省茶园面积700万亩，其中投产面积601.7万亩，茶叶产量40.1万吨，产值达到451.2亿元，茶产业辐射带动356.1万人，带动贫困群众34.81万人。[2]可见，茶产业已成为贵州省脱贫攻坚重要的经济力量，成为乡村振兴产业兴旺的支撑产业。要进一步发挥贵州省茶叶规模优势、生态优势并转化成为巩固脱贫成效的经济优势，则需要进一步做强茶产业基地建设。因此，加快做强贵州省茶产业基地建设，对巩固贵州省茶产业发展成效、促进茶产业高质量发展、践行"两山"理念、实现产业兴旺以巩固脱贫攻坚成效等都具有十分重要的意义和价值。

---

[*]陆光米，贵州省社会科学院农村发展研究所助理研究员。研究方向为产业经济、农村问题。

[1]中共贵州省委宣传部：《2019年贵州茶产业宣传方案》，第2页。

[2]邓钺洁.茶产业成为贵州脱贫攻坚支撑力量[N].贵州日报，2019-12-20.

一、理论认识

(一)理论基础

茶叶作为农产品,具有地域性、周期性和季节性等农业特性,同时茶叶作为商品必须符合市场准入标准和条件,这就要求茶产业要实现高质量发展必须建立种植、加工、采购、品牌与销售等环环相扣又环环畅通的完整产业链系统。换句话说,也就是要加强茶原料基地、茶产品加工基地及茶产品商贸和出口基地等全产业链系统的建设。贵州茶叶生产具备地域、生态、文化等为一体的发展优势,但产业发展水平、产品受众度及市场占有率等方面与其体量不匹配,因此如何使面积大成为产业强、安全高成为效益优、干净茶成为致富茶,进一步增强贵州省茶产业核心竞争力,亟须我们在加强茶产业基地建设上下功夫和做文章,首当其冲的则是厘清做强茶产业基地建设的相关理论。

1. 产业结构理论

配第-克拉克最先提出产业结构理论,通过库兹涅茨、钱纳里、霍夫曼等人的补充和延伸,产业结构理论得到充实和完善。产业结构理论由产业结构合理化、产业结构优化等方面的内容构成。其中产业结构合理化核心要点是产业间与产业内部之间协调发展;产业结构优化是指随着产业发展和市场需求变化,政府通过有关产业政策调整优化产业结构,进一步推动产业结构升级的动态发展过程,这些理论的提出都是为了推动产业结构优化升级以提高生产效益。结合贵州省茶产业发展来看,贵州省茶产业发展到现阶段,不能困陷于种植面积单一的提升,亟须把发展重点转向如何促进茶产业优化升级和提质增效,这就要求我们把眼光和着力点放在做强茶产业基地建设上。

2. 比较优势理论

比较优势理论最先是由李嘉图在《政治经济学及赋税原理》中提出的,核心思想是"两优择其甚,两劣权其轻",后经过赫克歇尔-俄林、巴萨、罗默、杨小凯等人的完善优化,比较优势理论得到广泛应用,并指导农业生产发展。在指导农业生产方面,通过资源禀赋、特色优势等进行区域内及区域间的比较分析,来提高资源配置效率,优化产业结构并指导农业生产布局,以实现经济效益最高化。贵州省茶产业在资源禀赋、生产规模、产品品质等方面都具有明显的比较优势,要充分发挥比较优势并转换成经济效益,换句话说,就是要兼顾茶原料基地、茶产业加工基地、茶产品商贸及出口基地的建设,以最大限度地将自身比较优势转化成经济效益以促进茶农增收致富。

(二)概念界定

2006年以来贵州茶园种植面积逐年增加,2013年贵州茶园种植面积增至全国第一并保持多年,贵州已然成为茶叶种植大省,贵州省茶产业种植规模、茶产品质量、茶产业效益等方面不断提升。但也面临茶产业发展相对简单粗放、茶产业基地多而不强、茶品牌散弱及市场占有率不足等诸多问题和挑战。对此,中共贵州省委、贵州省人民政府出台《关于加快建设茶产业强省的意见》明确指出:要努力将贵州省建设成为全国最大的优质茶原料基地、最大的茶产品加工基地、最大的茶产品商贸中心、最大的茶产品出口基地。鉴于此,本文中"茶产业基地建设"意指茶原料基地建设、茶产品加工基地建设和茶产品商贸和出口基地建设,以推进贵州省茶产业转型升级,加快建设成为茶产业强省。

二、重要意义

(一)践行"绿水青山就是金山银山"理念的现实举措

贵州牢记习近平总书记对贵州工作的殷切嘱托,牢牢守好发展和生态两条底线,多年来坚持将茶产业作为贵州省特色产业、优势产业及生态产业重点培育,在实践中践行"两山"理念。十多年来,贵州从生产源头保障茶的"生态性",探索了"茶中有林、林中有茶、茶林相间"的茶园发展模式。具体来看,目前贵州有86个村、230个乡镇茶园种植面积在万亩以上,有19个县茶叶种植面积在10万~20万亩,有8个县茶园种植面积在20万~30万亩,有4个县茶园种植面积在30万亩以上。[1]可见,"荒山"变成一座座翠绿的"茶山"并逐步变成茶农增收致富的"金山银山",因此,加大对贵州省茶产业基地建设投入是践行"绿水青山就是金山银山"发

---

[1] 数据来源:《2018年贵州茶产业基本情况介绍》,第4页。

展理念十分重要的现实举措。

(二)巩固脱贫攻坚成效的重要途径

发展产业是贫困地区摆脱贫困的根本之策。近年来,茶叶日渐成为茶叶主产县茶农收入的主要来源和脱贫致富的重要手段。根据相关统计来看,2018年,贵州省茶园投产面积、产量和产值分别为561万亩、36.2万吨和394亿元,13.7万贫困群众脱贫,[1]到2019年则茶园投产面积、产量和产值分别达到601.7万亩、40.1万吨和451.2亿元,带动17.46万贫困群众脱贫,同比分别增长了7.25%、10.77%、14.52和27.45%。纵向比较来看,2018—2019年,贵州以7.25个百分点的茶园种植面积增长促进了14.52个百分点的茶园产值的增长,并带动贫困群众脱贫增长了27.45个百分点。可见,发展茶产业在贵州省决战脱贫攻坚中具有重要作用和价值。因此,进一步做强茶产业基地建设是巩固脱贫攻坚成效、保障茶农收入可持续性的重要途径。

(三)实现产业兴旺的迫切需要

乡村振兴的核心和基石是要实现产业兴旺,茶产业作为贵州省特色优势产业,也是贵州省乡村振兴的重要产业。这不仅要求产业结构合理化和高度化,也要求产业关联度高、产出效益好和集群效益明显。近年来,贵州省茶园种植面积稳居全国第一,茶产品加工向深加工及精加工发展,茶叶质量安全服务平台及农产品安全质量追溯体系逐渐完善。但也面临产业结构优化升级、茶园基础设施建设投入、竞争力提升和经济效益转化、品牌树立及市场拓宽等难题。可见,做强贵州省茶产业基地建设是实现产业兴旺及茶产业高质量发展的迫切需要。

三、主要做法与成效

(一)主要做法

1. 总体谋篇布局,强化顶层设计

2006年以来,贵州省委、省政府以茶产业高质量发展的眼光来谋篇布局和整

---

[1]数据来源:《2018年贵州茶产业基本情况介绍》,第1页。

体规划,不断强化茶产业发展的顶层设计。先后紧锣密鼓出台的一系列政策文件均对加强基地建设做出明确指导,保障了贵州省茶产业基地建设升级优化。具体表现如下:一是2007年中共贵州省委、贵州省人民政府出台的《关于加快茶产业发展的意见》明确指出到2015年茶叶种植面积要达到300万亩。二是2014年贵州省人民政府办公厅印发《关于贵州省茶产业提升三年行动计划(2014—2016)》明确提出要建成国内面积第一、产量第一、质量安全第一的茶叶原料基地。三是2017年贵州省人民政府办公厅印发的《关于贵州省发展茶产业助推脱贫攻坚三年行动方案(2017—2019)》指出要加快茶产品加工和出口基地建设,进一步促进贵州省茶产业转型升级。四是2018年中共贵州省委、贵州省人民政府出台的《关于加快建设茶产业强省的意见》指出要以效益为核心,以市场为导向,努力将贵州省建设成为全国最大的优质茶原料基地、最大的茶产品加工基地、最大的茶产品商贸中心、最大的茶产品出口基地。

2. 强化组织领导,高位推动落实

贵州省茶产业发展始终坚持政府推动,即是强化政府在制定和实施规划、标准、政策、激励机制、公共服务等方面的职责,完善资金筹措、资源整合及利益联结,并引导要素流向产业发展,多方合力推动茶产业转型升级、做大做强和高质量发展。换句话说,即是通过强化组织领导的发展原则,进而高位推动工作落实。具体表现在如下方面:一是政策机制成体系。2006年以来,贵州省茶产业政策设计着力点和聚焦面从加快茶产业发展到茶产业提升三年计划,接着到发展茶产业助推脱贫攻坚,再到建设茶产业强省,可以看出贵州省茶产业发展政策机制体系不断完善,茶产业正在贵州大地上"落地开花结果"。二是高位推动成合力。近十几年来,贵州茶产业受到高度重视,得到多方大力支持。特别是2018年将茶产业列为贵州省农村产业革命十二大产业以来,成立以贵州省领导牵头,省直有关单位和部门为成员的茶产业领导小组,加强工作部署,促进政策、资金、人才等诸多要素的配给与补给,多方合力高位推动茶产业建设与发展。三是专家专班成助力。贵州省茶叶专家团队由中国工程院院士、贵州大学校长宋宝安等37位省内外专家组成,各成员均是长期致力于茶产业发展研究的知名专家,各市(州)、茶叶主产县参照省的做法,成立相应的领导小组和工作专班,助力贵州茶产业基地建设发展。

3. 立足自身优势,助推基地提升

贵州茶叶生产具有资源禀赋、生态及安全等诸多优势。近年来,贵州立足自身优势,做强基地建设,形成了"茶林相间"的生态发展模式,走出了一条贵州原料、贵州制造、贵州品牌的发展道路。一方面是在加快规模化、标准化、集约化基地建设上下功夫,通过扩大种植规模,把新建茶园与投产茶园连点成线,连线成面,逐渐推进茶园向主产县、核心乡镇、专业村集聚,打造茶产业带和茶产业走廊。另一方面是在扎实推进茶叶标准园建设、茶园投入品管控、病虫害绿色防控及机械化生产的同时,也加大力度建设茶产品加工机械化清洁化标准化,通过多种优惠政策引导茶企到茶叶主产县的核心乡镇、规模茶场建设多样化专用基地,全方位助推贵州省茶产业基地转型升级。

4. 坚持市场导向,做强基地建设

茶叶作为商品必须要满足市场准入准则和消费者需求标准,这就要求贵州茶产业发展必须以市场需求为导向。一是扩大高标准茶园建设规模。加强茶树品种优选优育,大力推进原有低质低效茶园提质改造,加大生态茶园、欧标茶园等的建设;同时严格茶园投入品监管,加快茶园品质认证。二是大力推进加工升级。加大茶叶精制加工,改进商品茶包装及品牌化打造;通过加快建设茶产品加工基地,以满足茶产业标准化、品牌化的发展需求。三是积极拓展市场。一方面通过鼓励支持茶叶主产区建设茶叶专业市场,增强各茶叶批发市场的商贸活力,巩固省内市场;另一方面通过扩大宣传力度及方式,培育茶叶经销商,支持公共品牌企业抱团推销贵州茶产品,积极抢占省外市场;此外通过对标欧美、中东等国际市场茶叶消费标准及偏好;通过逐渐建立并加大茶产品商贸及出口基地的建设,来促进茶产业基地全方位建设和茶产业高质量发展。

(二)相关成效

1. 茶原料基地建设稳步推进

一是茶园面积和茶叶产量显著增加。从表1可以看出,近十年来,我国实有茶园面积和茶叶产量逐年增加,到2019年分别增至4597.9万亩和277.7万吨,相较2009年分别增长了65.8个百分点和104.3个百分点;贵州茶园面积及茶叶产量也呈逐年增长的态势,2019年相较2009年分别增长了2.8倍和9.6倍;同时,贵州茶园

面积和茶叶产量占全国的比重也显著提升,至2019年分别达到16.4%和14.4%,相较2009年分别增加了9.2个百分点和11.3个百分点。

表1　2009—2019年全国与贵州茶叶年末实有茶园面积和产量

年份	年末实有茶园面积 全国(万亩)	年末实有茶园面积 贵州(万亩)	占比(%)	产量 全国(万吨)	产量 贵州(万吨)	占比(%)
2009	2792.8	198.3	7.2	135.9	4.2	3.1
2010	2955.3	205.8	8.5	147.5	5.2	3.5
2011	3168.9	294.6	9.3	162.3	5.8	3.6
2012	3419.9	373.3	11.0	179.0	7.4	4.2
2013	3703.2	469.8	12.7	192.4	8.9	4.6
2014	3974.7	553.9	13.9	209.6	10.7	5.1
2015	4187.1	628.4	15.0	224.9	11.8	5.2
2016	4084.2	631.2	15.5	231.3	28.4	12.3
2017	4273.1	684.3	16.0	246.0	32.7	13.3
2018	4478.7	698.7	15.6	261.0	36.2	13.9
2019	4597.9	751.9	16.4	277.7	40.1	14.4

注:1.数据来源:2019年相关数据均来源于中国茶叶流通学会,2016—2019年贵州茶叶产量来源于《贵州茶产业基本情况介绍》,其余数据来源于《中国农村统计年鉴》;2.表中"占比"是指贵州实有茶园面积(产量)占全国比重。

二是茶园集中度不断提高。目前,贵州茶叶生产已形成黔东优质出口绿茶产业带,黔中、黔南高档名优茶产业带、黔西北高山有机绿茶产业带、黔北锌硒优质茶产业带、黔西南大叶种早生绿茶和花茶产业带5个产业带(见表2)。同时,贵州绿茶种植面积逐年上升,遵义、铜仁等茶区茶园面积达到500万亩。可见贵州省茶园集中度逐年提升,这对提升贵州省茶园综合效益起到带领促进作用。

表2 贵州茶叶产业带主产县情况

茶产业带	主产县
黔中、黔南高档名优茶产业带	贵阳花溪区、开阳县、安顺市西秀区、平坝区、普定县、镇宁县、都匀市、瓮安县、贵定县、平塘县
黔东优质出口绿茶产业带	丹寨县、雷山县、黎平县、石阡县、江口县、思南县、松桃县、印江县、德江县、沿河县
黔北锌硒优质茶产业带	湄潭县、凤冈县、正安县、道真县、务川县
黔西北高山有机绿茶产业带	盘州市、水城县、六枝特区、纳雍县、大方县、黔西县、金沙县
黔西南大叶种早生绿茶和花茶产业带	兴义市、普安县、晴隆县、罗甸县

资料来源:《贵州省农村产业革命重点技术培训学习读本》第18页整理而得。

三是茶叶基地专业化、标准化大幅提升。近年来,贵州从多方面提升茶叶基地标准化建设。在茶园标准建设方面,2018年贵州省通过地理标志保护产品认证的产品达25个,绿色食品茶和有机茶认证等的茶园面积分别达11万亩和30.8万亩。在推广优质茶叶专用肥及机械生产方面,2018年以来,每年推广瓮福、茅台、开磷、金正大等优质茶叶专用肥100万亩以上,改善茶园培肥水平,提高茶园亩产10%以上;并大力推广适用于贵州山地茶园的小型农机具。在推广绿色防控方面,贵州省生物防治和物理防治相结合的茶园病虫害绿色防控技术逐渐推广应用,2018年推广面积占茶园总面积的42.6%。

四是茶原料基地建设在全国逐渐得到认可。根据"中国茶业流通协会"网站统计,2017—2019年贵州茶叶主产县入选"中国茶业百强县"分别为11个和9个,湄潭县连续三年稳居全国第二位,2019年凤冈县则从第12名升至第6名,其他茶叶主产县相较2017年排名整体呈上升趋势(见表3)。同时,2017年瓮安县获"中国最美茶乡"称号、凤冈县获"中国十大生态产茶县"、湄潭县获"中国茶业扶贫示范县";2018年湄潭县获"中国茶业品牌影响力全国十强县"、都匀市获"茶旅融合竞争力全国十强县";2019年湄潭县获"中国茶旅融合十强示范县"。可见,近年来在茶原料基地建设上的成绩显著提升且在全国获得一定的认可和肯定。

表3 2017—2019年贵州茶叶主产县入选"中国茶业百强县"名单

年份	入选县名称及排名
2017	湄潭县(2)、凤冈县(12)、黎平县(41)、沿河县(55)、道真县(58)、普安县(67)、安顺市西秀区(71)、纳雍县(79)、金沙县(88)、丹寨县(97)、余庆县(99)
2018	湄潭县(2)、凤冈县(11)、都匀市(20)、黎平县(52)、安顺市西秀区(60)、余庆县(68)、丹寨县(83)、普安县(90)、金沙县(95)
2019	湄潭县(2)、凤冈县(6)、都匀市(40)、黎平县(43)、安顺西秀区(72)、金沙县(73)、普安县(74)、丹寨县(79)、余庆县(83)

注:1.资料来源:根据"中国茶业流通协会"网站整理所得;2.表中"县名(X)"是指该县在本年度"中国茶叶百强县"中的排名;3.茶产品加工基地建设逐步规范。

2. 茶产品加工基地建设逐步规范

一是推进企业集群聚集。几年来,贵州省根据茶产业种植情况布局茶叶初制加工企业,以实现茶叶初制就近加工,同时通过扩大茶叶初制加工企业规模,形成以茶叶主产县为核心的大中小并举的企业集群。2018年贵州省注册茶叶加工企业及合作社达到4990家,其中国家级龙头企业7家、省级龙头企业228家,分别占茶叶类国家级龙头企业总数的18.9%和占省级龙头企业总数952家的23.9%,市级龙头企业397家。[1]同时,各部门合力加大对茶产品加工基地建设的投入,如在省扶贫办的大力推荐下,贵州15家企业入驻广东东西部扶贫协作产品交易市场,省投促局大力引进茶产业项目112个,投资总额85.3亿元。[2]

二是精制加工初具规模。茶作为商品,要实现价值最大化,精制加工是增效不可或缺的重要环节。精制加工则是要在初制加工的基础上以机械化生产为基础,并要大力推行茶叶清洁化生产。2018年贵州省在多个茶叶主要产区建立精制拼配中心36个,同时贵州省茶叶精制加工企业也在逐渐增多,目前贵州省有318家精制加工企业,28家精深加工企业。此外,贵州省有672家茶企通过SC认证,164家茶企通过ISO9001、HACCP质量管理体系认证[3]。可见,贵州省茶叶精制加工已初具规模。

---

[1] 贵州省农业农村厅:《贵州农村产业革命茶产业发展推进方案》。
[2] 贵州省人民政府新闻办公室:《12月19日贵州举行2019年贵州省茶产业新闻发布会》。
[3] 数据来源:《2018年贵州茶产业基本情况介绍》,第6页。

三是茶产品结构不断优化。结合市场多样化需求,贵州省在茶产品加工中不断优化产品结构。近年来,贵州省以绿茶为主体,推动红茶、黑茶、抹茶等多种茶类的开发与生产。到2018年,贵州绿茶、红茶、黑茶和其他茶类产量分别为27.9万吨、5.8万吨、2.1万吨和0.4万吨,总计36.2万吨,其中。2019年茶产品多样化发展,单是贵阳航站楼14家特产商店贵州茶叶专卖店1家就销售400种产品。

3. 茶产品商贸及出口基地日渐成型

一是品牌打造日益增多。近年来,贵州茶产业发展坚持政府推动,市场发力和品牌引领的原则,不断提升贵州茶知名度和美誉度,促进贵州省茶叶品牌化效益日渐凸显。目前,贵州成为全国唯一的茶叶类以省为单位的地理标志,"贵州绿茶"成为农业部认定的全国唯一以省为单位的地理标志保护登记产品;"三绿一红"即"都匀毛尖""湄潭翠芽""绿宝石""遵义红"四个省级重点品牌影响力逐年提升;"梵净山茶""凤岗锌硒茶""石阡苔茶""瀑布毛峰""正安白茶""雷公山银球茶"等支撑性品牌在陆续打造。

二是国内市场占有率持续提高。一方面是大力巩固省内市场,2019年贵州省内共建立销售点11876个,嫁接专业茶叶渠道销售网点5225个,进入诸多大型连锁超市和连锁餐饮店。❶另一方面是积极开拓省外市场,为了提升贵州茶叶市场占有率,采取"走出去"与"请进来"相结合的方式进行茶叶市场推广,一是组织茶叶主产县、茶叶企业抱团"走出去";二是采取线上与线下联动拓宽茶叶营销渠道,把茶叶需求商"请进来"。2019年,贵州茶企业开设旗舰店、代销点等13831个,营运中心遍及我国32个省(市)。❷

三是积极进军国外市场。一方面是严把质量关。2019年贵州省农业农村厅抽检的400个茶样中农药残留和重金属检测合格率达到100%;❸贵州成功创建9个"国家级出口茶叶质量安全示范区",创建数量占全国示范总数的四分之一。另一方面是国外市场占有率逐年提高,2019年1月至11月,贵州销往俄罗斯、德国、美国、摩洛哥等国家及地区达到3613.7吨,销售额达到1.2亿元美元,同比分别增长125%、38.3%和104.7%。

---

❶资料来源:消费日报网 https://www.sohu.com/a/361596305_120485209.
❷数据来源:消费贵州 https://m.sohu.com/a/361596305_120485209.
❸数据来源:贵阳网 http://www.gywb.cn/system/2019/12/19/030268771.shtml.

四、存在的主要问题

(一)茶原料基地建设有待优化

近十几年来,贵州省委、省政府大力扶持茶产业生产发展,加大茶原料基地建设,贵州茶原料基地建设在做大的同时仍存在如下问题。一是贵州茶产业"大而不强"。2013—2018年贵州茶园种植面积连续6年稳居全国第一,但茶叶产量及产值却与茶园种植面积地位不匹配,换句话说,即是贵州省茶产业"大而不强",产业结构亟待优化升级。二是茶原料基地基础设施建设还较薄弱。贵州省43个茶叶主产县,较多茶园园内基础设施还较薄弱,茶园内主干道、机耕道、步道、园边道、排灌水设施、防灾减灾设施以及公共设施等还没有足够完善。三是茶原料基地投入品精准管控难度大。贵州省在茶园禁用农药、茶叶专用有机肥、病虫害防治及熟料垃圾入茶园等方面不断提高标准和严格管理,但由于茶园经营主体分散,监管难度较大。四是茶原料基地机械化、标准化、专业化水平不高。目前贵州省茶原料基地在茶叶种植、管护及采摘等机械化还较低,管护与采摘成本较高,同时各主产县茶叶生产技术、标准等存在差别,导致茶产品"参差不齐"。可见,贵州茶原料基地建设还有待进一步提升。

(二)茶产品加工基地建设亟待升级

加工环节对茶产业极为重要,但作为茶园种植面积连续6年稳居全国第一的贵州来说,其茶产品加工并不匹配其规模优势,还存在如下问题。一是茶叶企业壮大困难多。贵州省茶叶加工企业虽多,但存在小、散等问题,且加工企业在土地使用指标、环评手续等方面不易取得,且存在融资难,融资贵,担保难等问题,导致其难以发展壮大。二是茶产品加工成本高,盈利空间被挤占。目前贵州省精加工企业有318家,但深加工企业却只有28家,占比仅为8.8%,可见在茶产品加工过程中需要投入的劳动力成本很高,但产品没有得到深加工和升级,盈利空间自然缩小。三是品牌打造力度不够。目前贵州省茶叶品牌在全国乃至国际市场上受众度高且市场占有率好的较少,且在品牌宣传上存在力度不够和不够聚焦等问题。因此,贵州茶产品加工基地建设还亟待升级。

(三)茶产品商贸及出口基地建设有待完善

茶叶作为商品,要顺利实现产品价值转换,就需要有市场占有率和受众群体。近年来,贵州省茶产品在巩固省内市场,抢占国内市场,进军国际市场等方面持续加力,但贵州省茶产品商贸及出口基地建设仍存在较多不足。一是市场定位不清晰。虽然贵州省茶叶种植历史悠久,但迅速成长是在近十年,且尚处在简单粗放、做大做强的初级阶段,对目标市场的研究、产品品相、消费者认同等方面研究不深,市场定位较模糊。二是渠道落地及维系成本高。省内外茶叶经营窗口的覆盖面不高,且存在已有渠道不稳定且维系成本高等问题。同时,茶作为冲饮性饮品,市场上的替代品层出不穷,已落地渠道维系难度较大。三是市场开拓方式及力度与贵州茶产业的体量不匹配。在市场开拓方式上主要是通过展销会、茶博会等方式推动,未形成常态化,且推动成本较高,因而贵州省茶产业市场占有率与贵州省茶产业体量较不匹配。因此,贵州茶产品商贸及出口基地建设亟须进一步完善。

五、对策建议

(一)加快建成全国最大的优质茶原料基地

1. 扩大高标准茶园规模,推动茶园优质发展

一是要加强茶树品种优选优育,大力推进老茶园提质改造,同时要严格按照欧洲和日本等国际市场准入标准,在土壤改良、有机肥推广、农药严禁等方面加大力度和监管,以扩大高标准茶园规模。二是要牢牢守住发展和生态两条底线,推广"茶林相间""茶—草—畜""茶—沼—畜"等生态发展模式,走好"生态茶""健康茶""干净茶"的路线,推进茶园优质发展。三是加大茶园品质认证,大力支持茶园开展绿色有机认证、积极创建出口茶叶质量安全示范省,通过认证、检测等方式督促茶园优质发展,加快建成全国最大的优质茶园基地。

2. 加大基地提升建设,促进茶园高标准建设

一是要推进产业聚焦化,将主产县分散经营的茶园连成片,形成极具特色的产业带、产业走廊,促进茶产业基地规模化建设。二是要加强利益联结,引导农户分散茶园向专业大户、合作社及企业等流转,建立良性利益联结机制,促进茶园规模

化、标准化生产,保障茶园兴旺发展。三是要加大基础设施投入,完善茶园内主干道、机耕道、步道、园边道、排灌水设施、防灾减灾设施等基础设施,促进茶园改造升级,为建成全国最大的优质茶原料基地打下坚实基础。

(二)加速建成全国最大的茶产品加工基地

1. 大力推进加工升级,做强贵州茶产品加工基地建设

一是要规范初加工,升级精制加工,把茶产品做精做优,提高产品价值。二是要加大招商引资力度,吸引外来客商及本地茶叶业主新建或改扩建茶叶加工厂,通过减税降费、融资、贴息等利惠条件,助力茶企发展壮大。三是要推进中小型茶叶加工厂的整合力度,力争建立有影响力的大型加工企业,提高企业加工规模化、集约化、标准化水平,降低产品加工成本。四是要加快茶产品开发与研究,延长茶产业加工链,提高茶产品附加值,增加茶产品市场竞争力。

2. 加大品牌培育,提升贵州茶知名度和影响力

一是要结合贵州省茶产业发展实际和比较优势,集中树立公共品牌,并根据资源禀赋、地域特征等设立子品牌。二是要统一公共品牌产品在内在品质与外形包装的标准,同时要结合市场需要,制定统一标准,集中维护品牌形象与市场地区与价值等。三是要形成政府、企业、生产者合力的品牌宣传和维护模式,规避内部同质竞争,集中合力宣传,提升贵州茶的市场占有率和影响力。

(三)努力建成全国最大的茶产品商贸及出口基地

1. 立足比较优势,加大茶产品商贸中心建设

一是要立足贵州省产业生产的地理区位、资源禀赋、文化韵味等特点,认清贵州省茶叶在生态、质量、文化等做多方面的优势,深入市场调研,明确贵州省茶产品受众群体,明晰市场定位。二是要抓住贵州省茶产业规模优势,大力提升省内大中型茶叶企业批发市场的知名度,鼓励茶叶主产县加大力度建设茶叶专业市场,提升贵州省茶叶商贸能力,加大茶产品商贸活力。

2. 积极开拓市场,加大茶产品出口基地建设

一是要通过维系现有销售网点和销售渠道,进一步巩固省内茶叶市场。二是要积极抢占省外市场,通过支持公共品牌抱团互助,嫁接贵州名烟、名酒的销售渠

道,电商销售等方式,抢占省外市场,形成茶产品市场推广常态化。三是大力开拓国际市场,要充分发挥贵州省茶产业优势,扩大产业出口规模,同时鼓励并支持国内外知名茶叶国际贸易企业与贵州省茶企合作,推动茶产品出口基地的建设。

参考文献

[1] 中共贵州省委、贵州省人民政府:《关于加快建设茶产业强省的意见》。

[2] 贵州省人民政府办公厅:《贵州省发展茶产业助推脱贫攻坚三年行动方案(2017—2019)》。

[3] 中共贵州省委宣传部:《2019年贵州茶产业宣传方案》。

[4] 贵州省农业农村厅:《贵州农村产业革命茶产业发展推进方案》。

[5] 贵州省农业农村厅:《贵州省农村产业革命重点技术培训学习读本》。

[6] 邓钺洁.茶产业成为贵州脱贫攻坚支撑力量[N].贵州日报,2019-12-20.

[7] 王新伟,吴秉泽.贵州守牢发展和生态两条底线——一片叶子富了一方百姓[N].经济日报,2019-07-21.

B.5 贵州省茶树种质资源研究

颜 强 柳嘉佳 李 燕[*]

摘 要： 作物种质资源是人类生存发展及世界种质资源发展中不可或缺的种质资源之一，同时也是茶产业可持续发展战略中重要的产业资源。贵州是茶树的原产地之一，也是茶树起源地之一，被誉为茶树种质资源的宝库。本文主要介绍了贵州茶树种质资源的概况、古茶树保护与利用及种质资源的创新开发利用。其中主要包括种质资源创新利用、贵州茶树种质资源圃建设情况及成效、贵州茶树种质资源数据库建设及"黔茶1号"等新品种的开发利用推广等。针对为贵州茶树种质资源的开发利用和保护现状提出了可行性建议和保障措施。

关键词： 贵州 茶树 种质资源

一、贵州茶树种质资源概况

（一）贵州是茶树起源中心之一

我国是世界上最早发现和利用茶树的国家，被称为茶的祖国。早在三千多年前我们的祖先就已经开始栽培利用茶树。由于地质变迁及人为栽培，茶树开始在全国普及开来，并逐渐在世界各地传播开来，为现今丰富多彩的茶树资源奠定基础。

在我国南部及西南地区，山茶属植物种类丰富，大约有90%的山茶属植物分布于此，以贵州、云南、广西3省区的交界地带为发展中心，由南北扩散开来并逐渐减少。该中心区域还保留了世界上80%的野生茶种，其中原始型的茶树类型占据一半。此外，单从形态结构上来看，茶树进化过程中各种过渡类型都可以在该地区被发现。这一现象充分反映了茶树的发育完整性和分布集中性，为该区域是茶树起

---

[*] 颜强，贵州省社会科学院助理研究员，贵州省茶产业研究院秘书长；柳嘉佳，贵州省草业研究所研究实习员；李燕，贵州省茶叶研究所助理研究员。

源地增加了有力证据。1980年,在贵州境内发现一枚茶籽化石,经相关单位实地勘察及科学鉴定,确认其是世界上迄今为止发现的最早的茶籽化石。这一发现为茶树起源的地质年代、地层分布、生物演化等提供了可靠依据,为确定茶树的起源地增加了有力的佐证,为证明贵州是茶树的起源地添加了科学依据。

(二)贵州地方茶树资源种类

贵州是茶树向江北、江南、华南茶区迁徙的过渡地带,立体的生态、多变的气候孕育了丰富的茶组植物资源。贵州古茶树种类及蕴藏量在全国居于第二,境内分布有如大理茶、大厂茶、厚轴茶、秃房茶等具有代表性的几大品种。栽培型茶树资源主要有湄潭苔茶、都匀毛尖茶、石阡苔茶、贵定鸟王茶、镇宁团叶茶等群体种,以及黔湄601、黔湄809、黔湄502、黔湄701、黔茶1号、黔茶10号、黔辐4号、黔茶10号(又名苔选0310)等已育成品种,还有部分通过杂交、诱变等创制的种质资源。这些地方资源的极大运用,丰富了贵州省茶叶市场,也为提升贵州省茶品牌竞争力打下坚实的品种基础。如以湄潭苔茶群体良种为原料制成的"外形扁平光滑、色泽翠绿、清香悦鼻、鲜爽醇厚回甘"的部优产品"湄江茶";以贵定鸟王种为原材料制成的"形似鱼钩、色泽微黄绿显毫、内质香气高长、滋味醇厚回甘、汤色清澈、叶底明亮"的部优产品"贵定云雾";以石阡苔茶为原材料制成的"外形条索细卷成螺形、银毫满披、汤色翠绿、香气鲜爽、滋味鲜醇爽口、回味甘醇、叶底嫩绿肥软明净"的部优产品"东坡毛尖";以都匀毛尖种为原材料制成的"条索卷曲、色泽鲜绿、白毫显露、汤色清澈、香气清鲜、滋味鲜浓回甘",并于1915年在巴拿马万国食品博览会上获得优质奖的"都匀毛尖";以贵定鸟王种为原材料制成的"条索卷曲披茸、色泽翠绿、汤色绿亮、嫩香持久、滋味浓醇回甘"的全国名优茶"贵定雪芽"等历史名茶。同时,还有以新育成品种为原料制成的各色各样的茶,也都为贵州茶产业的发展提供了可靠的品种基础。

野生茶树资源主要有龙头山大树茶、黎平老山界茶、青山大树茶、兴仁大苦茶、三都高树茶、阴山大树茶、丹寨雅灰茶、独山高树茶、雷山大树茶等。以这些野生茶树资源做成的茶产品也深受消费者喜爱,如普安红、八步紫茶等一度成为茶叶市场上的一朵"奇葩"。

(三)贵州古茶树资源分布

贵州省古茶树的地理分布范围广,其中,42个县(市、区)有古茶树分布。据统计,目前贵州省古茶树主要集中在黔西南州和遵义市。在贵阳花溪区久安乡,有54000多株古茶树具有保护价值,其中19株为国家特别保护级别(有2000年以上历史),1450株古茶树为重点保护级别(1000~1500年树龄)。除此以外,在习水县的仙源镇内有58株具有千年以上树龄的古茶树,有300余株800年以上树龄的古茶树,有3000余株500年以上树龄古茶树,10000余株200年以上树龄的古茶树。在道真自治县棕坪乡,有一棵代表性茶树高12.8米左右,树干周长大约2.85米,树冠9平方米左右,为当地的"茶树王",而且在当地还有着近2000亩的连片茶树地。在大方县竹园乡海马宫,村中耕地周围和村子的房前屋后分布着约5000株古茶树,是典型的人工栽培型古茶园。在湄潭县兴隆镇,有树龄为100~300年的50余万株人工栽培型古茶树灌木。在沿河自治县塘坝乡分布着1万余株古茶树,其中树龄为100年以上的灌木型古茶树有4600余株。在水城县蟠龙镇,有分布相对集中多为灌木和小乔木型的500亩茶树地。纳雍县水东乡集中连片分布着1000多株的乔木型古茶树。贵定县云雾镇鸟王村中有一株树高12.5米,树干直径80厘米的具有代表性的古茶树。在丹寨县排调镇有30亩人工栽培型乔木茶园,其中最大的茶树直径为40厘米,树高6米,树龄约200年。在普定化处镇,有2000多株树龄在百年以上的茶树。普安县雪浦乡,有2400株左右呈集中连片分布的古茶树。在兴义市七舍镇,有230多株树龄至少有200年的古茶树。晴隆县碧痕镇和中营镇,树龄100年以上的古茶树有近600株。镇宁自治县的古茶树主要集中分布在江龙镇、朵卜陇乡和革利乡,古茶树数量为5500余株。在平塘县大塘镇有近2000株人工栽培型古茶树,分布于树林和房屋前后,一般当地村民会采摘其茶青加工成绿茶。在雷山县,相关茶叶部门已对具有代表性的208株古茶树的枝条进行了扦插,对古茶树进行了人工繁育。长顺县广顺镇约有5000株茶树,树高在2.5~7米,树龄以300~500年居多,属人工栽培型。

(四)国内外茶树种质资源收集与保存

1. 亚洲部分国家茶树种质资源收集情况

根据相关统计,目前越南收集的茶树种质资源大概为600份,印度尼西亚和越南差不多,大约也是600份,印度收集了3500多份,日本保存的茶树种质资源较多,大概为4000份。据相关文献统计,截至2013年,我国分别在国家种质杭州茶树圃和勐海分圃收集保存了茶树种质资源3000多份,相较于日本,还存在一定差距。

2. 国内各省茶树种质资源收集情况

福建省建立了三个关于茶树的种质资源圃,分别为乌龙茶种质资源圃、原生茶树种质资源圃和以茶树品种自然杂交一代初选的种质资源圃,共收集保存了国内外茶树品种资源和种质材料6000多份(品、株、系);湖南省茶树种质资源圃共收集茶树种质资源1555份,是中南地区目前最大的茶树种质资源圃,其中4份来自国外,89份来自省外,其余的1462份为湖南省内茶树种质资源;广西桂林茶科所茶树种质资源圃共保存有609份茶树种质资源,其中包括200多份育成品种、选育品种及品系、野生种和地方品种;广东茶树种质资源圃保存的品种资源有1121份;贵州省茶叶研究所种质资源圃共收集茶树种质资源2800份,是我国茶树种质资源较为最丰富的地区之一。

二、贵州古茶树保护利用及开发现状

(一)贵州古茶树保护情况

初级茶树种质资源中古茶树的遗传多样性最丰富,且最具有研究和保存价值,不仅具有巨大的生产潜力、独特的适应性、宝贵的利用价值,也是品种改良的宝贵财富。在民间一直广泛流传利用古茶树来制作茶叶的传统,这一点从近年来对各地古茶树资源的调查及研究中就可以看出。古茶树中某些符合部分人类生产生活需求的特殊的优异基因,经驯化后,综合性状表现优良的就可以直接在生活中推广开来。这些古茶树资源具有重要的科学研究价值和实用潜力,为茶树的研究奠定了物质基础和扩大了发展空间,在茶树育种和品种改良中具有不可替代的作用。

贵州作为茶树起源中心地带之一,也是世界上唯一一个发现茶籽化石的地方,其复杂多变的环境和气候孕育了丰富的古茶树植物资源,并为古茶树的繁育及发展奠定了生态基础。其分类涵盖乔木、小乔木和灌木三种不同的类型,叶片从大叶到小叶,花器官柱头裂数从5裂至3裂,子房室数从5室到3室均广泛存在,抑或是子房有毛和无毛的古茶树在贵州均有分布,且树龄久远,是茶组植物分类学天然的种质基因库,是茶产业深度开发打造高端品牌的特色茶组植物资源库,其种质资源丰富,蕴藏量极大,是除云南省外,是我国保存野生乔木大茶树和灌木茶树最多的省份。陈亮关于茶树植物分子系统学的研究结果表明,大理茶(*Camellia taliensis*)、大厂茶(*Camellia tachangensis*)、厚轴茶(*Camellia crassicolumna*)、秃房茶(*Camellia gymnogyna*)和茶(*Camellia sinensis*)五大种均有分布。据贵州省农业委员会根据县地上报的数据统计,贵州省古茶树总量逾65万余株,分布于贵州省37个县(市、区),1000亩以上的连片古茶园10余处,并存有多种珍稀自然及人工选择的具有地理标识的地方特色群体品种。这些珍稀而独特的古茶树资源,在一定时间、空间、多民族共居人文背景等条件下,形成了相应的民风民俗,成就了贵州绚丽多姿、别具一格的贵州茶文化。这些丰富的古茶树资源,是研究茶树起源、分类、特异性状基因发掘、物种多样性及培育具有优良性状的新品种的重要种质资源,具有潜在的社会经济价值和意义重大的科学价值。保护古茶树不仅是保护其科研价值、产业价值,以及不可估量的生物多样性生态价值,更重要的是其对保护特定空间多民族共居绚丽多姿的民族茶文化均具有深远意义。

近几年,贵州省贯彻习近平总书记指示精神,坚持把茶产业作为绿色产业、富民产业、朝阳产业来重点打造,为了守住发展和生态两条底线,进一步发挥后发优势,把大力发展茶产业作为重要举措之一,使古茶树资源保护、培育与利用得到了蓬勃发展。各地通过对古茶树利用,开展观光游、科普游等形式,将保护与利用有机结合,充分挖掘古茶树资源价值。有的地方还出台了相应的保护办法或条例,如纳雍县出台了《纳雍县水东乡古茶树资源保护条例》,花溪、水城、六枝、普定、道真、沿河等地也制定了切实可行的保护措施,为制定省级古茶树保护的地方性法规打下了基础。

为贯彻落实贵州省委关于坚持生态优先、推进绿色发展的决策部署,以法治引领和保障我省茶资源、茶文化、茶产业的可持续发展,依法保障和保护好贵州省古茶树资源,充分发挥其生态价值、文化价值具有重要而深远的意义。随着《贵州省古茶树保护条例》的颁布与施行,古茶树保护得到加强。作为农作物资源,科学研究与合理开发古茶树是为了最大限度地发挥资源优势。通过对贵州古茶树文化研究,探寻贵州古茶树文化的标志化、差异化、市场化和产品化创新发展路径,能够最大化地发挥古茶树的经济价值、社会价值及科学价值。

(二)贵州古茶树利用情况

在贵州省产业技术体系、省农业攻关、科研机构服务企业、省动植物育种专项等项目资助下,收集了普安、兴义、兴仁、贵安新区、望谟等38个县的古茶树种质资源896份。所有收集资源集中于湄潭进行异地繁育保存,以丰富资源保存量,为今后开展茶树植物遗传研究、茶树杂交育种原始亲本选择创造有利条件。通过资源收集,调查人员发现贵州省茶组植物分布广、物种丰富,还发现一些过去未曾发现的物种。同时,科研人员已从久安野生茶树资源和望谟野生大树茶中发现多个稳定遗传的特异紫芽茶树种群,如从望谟野生茶树资源和黎平栽培型古茶树资源中大量发现花瓣颜色粉红色的特异花色茶树资源;经前期检测发现盘州野生大树茶存在一个数十株的低咖啡碱茶树种群,晴隆大树茶中同样发现咖啡碱含量低于1.0%的特异低咖啡碱茶树资源;在习水大树茶和桐梓大树茶中发现高EGCG茶树种质资源,其EGCG含量超过11%;黎平栽培型古茶树中发现2份特异高茶氨酸茶树种质资源,其茶氨酸含量超过3.0%;习水大树茶和道真大树茶中发现特异高咖啡碱茶树资源,其咖啡碱含量超过5.0%。这些资源的发现,为古茶树资源的研究填补了空白,并为今后的开发利用提供了科学依据。

同时,科研人员也已调查分析了贵州省38个县(市)古茶树的地理分布、气候环境、形态生化特征;对贵州省26个县(市)的40份古茶树资源进行初步调查,并分析了遗传多样性及构建古茶树的DNA指纹图谱;初步对81份古茶树进行了分类,并绘制了贵州古茶树分布图;初步筛选出高茶多酚资源5份、低咖啡因资源1份、潜在优良种质资源1份及其他特殊资源20份。构建了40份古茶树资源的DNA指纹图谱及其系统发育树;正在开展贵州无性系茶树良种遗传多样性及其指纹图谱的构建,已克隆茶树富硒关键酶硒代半胱氨酸甲基转移酶(CsSTM)基因,并进行了生物信息学分析,分析了茶树根、叶基因在不同水培硒浓度下的表达模式。克隆了茶树脱落酸(ABA)合成关键酶基因(NCEDs)及其信号转导关键组分基因SnRK2,并分析了这些基因家族在不同干旱条件下的表达模式。对100余份收集和创制的茶树种质进行生化分析、红绿茶样品制作,共筛选高氨基酸资源2份,高茶多酚资源8份,发现低咖啡碱资源2份,EGCG含量超过12%的资源8份。通过感官品质鉴定,绿茶品质超过或与对照福鼎大白茶品质相当的种质资源5份,红茶品质超过或与对照黔湄419品质相当的种质资源3份。为全国第五轮区域试验做好准备,加深优中选优力度,鉴选出2个最优良绿茶品系。选择黄金芽、白叶1号为父本、黔茶1号、黔茶10号(又名苔选0310)为母本配制杂交组合2个[黔茶1号(♀)×黄金芽(♂)、黔茶10号(又名苔选0310)(♀)×白叶1号(♂)],获得杂种F1代种子若干。利用资源圃复杂的亲缘关系,采摘资源圃内黄金芽、白叶1号自然杂交种子种植,筛选新的种质材料100余份,并种植于资源圃进行植物学性状调查。同时,利用GBS测序从100份久安古茶树中鉴定到548597个覆盖全基因组的SNP,据此将5个地点的古茶树分为3个类群。利用54份茶树材料的698117个SNPs进行遗传关系分析,显示新选育品系与已有品种的遗传背景高度重叠,而古茶树材料与现有品种遗传关系较远,预示其潜在育种价值。采用高通量GBS基因组测序技术研究415份贵州古树种质资源。获得高质量SNP位点313967个。构建出两个分别包含有299份和198份资源的核心种质,一个包含有148份资源的微核心种质。通过对贵州415份贵州茶树种质资源进行简化基因组测序后聚类分析,结果发现,156份野生大茶被聚为一类,占总野生大茶树的89%;77份现代栽培地方品种被聚为一类,占现代栽培地方品种97%;80%的大厂茶被聚为一类、78%的秃房茶被聚为一类。同时,对贵州古茶树种质资源进行了抗旱、抗寒、耐酸碱、氮磷高效利用和优质株系筛选,筛选出抗旱、优质、抗寒株系共21个。同时,科研人员还分别对贵州的古茶树种质资源的分布、品质特点、表型多样性、抗逆性等进行了研究,发现贵州的古茶树种质资源丰富,抗逆性强的种质资源较多。同时,针对贵州古茶树分布状况,贵州省茶叶研究所出版了《贵州古茶树》。

除科研机构与大专院校进行资源收集、种质评价外,贵州凡有古茶树的县市区均有茶叶生产企业对古茶树进行茶叶生产。有普安红、仙源红、贵茶古树红茶、八步紫茶等茶叶品牌。

(三)贵州茶树种质资源圃建设情况暨成效

对种质资源进行保护就是为了保留物种丰富的遗传多样性,茶树种质资源的发展关系着茶树未来的发展及其今后基因工程工作的开展,对国家基础战略资源具有重要意义,并且具有经济、生态、社会、文化等多种重要功能。种质资源的收集、保存、鉴定、评价、创新和利用在育种方面具有十分重要的地位,只有拥有丰富的种质资源,利用改良创新手段,选育出优良品种,才能达到品种创新利用的目的。种质资源圃是保存种质资源的重要方式和主要载体,是建立优良品种繁育体系的重要环节。

目前,贵州省主要包括贵州茶叶研究所的湄潭圃和贵阳圃,面积共55亩,拥有配套温室大棚1个,在建杂交密网大棚1个和实施温控设备。贵州种质资源圃目前共收集保存茶树种质2800份,且随着调查研究的深入,茶树种质资源正在逐渐增加。贵州省丰富的茶树资源为茶树未来的繁育及保护工作打下了坚实的样品基础。在过去的研究中,选育茶树新品(株)系14个,国家审(鉴)定及登记茶树新品种10个[黔茶1号、黔茶8号、黔茶10号(又名苔选0310)、黔辐4号、湄潭苔茶、黔湄419、黔湄502、黔湄601、黔湄701、黔湄809],获授权植物新品种15个[黔湄809、黔茶1号、黔茶7号、黔茶8号、黔茶10号(又名苔选0310)、黔辐4号、贵茶育8号、高原绿、格绿、流芳、千江月、一味、贵绿1号、贵绿2号、贵绿3号],省级审定品种2个(石阡苔茶和贵定鸟王种)。目前,"黔茶1号"在贵州省推广面积5000余亩,"黔茶8号""黔茶10号(又名苔选0310)""黔辐4号"推广示范面积超过1000亩。现贵州省委、省政府正大力推广黔茶系列和黔湄系列品种,目前在湄潭建立核心繁育基地300亩,辐射带动当地茶农繁育黔湄601品种300余亩。应用"黔茶1号"和"黔茶8号"品种生产的绿茶品质优异,深受消费者好评。"苔选0310"品种生产的红茶在品质上比用"福鼎大白茶""黔湄601"品种生产的红茶要优,销售价格要高;"黔辐4号"生产白茶具有极大的优势,并在湖南深受茶农欢迎。贵州省茶业研究所向中华人民共和国农业部(简称"农业部")植物新品种权保护办公室申请植物新品种权保护8项(贵绿1号、贵绿2号、贵绿3号、高原绿、格绿、流芳、一味、千江月),已顺利通过初审并在农业部网站公告。2020年已提交申报2项新品种权。同时,贵州省农业科学院茶叶研究所在红茶品质育种上,已培育出国家级红茶品质标准对照种(黔湄419),在茶树产量育种、红茶品质育种领域居全国领先水平。目前,"黔茶1号"在贵州省推广面积5000余亩,"黔茶8号""黔茶10号(又名苔选0310)""黔辐4号"推广示范面积超过1000亩。应用"黔茶1号"和"黔茶8号"品种生产的绿茶品质优异,深受消费者好评,生产者效益比用"福鼎大白茶"品种的绿茶价值高20%以上。"黔茶10号(又名苔选0310)"品种生产的红茶在品质上比用"福鼎大白茶"和"黔湄601"品种生产的红茶要优,销售价格要高;"黔辐4号"生产白茶具有极大的优势,并在湖南深受茶农欢迎。同时依托资源圃培养了一支年龄结构、职称梯次、学历水平较为合理的人才团队。依托资源圃建设,已出版《贵州茶叶科技创新发展报告》等专著2部,发表论文280余篇,核心期刊论文120余篇,制定并实施地方标准《贵州茶树良种短穗扦插繁育技术规程》等10余项,每年针对资源圃保存的资源描述特征性数据超1000条,资源适制性研究和生化成分检测超200份。同时,依托资源圃建设已建成湄潭和贵阳两个种质资源适制小型加工厂,然而,随着资源的不断增加,适制加工厂已不能满足现有资源体量。

(四)新品种创新利用开发情况

"大力发展黔茶系列品种,突出贵州茶树起源地的资源优势",按照贵州省茶产业发展领导小组安排的这一项部署,贵州省茶叶研究所选育的"黔茶系列品种(黔茶1号、黔茶8号、黔福4号、苔选0310)"和"黔湄系列品种(黔湄419、黔湄601等)"在省内已有相当面积种植,特别是贵州省茶叶研究所研制的黔茶1号茶叶(毛尖、翠芽、红茶)滋味独特,有其特有的品种香,在试销售中深得消费者青睐;以"黔福4号"品种制成的白毫银针具满披白毫,香气带清幽花香、滋味甘醇,叶底软嫩、肥壮的特点,相应制茶研究已申报国家专利;"黔茶8号"品种经调查连续多年茶样审评结果优于"福鼎大白茶",且在省外也有引种。"苔选0310(黔茶10号)"属中晚生品种,可缓解茶季劳动力紧张,从而延长名优茶采摘时期的优势,其对贵州主发害虫茶棍蓟马及春季多发害虫绿盲蝽具明显抗性。同时,制绿茶香气高爽、品种甜花香显(似荔枝)的特点;"黔湄419"品种所制红茶香气浓郁、有花香、有薄荷香的特点,其一直是全国区试试验红茶品质鉴定标准对照种,在西南片区和广东有引种;以黔湄系列国家级无性系良种开发的"贵州针"是与"云南针""福建针"相并列并广受消费者青睐的大宗高档针型绿茶产品,是窨制花茶的较好茶坯,经窨花形成高档花茶再饮用,市场销售情况良好,并制定《贵州针茶加工技术规程》等。同时,在贵州省委、省政府的大力支持下,贵州省茶叶研究所制定的《黔茶系列茶树品种推广实施方案》得以顺利通过,并在紧锣密鼓的实行,这将为贵州本地自选品种推广和提高响应茶叶市场占有率提供基础。

三、贵州茶树种质资源的保护及开发利用建议

贵州的古茶树资源主要分布在人迹罕至、交通不便的深山老林,这给古茶树资源的保护、开发及利用带来一定的困难。虽然近年来针对古茶树及其群落也已采取相应的保护措施,但仍有部分古茶树群落面临着生存环境破坏、种群数量减少甚至灭绝的危险。本文根据贵州省古茶树种质资源存在的问题特提出以下建议。

第一,依托贵州省茶叶研究所内"种质茶树资源圃",加强省内古茶树资源的保护收集,建设具有贵州特色的茶种质资源保存中心和利用研究基地。

第二,建立古茶树原生境保护区,对古茶树分布集中、面积大、遗传多样性高的区域实施圈地保护,并进一步设为贵州古茶树原生境保护区,设置保护区管理条例等。如兴义最古老的五室茶古茶树居群当安"普白大树茶"居群,黔中五室茶和古老的茶种居群,北发房茶居群。由于古茶树资源的遗传多样性非常丰富,目前尚有许多未进行研究开发的优良基因,因此在原生地完整地保存这些资源对发掘未来的古茶树中特有的利用价值具有重要意义。

第三,开展古茶树保护生物学研究,为野生古茶树生存环境提供技术支持。对古茶园的基本情况、生物多样性、生态环境气候等方面进行系统研究和科学评价。建立一套适应贵州省发展情况的完整古茶树保护生物学理论,用于指导野生古茶树资源的保护。

第四,加大古茶园与无性系良种茶园的距离。近年来,随着大面积推广建设无性系良种茶园,导致野生茶树资源被新品种以及无性系品种影响,使野生茶树资源呈衰减状态。因此,划定古茶园与无性系良种茶园距离,以减少古茶树资源的流失。

第五,构建贵州古茶树资源核心种质库。构建核心种质库的主要目的是进一步了解古茶树资源的遗传多样性及遗传特点,高效发掘优质种质资源,促进茶树遗传改良。

第六，注重茶文化底蕴打造与宣传。充分运用"中国古茶树之乡"称号，把古茶树打造成贵州的又一张亮丽名片。不断加强特色茶文化资源的保护与利用，科学地开发利用地方特色茶文化资源，开发出古茶树群落的观光旅游路线，带动旅游相关产业发展，提高当地居民收入，助力贵州早日打赢脱贫攻坚战。

四、贵州茶树种质资源保护利用措施

（一）加强宣传教育力度、提高全民保护意识

由于早期对茶树资源的重视不够，宣传不到位，导致一些偏远乡村出现随意砍伐古茶树的现象，甚至对一些100年以上的栽培型茶园任意砍伐。由于一些茶商低价购进古茶树后，移栽茶树时技术的不过关，导致部分百年甚至上千年的古茶树死亡。

深入开展保护古茶树政策、法规的宣传活动，牢固树立保护"活化石，活文物"的观念，增强人民群众保护古茶树的意识。没有经过申请上报相关部门，并且没有得到批准之前，严禁对古茶树进行移植栽培，努力给古茶树创造最适合、稳定的原生态环境。

（二）增加古茶树保护管理经费投入

营造古茶树的全民保护意识氛围的同时，系统地计划和管理古茶树的恢复性保护和动态监测，对古茶树的病虫害防治、管理和康复、相关人员培训及种质资源的科学研究等进行完善的规划和部署，加大人力物力的投入，鼓励社会资金参与保护茶树种质资源中来，最大化发挥茶树种质资源的生态效益。

（三）完善古茶树保护政策、健全古茶树管理组织

完善古茶树相关政策，具体化保护管理组织，具体到责任单位和责任人，在农村采取乡规民约的方式来完善茶树资源的保护机制，及时对不经上报批准就进行砍伐、买卖和移栽茶树等行为的责任单位及责任人进行严厉查处。

参考文献

[1] 胡伊然,蒋太明.多角度可证贵州是茶树起源地[N].贵州日报,2019-07-31.

[2] 曹烁.贵州茶树的遗传多样性分析研究[D].贵阳:贵州师范大学,2018.

[3] 张丽娟,柳青,杨清.贵州省黔南州茶树种质资源优势及开发利用[J].中国茶叶加工,2016(1).

[4] 陈正武.注重特色发展黔茶[N].贵州日报,2016-07-15(10).

[5] 田永辉,梁远发,龙明树,罗显扬.构建贵州地方茶树遗传资源核心种质库的设想[J].贵州农业科学,2007(3).

[6] 徐嘉民.贵州部分古茶树资源分布概况[J].当代贵州,2019(27).

[7] 吴雨婷,诸葛天秋.国内主要茶树种质资源圃建设情况探讨[J].现代农业科技,2018(5).

[8] 王平盛,虞富莲.中国野生大茶树的地理分布、多样性及其利用值[J].茶叶科学,2002,22(2).

[9] 段志芬,等.云南野生茶树资源农艺性状多样性分析[J].西北农业学报,2013,22(1).

[10] 孙雪梅,等.云南野生茶树的地理分布及形态多样性[J].中国农学通报,2012,28(25).

[11] 陈敏尔.让贵茶香满人间——在2015年中国(贵州)国际茶文化节暨茶产业博览会上的演讲[J].当代贵州,2015(22).

[12] 胡伊然,陈璐瑶,杨春,张其生.贵州省茶叶研究所古茶树研究历程综述[J].广东茶业,2019(6).

[13] 肖建武,康文星,尹少华.城市森林净化环境功能及经济价值评估——以"国家森林城市"长沙市为例[J].浙江林业科技,2009,29(6).

[14] 潘根生.茶业大全[M].北京:农业出版社,1995.

[15] 邹元辉.历时百多年的"世界茶的起源地"之争[J].农业考古,1994(4):1-2.

[16] 杨如兴,等.福建原生茶树种质资源的保护与创新利用[J].茶叶学报,2015,56(3):126-132.

[17] 徐嘉民.贵州部分古茶树资源分布概况[J].当代贵州,2019(27):9.

B.6 贵州省茶旅一体化研究

才海峰[*]

摘　要：近年来，贵州省委、省政府高度重视茶产业发展，贵州茶产业进入发展黄金时期，成为支撑全省发展的重要经济来源之一。贵州旅游资源丰富，随着消费者对茶文化旅游需求量的不断增加，贵州省范围内积极推动茶旅一体化建设，围绕茶元素进行旅游景区及线路等的全面打造。本文从贵州茶旅一体化发展的优势入手，阐述茶旅一体化发展现状，分析存在的问题并提出相应对策和建议。

关键词：贵州　茶旅一体化　发展

茶旅一体化，是茶产业与旅游业及相关一系列的配套服务进行协同性一体化发展的全新模式，是以茶为文化内核，以茶资源为产业基础、以茶基地、茶园区为有效载体、以市场需求为主要驱动力、以旅游为主要内容、以一体化发展为根本目标、以产业化为发展导向，形成以茶资源、茶产品综合利用的新型经济增长方式，也是一种备受欢迎的旅游新模式。贵州省委、省政府积极开展贵州农村产业革命，贵州茶产业蓬勃发展，贵州茶旅一体化建设得到不断推进。

一、贵州茶旅一体化发展的优势

（一）茶产业发展态势良好

贵州是我国较大茶叶产区之一，贵州省88个县市中超过半数均有茶叶的种植、加工和销售。根据贵州省行政区划、海拔、产茶类型等条件对贵州省茶产区可以进行如下区分：黔中、黔南高档名优茶产业带，黔东优质出口绿茶产业带，黔北锌硒优质绿茶产业带，黔西北高山有机绿茶产业带，黔西南大叶种早生绿茶和花茶产业带。2006年，贵州茶产业集中发力，逐渐实现跨越发展和后发赶超。截至2018年

---

[*] 才海峰，男，贵州省社会科学院民族研究所助理研究员。

年末,贵州省茶企与合作社总数近5000家,其中,农业产业化国家级龙头企业7家,是全国总数的18.9%。截至2018年年底,贵州省茶园总面积为752万亩(其中投产面积561万亩),茶产量36.2万吨,总产值394亿元❶。

贵州以规模化和集中度为核心,建设规模化、标准化、集约化的基地。2008—2013年连续6年年均新增茶园70万亩以上,占全国年新增总面积的一半。截至2018年年底,遵义、铜仁、黔南茶园面积分别达187万亩、164万亩、138万亩,累计占贵州省三分之二。以铜仁、遵义、黔南、黔东南等茶区为主的武陵山区茶园面积达到500万亩以上,成为中国绿茶生产新的金三角区域。贵州省范围内,茶园面积达30万亩以上的县有4个、20万~30万亩县有8个、10万~20万亩县有19个,万亩茶园以上的乡镇达230个,万亩以上的村有86个。建成以茶下养鸡、茶下种植、茶旅一体等产业互动融合茶园及出口基地达65.3万亩。贵州省茶叶专业合作社2042家,15亩以上的茶叶家庭农场3万个,茶产业从业人员400万人❷。

(二)茶文化历史深远悠久

我国是茶的发源地,有着漫长的种茶、制茶和饮茶历史,茶文化十分深厚,作为中国重要传统文化的重要组成部分,流传至今已有五千多年。贵州是我国古茶的核心原产地,20世纪40年代,民国中央实验茶场的专家在务川县发现大量野生古茶树,1980年7月,贵州出土了一枚距今约100万年的四球茶茶籽化石,是世界唯一被发现的茶籽化石。贵州省茶研所的专家在湄潭、普安、晴隆、兴义、兴仁、安龙等也有重大发现,这些都是贵州茶历史的最好证明。早在西周时期,贵州先民已经开始制茶和饮茶;唐朝时期,贵州成为当时八个主要茶产区之一,贵州茶叶同丝绸、瓷器等沿茶马古道、丝绸之路远销西方。唐代陆羽撰写的《茶经》中有如下记载:"黔中生思州、播州、费州、夷州……往往得之,其味极佳。"西汉辞赋家王褒撰写的《僮约》中提及"夜郎茶市",说明贵州是最早出现茶市的省份❸。宋代黄庭坚曾作词称赞贵州名茶:"黔中桃李可寻芳,摘茶人自忙。月团犀腌斗圆方,研膏入焙香……"进入明清时期,大批外来移民涌入贵州,也推动了贵州种茶制茶业的发展,贵州茶

---

❶ 数据来源:《当代贵州》2019年第13期第6页。
❷ 数据来源:贵州省农业农村厅2019年颁布的《贵州省农村产业革命茶产业发展推进方案》。
❸ 李瞳.贵州茶产业发展历程与现状[J].河南机电高等专科学校学报,2017(5).

叶品质不断提升,贵州成为朝廷贡茶产地之一。

1915年在巴拿马举办的太平洋万国博览会上,都匀毛尖茶获优质奖。20世纪40年代,"民国中央实验茶场"在湄潭建立。1956年,都匀县派人将茶带到北京送给毛泽东主席品尝。不久,茶农社收到来自中共中央办公厅的回信,信件下部附有毛主席手书的文字:"茶叶很好,今后山坡上多种茶,茶叶可命名为毛尖。"贵州地理环境复杂,地貌情况特殊,又因少数民族众多,各地有各地的风俗习惯,所以,在漫长的历史时期逐渐形成了小范围的生活圈和一座座文化孤岛,素有"五里不同俗,十里不同天"之说法。在贵州各地不同的小环境中,茶这一物品在多个领域被广泛利用起来,如在宗教祭祀、婚丧嫁娶、社交仪礼中等,逐渐形成了贵州地方各族人民群众独具特点和意义的民间茶文化。如黔东南苗族的鼎罐茶、黔西南苗族的擂茶、印江土家族的罐罐茶,还有姜茶、打油茶等,还有黔北婚礼中的"放信茶"、务川家有喜事时的"讨茶"、各地的"吃油茶"等各种体现在礼俗中的茶文化,都蕴含了浓厚的民族文化特点。

(三)贵州旅游资源丰富

贵州地处东亚大陆的季风区内,属于典型的亚热带高原季风性湿润气候,全省大部分地区气候温和,冬无严寒,夏无酷暑,四季分明,一月平均气温5℃,七月的平均气温为24℃,属于我国优质的避暑胜地。

优质的气候资源,以及特殊的地质地貌和山水相逢的自然环境,为贵州发展旅游业打下良好基础,同时,贵州作为拥有18个世居民族的省份,其民族文化资源十分丰富,所以形成了当今集聚自然风景、人文环境和民族文化要素的旅游目的地。目前,贵州有黄果树等8个国家级风景名胜区,百里杜鹃等24个省级风景名胜区;铜仁梵净山动植物等5处国家级自然保护区;遵义会议会址等9处全国重点文物保护单位。

作为多民族聚居的省份,贵州省内除汉族外还有17个世居少数民族,各民族历史悠久,文化深厚,形成了自身独特的民族文化、风俗习惯和人民风貌。据不完全统计,贵州全年共有各类民族节日达1000多个,每逢过节,各民族群众载歌载舞,开展丰富多彩的文化活动。

贵州现有"中国南方喀斯特"世界自然遗产1个,国家5A级旅游区2个,国家

4A级旅游区3个,黄果树等13个国家级风景名胜区,梵净山等8个国家级自然保护区,百里杜鹃等21个国家森林公园,织金洞等6个国家地质公园,六枝梭戛等4个国际性民族生态博物馆,青龙洞等39个全国重点文物保护单位,侗族大歌等31项54个国家级非物质文化遗产,56个省级风景名胜区和1.8万个民族文化旅游村寨❶。

(四)交通得到较大改善

贵州高速公路现有省级通道18个,到2022年将达到26个;建成铁路省级通道14个,现在贵阳到广州、长沙、昆明、重庆、成都的高速铁路都已经开通,正在建设到南宁的高铁,贵阳已经成为西南地区高铁的中心枢纽。2018年,外省车流量6272万车次,比2015年增长了1倍多;外省货车流量1768万车次,增长了75%。国家规划建设的南北向银川—白色—龙邦口岸高速公路将宁夏、甘肃、陕西、重庆、贵州、广西等广大西部地区连接起来,全长2281千米,计划2030年全线贯通,部分路段已开通运行;百色龙邦—越南高平—河内高等级公路正在积极推进。自2017年8月贵州省启动实施农村"组组通"硬化路建设以来,贵州省农村7.87万千米、30户以上村民组"组组通"硬化路建设全部完成❷。

立体化交通优势促进了贵州省全域化、精准化、特色化旅游产品供给,较好地适应了城郊游、古镇游、乡村游、温泉游,生态游、修学游、养生游、避暑游等旅游休闲需求。交通大发展,推动旅游井喷。2018年,全年旅游总人数9.69亿人次,比上年增长30.2%;旅游总收入9471.03亿元,增长33.1%,自驾游的人数5.67亿人次,比上年增长21.6%❸。

(五)党委和政府大力扶持

早在2012年,贵州省就已经将茶推进旅一体化融合发展上升为省级的重要发展战略之一,并列入生态旅游发展规划。随后,各市州纷纷出台相应政策,采取一系列办法将旅游业与茶产业进行深度结合,全面推动茶旅融合基地建设。推动茶

---

❶袁国龙.贵州旅游产业集群发展初探[J].贵州商业高等专科学校学报,2011(1):13-17.
❷数据来源:人民网贵州频道http://gz.people.com.cn/n2/2019/0925/c194827-33389414.html.
❸数据来源:多彩贵州网http://news.gog.cn/system/2019/10/11/017396201.shtml.

产业与旅游、农产品加工、沼气能源、林下养殖、小杂粮、中药材、林木产业等深度融合,建成茶下养鸡、茶下种植、茶旅等产业互动融合茶园以及出口基地65.3万亩。实现旅游景区与茶叶园区建设互融互通。截至2020年,贵州全面推进了湄潭茶海休闲度假旅游景区、湄潭翠芽27°景区、七彩部落、凤冈·茶海之心、余庆二龙山、道真关子山、普安江西坡茶文化旅游区、都匀毛尖镇、贵定云雾镇、平塘大射电科普茶旅、瓮安欧标茶之旅等一批含茶文化内容景区及茶旅线路的建设。

在促进茶产业发展方面,近十多年来,贵州省委、省政府先后出台黔党发〔2007〕6号、黔府办发〔2014〕19号、黔府办发〔2017〕48号、黔党发〔2018〕22号等系列文件,将茶产业作为贵州省优势特色产业、绿色生态产业、脱贫攻坚主导产业、乡村振兴重点产业进行培育,走出了一条涵盖贵州原料、贵州制造、贵州创造、贵州品牌的全产业链发展道路,坚持做大众好茶的市场定位,统筹推进全产业链加速发展、加快转型,贵州省茶产业的规模、质量和效益大幅提升。2018年年底,贵州省茶园面积752万亩,其中投产面积561万亩,连续六年排名全国第一;贵州省各类茶叶总产量36.2万吨,总产值394亿元。

(六)品牌影响力不断提升

聚焦"1+10"("贵州绿茶""都匀毛尖""湄潭翠芽""绿宝石""遵义红""梵净山茶""凤冈锌硒茶""石阡苔茶""瀑布毛峰""正安白茶""雷山银球茶",省重点品牌和主要区域公用品牌,开展多层次、多角度、多形式的品牌宣传推介。在贵州电视台、贵州日报、多彩贵州网等省内主要新闻媒体上办专刊、专栏、专版。2015年央视三频道播出《贵州茶香》、央视扶贫广告、央视八频道播出电视剧《星火云雾街》、多彩贵州形象宣传片植入茶元素。人民日报、新华网、新浪网、农民日报等主流媒体网站对贵州茶叶均有较大篇幅的报道。

以"贵州绿茶·秀甲天下"为主题,组织企业集群赴北京、上海、广州、深圳、武汉、沈阳、杭州等省外目标市场和对口帮扶城市参加茶博会、农交会、贸易洽谈会,在城市商业广场、城市地标、旅游景区等人流量集中的地段举办万人品茗活动,开展"丝绸之路·黔茶飘香""品黔茶-赏樱花""品黔茶-赏红叶"等系列推广活动,累计组织540余家企业到14省21个城市开展46场茶产业宣传推介活动,贵州贵茶(集团)有限公司、贵州七茶茶业有限公司、凤冈仙人岭锌硒有机茶业有限公司、湄潭县一丫翠片茶业有限公司、贵州黔品记茶业有限公司等一大批茶叶企业自主到省外主要目标市场以参加茶叶展示展销等多种方式开展市场拓展和宣传推介200余场次。

2017年1月,贵州绿茶以"翡翠绿、嫩栗香、浓爽味"的独特品质特征,获得农业部地理标志保护登记,成为全国唯一茶叶类以省为单位的地理标志。"都匀毛尖"被评选为中国十大茶叶公用区域品牌,"湄潭翠芽"被评选为中国优秀茶叶公用区域品牌。贵州高山绿茶、遵义红茶成为党的十九大会议用茶。

二、贵州茶旅一体化发展的现状

(一)茶旅景点及线路打造

2018年,贵州安排960万元资金支持湄潭茶海、凤冈·茶海之心等茶文化景区基础设施建设;湄潭茶海休闲度假旅游景区、凤冈茶海之心旅游景区、普安江西坡茶文化旅游区、金沙贡茶古镇等与茶有关的景区完成投资23.08亿元,累计招商引资12.67亿元。推进贵州茶对全省星级以上酒店和3A级以上旅游景区全覆盖;推进全省"1+5个100工程"建设名录的茶旅景区建设计划,督促景区推进仙人岭索道、天壶非遗传承基地、儿童研学基地、禅茶瑜伽小镇、自行车主题园、茶源谷景区水岸山居酒店等项目建设;指导景区着力完善茶旅景区以交通、旅游厕所等为重点的旅游公共服务体系;推进景区休闲茶庄等服务要素的提档升级。

近年来,贵州省结合本省特色旅游资源,打造了一批融合茶文化、优质风景、少数民族风情、休闲度假、生态康养等为一体的特色茶旅线路。(1)湄潭凤冈万亩茶海清心之旅:贵阳—湄潭27°景区—十里桃花江—中国茶城博物馆—天下第一壶茶文化公园—万亩茶海(核桃坝)—凤冈(茶海之心)。(2)石阡"贡茶之乡"寻茶之旅:贵阳—江口梵净山—团龙村"中国茶树王"—铜仁买茶—石阡(泡温泉,品石阡苔茶)。(3)贵定早春尝新之旅:贵阳—云雾山—盘江—音寨。(4)雷山传统制茶之旅:贵阳—西江苗寨—朗德、兰花苗寨—雷公山响水岩瀑布下露营。(5)丹寨深山珍品之旅:贵阳—丹寨—金钟茶园采茶—高腰村采茶—扬武乡学蜡染、卡拉村体验编鸟笼—石桥村古法造纸。(6)都匀"云端茶海、心上毛尖"之旅:贵阳—都匀—团山、哨脚、大槽采茶—石板街买茶—剑江喝茶—夜市小吃—斗篷山登高。(7)安顺观名瀑品名茶之旅:贵阳—安顺—云峰屯堡—黄果树瀑布。(8)乌撒烤茶文化体验之旅:贵阳—威宁—草海—百草坪—凉水沟—盐仓彝族向天坟—板底彝族村寨。(9)晴隆茶艺新品之旅:贵阳—兴义(万峰林、马岭河、特色小吃)—晴隆二十四道拐。(10)开阳健康体验之旅:贵阳—开阳禾丰乡—十里画廊—开阳云山茶海喝富硒茶—水头寨青定阁乡村客栈休闲度假。(11)夏云农庄清心采茶之旅:贵阳—红枫湖—夏云茶厂。(12)道真仡佬族苗族自治县仡山茶海之旅:贵阳—遵义—遵义会议会址—红军街—娄山关—道真县仡山茶海。(13)百花湖有机茶园避暑之旅:贵阳—百花湖—有机茶园—百花湖风景区等。

(二)茶旅人文景观建设

贵州有贡茶数十支。现存有清乾隆五十五年(1790)立在云雾镇鸟王村关口寨的贡茶碑。20世纪40年代,民国中央实验茶场落户湄潭,现保存完好的中国最早的茶工业化遗址和茶叶机械化生产线,都有着很高的茶文化开发与利用价值。在20世纪40年代,国立浙江大学为避日军侵华战火,西迁遵义、湄潭、永兴办学达七年之久,其间在湄潭的苏步青、刘淦芝、江问渔等成立了"湄江吟社",常聚在一起,品茶论道,诗词唱和,留下了200余首传世佳作,其中茶诗就有60余首。浙江大学教务处所用的湄潭文庙是至今保存得最完好的贵州三大文庙之一,很具有观赏性。我国最大的壶型象形建筑——天下第一壶,是湄潭投资3000多万元在县城中火焰山上建造的巨型茶壶茶杯,已载入吉尼斯纪录。虽属现代建筑,但造型独特,依山凭江,巍然屹立,十分壮观。天下第一壶茶文化公园是已形成的景观。

贵州茶文化生态博物馆中心馆,是贵州茶文化生态博物馆群的一个核心馆,位于贵州省湄潭县湄江镇天文大道"中国茶城"内,展馆占地面积2000多平方米。陈列内容主要包括序厅及"前言""茶的起源""古代茶事""历史名茶""民国中央实验茶场""茶叶农垦""茶叶科研""茶叶供销与外贸""当代茶业""茶礼茶俗"10部分43单元。其中"茶叶科研""茶叶供销与外贸"两部分尚在建设之中。2018年9月,经过博物馆自评申报,省级博物馆行业组织评定,全国博物馆评估委员会组织专家复核,并报请国家文物局备案,中国博物馆协会决定同意贵州茶文化生态博物馆为第三批国家三级博物馆。一批茶文化建筑如中华茶文化博览园、茶叶小镇、民宿酒店等陆续建成开放。

(三)茶文化活动开展

贵州先后举办2019中国·贵州国际茶文化节暨茶产业博览会、2018都匀毛尖(国际)茶人会、2018首届贵州梵净山国际抹茶文化节、贵州省茶艺大赛、贵州省秋季斗茶赛、制茶技能大赛、贵州冲泡大赛、黔茶摄影大赛、贵州省茶叶科技年会、第七届贵州茶业经济年会、中职院校评茶技能大赛、中日韩茶文化交流、茶文化"六进"活动、"十一"景区万人品茗活动、"贵州冲泡"体验周等宣传推介活动,大力推广"高水温、多投茶、快出汤、茶水分离、不洗茶"的贵州冲泡方法,引导形成全社会饮茶、爱茶、关心茶的良好氛围等。2018首届贵州梵净山国际抹茶文化节开幕式在江口举行,来自日本、韩国等国内外茶行业组织、科研机构、茶叶企业负责人、经销商代表及省内有关部门和企业代表共400余人参加。

三、贵州茶旅一体化发展存在的问题

(一)贵州茶企起步较晚,基础薄弱

贵州茶企发展时间短,老字号寥寥无几。目前贵州省近5000家的茶叶企业及合作社中,有4000多家都成立于2006年以后,积累不多,底子薄,企业小散弱、数量过多、缺乏大集团带动。工业化程度不高,市场化不强。企业实力的强弱直接决定了产业的发展方向,当前,绝大部分贵州茶企还集中精力在发展一产、扩大种植面积和种植水平上,并在此基础上推动二产的研发,但只有极少部分实力较强的企业有资金和精力能够投入到茶旅一体化项目的开发上来。部分企业在旅游区的打造和线路的开发、产品的包装等多方面存在短板,大量投资后回报的不明显伤害了企业推进茶旅融合发展的信心。

(二)文化挖掘不深入,利用不足

旅游既是当前社会的一种经济现象,更是一种文化现象。近年来,文旅融合成为一种新的趋势,贵州发展茶旅一体化必须借助文化的推动,以"茶—文—旅"为三

核驱动地方经济发展。贵州省文化资源虽然丰富,但为人所熟知的较为有限,很多文化资源仍深埋地下或藏于书本之中,一些文化资源没有得到进一步的包装和宣传。多数地方政府和企业大多将精力放在茶产业园和茶旅基地的打造上,对茶文化、地方特色文化的挖掘和衔接关注不够,或单纯地将茶文化、茶旅游与特色文化生硬的、机械的拼凑在一起,无法引起游客的认同和共鸣,特色茶文化项目少,与游客互动不足,缺乏参与性和体验实感。

(三)同质旅游产品较多,特色不突出

虽然贵州各地依托自身特色茶产品和文化资源进行茶旅一体化建设,但是因大多数景区开发普遍处于初级阶段,经营较为粗放,旅游产品缺乏特色和体验感,旅游景点之间缺乏联动,核心景区集聚效应并未凸显,高端开发水平、服务设施和管理服务水平的景区稀缺。多数茶旅产品在线路开发、景区打造上千篇一律,旅游产品同质化现象较为严重,无法发挥自身优势,地方特色不突出,产品设计层次较低,部分景区仅仅是一片茶园加人工建筑,缺乏深层次文化内涵,高端茶旅产品少。

(四)品牌意识较薄弱,竞争力不强

与东部发达地区成熟茶旅景区相比,贵州茶旅产品开发处于起步阶段,部分项目带有盲目性。贵州茶旅形象不鲜明,客源地较为局限,辐射范围小,大多数茶旅游客为省内客源,部分来自周边省份,消费能力不强。部分园区、景点缺少品牌意识,不能适应如今旅游市场的激烈竞争,薄弱的品牌意识一定程度上造成旅游产品质量低下,过度消费游客的耐心和兴趣。由于贵州茶旅品牌开发处于初级阶段,市场化运作经验不足,品牌定位不准,有限的资源难以得到有效利用,竞争力较弱。

(五)基础设施建设薄弱,配套不完善

贵州茶旅开发相比东部茶产业发达地区起步较晚,配套设施不完善,多数茶旅景区分布在高山上或远离城区位置,路程较远且行车舒适度欠佳,部分茶旅景区打造不完善,不能满足游客吃、住、游、玩的需求。贵州省部分茶园主干道交通问题虽得到解决,但园内基础设施还较薄弱,茶园内主干道、机耕道、步道、园边道、排灌水

设施、防灾减灾设施以及公共设施等还没有完全完善,这不仅影响茶园生产水平,还不利于茶旅一体化建设。

(六)服务意识欠缺,过于注重短期效益

近年来,在"大旅游"背景下,贵州省旅游行业迎来井喷式发展,但旅游行业服务意识的欠缺也成为贵州省茶旅融合项目的巨大考验,主要表现在:其一,从业人员素质有待提高,服务意识缺乏。其二,地方职能部门管理水平低,服务实效性不强。其三,茶旅企业过于注重经济利益,没有形成良好企业文化。其四,配套服务行业注重短期效益,出现宰客行为。成功开发一个茶旅项目是一个长期的过程,不是一朝一夕可以完成的,要维护茶旅项目的口碑需要坚持不懈的努力,现实中急功近利的短视行为制约了茶旅一体化的有效推进。

四、贵州茶旅一体化发展的建议

(一)强化茶产业生产和加工培育,夯实茶旅一体化基础

坚持发展大产业、做大市场的定位,培育壮大龙头企业。找准市场定位、产品选型、营销方式,以嫁接渠道为主自建渠道为辅开拓市场,培育经销商和茶叶销售渠道。加快企业整合,以全省确定的"贵州绿茶"等重点品牌和主要区域公用品牌为载体,通过联合重组、兼并重组等多种方式,推动企业整合资源、互利合作,组建企业集团和产业联盟,打造一批贵州茶叶企业的航母,建立精制拼配中心,推动初制精制分离和专业化分工,做大规模,降低产业成本,提升产品品质和市场竞争力,夯实贵州省茶旅一体化全面高效发展基础。

企业抱团建设各类营销窗口,从传统的茶叶批发市场到专卖店等,再到嫁接全国知名的茶叶专卖系统、商超系统、电商平台等,营销窗口与网点快速跟进,企业要联合进行品牌宣传。积极使用"贵州绿茶"省品牌、"都匀毛尖""湄潭翠芽""遵义红"等区域品牌,要积极运用省品牌宣传推介取得的优势,主动聚焦到大品牌旗下,严格贯彻品牌产品标准、生产标准,扩大产量、稳定品质,走向大市场。

政府部门出台更多优惠政策、简化办事程序,真心实意为企业服务。加强对资

金的管理,确保及时到位,专款专用,提高资金使用效益。加大统筹协调力度,整合各类项目资金向茶产业倾斜。支持茶区基础设施建设、加工厂建设、市场开拓、平台建设、基金、信贷保险等方面支持龙头企业。要积极拓宽融资渠道,协调金融机构对茶产业的扶持,加大招商引资力度,多方面筹集资金,推动贵州省茶产业的不断升级。

(二)结合区域文化要素,增加茶旅一体化亮点

贵州是我国古人类的发祥地之一,具有深厚而丰富的文化内涵,包括历史文化、夜郎文化、水西文化、红色文化、民族文化、阳明文化、特色饮食文化等。不能仅仅将茶园作为简单的旅游景点,而应围绕茶园、茶产业和茶文化,在供人欣赏的基础上,结合区域特色文化要素,增加茶旅一体化亮点。结合茶旅项目与历史文化等面向省内游客打造"茶+历史"游,增强贵州人民自我历史认知,增强后发赶超自信;结合茶旅项目与民族文化等面向省外游客打造"茶+民族"游,提高省外游客赴黔旅游兴趣和好感度;结合茶旅项目与红色文化等面向中小学生群体打造"茶+革命教育"研学游,在了解茶文化的基础上学习知识,了解党的革命历史,树立正确的人生观、世界观和价值观。做好茶文旅融合必须要深挖贵州历史文化,将人文、历史、自然茶旅资源转化成游客可接受、可体验、可消费的旅游产品和产业链。

(三)强化茶旅产品品牌意识,重视品牌开发

地方政府和企业应紧盯茶旅项目目标人群和品牌定位,运用大数据等手段严格明确分析消费群体及消费能力,实施靶向瞄准。在做好茶旅项目开发的基础上投入资金进行大力宣传,建立品牌形象,不断增加品牌推广力度,使贵州茶旅品牌深入人心。加强对贵州茶旅产品的研究、设计与开发工作,与科研机构进行合作对贵州茶旅产品的品牌打造及推广进行深入研究。加强企业信用体系建设,树立良好企业形象,形成企业形象与茶旅品牌双向良性互动。强化品牌管理与保护,应打破区域性壁垒,形成茶旅宣传合力,由地方政府与茶产业协会、文旅部门牵头,探索出一条环贵州精品茶旅专线,围绕几个重点发展茶产业市州,将茶旅游、茶文化、民族风情、喀斯特景观等要素吸纳进来,做好高端茶旅精品线路,进而带动其他地方茶旅项目。

B.7 贵州省茶与生态环境保护研究

黄 昊

摘 要：在贵州强力推进"大生态战略"的生态文明新时代，各大产业的发展都将围绕着绿色发展而逐步展开。贵州茶产业的发展正是在绿色发展理念的指导下，打出了"干净黔茶"的标签。在此基础上，取得了较好的成就，但与此同时，贵州茶产业的生态保护和绿色发展也还面临着诸多问题。有鉴于此，本文将分析贵州茶生长的生态环境要素，近十年来茶产业绿色发展的措施与成效，探讨贵州茶产业绿色发展的一些不足，通过比较其他产茶区的发展理念，提出贵州茶产业在绿色发展方面的相应对策建议，以期为贵州茶产业的绿色发展提供借鉴。

关键词：绿色 环保 茶 发展

作为农业经济中占有重要地位的茶业，它不仅是促进贵州农村产业振兴的推动力，而且也是贵州脱贫攻坚的重要抓手。长期以来，我国工业的发展对生态环境的影响一直被忽略或轻视，随着生态环境问题的日益严重，人们也开始关注产业发展与生态环境的关联性。在此背景下，党和政府也给予生态环境问题以极大的重视。党的十八大报告指出："必须树立尊重自然、顺应自然、保护自然的生态文明理念。"党的十九大则更明确指出："必须树立和践行绿水青山就是金山银山的理念。"这表明生态文明的建设和绿色发展的推进将成为未来发展的一个指向标。

近年来，贵州省委、省政府紧紧围绕牢牢守住"发展和生态两条底线"开展工作，在绿色发展的指引下，提出了大生态发展战略，并制定相应措施，让绿色发展理念深入人心。作为贵州重要产业的茶业，也一直在谋划绿色发展的模式，积极响应和贯彻各级部门关于绿色发展的要求，并探索出许多成功的经验。

---

*本文为贵州省社会科学院创新项目"贵州生态史研究"阶段性成果。
**黄昊，女，贵州省社会科学院历史所，副研究员。研究方向为生态史、城市史。

一、贵州茶产业与绿色发展的耦合关系

茶离不开青山绿水的陪伴,生态环境也同样需要茶的贡献。近年来,贵州茶产业在生态和发展两条底线的方向上不断进行跨越式的探索和实践。

(一)独特的自然环境助推贵州茶产业绿色发展

生态环境是茶树生长的基础,作为农作物的茶叶对生态环境的要求较高。优良的自然生态环境为茶产业的健康发展提供基础。中国的四大产茶区都有着先天的生态优势,这些地区常年的平均气温在15~22℃,且降水量丰富,土壤以适合茶业生长的红壤和黄壤为主(见表1)。

表1 中国主要产茶区的生态状况

指标	区域			
	西南茶区	华南茶区	江南茶区	江北茶区
	云南、贵州、四川、重庆	广东、广西、福建、台湾、海南	浙江、湖南、江西	河南、陕西、甘肃、山东
温度	15~19℃	19~22℃	15~18℃	15~16℃
降水量	1000~1700毫米	1200~2000毫米	1400~1800毫米	800~1100毫米
土壤	黄壤、红壤	黄壤、红壤	黄壤、红壤	黄棕壤、棕壤

贵州作为西南产茶区的重要区域,有着发展茶产业的天然优势。首先,贵州位于北纬24°~30°,处在亚热带湿润性季风气候区之内,气温变化趋势较小,一般年均气温在15℃左右,夏季是避暑的好地方。贵州境内水量充沛,相对湿度在70%以上。高原山地地貌,适宜的纬度和气候,再加上充沛的雨水,为茶树的生长提供了良好的环境条件。其次,贵州土壤酸碱度适合茶叶生长,贵州土壤中的微量元素以硒、锌等为主,这就为茶产业富集人体所需的多种微量元素提供了天然优势。这类土壤的聚集,对茶叶芳香物质形成助力很大。研究表明,"贵州茶氨基酸含量为3%~5%,而江浙茶氨基酸含量高者却仅有3%;贵州茶水浸出物含量一般在45%以上,江浙茶仅有30%左右。我国目前有8600万人对锌的摄入量严重不足,大约有7亿人还在低硒地区生活。有研究也表明了70%的慢性疾病和亚健康等都与人

体摄取微量元素不足有相关性。因而,贵州茶质量的优质特性对消费群体的微量元素的摄入大有益处。"❶"2017年1月,贵州绿茶顺利通过农业部认定,以'翡翠绿、嫩栗香、浓爽味'的独一无二品质成为全国第一个以省为单位申报的地理标志产品。"❷再次,贵州森林多样性系统完备,2019年贵州森林覆盖率提升至59%。茶树作为森林系统的一部分,受益于生态食物链的完整,茶树病虫害较少,化学农药相对应用就变少。贵州有40多个产茶县,分别是湄潭、凤冈、都匀、余庆、黎平、丹寨、纳雍、贵定、金沙、晴隆、雷山县等。据2019年贵州省环境公报数据显示,这些产茶县市空气质量都在优良等级。最后,贵州的工业基础相对比较薄弱,工业对经济社会的贡献率不高,但从另一角度来看,也造就了全省工业污染较小,生态环境质量良好的局面,为贵州发展绿色生态农业提供了优良的环境条件。

从以上贵州茶产业生态优势来看,贵州在全国的产茶区中具有比较优势,应是全国难得的优质产茶区,同时,也具有发展绿色茶产业的极大潜力。

(二)茶产业的高质量发展有利于生态环保

良好的生态环境促进茶树品质的提升,茶树种植则反哺生态,为改善生态环境做出了不小的贡献。

对于茶产业的经营中,我们一般的认知是这个产业带来仅仅是经济效益,而对它的生态效益却关注不够,从而影响了茶产业整体质量的提升。根据相关统计,"在具体的森林环境影响中,超过70%的元素已经具体融入整个环境循环之中,从而实现生态环境的空气净化和自然灾害的有效降低"。❸规模化的茶业种植通常都会形成茶园,茶园经过一定的发展,就会形成一个完整的生态系统,高质量的茶业种植在此阶段,不仅会有可观的经济效益,也会为生态环境的保护贡献其价值,产生生态效益。

从图1、图2和图3三组数据中可以看出,贵州省森林面积和森林覆盖率近10年来是不断增长的,贵州的森林面积的增长也离不开贵州茶园面积增长的贡献。贵州茶园面积从2010年的164.25千公顷增长到2019年的464.42千公顷。面积增

---

❶ 梁龙,李茂盛,沈水琴.贵州绿色功能茶产业发展现状与对策[J].贵州农业科学,2019(9).
❷ 刘悦.丝绸之路 黔茶飘香[J].当代贵州,2017(32).
❸ 种茶对生态保护的作用[EB/OL].(2020-06-08)[2020-09-11].https://new.qq.com/rain/a/20200608A02AK9.

长了近3倍,并连续7年位居全国第一。森林覆盖率的增长,茶园的贡献率在10%左右。

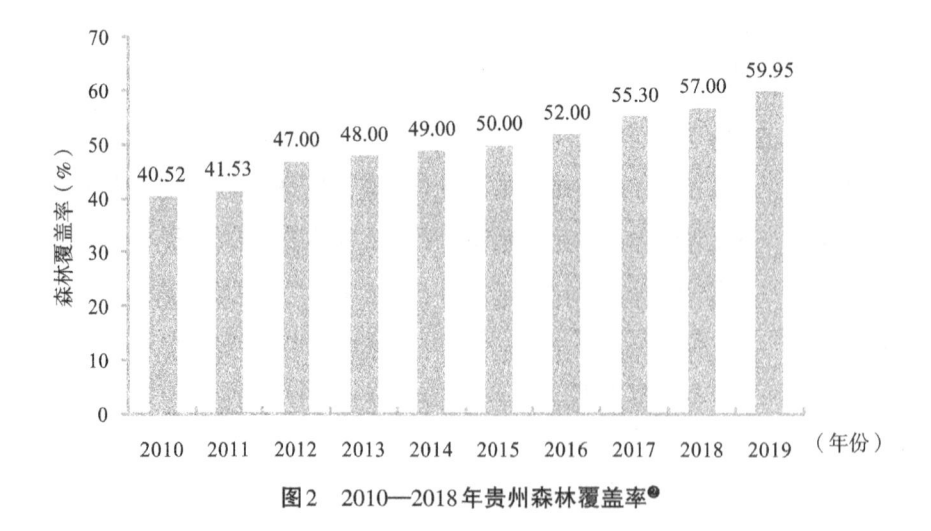

图1 2010—2018年贵州森林面积[1]

图2 2010—2018年贵州森林覆盖率[2]

---

[1] 图表数据来自2010—2019年贵州统计年鉴。
[2] 图表数据来自2010—2019年贵州统计年鉴。

图3 贵州省2010—2019年茶园面积[1]

贵州古茶树对生态环境的优化作用也不容忽视。贵州处于茶树原产地的核心区域,1980年在贵州晴隆发现世界唯一距今100多万年的茶籽化石。生物学上,原产地的东西最好。相比较新的茶树种植,古茶树园林茶草共存、昆虫菌种相依,构成了一个相对封闭、完整、健康的生态链,更能体现出贵州生态系统的优越性和对环境保护的重要作用。据不完全统计,"全省9个市(州)38个县(市、区)古茶树近120万株,其中相对集中连片1000株以上古茶园50处,树龄200年以上古茶树15万株以上"。[2]因此,为了更好地发挥古茶树的生态价值、文化价值、品牌价值,防止乱砍滥伐和不适当的保护,2017年8月3日贵州省第十二届人民代表大会常务委员会通过《贵州省古茶树保护条例》,这也是全国首部在省级层面制定的关于古茶树保护的地方性法规。

(三)"绿水青山就是金山银山"

生态是贵州最大的优势,把"绿水青山"变成"金山银山"的路径,就是大力发展旅游业和生态农业。而贵州的自然禀赋,具有成为全球优质茶产业产区的比较优势。随着中东部产茶区环境的不断恶化,东茶西移已经成为一种趋势,贵州的茶产

---

[1] 数据来源:2010—2019年国家统计年鉴和贵州统计年鉴。
[2] 樊园芳.贵州古茶树焕发勃勃生机[J].贵茶,2019(3).

业也因此有了重大的发展机遇。茶产业具有带动能力强,不与粮争地的生态功能,因此,发展茶产业具有明显的生态和经济效益。

近几年来,在贵州省委、省政府大生态战略的强力推进下,贵州省的整体生态环境水平不断提升,这也为出产生态茶、精品茶提供了保障。

贵州茶产业的发展是一种生态上的坚守,贵州茶园的不断打造升级,是退耕还林,保持水土的重要措施,也是把茶山变成金山银山,达到增加人民收入的重要举措。目前,茶产业作为贵州产茶市、县的优势产业,有近50万的贫困人口依靠茶叶改善了生活。生产茶叶成为贵州产茶大县农村居民的重要收入来源,贵州优质的生态资源价值也通过茶叶生产得以实现。

种植茶树充分激活了贵州优质的生态资源,由连片茶树形成的茶林生态系统具有能够满足人们生产茶叶的使用价值,茶叶生产替代经营传统农业增加了农民的经济收入,丰富了生态资源产权价值实现路径。不断扩大茶叶生产规模,提升生态资源总收益,进而提升生态资源产权价值,实现生态资源总收入增长与生态资源产权价值增长的良性循环。

二、贵州茶产业绿色发展的主要做法及成效

贵州作为生态文明建设的示范省份,生态发展理念也始终被贯穿在茶产业的发展之中。贵州茶产业不仅种植面积增速明显,在产业的绿色发展上也开始谋篇布局。把"干净黔茶·全球共享"作为发展理念,在市场竞争中凸显质量优势,把产品的安全性作为准绳,并积累到了许多成功的经验。

从茶产业的政策、标准、种植、加工等方面,贵州的茶叶生产和加工始终坚持多方协调、共同发力,为保证贵州茶的绿色发展协同共进。

(一)出台相关文件,为茶产业绿色发展保驾护航

茶林及其连带的茶林生态系统能够创造财富,已成为山区人民改善生活条件的依托。贵州各级政府在发展经济时,时刻把守住生态红线,确保经济绿色可持续发展作为信条,制定各项举措,切实保护生态环境。2019年6月经贵州省第十三届人民代表大会常务委员会第十次会议通过的《贵州省生态环境保护条例》中就规

定:"确定生态保护红线、生态环境质量底线、资源利用上线是各级人民政府实施环境生态目标管理和生态环境准入的依据,禁止引进严重污染、严重破坏生态环境的建设项目。"对于可经营的自然资源,政府则通过制定相应的生态资源产权交易制度,确保生态资源经济价值的有效实现,如《关于统筹推进自然资源资产产权制度改革的指导意见》中提出:"推动自然资源资产所有权与使用权分离,加快构建分类科学的自然资源资产产权体系,为生态资源经营权交易提供了有力的制度支持。"上述做法和措施主为茶产业的健康提供生态支持。

从2007年起,十多年间,共有3个重量级茶产业的专项文件出台(见表2),专项文件成为贵州茶产业发展的催化剂,也为茶产业的绿色发展提供依据和支撑。

表2 茶产业绿色发展相关政策梳理

政策文件名	发布时间	相关层面	相关内容
《关于加快茶产业发展的意见》	2007年	生态效益	发展茶产业对于生态立省战略,促进生态建设。减少水土流失,构建"两江上游"生态屏障有着重要作用
《贵州茶产业提升3年行动计划(2014—2016)》	2014年	开展病虫害绿色防控	茶区全面禁止销售、施用高毒高残留农药、水溶性农药,全面施用低毒低残留农药、脂溶性农药。结合标准化示范基地建设
《贵州省发展茶产业助推脱贫攻坚三年行动方案(2017—2019年)》	2017年	优化茶园生态系统	推行茶园行间空地种草,构建"林—灌—草"立体生态系统。建设50个示范点。同时划定核心保护区。出台具体保护措施,茶园核心保护区和古茶树保护区禁止建设有污染的项目,合理控制人流、车流量。同时开展绿色防控。建设第三方检测平台,加强检验检测

在三个文件精神的指导下,为了更好引领茶产业的发展,2019年贵州省委成立了贵州省农村产业革命茶产业发展领导小组,并出台了《贵州省农村产业革命茶产业发展推进方案(2019—2020年)》,在政府层面对优质茶园的建设提供体制、机制保障。

2019年7月21日,《经济日报》头版头条发表了以《贵州守牢发展和生态两条底线——一片叶子富了一方百姓》为题的文章,重点描绘了贵州750多万亩茶园让400多万茶农的日子越过越红火的事实。这篇文章是对贵州茶产业绿色发展的肯定,也是对近年来贵州茶产业各项政策措施的肯定。

(二)着力病虫害绿色防控,严把质量关

茶树病虫害绿色防控是"干净黔茶"基础一环,是茶叶质量和安全的技术支撑。近年来,茶叶种植相关部门在实施绿色防控,严把质量关上下足功夫。在各大产茶区全力推行茶树的生态控制、生物防治和物理防治。采取集成优化的绿色防控技术,优先选择生态防控,全面禁止施用高毒高残留农药,严格农药施用备案制度。2012年8月,贵州省农业委员会下发《关于做好茶树病虫害绿色防控和化学农药使用管理工作的通知》,采取茶树病虫害绿色防控和茶园用农药专营店建设。此通知是贵州茶树绿色防控的专项治理的开始,为茶产业的绿色发展提供管理依据。

2015年7月25日,贵州省茶树病虫害绿色防控现场观摩会在都匀市召开,会议以推进《贵州省茶产业提升三年行动计划》为主要议题,并在开展普及茶园绿色防控技术,提高茶园病虫害防控水平上进行深入探讨。以此为标志,贵州省茶树病虫害绿色专门防控会定期举行,旨在为茶树病虫害的绿色防控提供指导,达到促进防控科技的进步和人员培训的目的。

在专项政策的指引下,加大资金投入也是绿色防控的关键。在专项政策的指引下,加大资金投入也是绿色防控的关键。从2016年起,贵州省农业委员会加大了植保专项病虫害防治经费的投入,采取专项资金统筹安排,多方筹措的办法,合力推进茶树绿色防控,并对发展趋势较好,规模和质量上乘的茶企、茶农重点扶持,充分调动了各方的积极性。

经过几年的摸索与实践,贵州在绿色防控方面取得了较大的进步。2014年,贵州在茶产区率先禁用草甘膦这种农药。并把欧盟标准作为生产茶业的重要标准,不断提升农药的禁用量。2018年的数据显示,贵州在参照欧盟及日本标准,在国家茶园禁用农药55种的基础上,提高到了120种。截至2019年,以贵州大学为主的攻关团队,已经在23个茶叶生产县,推动绿色防控技术试验示范基地建设,并把这些技术向43个茶叶主产县推广,绿色防控全面全域落地。

（三）推行清洁化生产，标准化、机械化，全力铸就中国绿茶加工中心

2011年，贵州茶通过欧盟463项检测，成功出口德国，开始了大批量出口的历史。以前，贵州小作坊的茶业加工点较多，手工制茶占比较大，很难达到清洁化、标准化的生产规模。现在，贵州省注重清洁化和规模化生产，茶产业加工整体水平提高明显。2016年，ISO 9001、HACCP质量管理体系认证企业120家，2017年有159家，2018年164家，2019年180家。

2013年，湄潭县、凤冈县、雷山县获得国家级出口茶叶质量安全示范区，2017年水城县、纳雍县、贵定县获得国家级出口茶叶质量安全示范区。"截至2018年，湄潭、凤冈、正安、松桃、雷山、思南、普安、余庆、瓮安9个县成功创建'国家级出口茶叶质量安全示范区'，占全国示范区总数的1/4。"[1]

2018年新建茶园37万亩，全年推广茶叶专用肥施用面积89.3万亩。2010—2019年贵州有机茶园的面积逐年增加，绿色茶园建设成效显著。通过茶产业的清洁化、标准化、机械化，大力推进产业联盟，促进茶产业各环节的规模化、专业化是茶产业绿色发展的方向，看准了这个方向，贵州茶产业的发展将大有可为。

（四）完善茶叶质量安全可追溯系统，建立质量安全新机制

贵州相关部门严把质量安全关，深入推进新的机制的建立。在《贵州省茶产业提升三年行动计划（2014—2016年）》中就有明确的规定：由贵州省农业委员会牵头，贵州省经济和信息化委员会、贵州省食品药品监管局、各市（州）政府共同配合建立贵州省茶业质量安全云服务平台。2015年，为落实文件精神的要求，贵州依托大数据优势，率先在全国创建了可溯源的茶叶质量云平台。通过云平台，消费者可以轻松查询到所购买的茶叶来自哪个茶园和哪棵茶树，并且可以看到茶叶生产加工的相关数据。目前，加入云平台的茶企共有60家，并有121家企业被录入到贵州省农产品质量安全追溯系统中。

溯源和监测体系的建立帮助了茶园追溯体系和责任追究制度的建立，这就从源头上确保了贵州茶叶生产的质量安全，进而为茶产业的绿色发展保驾护航。截至2019年，贵州茶叶在国家农业农村部质量安全情况检测中连续8年合格，一批国

---

[1] 农业农村部信息中心.贵州：由茶业大省向茶业强省迈进[J].农产品市场周刊,2019(4).

际茶商在贵州茶叶质量安全建设中看到了贵州茶产业发展的优势,联合利华、太古集团纷纷落户贵州。

(五)强化科技支撑、发挥茶叶绿色农产品的生态经济优势

贵州自然生态条件的茶树优质高产品种,更需要茶树配套栽培与茶叶加工的综合技术服务支撑。

从2013年起,依托贵州省农业科学院茶叶研究所,贵州省茶叶产业技术体系应运而生。体系专家团结协作,对茶树栽培、绿色防控、生产加工和质量安全等技术展开科研工作。

开展新品种试验,为贵州省地域性特征和品牌打造奠定基础。近年来,贵州相继成功选育了"黔湄809""黔茶1号""黔茶8号""苔选0310""黔辐4号"等茶树良种。新选育的新品种,目前种植面积超过5万亩,在加强茶树品种优选优育,改善低质低产茶园换种改植上成效显著。通过科技的集成创新,贵州的茶产品达到了欧盟的出口标准。湄潭县、思南县、余庆县、德江县等先后建立示范基地3000亩,辐射应用20余万亩次。

加工技术的创新,为发展精品茶叶提供支持。近年来,针对贵州茶产业的加工技术需求,贵州省围绕绿茶、红茶、黑茶、青茶、白茶、黄茶、深加工茶等领域开展了多项研究,"贵州省农业科学院茶叶研究所联合相关单位在茶叶加工技术方面已形成国家发明专利4项,技术规程2项,加工方案10余项,并通过技术转化、技术培训等方式,为贵州茶产业的发展奠定了坚实基础"。[1]

三、贵州茶产业绿色发展存在的不足

(一)茶产业绿色发展顶层设计有待加强

2018年5月,福建省人民政府发布了《绿色发展质量兴茶八条措施》,紧接着召开茶产业绿色发展高峰论坛,对茶产业的绿色发展进行专门研讨。2019年,福建省农业农村厅发布《福建省农业农村厅关于进一步推进茶产业绿色发展的通知》,

---

[1] 科技创新助推黔茶产业健康发展-茶园,https://www.sohu.com/a/335229287_114731.

把茶产业的绿色发展落到实际操作层面。同样,2019年,云南省人民政府发布《关于推动云茶产业绿色发展的实施意见》,普洱市人民政府也发布《普洱市人民政府关于普洱市茶产业绿色发展的实施意见》。两个茶业大省把茶产业的绿色发展作为未来的发展方向。贵州省虽然在茶产业的绿色发展已经取得了较好的成绩,但关于茶产业绿色发展的专项文件和措施还没有进行顶层设计和标准的制定。

(二)茶园基础设施有待完善

截至2019年,贵州茶园面积连续7年居全国首位,但在量变的同时,质变也是重要的一环。首先,茶园基础设施建设不完善,茶园管理成本较高。贵州省茶园面积在经过近十年的发展,在数量上,在全国占据领先地位,但难免就会出现茶园数量增速过快,质量难以达到相应标准的局面。其次,茶园规划初期对相应配套设施有所忽视。贵州的许多茶园都有着山高路远的特性,因此,灌溉水源、电力、公路等配套设施的建设就尤为重要,如果这些配套设施不完备,一方面,制约了茶园管理的人力、物力的投入,另一方面,机械化、规模化种植也因此难以实现。再次,部分产茶区还存在以家庭为单位进行经营的现象,缺乏专业化支撑。茶树的种植和绿色防控方面知识的欠缺也制约了茶叶的经济效益。最后,茶园茶树品种的选择还有无序现象存在。不同地区的水土状态和气候环境不同,适宜生长的茶树品种也不尽相同。当前诸多茶园存在茶树品种繁多且科目庞杂,茶树的老嫩程度不一,茶叶的质量参差不齐的现象。

(三)茶树病虫害防治技术应用效果不尽人意

茶树病虫害的防控是贵州茶产业绿色发展的基础,近年所采用的一些行之有效的措施,对茶树种植和茶园面积的不断增加有很大贡献,但当前大多数茶园中茶树病虫害的防治也还是面临着一些问题:一是生物防控和物理防控在一些中小茶园还没有全面实施,部分地区还存在采取农药防治病虫害的方式,农药残留现象没有完全避免。二是作为防治茶树病虫害的重要技术的生物防治,存在见效慢、成本高的问题,在部分茶园的推广中难免受阻。三是茶树病虫害的物理防治出现的杀虫色板等废弃垃圾没有得到妥善处理,严重影响了茶园的生态和形象。

(四)茶叶生产加工中的清洁力度不足

如前所述,茶叶的质量安全问题关乎茶产业的绿色健康发展。质量问题的一个重要手段是造安全监管,目前贵州采用的安全监管体系较为健全。但茶叶生产加工中的清洁化也是茶叶质量的重要保证。贵州茶叶精加工存在落后,清洁技术和清洁力度仍然低于国际水平的现象。贵州省的茶产业还没有完全进入绿色食品加工的快车道,部分地区仍然存在排污、除尘、排烟等相关清洁基础设施不健全,清洁化生产达不到相关认证的资质,没有达到市场对绿色产品的需求标准。

四、贵州茶产业与绿色发展融合的对策建议

茶业在贵州省农村经济发展中有着举足轻重的地位。为了实现贵州茶产业的高质量发展,以绿色发展为导向,提升品质,促进品牌在竞争中的比较优势,尽快完善茶产业绿色发展规划、统筹领导,优化产茶县市区域布局,提升茶企清洁化精加工的能力、提高绿色茶园的占比率、扩大茶基地的生态效益以及加大茶产业绿色发展的宣传力度等措施势在必行。

(一)强化组织领导,加强政策扶持

各级部门要加大茶产业的扶持力度,在政策和资金上向茶产业的绿色发展上有所倾斜。一是形成政府主导,整合各相关部门的资源,在茶企、茶农的配合下,建立齐抓共管的工作机制。各基层农村茶业主管部门要切实把茶产业的绿色发展落实到位,并制定紧贴"地气"的实施方案,推动各项工作有序开展。二是省级财政部门加大茶产业的资金统筹,加大生态茶园、有机茶园和绿色防控茶园的建设力度。对茶树病虫害的生物防控和物理防控绿色防控提供资金支持。对茶叶初制厂清洁化、自动化设备的引进加大扶持力度。三是对于绿色发展质量兴茶的相关技术要加大成果转化。利用好金融机构扶植茶产业绿色发展的政策支持,并保证各项成果的转化奖励机制落实到位。

(二)优化与完善山地多样功能生态茶园,提高茶基地的生态效益和经济利益

茶产业的根基在于种植基地的建设。在绿色环保理念下的茶产业,严禁毁林种茶,坚持生态保护优先的原则。首先,要严禁在生态脆弱地区开垦建设新的茶园,要把建设绿色环保的茶园种植基地作为第一要务。生态茶园目前在贵州的整体茶园占比中还较小,仅占0.6%,因此,加强生态茶园的建设迫在眉睫,应该加大生态茶园的建设,争取达到现有茶园的一半以上。其次,生态茶园的建设要在规划中认真谋划,把建设多功能的生态茶园作为远景目标。茶基地的建设既要突出生产基地,又要发展旅游观光。生态茶园要在建设初期就要对茶园的生态条件进行整体预估,选择合适的地点进行园区建设。再次,在复合型生态茶园的建设中,要注重茶树与当地气候系统的适应程度,有效保证茶园的生态效益。最后,在茶树种植过程中,也要逐渐向绿色无公害的生态茶园转变,建设绿色环保的茶园种植基地。依靠科学技术的创新,其根本措施是依靠科技创新,完善茶园的整体布局,在产源上实现绿色、可持续发展之路。

(三)推广全域茶园病虫害绿色防控

茶园病虫害绿色防控能保障茶叶种植环节的生态性,这对茶叶的最初品质,能否成为生态品牌至为关键。茶树病虫害绿色防控要推广物理防控和生物防治并进的防控措施。利用光学诱捕等措施,推广窄波光源等天敌友好型LED杀虫灯、数字化黏虫色板及性信息素诱捕器。推广使用微生物、植物源、矿物源农药等微生物农药,提倡靶向技术的应用。全力推进茶园病虫害物理防控和生物防治并进的同时,要加强监测预警,强化统防统治,确保产品质量安全,争取2~3年实现贵州省茶园绿色防控全覆盖。

(四)倒逼茶企业提高生产加工技术,提升精深加工水平

实施清洁生产措施,提倡精加工技术的应用。贵州的茶企一定要把绿色食品的相关标准吃透,并认真加以执行,做到"从产地到茶桌"的全程绿色管理方式。积极引进清洁生产茶叶的技术,对种植茶树、加工茶叶、包装运输、销售及贮存等环节进行全程监控。提升茶叶精加工的水平,制定《贵州省茶叶初制厂清洁化生产规

范》，提高茶叶绿色加工的能力与水平，鼓励涉茶企业新建、扩建连续化自动化、标准化精制加工生产线。积极把茶叶生产的质量认证和规范管理相结合，促进茶叶的质量管理水平大幅度提升。

（五）要注重科技驱动、示范带动，积极开展政策宣讲和技术指导

加快茶产业发展核心技术的研究与推广。各产茶区要联合组建科技服务团队，通过"技术团队+科技人员+示范基地+田间学校"的推广模式，推进茶产业的科研协作，指导茶叶企业采取生态调控、农艺改良、物理防控和生物防治等手段防控病虫害。利用贵州省大数据的研究和应用成果，建设数据管控型茶园，不断提升茶园的绿色管理能力。

在绿色发展理念下的贵州茶产业的发展需要技术的支撑，同时，也需要充分借助相关媒体与科技活动的大力宣传。定期举办茶产业绿色发展高端论坛，通过专业研讨会的形式解决茶产业绿色发展的一些技术难题，同时通过新的媒介方式，加大宣传一些产茶大县、示范基地的宣传力度，并利用高质量的宣传片，在国际上和省外进行宣传，营造出良好的发展氛围。

不论是茶叶的直接从业者还是普通的消费人员，都需要增强关于茶的绿色知识，绿色健康的茶产业理念的宣传和知识普及，不仅有利于全社会对茶产业的绿色发展给予密切地关注与支持，而且有利于促进相关的资源向茶产业聚集，进而推动绿色化茶产业工程的发展。

参考文献

[1]《关于加快茶产业发展的意见》，黔党发〔2007〕6号，2007年3月30日。

[2]《贵州省茶产业提升三年行动计划（2014—2016年）》，黔府办发〔2014〕19号，2014年5月15日。

[3]贵州省发展茶产业助推脱贫攻坚三年行动方案（2017—2019年），黔府办发〔2017〕48号，2017年9月19日。

[4]贵州省古茶树保护条例[N].贵州日报,2017-08-04.

[5]刘悦.丝绸之路 黔茶飘香[J].当代贵州,2017(32).

[6]胡薇.绿绿色环保理念下茶产业的发展模式探讨[J].福建茶叶,2018(9).

B.8 贵州省茶产业助推脱贫攻坚研究

陈加友[*]

摘　要： 茶产业作为贵州独具特色的优势产业之一，其发展状况可对贵州当地经济发展特别是脱贫攻坚起到重要作用。因此，贵州茶企业及相关政府部门应对茶产业予以足够重视，加大对茶产业扶持力度，激励茶企业健康发展，辐射带动更多贫困户的发展。本文通过针对贵州茶叶产业对于脱贫攻坚发展现状进行总结并予以分析，同时对如何通过茶产业更好地巩固贵州省脱贫攻坚的成果提出几点建议，争取为茶产业助推贵州脱贫攻坚发挥更大的作用。

关键词： 贵州省　茶产业　脱贫攻坚

一、茶产业对脱贫攻坚的重要意义

茶叶原产于中国，又因中国而传播于全世界。我国茶产业十分发达，不论种植面积还是产量，目前都雄踞世界第一，截至2019年，贵州省茶园面积700万亩（其中投产面积601.7万亩）。正因如此，茶产业与我国的脱贫攻坚战有着非常密切的关系，并与我国贫困地区有着地域同构关系。据统计，目前我国有20个省、自治区、直辖市产茶，分别是浙江、福建、安徽、江苏、江西、湖南、湖北、四川、云南、广西、广东、海南、河南、陕西、山东、甘肃、西藏、上海、重庆、台湾。茶叶产地面积有1500余万亩，遍布以上20个省的近千个市、区、县。据中国茶叶流通协会介绍，国家贫困县中有近300个与茶产业有关，其中1/3以茶叶为支柱产业。因此一片叶子成就的大产业成为脱贫攻坚战重要的决战决胜战场，也成了贫困地区茶农脱贫致富奔小康的重要依靠。

2013年以来，习近平总书记就精准扶贫发表了一系列重要讲话，明确提出了"五个一批"的要求，最关键的就是发展生产脱贫一批。产业扶贫是增强贫困户自身造血功能、实现持续稳定脱贫的有效手段，茶产业也是贵州省的传统优势产业、

---

[*] 陈加友，贵州省社会科学院副研究员应用经济学博士后，副研究员，研究方向为数字经济、茶产业。

特色产业,是全国茶园面积最大的省份,茶产业已成为贵州省脱贫攻坚的支撑力量、优势产业的发展龙头、生态产业的重要抓手,如何围绕发展茶叶产业助力脱贫攻坚则成为当前的一个重要课题。

二、茶产业助推脱贫攻坚取得成效

(一)加强组织领导,政策支持力度大

贵州省成立了由省有关领导同志任组长、省直有关单位为成员的省农村产业革命茶产业发展领导小组,贵州省加大了对茶产业的财政资金、金融保险、科技支撑、人才培养等方面政策支持力度。同时把茶产业纳入脱贫攻坚检查、督查调研的内容,加强对基层一线的指导,切实做好茶产业扶贫项目,发挥财政专项扶贫资金效益,确保贫困农户真正受益,调动广大农民发展乡村产业的积极性,助推贫困人口脱贫。

(二)茶产业已成为贵州省脱贫攻坚的支撑力量、优势产业的发展龙头、生态产业的重要抓手

一是脱贫成效显著。茶产业带动人口从2015年的370万人增加到2019年的425万人(带动贫困群众34.81万人,脱贫17.46万人,其中涉茶贫困户人均年收5722.79元)。茶产业人均年收入从2015年的5784元增加到2019年的10352元。其中,国家级7家、省级228家、市级397家龙头企业带动750个上游加工企业、1100个合作社、150万茶农,覆盖茶园面积300万亩,预计产值290亿元,人均年收入1.93万元。

二是组织方式不断创新。各茶区、茶企积极推行"龙头企业+企业+农户""龙头企业+合作社+农户""国有平台公司+合作社+农户"等模式,依托重点龙头企业,大力发展订单生产,促进农民增收脱贫。

三是龙头企业带动能力明显增强。贵州省茶产业现有国家级龙头企业7家,占全国总数37家的近1/5,省级龙头企业228家,市级龙头企业397家。如贵州贵茶(集团)有限公司带动上游23个茶叶主产县的62家茶叶加工企业,覆盖生产基地14万亩(0.93万公顷),带动茶产业从业人员11万人。

(三)茶叶产量逐年提高

贵州省茶园面积700万亩(其中投产面积601.7万亩),已连续七年居全国第一。2019年全年茶叶产量40.1万吨、产值451.2亿元,同比分别增10.7%、14.5%。

一是推进茶叶加工企业集群集聚。在茶叶主产县核心乡镇叶专业村,按照茶叶初制就近加工,布局茶叶初制加工企业,扩大茶制加工企业规模,形成大中小并举的企业集群。目前,全省注册茶叶加工企业及合作社达到4990家,其中国家级龙头企业7家,占全国总数37家的近1/5,省级龙头企业228家,市级龙头企业397家。

二是引导以绿茶为主体,推动红茶、黑茶等多种茶类的开发与生产。提高茶青资源下树率,提高茶园的综合效益。

三是推行标准化生产,加强标准宣贯,制定了"贵州绿茶""都匀毛尖""湄潭翠芽""遵义红"等品牌茶叶的省级地方标准以及全国第一个抹茶地方标准《贵州抹茶》。自2015年以来,通过加工技能提升培训、制茶技能大赛等多种方式,开展不同层次和不同形式的全产业链技术培训及标准宣贯13060余场次,共培训101500人次,促进加工技能提升、标准宣贯加强。督促各个茶区、茶叶重点品牌、茶叶企业按标生产、对标检验、按标销售。以标准的执行引导和推动各茶区以一芽一二叶为原料的优质春茶大规模生产以及夏秋茶机械化采摘和加工。

(四)强化东西协作,促进产品销售

依托东西部扶贫协作平台,建立健全产销对接机制,加强与商务部门的横向联系,统筹谋划在东部对口帮扶城市建立长期稳定的产销关系。以对口帮扶城市设立直销窗口为主,辐射周边大中城市消费市场,组织贫困县与对口帮扶城市对接,促进茶产品销售。2018年7月以来,在国务院扶贫办组织协调和安吉县溪龙乡黄杜村党支部倾力帮助下,贵州省获赠白茶茶苗1260万株、种植面积4200亩,其中,普安县获赠茶苗600万株、种植面积2000亩,沿河自治县获赠茶苗360万株、种植面积1200亩,雷山县获赠茶苗300万株、种植面积1000亩。2019年7月20日,广东东西部扶贫协作产品交易市场建立,省扶贫办积极组织贵州省涉及茶产业的商家入驻交易场,2019年9月3日,向广东省扶贫办报送《关于报送申请入驻广东东西部扶贫协作产品交易市场企业名单的函》,报送的105家企业中,涉及茶产业的有15家,积极争取贵州省茶产品大量进入广州市场。

(五)强化技术培训,提高产业技能

突出精准培训,把培训与发展产业结合起来,通过举办培训班,积极为贫困劳动力开展茶产业种植方面的技术培训。一是开展贫困村创业致富带头人培训,为贫困村发展茶产业种植的致富带头人提供经营管理、技术业务等方面的培训,为他们在产业(包括茶产业)发展的路上提供技术支持,共开展贫困村创业致富带头人培训10713人。二是开展建档立卡贫困劳动力全员培训,帮助更多的贫困户解决产业(包括茶产业)方面遇到的问题,全省共开展建档立卡贫困劳动力全员培训275498人。

(六)筑牢安全基础,贵州茶核心竞争力进一步夯实

茶业科技含量增强,综合利用率提高。贵州省50%以上茶叶加工企业实现了标准化生产,实现了3个转变。即绿茶产品深加工产品的转变、生产春茶向春夏秋三季生产转变、独芽茶原料向一芽一叶和一芽数叶原料转变。大力推广茶中有林、林中有茶的生态建园模式,开展以草抑草、以草治草面积20.36万亩。全年建立林—灌—草立体生态系统试点162个,推广面积57.8万亩。凤冈县实施"畜—沼—茶—林(花、果)"生态建园模式。引导开展茶园绿色防控,重点在出口基地、品牌专用基地、产业融合基地、茶旅基地、公路沿线茶园等基地,安插黄蓝板、投放大敌和性诱剂,实行病虫害统防统治面积217.03万亩。在全国茶园60种禁用农药名单基础上,参照欧盟、日本及摩洛哥等国家茶园禁用标准,将茶园禁用农药名单设置为128种,组织开展以茶园为主的草甘膦等除草剂专项整治行动、以查处催芽素和违禁农药为重点的茶叶质量安全专项检查,督促各地开展质量安全风险排查,在7个茶叶主产县收缴经营环节除草剂14吨。凤冈县完善"村社合一"体制机制,大力推行质量安全"合作社+N""五级防控""3+2"等管理模式。2019年,农业农村部对贵州茶叶例行检测抽检茶样40个、贵州省市场监管局监测茶叶及制品1223个、贵州省农业农村厅质量安全监督抽检茶样400个,其农药残留和重金属检测合格率100%。

三、存在问题

当前,贵州省茶产业扶贫虽然取得了明显成效,但与实现茶产业"脱贫、富农、强省"目标还存在一定差距。

(一)茶产业扶贫缺乏信息化模式

随着当下我国网络信息技术应用的日益普及,电子商务及运行模式已经成为当下主要营销方式,但对贵州茶产业进行深入分析后发现,贵州茶产业在脱贫攻坚过程中严重缺乏信息化建设。

一是茶产业助力脱贫攻坚模式较为传统。随着我国市场经济建设迅速发展,繁荣地方经济及实现脱贫攻坚已经成为当下我国战略方向。贵州在茶产业方面具有一定的优势,主要是依托自身茶资源及开发进行,将大量茶产品进行原地加工,实现了村与村、镇与市之间的有效互动。脱贫攻坚的重点即将产品进行快速推广及宣传,但贵州在茶产业助力方面缺乏信息化环节,很多营销及宣传方式依然以传统方式进行,如柜台、商场等。

二是技术缺乏信息化融入。茶产业脱贫攻坚主要在于其技术革新及效率提高,只有技术不断创新才能提高茶叶产量。通过对贵州各村镇进行走访分析后发现,很多茶叶种植大户都缺乏新技术、新工艺,造成了茶产业发展过程滞后,使茶叶种植产量长期得不到提高,严重影响了群众脱贫致富。其原因是茶农在种植过程中不能通过互联网获得新技术,很多农村都缺乏最基础的信息化建设,很难提升茶叶种植技术,更无法提高茶叶产量及质量。

(二)市场竞争激烈,发展压力增大

一方面,国内产茶大省纷纷加快茶产业发展速度,茶叶市场竞争激烈,贵州茶叶在市场范围、市场份额等方面受到以福建铁观音、杭州龙井、云南普洱等为代表的知名茶系的冲击;另一方面,随着东南亚、非洲等国家茶产业的发展,对贵州茶叶进一步开展国际贸易造成了一定市场压力。

(三)采茶成本过高、利润低下,转型发展需突破

主要是机械化采茶和加工水平较低。据贵州省农机局调研,手工采茶的费用已占茶叶生产成本的40%以上,高档茶的比例更高。目前,大宗绿茶茶青的采摘已有成熟的采茶机械,如广泛应用的单人采茶机、双人采茶机等;但是由于贵州省茶园生产管理以人工为主,没有配套适宜的工具,茶农科技素质低,茶叶机械化的试验推广工作长期得不到应有的重视等综合因素导致贵州省采茶机的应用面积不到10%。而对于茶叶加工,则因为茶叶机械设备科技含量低、老化严重,与茶叶直接接触部分是有色金属容易生锈,不符合QS和HACCP标准;茶叶杀青和烘干机械使用的热源很多是煤或柴,污染大,加工中的清洁化生产难以保证,茶叶质量存在隐患,导致贵州省茶叶加工机械化水平低。茶园基本靠畜力耕作,主要靠人力采摘,企业用工紧缺,采茶成本攀升,虽然茶叶价格上扬,但企业利润空间缩小,直接影响种茶、管茶、采茶、制茶积极性,专业化、规模化、集约化水平不高,制约了茶产业壮大。龙井、铁观音、普洱等国际知名品牌产业建设经验告诉我们,必须持之以恒的合理规划、规范管理、瞄准市场、规模经营、龙头带动、转型发展,才能推动茶产业由生产大省向生产强省过渡,让所有贫困户均能分享茶产业转型发展的改革红利。

(四)茶叶企业整体竞争力偏低,缺乏产业集群效应

与福建、浙江、安徽等茶叶强省相比,贵州省茶叶企业竞争力整体偏低,每年评出的全国百强企业上榜数量寥寥无几便是最好的佐证。不仅如此,贵州省茶叶企业呈现出分散经营、区域为王、各自为战的业态,难以产生集群效应,且龙头企业的带动能力有限。

四、对策措施与未来展望

所谓产业,就是要有规模、有标准、有受众、有品牌,在经济发展中占有一定的位置。茶作为重要的经济作物,经实践证明,适宜本地区的气候、土质、生长环境,已被广大群众接受认同。为做强茶产业,推动贫困户脱贫致富,巩固脱贫成果,笔者提出以下建议。

(一)坚持规划引领,多方合力支持扶持

一是结合实际,科学制定茶叶产业扶贫的专项规划。二是联动帮建,每年下达茶叶建园扶持资金计划,分乡镇组织实施,市、县(区)、乡(镇)、村、企业联动,共同推进茶叶产业建设。三是技术指导,要组织茶叶专家、技术员深入基层、茶叶基地、加工车间对茶叶生产关键环节,给予技术指导。四是支持技改,积极向上争取项目与资金,支持企业设备更新和技术攻关,着力培植一批省市重点农业产业化龙头企业,成为带领周边贫困户脱贫的生力军。

(二)优化资源结构进行重新配置

脱贫攻坚需要建立长期的奋斗目标及努力方向。贵州茶产业的发展及巩固需要在一定环境下对自身资源进行不断优化及重新配置。首先,利用"互联网+"对传统茶产业资源结构进行优化。从茶叶种植集中制向联产承包制转型,从基层群众及茶农角度出发,将其纳入产业发展的根本及核心,以解决大多数贫困人口为目的。其次,对资源进行重新配置一定要发挥政府效能,政府通过网站及传媒等方式让基层村民了解掌握其核心实质,政府进行茶产业市场开发、渠道拓宽。构建贵州茶产业文化园,并以网站形式进行呈现,主要包括特殊产品、产品类型、扶贫项目、贵州文化、体验活动、服务反馈等,而村民也可以通过网站平台方式将自身特色茶产品进行网上资源对接,充分发挥了"互联网+"在贵州茶产业脱贫攻坚中的实际作用。

(三)龙头企业带动,培植市场经营主体

按照"培植龙头带产业,产业建设抓示范,群众富在产业链"思路,着力培植龙头企业,带动贫困户在茶叶产业链中脱贫。加大茶叶龙头企业培植力度,构建骨干企业为龙头、众多中小企业为支撑的茶叶市场主体发展格局。制定优惠政策,激励茶企完善法人治理结构,兼并中小茶场,做大做强体量,加快上市步伐,争创国家级农业产业化重点龙头企业。对龙头企业建立茶叶研发、初产补偿机制,抓好夏秋茶开发利用,提升绿茶品质,实现茶等批量生产,争取开发茶饮料、茶食品、茶工艺品等新项目,以此提高鲜叶利用率,更好发挥产业效益,不断以龙头企业生产能力增强提升所有贫困户的持续增收"造血"能力。

(四)强化示范引导,推广"五金"发展模式

精准扶贫启动以来,注重因地制宜,因户施策,建立茶产业扶贫"土地流转得租金、务工创业挣薪金、入股分红得股金、发展产业得现金、政策支持得奖金"五金发展模式。这些模式切合农村实际,能够有效激发贫困户发展产业的积极性、主动性,行之有效,群众拥护,值得总结推广。

(五)通过项目资金,支持示范基地建设

采用"建管一体"办法推进新建茶园建设。由同一建设主体完成基地建设和管护,严把建园质量,注重建园成效,政府制定统一的建设标准和验收标准,然后对照验收标准兑付建园资金,确保建一块、成一块、高效一块。此项推进方式,前期需求资金较大,建议政府相关部门通过产业化项目资金支持茶叶产业扶贫示范基地建设,为高标准建园和茶叶产业扶贫长效发展奠定基础。

(六)加强技术学习及资源获取

针对茶产业在贵州脱贫攻坚中的重要作用,需要构建基础网络系统,将互联网可以快速应用到村落、农家中。村里可以建立网络知识及技术扶持服务,使村民可以在较短时间内掌握基础网络知识,并可以通过互联网对相关茶叶种植、增产知识等进行掌握了解。技术服务机构也可以将优秀项目、模范事迹、种植能手等案例进行整理,让茶农可以通过内容搜索就可以获得所需知识。这些都对提升整体茶叶种植技术水平十分有利。

(七)构建快速营销网络渠道

营销网络的快速构建也对茶产品快速销售及推广起到了积极作用。茶产品作为贵州地区主导优势资源,其重要性不言而喻。在进行脱贫攻坚过程中需要利用"互联网+"对产品销售渠道进行扩宽,在该过程中建议采用电子商务形式,明确登记产品信息、参数、功能、价格等,并构建大批发模式及对外合作方式。通过互联网进行资源对接及商业洽谈,这样可以在较短时间内快速获得市场信息,为下一步茶产业脱贫攻坚打下基础。

(八)强化组织领导

完善贵州省茶办组织机构,稳定茶产业发展队伍。各市(州)和茶叶主产县要建立茶产业发展长效机制,进一步加强队伍建设,按照行动方案要求,分解落实茶产业扶贫目标任务,制定切实有效的工作措施和步骤,促进农民增收。进一步落实土地使用证办理、税收优惠、出口退税、电力优惠等政策措施。

(九)强化改革创新

引导农户茶园通过入股等方式,向龙头企业、合作社、家庭农场等集聚,让茶园资源变资产,让茶农变股东。推动发展茶叶采摘、除草、施肥、用药专业服务公司(协会),培育一大批茶叶农民经纪人,推动茶产业关键环节的专业化分工,提高茶叶生产劳动生产率。各茶叶主产县通过政府购买服务等方式,支持经营性服务公司(协会)从事技术培训、推广、新产品研发等服务。适度发展"茶叶庄园"模式,鼓励龙头企业流转茶园、建设茶园,吸引省内外消费者成为"茶园主",推动茶产业一、二、三产业融合发展。

(十)强化资金保障

安排省级茶产业专项资金,整合省扶贫、农业综合开发、退耕还林、石漠化治理、中小企业发展、市场开拓与电商发展等专项资金,协调省内外金融机构创新茶产业金融产品,支持茶产业经营主体申报省扶贫产业子基金,大力引导其他社会资金投向茶产业。省级扶持茶产业发展的资金,可折股量化为村集体和贫困农户的股金入股经营主体,获取股份权益。茶叶主产县要加大农产品保费补贴力度,支持茶叶企业(合作社)开展茶叶气象指数、产品价格指数等保险。

(十一)强化督促检查

将茶产业精准扶贫工作纳入年度目标考核,强化运行监测,形成压力传递机制。对推动茶产业精准扶贫贡献突出的县(市、区、特区),在省级茶产业项目和资金安排上给予重点扶持;对因工作不力、重视不够、弄虚作假、未完成年度目标任务的茶产业发展县,可在茶产业项目和资金安排上予以调减;对精准扶贫带动地方经济发展和农民就业、增收贡献突出的茶叶生产、加工、销售企业,茶馆(楼)、合作社、专业大户、家庭农场等给予适当奖励。

参考文献

[1]屠丽.贵州茶叶产业对区域经济增长影响研究[J].现代经济信息,2018(17):475-476.

[2]陈政.推动贵州茶产业取得更大发展[J].贵州日报,2019(11).

[3]莫仕锐."互联网+"背景下贵州茶产业助力脱贫攻坚存在的问题及对策[J].现代农业科技,2020(8):241.

[4]刘剑.贵州省茶产业发展现状及提升策略研究[J].当代农村财经,2017(11):54-57.

[5]安亚军.贵州省茶产业发展的现状及存在问题与对策[J].贵州农业科学,2014(42):279-282.

B.9 贵州省茶文化研究*

张云峰**

摘　要: 贵州拥有深厚的茶文化底蕴和丰富的茶树资源,茶品质独特而出众。21世纪以来,尤其是党的十八大以来,贵州在茶文化研究机构的培育、茶文化作品推出、茶艺技术展示、茶文化交流等方面持续发力,将茶产业发展与茶文化传承相融合,传颂贵州茶故事,让贵州茶香神州飘逸,四海流芳。深入挖掘贵州文化精髓,培育贵州茶文化品牌,夯实贵州茶的文化基础,推动一、二、三产业深度融合,为贵州茶文化更好发展提供文化支持。

关键词: 贵州　茶　文化

茶树为山茶科,属多年生常绿木本植物。人类在从事茶叶种植、加工、销售和饮用过程中形成的文化特征即为茶文化。我国是世界上最早发现和利用茶的国家,是茶的故乡,拥有丰富的茶文化。贵州是世界茶发源地,其产地茶产品质量特点突出,茶文化底蕴丰富。考古发现证实,贵州是我国茶树的发源地和最适宜种茶的区域之一。1980年7月17日由"贵州野生茶树资源调查研究"课题组在贵州晴隆考察时,发现"距今一百万年的新生代早第三纪四球茶茶籽化石"。在贵州晴隆发现的茶籽化石,是迄今世界上发现的唯一茶籽化石,标志着贵州的茶历史已有100万年以上。

贵州省产茶历史早,自然环境独特,培育了茶叶独特的质量特点。贵州独特的地理环境为贵州茶提供了优质的生长环境。贵州是国内唯一兼具低纬度、高海拔、少日照条件的原生态茶区,平均海拔在1100米,海拔越高,空气就越稀薄,气压也就越低,为了减少芽叶的蒸腾,芽叶本身不得不形成一种抵抗素,来抑止水分的过分蒸腾,这种抵抗素就是茶叶的宝贵成分芳香油。贵州一年四季常常云雾弥漫,茶

---

*本报告为2020年度贵州省社会科学院哲学社会科学创新工程创新团队研究成果之一。
**张云峰,贵州省社会科学院马克思主义研究所副研究员。研究方向为产业经济。

树受直射光时间短,漫射光多,光照较弱,这正好适合茶树的耐阴习性。由于有雾天气多,空气湿度比较大,这样长波光被云雾遮挡,但短波光透射力强,可以透过云层照射到植物上,而茶树受这种短波光照射后,有利于茶叶芳香物质的合成。贵州地区昼夜温差大,山高温度低,对茶叶生长提供了有利条件。另外,贵州种茶的地方大部分为沙质土壤,土层深厚但通气良好,酸碱度适宜,加上树木葱郁,落叶多,使土壤肥沃,有机质丰富,这也是适宜茶树生长和茶叶质地优良的一个因素。

贵州省是全国古茶树资源分布第二多的省份,据不完全统计,目前贵州有古茶树近130万株,有各种类型的茶树品种资源600多种,是我国保存茶树品种资源最丰富的省份之一。深厚的历史渊源和丰富的茶树品种资源,奠定了贵州深厚的茶文化底蕴。

一、贵州深厚的茶文化底蕴

贵州是中国古人类发祥地之一,远古人类化石和远古文化遗存发现颇多。据现有考古发掘显示,中国南方主要的旧石器时代文化遗址,大多是在贵州境内发现的。早在24万年前,贵州就有人类栖息繁衍,已发现石器时代文化遗址80余处。贵州不仅是人类较早活动的区域之一,也是各种古生物化石层出不穷,被古生物专家称为"化石王国"。1980年,晴隆发现的茶籽化石,有力证实了贵州是世界茶树的原产地中心地带和世界茶文化的发祥地。

贵州地域具有悠久的种茶历史。唐代陆羽所著《茶经》是中国乃至世界现存最早、最完整、最全面介绍茶的第一部专著,被誉为茶叶百科全书。此书是关于茶叶生产的历史源流现状、生产技术以及饮茶技艺、茶道原理的综合性论著,是划时代的茶学专著,精辟的农学著作,阐述茶文化的书。将普通茶事升格为一种美妙的文化艺能,推动了中国茶文化的发展。在《茶经》中,陆羽对今贵州区域的茶的种植和质量曾予以高度评价。《茶经》曾说:"黔中生思州、播州、夷州、费州,往往得之,其味极佳。"思州、播州,为贵州黔北一带,大致范围为今天遵义区域和铜仁的部分区域。"其味极佳",表明思州、播州一带茶叶生长和加工质量高。现在看来,茶圣陆羽对贵州茶叶产地的高度评价,可谓名副其实,如今,在贵州遵义一带所产茶叶质量具有很高价值,在市场是品牌知名度极高,深受消费者喜爱。

乐史的《太平寰宇记》是古代中国地理志史，撰于宋太宗太平兴国年间（976—983），记述了宋朝的疆域版图，分述各州府之沿革、领县、州府境、四至八道、户口、风俗、姓氏、人物、土产及所属各县之概况、山川湖泽、古迹要塞等。《太平寰宇记》中对各地物产的记述，主要是择质量优异者而记之，贵州地域所产的茶，因其质量特点突出，也被予以记载。"夷、思、播三州贡茶"，短短七字，却对贵州区域的茶的质量特点给予展示。思州、播州所产茶，至少在宋代以前就作为贡茶。贡茶是古代中国朝廷用茶，专供皇宫享用。进贡制度起源于西周，是中国封建礼教的象征。茶在中国已有悠久的历史。悠悠数千年，贡茶对整个茶叶生产的影响和茶叶文化的影响是巨大的。贡茶的缘起与封建制度的建立密切相关，贡茶与其他贡品一样，其实质是封建社会里君主对地方有效统治的一种维系象征，也是封建礼制的需要。

宋代诗人黄庭坚在《阮郎归》里，生动描述了当时遵义东部茶农采摘、制茶、卖茶的劳作场景："黔中桃李可寻芳。摘茶人自忙。月团犀腌斗圆方。研膏入焙香。青箬裹，绛纱囊。品高闻外江。酒阑传碗舞红裳。都濡春味长。"

贵州古茶树资源丰富。贵州是除了云南之外古茶树资源分布最多的省份，据不完全统计，目前贵州有古茶树近130万株，多数分布在海拔800~1000米范围。明朝初期，随着大量移民涌入贵州，茶叶种植成为贵州民众选择栽培的物种之一，大量栽培型的古茶树也被发现，这些古茶树至今已有600多年历史。抗日战争时期，日寇给中华民族带来了巨大的灾难，为了发展战时经济，支援抗战，当时的国民政府决定在西南大后方建立茶叶科研、生产、出口的基地。素有"清、静、雅、和"文化特质的茶叶，在中华民族最危难的时候，担当起了以茶叶换枪支弹药支持抗战的特殊使命。国民政府决定在湄潭建立"中央农业实验所湄潭实验茶场"在西南建立农业基地。1940年2月中央农业实验所湄潭实验茶场正式挂牌成立，由此，中国西部第一个国家级茶叶科研生产机构由此诞生了。民国中央实验茶场落户湄潭后，研制出第一款红茶湄红，第一款绿茶湄绿以及湄潭龙井、桂花茶、玉露茶等。红茶主要通过"史迪威公路"和"驼峰航线"经重庆出口，换取枪支弹药支持前线抗日。同时，茶场也向四周茶农传播茶技术，奠定遵义深厚的茶加工技术。

二、贵州丰富的少数民族茶文化

贵州是一个多民族的省份,有17个世居少数民族。千百年来,各个不同的少数民族孕育了丰富多彩的民族文化。贵州具有悠久的发现茶、生产种植、利用茶的历史。品味极佳的贵州茶,在明清年代,加强了与外界的交流,改变了闭塞状况,吸取了外地特别是江西一带的栽种管理制作方面的先进技术,使古老的贵州茶区迅速恢复和发展起来。几乎县县产茶,而且名茶不断涌现。贵州优质茶的面纱逐渐被揭开,呈现出它优异的品质,让世人惊讶。当时,广受欢迎的名茶越来越多。据记载,当时的贵州已成为向明王朝上贡茶的五个布政司之一,而且每年贡茶数量名列全国第二,仅次于浙江布政司。高于江西、福建两个布政司以及松江府和常州府。由此可见,当时的贵州不仅县县皆产茶,实现了种茶大普及,而且产品质量好。

贵州素有"五里不同俗,十里不同天"之说,地貌特殊,民族众多,风俗各异。历史长河中,茶在不同的文化环境、领域中被广泛利用,包括在宗教、祭祀、婚礼、礼仪、社交等方面。如黔北婚礼中的"放信茶"、务川家有喜事时的"讨茶",以及一些地方的"吃油茶"等,这些古老流传的茶文化,如今正衍生成茶香四溢的旅游体验项目,吸引中外游客慕名游玩。

贵州的40多个主要产茶县,几乎都处于少数民族聚居区,产生了百花齐放的民族茶艺,而且习俗传承几百上千年,如黔东南的苗族鼎罐茶,道真土家族"三幺台"、乌撒烤茶、布依族福娘茶、土家族罐罐茶、土家油茶、石阡仡佬族茶艺,黎平侗乡油茶等。

三、贵州茶文化研究现状

茶是典型的文化商品,茶文化在促进经济、繁荣市场、推动社会发展具有很强推动作用。茶文化作为茶产业发展的"软实力",对产业的发展发挥着至关重要的作用。21世纪以来,尤其是党的十八大以来,贵州在茶文化研究挖掘整理、茶文化作品、茶馆特色、茶艺技术等方面持续发力,将茶产业发展与茶文化传承相融合,让栽茶、采茶、品茶等传统民间技艺、乡风民俗不断发扬光大,丰富茶产业的内涵,以茶产业带动旅游业的持续快速发展,以发展生态茶叶观光园为平台,以弘扬茶文化为支点,不断延伸茶叶产业链,勾勒"醉"美茶园,传颂贵州茶故事,让贵州茶香神州飘逸,四海流芳。依托贵州丰富多彩的茶文化资源,鼓励和支持茶文化创意创作、开展不同层次的茶文化普及活动。

2014年,为贯彻落实贵州省委、省政府关于加快发展特色优势产业的战略部署,着力推进贵州茶产业转型升级,提升品牌竞争力,促进农村经济发展和农民增收,特制订《贵州省茶产业提升三年行动计划(2014—2016年)》,该计划特意用专门章节谋划贵州茶文化发展。

(一)茶文化研究机构逐渐增多,科研实力不断增强

各种性质的茶文化研究机构、团体纷纷成立,为茶文化的复兴提供了组织保证和交流舞台。经过多年的发展,贵州目前已经形成了一支专业精神强的茶文化科研队伍和茶文化工作者队伍。从事茶文化研究人员不仅包括科班出身的研究者,还有很多民间爱好者。大批文化人投身茶文化研究,许多学者、社会活动家意识到茶文化乃是源远流长的中国传统文化的重要组成部分,因而满怀热情,主动积极投身到茶文化运动的行列,打破了茶文化研究的行业界限,提升了茶文化运动的文化品位,加强了茶文化理论的建设,有力地推动了茶文化运动的向前发展。目前,贵州茶叶研究机构和协会有贵州省茶叶科学研究所、贵州大学茶学院、贵州省茶产业发展研究院、贵州省茶叶协会、贵州省茶叶学会等。一些新成立的研究机构,研究实力很强,服务地方茶产业发展的作用明显,如贵州省茶产业发展研究院。

贵州省茶产业发展研究院,成立于2020年,依托贵州省社会科学院的优势学科群和现有的人才、技术等优势,在贵州省哲学社会科学规划办公室、贵州省科技厅、贵州省农业厅的协同下,汇集省内外优秀研究人才,以组建贵州省茶产业发展研究院为核心力量,重点开展以贵州省茶产业发展为核心的一系列课题研究。贵州省茶产业发展研究院成立以来,多项研究成果和智库专报得到省领导肯定性批示。

(二)古茶树群等茶文化遗产保护力度不断加大

古茶树是茶树原产地、茶树驯化和规模化种植发祥地的"历史见证"和"活化石",也是世界茶文化的"根"和"源"。据不完全统计,贵州省具有一定规模(1000亩以上)相对集中连片的古茶园达18处,古茶树达120万株以上,其中200年以上

的古茶树15万株以上,千年以上的古茶树1万余株。同时,全省相对集中连片1000株以上古茶园50处,在国内十分少见。贵州古茶树至今仍然具有较强的生产与生态功能,具有丰富的生物多样性和独特的生态系统,对我国农业文化传承、农业功能拓展和农业可持续发展具有重要的科学价值和实践意义。

2017年9月1日,贵州省出台了全国首部省级层面关于古茶树保护的地方性法规——《贵州省古茶树保护条例》。该《条例》对贵州省古茶树定义、保护管理、开发利用、法律责任做了明确的界定,具有很强的约束性、指导性和可操作性,使保护和合理利用贵州古茶树资源走上法治化轨道。

启动申报"全球重要农业文化遗产"项目。为保护贵州古茶树珍贵稀缺的生物资源,2019年6月,在贵州省农村产业革命茶产业发展领导小组、省农业农村厅领导下,贵州组成了"申遗工作小组"。力争通过3~5年时间,按照联合国粮农组织申报"全球重要农业文化遗产"的有关要求,将从文化性、活态性、适应性、复合性、战略性、多功能性、濒危性7个方面,进一步挖掘、保护、传承、创新利用贵州古茶树资源。

(三)编撰和出版一批展现贵州茶的文化书籍

茶文化研究的硕果,无论其研究的深度、广度都达到了新的高度,研究门类更加齐全。近十年来,茶文化学者围绕茶文化的属性、范畴、内容、表现、形态、结构体系、内涵、特性、社会功能等进行了深入研究,取得了极为丰富的成果,在许多重要方面达成了广泛的共识。这些成果首先体现在各茶文化著作之中。

《贵州茶产业发展报告》从不同角度对贵州茶产业的发展做了全方位、综合性的描述、总结和分析,以专业视角和发展眼光解读贵州茶产业发展走势,全面系统总结了贵州茶产业发展成果。该书是一本反映年度茶产业发展状况的综合性、系统性资料,是社会各界了解贵州省茶产业发展的重要窗口,是贵州省第一本用产业经济学观点,全面、系统、深入地介绍贵州省茶产业发展研究的经典力作,立题鲜明、结构严谨、资料翔实、文风朴实、意义深远,包含着贵州三代茶人对黔茶发展多年的贡献和期盼,对研究和指导贵州省茶产业发展具有重大的参考价值和现实意义。《地理标志品牌对贵州石阡苔茶产业发展促进作用研究》一书是以贵州石阡苔茶为例,立足石阡苔茶地理标志,面向苔茶产业发展,将历史文献回顾、定性分析、微观抽样调查与数据分析、比较与案例研讨相结合,遵循"研究基础—现实依据—规范研究—实证研究—对策研究(政策启示)"和"宏观分析—微观考察—个案解析"的研究思路,深入探讨地理标志品牌对贵州石阡苔茶产业不同主体发展的促进作用。《贵州民族民间茶文化探寻》一书主要内容为发掘和捕捉那些深藏在民族民间的优秀传统茶艺、茶道和茶文化,如彝族的乌撒烤茶、侗族的打油茶、仡佬族的三幺台等各种类型的饮茶方式。本书溯本追源,探寻了贵州悠久的茶历史,广引博征,搜集发掘了丰富多彩、灿烂多姿的贵州世居民族的民间茶文化,史料翔实、图文并茂。

(四)研究茶的期刊和网站为茶文化传播提供更好的平台

茶期刊和网站问世,成为开展茶文化活动的良好载体。《贵州茶叶》创办于1972年,始创名为《茶叶科技简报》,1978年贵州省茶叶学会成立后,由贵州省茶叶研究所与贵州省茶叶学会合办,更名为《茶叶通讯》。1980年成立编委会,编委办公设在贵州省茶叶研究所。1983年定名为《贵州茶叶》。《贵州茶叶》本着立足贵州、面向全国,为振兴贵州茶业乃至全国茶业做贡献的宗旨,主要报道茶叶生产、科研、流通茶与健康、茶叶基础理论方面的信息等,主要栏目设有"综述·专论""研究·技术""经营·文化"以及其他是具有初中以上文化程度的茶叶干部、技术员、商业人员、茶厂(场)工人、茶农、茶文化研究者、茶叶爱好者以及茶叶科研人员、茶叶院校师生的良好读物。

随着通信技术和数字技术不断传播和运用,茶文化与多媒体和视频技术为主的网络技术结合的力度不断加强,成为推动茶文化传播的主要动力,为茶文化传播提供先进的技术和活力,进一步在民众中普及茶文化知识。比如贵州茶叶协会,贵州茶叶学会等协会的网站,对传播茶叶文化很好的平台,展示贵州民间茶文化传播现状。

(五)茶文化交流活动频繁

近年来,随着贵州茶产业发展,贵州对外茶文化交流逐渐频繁,外界对贵州茶文化了解和认识日益加深。贵州对外茶文化交流主要体现在请进来和走出去两个方面:一是连续11年举办中国·贵州国际茶文化节暨茶产业博览会(简称"茶博会"),茶博会是贵州茶产业领域规格最高、规模最大、最具权威和影响力的茶产业盛会。以2019年举办的第11届茶博会为例,来自澳大利亚、印度、斯里兰卡、印度尼西亚等国家和地区国际行业组织负责人、知名茶企、茶商和国内各大茶企代表1000余人齐聚遵义湄潭,共谋茶事。本次活动设置了国外馆、省外馆和省内馆特展,集中展示国际名茶、国内名茶和省内名茶,100多家国内外茶叶生产企业和涉茶企业参展,贵州省内各市(州)馆及网上"茶博会"体验展厅的入驻企业达193家。来自山东、山西、河北、广东、湖北、甘肃等地及贵州的茶商1000多人参加展示展销,规模远超往届。二是积极走出去,"黔茶出山风行天下"推介活动成效显著。从2019年4月开始,由省农村产业革命茶产业领导小组主办,各市(州)承办的"黔茶出山风行天下"专场推介活动分别在北京、上海、南京、广州、西宁、济南、大连、济宁等地陆续开展,来自国内外的3000多家茶叶采购和经销商分别参加了各地举办的推介活动。推介活动围绕贵州茶的生长环境、产品特点、干净品质,展现了黔茶的文化底蕴和产品自信,取得了良好的宣传效果和招商成果。通过交流,贵州茶文化取长补短,相互学习,相互影响,共同推动中国茶文化的发展。

(六)以贵州茶为主题的高质量文艺作品问世

反映贵州茶历史、茶文化的高质量作品问世,立体展示贵州深厚茶历史文化。《黔茶》是一部全景展示贵州茶的系列纪录片,讲述了贵州茶与地理、茶与人文、茶与历史、茶与风物等故事,共分为《天地造化》《茶事沧桑》《云雾梦想》三集,在中央电视台播出。

(七)贵州茶文化博物馆建成

贵州茶文化生态博物馆,是贵州省唯一的以茶文化为主要内容的专题博物馆群,主要包括贵州茶文化生态博物馆中心馆、民国中央实验茶场纪念馆、中国茶工业博物馆等专馆,总占地面积33300多平方米,展厅面积8000余平方米,自2013年9月28日初步建成,免费向公众开放。作为展示贵州茶文化资源的重要平台,贵州茶文化生态博物馆建设以包容、开放的理念,立足湄潭,面向全省,把贵州省各茶区茶历史、茶文物、茶元素、茶信息与独具贵州特色的民族民间茶文化、历史茶文化、茶叶科研、茶叶生态等有机融合,全面展示贵州产茶的历史、人文、科技、生产与加工、茶礼与茶俗等内容。贵州茶文化生态博物馆的建成开馆,不仅填补了贵州省茶文化主题博物馆的空白,具有划时代的意义,同时也将为充分挖掘贵州茶文化内涵、保护茶文化生态、发展茶文化产业、推广茶文化旅游等都起到积极的推动和促进作用。贵州茶文化生态博物馆,是了解贵州茶文化的一个窗口,保护与传承贵州茶文化遗产的基地,更是建设贵州茶叶品牌的重要平台。

四、贵州茶文化发展存在的不足

贵州拥有深厚的茶文化底蕴和丰富的茶文化资源,但是由于诸方面的原因,相比较全国其他省份,贵州茶文化发展依然有很多值得改进的地方。

(一)茶文化与茶产业结合的力度有待加强

茶文化的重要性在部分地方还停留在口头上,在产业发展中,没有充分把茶文化的挖掘、宣传和产业发展有机结合起来,对茶文化与茶产业是相互影响,相互促进,相互发展的内外关联性认识不够。

(二)贵州深厚的茶文化底蕴与企业茶文化产品关联性不强

茶企业在品牌的开发和宣传中,没有深入发掘区域茶文化的形成与内容,单打独斗,宣传与推介流于形式,与贵州深厚的茶文化底蕴毫无相关,与消费者的需求脱节。

(三)政府与企业共同做大做强茶文化的力度有待加强

茶文化既属事业范畴,也属产业范畴,是茶文化事业和茶文化产业的结合体。茶文化的宣传弘扬,单靠茶企茶商的民间力量远远不够,没有政府部门从宣传层面对茶文化事业的重视和促进,茶产业则难以壮大和行远。只有二者达到有机融合,茶文化才能步入良性发展轨道。当前,贵州各级政府部门都在大力推介贵州的茶文化,但是,部分企业对于宣传文化,不能给企业马上带来收益的事,处于一种观望状态。

(四)茶文化层面不高

茶文化有三个层面。第一,是物质层面。从柴米油盐酱醋茶层面来说,人类生存需要的茶,如果没有茶,可能就没有东西来解渴,所以这一杯茶是物质的;第二,是文化层面。从茶是琴棋书画诗酒茶来说,它是人们生活品质的一个象征,文化的一个象征。第三,是精神层面,从茶禅一味来说,那是精神层面的茶,是人类生命需要的茶,是一种信仰的茶。物质层面的茶,我们可以流饮。就是大碗茶,大杯茶,不讲茶道,也不讲茶的冲泡方法,只讲解渴。我们中国大部分的老百姓,还是处在这样的喝茶阶段。文化层面的茶,它的特征是有品牌附加值的茶。人们喝茶也比较讲究,要用一定的茶道的程序,来演绎来喝茶。这种茶跟第一个层面的茶,明显同样是一杯茶,也许是同一品种茶,一次做出来的茶,可是它的价格肯定就不一样,它的附加值肯定就不一样。精神层面的茶,就是茶禅一味——茶是作为一种信仰了,比如日本茶道,表现就最为显著,它是人类精神的一种需要,它的层次是最高的。人们为了这种精神的需要,可能可以花很多时间和钱去感受,去体现,去体验这种茶精神层面的东西。目前,贵州的茶文化处在第一和第二层面。

五、对策建议

结合贵州历史文化底蕴,围绕贵州茶的产品质量、加工技艺、历史典故、民间传说等,深入挖掘贵州文化精髓,夯实贵州茶的文化基础,推动一、二、三产业深度融合。

(一)从物质、文化和精神三个层面丰富贵州茶文化

围绕贵州茶产业发展,仔细梳理贵州茶的种植、加工、质量特点、销售等方面的文化底蕴,从物质层面梳理贵州茶文化的特色;从文化层面围绕琴棋书画诗酒茶,进一步挖掘贵州茶的文化内涵,丰富贵州茶文化内涵;从精神层面,把茶文化与贵州人民群众干事创业的精神紧密结合起来,阐释贵州茶作为一种信仰存在。

(二)进一步夯实茶品牌的文化内涵

首先是深挖既有茶品牌的文化内涵。从品种选育、原产地保护,到工艺优化、

技术培训、行业标准制定,形成了较为系统完备的贵州茶品牌文化;其次是夯实茶文化的品牌内涵,在包装中展示茶文化底蕴,借助旅游提升茶品牌的文化内涵,把历史资源与茶品牌文化内涵有机结合起来,丰富茶品牌的精神内涵;最后是挖掘整理贵州茶叶历史、民俗,开发茶艺、书画、手工艺品等措施推动茶文化建设,加速提升黔茶品牌知名度和影响力。

(三)紧密融合茶文化与茶产业

首先是继续为茶文化发展提供良好的生长环境和适宜土壤。中共中央决定实施乡村振兴战略和继续推行新时代西部大开发,贵州应继续抓住这一历史机遇,发展茶产业同时,大力繁荣贵州茶文化。其次是加大科研投入,进一步开发茶的各种保健功效,延伸茶的产业链和拓展茶的文化空间。再次是通过茶文化的繁荣,千方百计增加茶农的收入。只有扩大群众爱茶、知茶、饮茶的范围,贵州茶的质量特点和文化才会更大范围传播,茶农才会有更多的收入。最后是进一步拓展茶文化,把茶文化经济建设和社会经济生活密切结合,采取多种措施,实现茶文化繁荣与茶产业发展有机结合。

(四)紧密融合茶文化与旅游业

茶文化与旅游业的有机结合,将大大拓宽旅游资源和市场,进一步丰富人们的精神生活,带来旅游业新的增长点。首先是依托贵州丰富的茶资源,继续在贵州东部和西部开发具有高品位的茶文化旅游度假村和旅游点。其次是开发更多的茶文化旅游纪念品和用品,继续开发茶的各种饮料、茶的食品以及装潢精美,又质量上乘的茶文化礼品,扩大茶文化旅游的延伸度。

(五)加大贵州茶文化的宣传力度

首先是加强对内宣传,提高茶产业人员的关于贵州茶文化的相关知识;其次是组织出版系列贵州茶文化的普通读物;最后是加强对外交流宣传,不仅要对外宣传贵州茶的质量,而且要加强文化宣传,进一步增强贵州茶文化底蕴。

(六)加强茶文化的研究和茶文化的教育

首先是与产业结合,每年设置较多的研究课题,深入研究茶的质量、生长环境、品牌销售,为贵州茶产业发展出谋划策。其次是加大对国内知名茶区茶文化和茶产业发展的研究,同时加大对海外茶文化旅游的介绍和调研,深入研究才能够使贵州的茶文化更好地学习借鉴。再次是加强茶文化的社会教育。积极在全省推进茶文化进学校,促进茶文化知识的普及,提升全省民众的茶文化水准,通过民众茶文化水准的提高,将贵州茶文化内涵充分展示出来。最后是加大对茶文化学校的投入力度,继续为贵州培养高素质的茶人。

参考文献

[1]李裴.建设绿茶大省推进富民兴黔:贵州加快茶产业发展决策与实践[M].贵阳:贵州人民出版社,2009.

[2]庹文升.贵州茶百科全书[M].贵阳:贵州人民出版社,2012.

[3]周开迅,等.20世纪中国茶工业的背影:贵州湄潭茶文化遗产价值的追寻[M].潞西:德宏民族出版社,2012.

[4]马贤惠,马艺.贵州茶产业发展研究[M].贵阳:贵州大学出版社,2015.

[5]田文勇,代致宇.地理标志品牌对贵州石阡苔茶产业发展促进作用研究[M].北京:中国农业出版社,2019.

[6]龙鸥.贵州民族茶文化生态旅游开发的思考[J].现代农业研究,2020(7).

[7]王芳.贵州民族茶文化急需发掘传承[J].贵茶,2018(1).

[8]徐嘉民,雷睿勇.多彩的贵州茶文化[J].当代贵州,2014(14).

B.10 消费者视角下贵州省茶产业竞争优势分析

罗以洪[*]

摘　要：茶产业发展重要目标就是提高市场占有率,提高消费者认可度、信任度及购买水平。本专题通过对全国消费者网络调查,对人们在了解茶的渠道、茶产品与茶延伸产品主要特性、茶叶与茶延伸产品选择、购买目的、饮茶频次、饮茶原因、购买茶叶时的优先考虑因素、从媒体最期望获得的信息、可接受茶叶价格、对品牌的要求、包装偏好、购买途径、对中国10大名茶的认知状况、现有茶产品存在主要问题、黔茶品牌竞争力等予以分析,并借鉴百度搜索指数分析全国知名茶叶品牌被搜索情况,为贵州茶产业提出加强品牌宣传力度,提高品牌影响力;加强质量安全管理,提高用户信任度;加强品牌管理及维护,提高品牌美誉度;以市场为导向,强化细分市场产品开发;完善广告投入机制及茶产品定价机制,提高茶产品市场占有率等建议。

关键词：贵州省　茶产业　消费者调查　竞争优势

我国是茶叶的故乡,也是茶的生产及消费大国。2019年,我国茶园总面积达4597.87万亩,其中可采摘面积3690.77万亩。随着经济社会的快速发展,人们的健康理念也在逐渐改变,茶叶正被越来越多的消费者所接受、喜爱和追求,喝茶已成为多数中国人的日常生活习惯,茶已成为人们社会生活中不可缺少的健康饮品和文化精神产品。贵州是我国茶树的发源地之一,产茶历史悠久,经过多年来的发展,我国茶产业得到了迅猛发展。贵州茶产业茶企快速增长、茶产品结构优化、引资引智成果丰硕、品牌渠道建设加快、本地市场不断巩固提升、出口大幅增长、推进了电商全网覆盖,黔茶在全国的地位逐渐上升,竞争力逐渐增强。随着贵州茶产业的逐渐壮大,茶产业发展也带来较多问题,黔茶品牌综合竞争力较低、茶资源综合

---

[*] 罗以洪,男,贵州省社会科学院区域经济研究所研究员,管理学博士。研究方向为区域经济、茶产业、大数据、创新管理。

利用率不高、茶叶生产加工方式粗放、茶产品质量及安全堪忧、市场化建设程度较低等。针对这些存在的问题,本研究从消费者视角,通过网络调查分析的形式对全国消费者茶产品偏好及黔茶竞争力状况进行实证研究,以及通过对全国十大名茶为主的茶品牌百度搜索指数大数据分析,提出黔茶产业竞争力提升的策略及路径。

一、调查基本情况

茶叶消费是一种传统消费,也是一种成熟消费,在新的时代背景下消费者消费习惯究竟怎样?贵州茶品牌在全国消费者中的认知度如何?贵州茶产业竞争优势主要表现在什么地方?茶消费中存在哪些问题?为了更好地研究我国特别是贵州茶产业市场竞争力状况,以点带面地了解贵州茶消费市场趋势,通过网络调查形式对茶产品消费者相关内容予以调查分析。

(一)调查方法

通过相关资料了解中国茶叶的品种及其分类,对国内茶消费市场调查,获取国内消费者对茶叶的需求和对贵州茶叶的认知情况,本次研究以随机取样的形式对全国31个省、自治区、直辖市的1940名消费者做了问卷调查,回收问卷,受访者不包括学生职业和年龄低于20岁的未成年人,剔除不合格问卷后对问卷实证统计分析,得出本研究结论,以对黔茶产业发展提供政策决策参考。表1为被调查对象的区域分布表。

表1 被调查对象的区域分布调查表

单位:%

选项	比例
北京	13.76
天津	1.42
河北	3.44
辽宁	1.78
上海	16.13
江苏	7.95

续表

选项	比例
浙江	5.22
福建	3.44
山东	7.47
广东	16.49
海南	0.12
山西	1.07
吉林	0.83
黑龙江	19.00
安徽	0.54
江西	0.24
河南	1.66
湖北	1.90
湖南	1.90
内蒙古	0.95
广西	2.37
重庆	1.66
四川	4.03
贵州	0.47
云南	0.59
西藏	0.00
陕西	1.78
甘肃	0.24
青海	0.12
宁夏	0.12
新疆	0.12

(二)调查对象基本情况

被调查对象来自全国31个省、自治区、直辖市,各地区被调查样本占总调查样本的比例为:广东16.49%、上海16.13%、北京13.76%、江苏7.95%、山东7.47%、贵州

0.47%。从性别看,男性占51.19%,女性占48.81%;从受教育程度看,初等学历(高中以下)占0.36%,中等学历(高中或中专)占4.52%,大学学历(大专或本科)占88.45%,高等学历(硕士及以上)占6.67%;从年龄分布看,青年(20~30岁)占38.69%,中青年(30~50岁)占58.33%,中老年(50岁以上)占2.98%;从月收入水平看,无收入占0.12%,低收入(月收入2000元以下)占1.19%,中等收入(月收入2000~5000元)占33.69%,中高收入(月收入5000~10000元)占47.14%,高收入(月收入10000元以上)占17.86%;从职业看,工人占2.86%,技术人员占15.00%,公司职员37.26%,学者、教师占3.45%,企业管理人员占35.48%,政府、事业单位工作人员占3.33%,学生占0.24%,个体户/私营者占1.9%,离退休人员占0.12%,农民占0.12%,其他占0.24%。

二、茶消费情况调查分析

分别从消费者了解茶的渠道,茶叶产品与茶延伸产品(茶饮料、固体浓缩饮料、茶食品等)的主要特性,茶叶与茶延伸产品的选择,购茶目的,饮茶频次,饮茶的主要目的,购买茶叶时优先考虑的因素,最想从媒体获得关于茶叶产品的信息,可接受的茶叶产品价格,茶叶产品品牌要求,平时最喜欢喝的茶叶种类,一般会买什么包装的茶,购买茶叶的主要途径,对中国10大名茶的认知状况,认为现有茶产品存在哪些问题等方面予以调查分析。

(一)了解茶的主要渠道来自网络及电视

人们了解茶的主要渠道来自网络(81.49%)、电视(67.26%)及朋友推荐(54.92%),通过广播(11.51%)、户外广告(8.90%)、楼宇广告(8.90%)及其他途径(2.02%)了解茶信息的比例较少,表2为消费者了解茶的主要渠道。

(1)年轻人了解茶信息主要来自网络及电视,中老年人了解茶信息主要来自网络及朋友推荐。从不同年龄段分析,20~50岁人群中,了解茶的主要渠道来自网络(20~30岁为82.46%,30~50岁为81.30%)及电视(20~30岁为64.00%,30~50岁为70.33%),而50岁以上人群中,了解茶信息的主要渠道来自网络(73.08%)及朋友推荐(65.38%),通过电视渠道了解茶信息的只占50.00%,依靠朋友关系推荐茶的比例随着年龄的增加而增加。

表2 消费者了解茶的主要渠道

单位:%

选项	比例
电视	67.26
广播	11.51
报纸杂志	28.35
网络	81.49
手机	43.53
楼宇广告	8.90
茶叶推销人员	39.50
朋友推荐	54.92
户外广告	8.90
其他	2.02

(2)户外广告及楼宇广告的宣传效果不太明显。分析发现,人们通过户外广告及楼宇广告了解茶相关信息的比例较低,只有8.90%。相比较而言,年轻人对楼宇广告的关注不高,中老年人对楼宇广告的关注更大(20~30岁为6.77%,30~50岁为9.96%,50岁以上为15.38%)。

(3)手机成为年轻人获得茶信息的重要工具。平均看来,手机成为仅次于网络、电视、朋友推荐的重要渠道,但随着年龄的增加,通过手机了解茶的主要渠道比例逐渐下降(20~30岁为47.69%,30~50岁为42.07%,50岁以上为19.23%)。

(二)茶叶产品的营养保健及文化传承特征最受关注

人们最关心的是茶的营养保健(79.6%)、文化传承(68.45%)及饮用解渴(65.72%)特征,对茶的性价比(29.06%)、使用方便性(25.15%)、时尚性(22.18%)等特征并不特别关注,如表3所示。

(1)年轻人最关注茶的营养保健及文化传承特征,中老年人最关注茶的营养保健及饮用解渴特征。从年龄段分析看,20~30岁人群中,最关注茶的营养保健(77.85%)、文化传承(72.31%)及饮用解渴(62.46%)特征;30~50岁的人群中,最关注茶的营养保健(80.49%)、饮用解渴(66.87%)及文化传承(66.46%)特征;50岁以上人群中,最关注茶的营养保健(84.62%)、饮用解渴(84.62%)及文化传承(57.69%)特征。

(2)人们对茶的使用方便性及时尚性并不关注。相对而言,人们对茶产品的使用方便性及时尚性关注并不高,在20～50岁的人群中对茶叶的使用方便性和时尚性关注略高,50岁以上人群中,对茶叶的方便性及时尚性关注比例只有11.54%。

(3)茶产品的礼品馈送功能受重视。尽管茶产品的礼品馈送功能比例只有51.67%,但在不同年龄、职业及教育背景条件的消费人群中呈现出不同特征。一是中青年人群更关注茶产品的礼品馈送功能(20～30岁为52.31%,30～50岁为52.03%,50岁以上为42.31%);二是学历高的人更看重茶产品的礼品馈送功能(大专或本科学历为53.36%,硕士及以上学历为43.10%,高中或中专学历为39.47%);三是收入水平较高的人更看重礼品馈送功能(2000元以下为10.00%,2000～5000元为52.82%,5000～10000元为50.88%,10000元以上为55.63%);四是个体户、私营者、政府、事业单位工作人员更看重茶产品的礼品馈送功能(个体户/私营者为68.75%,政府、事业单位工作人员为64.29%,技术人员为48.41%,工人为29.17%)。

表3 人们最看重的茶叶产品主要特征

单位:%

选项	选项占比
饮用解渴	65.71
营养保健	79.52
礼品馈送	51.67
文化传承	68.33
时尚	22.14
使用方便	25.12
性价比高	29.17
其他	1.43

(三)茶延伸产品的营养保健功能备受关注

人们最看重茶延伸产品(茶饮料、固体浓缩饮料、茶食品等)的营养保健

(72.74%)、饮用解渴(58.81%)特征,对茶延伸产品的品牌影响力(33.33%)、价格便宜性(21.67%)并不特别关注。在茶叶与茶延伸产品中,多数人选择两者兼有的产品,单独消费茶延伸产品的比例较低(茶叶30.24%,茶延伸产品13.93%,两者兼有55.48%,都不选的占0.36%)。

(四)多数人买茶的目的在于自饮及送礼

买茶的主要目的主要表现在三个方面,自饮(88.37%)、送礼(74.26%)、待客(62.75%),将茶叶作为装饰(4.27%)、收藏(13.76%)及其他用途(0.59%)的比例较小,消费者购买茶的主要目的如表4所示。

表4 消费者购买茶的主要目的

单位:%

选项	比例
自饮	88.37
送礼	74.26
装饰	4.27
收藏	13.76
待客	62.75
其他	0.59

(1)年轻人买茶的主要目的是自饮和送礼,中老年人买茶的主要目的是自饮和待客。从年龄段分析看,20~30岁人群中,买茶的主要目的是自饮(87.08%)、送礼(81.23%)、待客(64.92%);30~50岁人群中,买茶的主要目的是自饮(88.82%)、送礼(70.73%)、待客(61.59%);50岁以上人群中,买茶的主要目的是自饮(96.15%)、待客(57.69%)、送礼(53.85%)。随着年龄的增大,买茶送礼的比例降低,而用于自饮的比例增加。

(2)学历较高的人买茶送礼及待客的比例较高。在高中或中专学历人群中,买茶用于送礼及待客的比例为57.89%;在大专或本科学历人群中,买茶用于送礼及待客的比例为75.54%、62.63%;在硕士及以上学历人群中,买茶用于送礼及待客的比例为72.41%、68.97%。

(3)个体户、私营业者买茶的主要目的是送礼。值得关注的是,在所有职业中,只有个体户、私营业者买茶的主要目的是送礼,比例达93.75%,且用于自饮、待客的比例只有75%及56.25%,此种现象值得关注。

(五)多数人饮茶的主要目的在于品尝欣赏及嗜好

人们饮茶的主要目的主要表现在两个方面,品尝欣赏(36.06%)、嗜好(24.44%),值得注意的是将饮茶作为交际目的的比例还比较低,仅占3.91%,消费者喝茶的主要目的如表5所示。

表5 消费者喝茶的主要目的

单位:%

选项	比例
嗜好	24.44
品尝欣赏	36.06
保健	15.66
提神	19.22
交际	3.91
其他	0.71

(六)绝大多数消费者饮茶的主要习惯

饮茶已经成为人们生活中最平常的一项内容,每天都饮茶的人群比例达48.52%,每周饮茶达3~4次及以上的比例达31.91%,完全不饮茶的人仅占1.07%,消费者饮茶的频次如表6所示。

(1)男性饮茶的频次高于女性。在男性中,每天都饮茶的比例为53.83%、每周3~4次的比例为30.39%、每周1~2次的比例为11.83%、每周少于1次的比例为2.32%、不饮茶的比例为1.62%;女性中每天都饮茶的比例为42.96%、每周3~4次的比例为33.50%、每周1~2次的比例为18.45%、每周少于1次的比例为4.61%、不饮茶的比例为0.49%。

(2)学历越高饮茶的频次越高。以每天都饮茶的分布看,高中或中专学历的占28.95%,大专或本科学历的占48.39%,硕士及以上学历的占62.07%。

(3)年龄越大饮茶的频次越高。从年龄结构看,年轻人饮茶的频次不如年龄较大的人,以每天都饮茶的分布看,20~30岁的占42.46%,30~50岁的占52.03%,50岁以上的占57.69%。

(4)企业管理人员、个体户/私营者饮茶的频次高于其他职业人员。从职业看,每天都饮茶的企业管理人员占64.21%,个体户/私营者占62.5%。

表6 消费者饮茶的频次

单位:%

选项	比例
每天都喝	48.52
每周3~4次	31.91
每周1~2次	15.07
每周少于1次	3.44
不喝茶	1.07

(七)购买茶叶时优先考虑的因素

总体而言,人们在购买茶叶时优先考虑的因素是口感(79.72%)、质量(72.12%)、品种(64.53%)及品牌(49.58%),而价格(37.01%)、包装(17.44%)、产地(19.22%)等不是主要考虑因素,购买茶叶时的优先考虑因素如表7所示。

表7 购买茶叶时的优先考虑因素

单位:%

选项	比例
品种	64.53
品牌	49.58
口感	79.72
价格	37.01

续表

选项	比例
包装	17.44
质量	72.12
功效	42.23
产地	19.22
其他	0.00

(1)受教育程度越高的人群购买茶时越在乎口感因素。分析发现,茶叶购买者中,文化程度越低,则越注重茶产品的质量因素,文化程度越高,越注重茶产品的口感,受教育程度与购买茶叶时优先考虑因素分析如表8所示。

表8 受教育程度与购买茶叶时优先考虑因素分析

单位:%

学历	考虑因素								
	品种	品牌	口感	价格	包装	质量	功效	产地	其他
高中以下	33.33	0.00	66.67	33.33	0.00	100.00	0.00	0.00	0.00
高中或中专	36.84	44.74	68.42	63.16	5.26	73.68	34.21	15.79	0.00
大专或本科	65.99	50.67	79.84	36.16	18.41	72.18	42.47	19.49	0.00
硕士及以上	65.52	41.38	86.21	31.03	13.79	68.97	46.55	18.97	0.00

(2)低收入人群主要在乎口感、价格、质量,高收入人群主要在乎口感、质量、品种。在低收入者(月收入2000元以下)中,最在乎的是茶叶的口感(80.00%)、价格(80.00%)、质量(80.00%);在中等收入群体(月收入2000~5000元)中,最在乎的是茶叶的口感(76.41%)、质量(66.20%)、品种(60.92%)、价格(48.59%);在高收入群体(月收入5000~10000元)中,最在乎的是茶叶的茶叶口感(79.09%)、质量(76.32%)、品种(65.99%)、品牌(52.14%);在极高收入群体(月收入10000元以上)中,最在乎的是茶叶的口感(87.42%)、质量(71.52%)、品种(69.54%)、品牌(54.97%)。

(3)中青年人群更在乎口感,中老年人群更在乎质量。在20~30岁的青年人群中,优先考虑的因素是口感(81.23%)、质量(71.69%)、品种(63.38%)、品牌(52.00%);在30~50岁的中年人群中,优先考虑的因素也是口感(79.67%)、质量(72.15%)、品种(65.24%)、品牌(48.58%);在50岁以上中老年人群中,优先考虑的因素是质量(76.92%)、价格(65.38%)、品种(65.38%)、口感(61.54%)。

(八)购买茶叶产品时最想从媒体了解到的信息是产品质量、品牌知名度及茶品牌文化

对茶叶产品而言,人们在购买茶叶时最期望从媒体获得的信息是产品质量(27.05%)、品牌知名度(22.54%)、茶品牌文化(16.37%)、产地环境条件(15.30%)、产品功效(14.71%),对产品的促销信息(2.97%)、企业背景(0.83%)等了解欲望不高。消费者对茶叶产品最想从媒体了解到的信息如表9所示。

(1)男性更在乎品牌,女性更在乎质量。男性最想从媒体了解的茶产品信息是品牌知名度(26.22%)、产品质量(25.06%)、产地环境条件(16.24%)、茶品牌文化(15.31%),女性最想从媒体了解的茶产品信息是产品质量(29.13%)、品牌知名度(18.69%)、茶品牌文化(17.48%)、产地环境条件(14.32%),对促销信息及企业背景男女都不是很关注,但女性相对于男性更关注促销信息(男性:1.86%,女性:4.13%)。

表9 消费者对茶叶产品最想从媒体了解到的信息

单位:%

选项	比例
产地环境条件	15.30
品牌知名度	22.54
茶品牌文化	16.37
产品质量	27.05
产品功效	14.71
促销信息	2.97
企业背景	0.83
其他	0.24

（2）中青年人群更在乎品牌，中老年人群更在乎质量。在20~30岁的青年人群中最想从媒体了解的茶产品信息是产品质量（27.08%）、品牌知名度（22.77%）、茶品牌文化（17.85%）、产地环境条件（14.77%）、产品功效（13.23%），对促销信息（3.69%）、企业背景（0.62%）的关注比例较低。在30~50岁人群中，最想从媒体了解到的茶产品信息是产品质量（26.63%）、品牌知名度（22.56%）、茶品牌文化（15.45%）、产地环境条件（15.45%）、产品功效（15.85%），对促销信息（2.64%）、企业背景（1.02%）的关注较低。在50岁以上人群中，最想从媒体了解的茶产品信息是产品质量（34.62%）、品牌知名度（19.23%）、产地环境条件（19.23%）、茶品牌文化（15.38%）、产品功效（11.54%），在50岁以上人群对促销信息（0.00%）、企业背景（0.00%）基本不关注。相比较看，一是中老年人群对购买产品的质量要求比中青年人群高（比20~30岁人群高7.54个百分点，比30~50岁人群高7.99个百分点），而中青年对品牌知名度要求均比中老年人高（品牌知名度50岁以上人群比20~30岁人群低3.54个百分点，比30~50岁人群低3.33个百分点），对茶品牌文化的要求比例相当。二是中老年人群对茶叶企业的促销信息及企业背景基本不感兴趣，而20~30岁人群对企业茶产品的促销信息比30~50岁人群更感兴趣，高出1.05个百分点，不同年龄消费者群体最想从媒体获得信息情况如表10所示。

（3）受教育程度较高的群体更在乎产品质量及品牌文化，受教育程度较低的群体更在乎质量及产品功效。一是中等学历（高中或中专）人群主要关注产品质量及产品功效，普通高等教育学历（大学文化）结构群体主要关注产品质量及品牌知名度，高学历人群（硕士及以上）主要关注产品质量及茶品牌文化。高中及中专学历结构的人群最想从媒体了解的茶产品信息是产品质量（31.58%）、产品功效（26.32%）、茶品牌文化（15.79%）、品牌知名度（13.16%）、产地环境条件（10.53%），对促销信息（2.63%）、企业背景（0.00%）的关注仍然比例较低；大专或本科学历结构的人群最想从媒体了解的茶产品信息是产品质量（26.21%）、品牌知名度（23.79%）、茶品牌文化（16.13%）、产地环境条件（15.59%）、产品功效（14.11%），对促销信息（3.09%）、企业背景（0.81%）关注比例较低；而硕士及以上高学历结构的群体最想从媒体了解的茶产品信息是产品质量（36.21%）、茶品牌文化（18.97%）、产品功效(15.52%)、品牌知名度(13.79%)、产地环境条件(13.79%),对促销信息(0.00%)、企业背景(1.72%)的关注比例极低。二是高学历人群对企业促销信息关注度较低,对企业背景的了解,在普通高等学历及中等学历人群中解较多。

表10 不同年龄消费者群体最想从媒体获得信息情况

单位:%

年龄	信息							
	产地环境条件	品牌知名度	茶品牌文化	产品质量	产品功效	促销信息	企业背景	其他
20岁以下	0.00	0.00	0.00	0.00	0.00	0.00	0.00	0.00
20~30岁	14.77	22.77	17.85	27.08	13.23	3.69	0.62	0.00
30~50岁	15.45	22.56	15.45	26.63	15.85	2.64	1.02	0.41
50岁以上	19.23	19.23	15.38	34.62	11.54	0.00	0.00	0.00

(九)多数人可接受的茶叶价格为中低端茶,对高价格茶叶需求人群较少

将人们可接受的茶叶价格区间按照如下划分:200元/斤以内为低价格茶;200~500元/斤为中低价格茶;500~1000元/斤为中高价格茶;1000~2000元/斤为高价格茶;2000元/斤以上为昂贵茶。分析发现在购买茶叶时能够接受中低价格茶(200~500元/斤,50.66%)、中高价格茶(500~1000元/斤,21.23%)的比例较高,而接受低价格茶(200元/斤以内,19.69%)、高价格茶(1000~2000元/斤,6.52%)的比例较低,能够接受昂贵茶(2000元/斤以上,1.9%)的比例非常稀少。茶叶价格在1000元/斤以内的人群比例占到91.55%,可消费1000元/斤以上高价格茶的人群比例不到8%,人们能够接受的茶叶产品价格分布情况如表11所示。

表11 人们能够接受的茶叶产品价格分布情况

单位:%

选项	比例
200元/斤以内	19.69

续表

选项	比例
200~500元/斤	50.66
500~1000元/斤	21.23
1000~2000元/斤	6.52
2000元/斤以上	1.90

(1)购买高价格茶的男性比女性多。进一步分析发现,男性与女性对茶的消费不一定一样。一是男性与女性能接受茶叶价格区间基本相同。男性能够接受的茶叶价格主要为中低价格茶(200~500元/斤,48.72%)、中高价格茶(500~1000元/斤,21.35%)、低价格茶(200元/斤以内,19.95%)、高价格茶(1000~2000元/斤,7.66%)、昂贵茶(2000元/斤以上,2.32%);女性能够接受的茶叶价格主要为中低价格茶(200~500元/斤,52.67%)、中高价格茶(500~1000元/斤,21.12%)、低价格茶(200元/斤以内,19.42%)、高价格茶(1000~2000元/斤,5.34%)、昂贵茶(2000元/斤以上,1.46%)。二是女性选择中低价格茶的比例比男性多。女性选择中低价格茶(200~500元/斤)的比例为52.67%,高出男性3.95个百分点。三是接受高价格茶叶的男性人群比女性人群占比高。能够接受超过1000元/斤茶叶价格的男性人群占比为9.98%,高出女性人群3.38个百分点。

(2)高学历人群主要倾向购买中高价格茶,低学历人群主要倾向购买中低价格茶。一是中等学历(高中或中专)以下人群可接受的茶叶价格为中低价格茶。在中等学历(高中或中专)及以下学历群体中,没有人可接受购买中高价格(500~1000元/斤)以上的茶叶。在可接受低价格茶(200元/斤以内)的人群中,中等学历以下学历的人群相对占比高达71.31%,大学学历(大专或本科)的只占16.51%,高学历(硕士及以上)仅占12.19%;在可接受的中低价格茶(200~500元/斤)人群中,中等以下学历的人群相对占比高达55.47%,大学学历(大专或本科)的只占23.69%,高学历(硕士及以上)仅占20.84%。二是高学历人群对高价格的茶叶可接受性更大。在高价格茶(1000~2000元/斤及以上价格)消费人群中,大学学历(大专或本科)以上学历的占比较高,其中大学学历(大专或本科)可接受高价格茶(1000~2000元/斤及以上价格)的比例达9.01%,高学历(硕士及以上)可接受高价格茶(1000~2000元/斤及以上价格)的比例达6.9%。不同学历群体比较能够接受的茶叶产品价格如表12所示。

表12 不同学历群体比较能够接受的茶叶产品价格

单位:%

学历	价格				
	200元/斤以内	200~500元/斤	500~1000元/斤	1000~2000元/斤	2000元/斤以上
高中以下	33.33	66.67	0.00	0.00	0.00
高中或中专	47.37	52.63	0.00	0.00	0.00
大专或本科	18.68	50.94	21.37	6.99	2.02
硕士及以上	13.79	44.83	34.48	5.17	1.73

(3)青年及中青年人群主要倾向购买中低价格茶,中老年人群主要倾向于购买低价格茶。表13为不同年龄人群消费者可接受的茶叶产品价格。一是随年龄的增加购买中低价格茶的比例减少,购买低价茶的比例增加,老年人群可接受的茶叶价格为中低价格茶。在青年(20~30岁)人群中购买中低价格茶(200~500元/斤)、低价格茶(200元/斤以内)的比例为(58.46%,18.46%)。中青年(30~50岁)人群中购买中低价格茶(200~500元/斤)、中高价格茶(500~1000元/斤)的比例为(45.93%,25.00%)。中老年(50岁以上)人群中购买中低价格茶(200~500元/斤)、低价格茶(200元/斤以内)的比例为(42.31%,50%)。二是购买高价格茶、昂贵茶的人群主要是青年及中青年。在购买高价格茶(1000~2000元/斤)、昂贵茶(2000元/斤以上)的人群中,青年(20~30岁)占比为(5.85%,0.62%),中青年(30~50岁)占比为(7.32%,2.85%),中老年(50岁以上)占比为(0,0)。

表13 不同年龄人群消费者可接受的茶叶产品价格

单位:%

年龄	价格				
	200元/斤以内	200~500元/斤	500~1000元/斤	1000~2000元/斤	2000元/斤以上
20岁以下	0.00	0.00	0.00	0.00	0.00

续表

年龄	价格				
	200元/斤以内	200~500元/斤	500~1000元/斤	1000~2000元/斤	2000元/斤以上
20~30岁	18.46	58.46	16.62	5.85	0.62
30~50岁	18.90	45.93	25.00	7.32	2.85
50岁以上	50.00	42.31	7.69	0.00	0.00

(4)低收入人群主要购买中低价格茶,购买高价茶的主要是高收入人群。如表14为不同收入消费群体对茶产品可接受价格的偏好。低收入(月收入2000元以下)人群主要购买的是中低价格茶(200元/斤以内,200~500元/斤)占比分别为60%,40%,而购买中高价格茶产品(500~1000元/斤及以上价格)的主要是高收入(月收入2000元以上)群体,其中收入越高购买茶叶的价格越高。一是随着收入的增加,购买低价格茶产品的逐渐减少,购买高价格产品的逐渐增多。低价格茶(200元/斤以内)人群中,按无收入、低收入、中等收入、中高收入、高收入的比例分别为100%,60%,33.45%,13.85%,5.96%,购买中高价格茶(500~1000元/斤)以上的人群随收入的增加的占比增大,其中收入在2000~5000元和5000~10000元比例最高,占比分别为54.23%和53.65%。二是昂贵茶的人群中,没有中等收入及以下人群。在购买昂贵茶(2000元/斤以上)的人群中,中等收入(月收入2000~5000元)及以下人群占比为0,中高收入(月收入5000~10000元)占1.02%,高收入(月收入10000元以上)占7.95%。

表14 不同收入消费群体对茶产品可接受价格的偏好

单位:%

月收入	价格				
	200元/斤以内	200~500元/斤	500~1000元/斤	1000~2000元/斤	2000元/斤以上
无收入	100.00	0.00	0.00	0.00	0.00
2000元以下	60.00	40.00	0.00	0.00	0.00
2000~5000元	33.45	54.23	10.92	1.40	0.00

续表

月收入	价格					
	200元/斤以内	200~500元/斤	500~1000元/斤	1000~2000元/斤	2000元/斤以上
5000~10000元	13.85	53.65	24.43	7.05	1.02
10000元以上	5.96	37.09	33.77	15.23	7.95

(十)多数人购茶时对茶叶品牌有要求

在购买茶叶时,多数人对茶叶的品牌有要求,有要求的比例达64.41%,没有要求的比例为13.40%,无所谓的比例为22.18%,消费者对茶品牌选择的要求状况。如表15所示。

表15 消费者对茶品牌选择的要求分析

单位:%

选项	比例
是	64.41
否	13.40
无所谓	22.18

(1)受教育程度越高的人群,对品牌的要求相对比例更高。消费者受教育程度与购买茶产品时对品牌态度如表16所示。分析可知,初等学历(高中以下)组中对品牌有要求的比例为0,中等学历(高中或中专)组中对品牌有要求的占47.37%,大学学历(大专或本科)对品牌有要求的占64.92%,高学历(硕士及以上)对品牌有要求的占72.41%,这说明教育程度越高,在购买茶产品时对茶品牌的要求就越高。从对品牌要求持无所谓的结果分析看,初等学历(高中以下)组占的比例为66.67%,中等学历(高中或中专)组中占39.47%,大学学历(大专或本科)组中占21.24%,高学历(硕士及以上)组中仅占20.69%,同样分析可知,学历低的消费者对茶的品牌没有特别的要求。

表16　消费者受教育程度与购买茶产品时对品牌态度

单位:%

学历	对品牌态度		
	是	否	无所谓
高中以下	0.00	33.33	66.67
高中或中专	47.37	13.16	39.47
大专或本科	64.92	13.84	21.24
硕士及以上	72.41	6.90	20.69

(2)月收入水平越高的人群,对品牌要求相对比例更高。一是收入越低,对品牌的要求就越无所谓。对品牌无所谓的人群中,无收入组中占100%,低收入(月收入2000元以下)组中占40%,中等收入(月收入2000~5000元)组中占27.1%,中高收入(月收入5000~10000元)组中占19.90%,高收入(月收入10000元以上)组中占17.22%。二是收入越高,对品牌有要求的比例越大。在对品牌有要求的人群中,无收入组占0,低收入(月收入2000元以下)组中占60%,中等收入(月收入2000~5000元)组中占53.52%,中高收入(月收入5000~10000元)组中占68.01%,高收入(月收入10000元以上)组中占76.16%。月收入状况与品牌要求如表17所示。

表17　月收入状况与品牌要求

单位:%

收入	品牌要求		
	是	否	无所谓
无收入	0.00	0.00	100.00
2000元以下	60.00	0.00	40.00
2000~5000元	53.52	19.37	27.11
5000~10000元	68.01	12.09	19.90
10000元以上	76.16	6.62	17.22

(十一)茶叶包装中多数人偏好袋装及罐装

在购买茶叶时多数人对茶叶包装有选择,主要选择袋装(32.98%),罐装

(26.10%)、盒装(14.59%)、散装(12.69%)、礼盒装(5.81%),对包装持无所谓的人群比例只有7.83%,可见消费者对茶叶包装中选择简便装袋装、罐装的比例较高。表18为消费者对茶叶包装的选择倾向分析。

表18 消费者对茶叶包装的选择倾向分析

单位:%

选项	比例
散装	12.69
袋装	32.98
盒装	14.59
罐装	26.10
礼盒装	5.81
无所谓	7.83

(1)年轻消费者人群更偏好于罐装茶,年龄较大的消费者更偏好于袋装茶。在青年(20~30岁)、中青年(30~50岁)中主要选择袋装(30.77%,34.15%)、罐装(29.23%,25.00%)包装,而在中老年(50岁以上人群中)中主要选择袋装(38.46%)、散装(26.92%)包装的较多。消费者年龄与对茶叶包装的选择倾向分析如表19所示。

表19 消费者年龄与对茶叶包装的选择倾向分析

单位:%

年龄	包装选择					
	散装	袋装	盒装	罐装	礼盒装	无所谓
20岁以下	0.00	0.00	0.00	0.00	0.00	0.00
20~30岁	13.85	30.77	12.00	29.23	7.38	6.77
30~50岁	11.18	34.15	16.46	25.00	4.88	8.33
50岁以上	26.92	38.46	11.54	7.69	3.85	11.54

(2)收入较高人群选择罐装及礼盒装比例较大。在收入较低人群中,选择散装茶的比例较高。无收入人群中选择散装茶的比例为100%,低收入(月收入2000元

以下)人群中选择散装茶的比例为20%,中等收入(月收入2000～5000元)人群中选择散装茶的比例为14.79%,中高收入(月收入5000～10000元)人群中选择散装茶的比例为11.08%,高收入(月收入10000元以上)人群中选择散装茶的比例为11.92%。低收入(月收入2000元以下)人群中选择罐装茶包装的比例为0,而在中等收入(月收入2000～5000元)人群中选择罐装茶包装的比例为23.24%,中高收入(月收入5000～10000元)人群中选择罐装茶包装的比例为27.46%,高收入(月收入10000元以上)人群中选择罐装茶包装的比例为29.80%。选择礼盒装的人群也随收入增加而比例增加。低收入(月收入2000元以下)人群中选择礼盒装包装的比例为0,而中等收入(月收入2000～5000元)人群中选择礼盒装包装的比例为3.87%,中高收入(月收入5000～10000元)人群中选择礼盒装包装的比例为4.53%,高收入(月收入10000元以上)人群中选择礼盒装包装的比例达13.25%。表20为不同收入消费者人群对茶叶包装的选择。

表20 不同收入消费者人群对茶叶包装的选择

单位:%

月收入	包装选择					
	散装	袋装	盒装	罐装	礼盒装	无所谓
无收入	100.00	0.00	0.00	0.00	0.00	0.00
2000元以下	20.00	30.00	40.00	0.00	0.00	10.00
2000～5000元	14.79	35.92	12.68	23.24	3.87	9.51
5000～10000元	11.08	32.49	16.12	27.46	4.53	8.31
10000元以上	11.92	29.14	12.58	29.80	13.25	3.31

(十二)茶产品存在的主要问题

多数人认为茶产品存在的主要问题表现在品质不易辨别(74.40%)、虚假宣传太多(55.60%)、品牌太杂难以选择(53.10%)、假冒伪劣产品较多(55.60%)、价格偏高(47.38%)、饮用不方便(16.90%)、文化内涵不足(13.10%),针对不同消费人群对当前茶产品存在的主要问题有所不同,如表21所示为茶产品存在的主要问题调查结果。

表21　茶产品存在的主要问题调查结果

单位:%

存在问题	所占比例
价格偏高	47.38
品质不易辨别	74.40
品牌太杂,难以选择	53.10
饮用不方便	16.90
虚假宣传太多	55.60
假冒伪劣产品较多	50.36
文化内涵不足	13.10
其他	1.31

(1)受教育程度高的人认为存在的主要问题是品质不易辨别及假冒伪劣产品较多,受教育程度较低的人认为存在的主要问题是品质不易辨别及价格偏高。在中等学历(高中或中专)人群中,认为存在的主要问题是品质不易辨别(68.42%)、价格偏高(60.53%)、虚假宣传太多(52.63%)、假冒伪劣产品较多(50.00%);在大学学历(大专或本科)人群中,认为存在的主要问题是品质不易辨别(73.92%)、虚假宣传太多(56.05%)、品牌太杂难以选择(54.17%)、假冒伪劣产品较多(50.00%);在高学历(硕士及以上)人群中,认为存在的主要问题是品质不易辨别(84.48%)、假冒伪劣产品较多(55.17%)、品牌太杂难以选择(53.45%)、虚假宣传太多(53.45%)。

(2)年轻人认为存在的主要问题是品质不易辨别及虚假宣传太多,年龄较大的人认为存在的主要问题是价格偏高及品质不易辨别。在青年(20~30岁)人群中,认为存在的主要问题是品质不易辨别(75.08%)、虚假宣传太多(57.85%)、品牌太杂难以选择(53.23%)、假冒伪劣产品较多(50.77%);中青年(30~50岁)人群中,认为存在的主要问题是品质不易辨别(70.19%)、虚假宣传太多(54.47%)、品牌太杂难以选择(54.27%)、假冒伪劣产品较多(49.19%);在中老年(50岁以上)人群中,认为存在的主要问题是价格偏高(76.92%)、品质不易辨别(69.23%)、假冒伪劣产品较多(65.38%)、虚假宣传太多(50%)。

(3)高收入人群认为存在的主要问题是品质不易辨别及虚假宣传太多,低收入人群认为存在的主要问题是虚假宣传太多及假冒伪劣产品较多。一是收入较低人群中,认为主要问题是虚假宣传太多、假冒伪劣产品较多及价格较高。认为虚假宣传较多、价格偏高的人群随着收入的增加而减少。低收入(月收入2000元以下)人群中认为虚假宣传较多的比例为90.00%,假冒伪劣产品较多的比例为80.00%,价格偏高的比例为70.00%;中等收入(月收入2000~5000元)人群中认为虚假宣传较多的比例为52.82%,假冒伪劣产品较多的比例为51.06%,价格偏高的比例为54.93%;中高收入(月收入5000~10000元)人群中认为虚假宣传较多的比例为55.67%,假冒伪劣产品较多的比例为47.86%,价格偏高的比例为45.34%;高收入(月收入10000元以上)人群中认为虚假宣传较多的比例为58.94%,假冒伪劣产品较多的比例为53.64%,价格偏高的比例为37.75%。二是高收入人群认为存在的主要问题是品质不易辨别、虚假宣传太多、品牌太杂难以选择。在月收入超过5000元人群中,普遍认为茶产品存在的主要问题是品质不易辨别、虚假宣传太多、品牌太杂难以选择。其中,中高收入(月收入5000~10000元)人群中认为品质不易辨别(74.56%)、虚假宣传太多(55.67%)、品牌太杂难(55.42%);高收入(月收入10000元以上)人群中认为品质不易辨别(77.48%)、虚假宣传太多(58.94%)、品牌太杂难(56.29%)。表22所示为不同收入群体认为茶产品存在的主要问题。

表22 不同收入群体认为茶产品存在的主要问题

单位:%

月收入	价格偏高	品质不易辨别	品牌太杂,难以选择	饮用不方便	虚假宣传太多	假冒伪劣产品较多	文化内涵不足	其他
无收入	0.00	0.00	0.00	0.00	0.00	0.00	100	0.00
2000元以下	70.00	60.00	30.00	20.00	90.00	80.00	20.00	0.00
2000~5000元	54.93	73.24	49.65	11.62	52.82	51.06	12.32	1.41
5000~10000元	45.34	74.56	55.42	20.91	55.67	47.86	13.35	1.26
10000元以上	37.75	77.48	56.29	16.56	58.94	53.64	13.25	1.32

三、贵州茶品牌竞争力分析

(一)中国十大名茶认知

(1)在用户网络调查中都匀毛尖全国排名第11位。2018年,将曾经被各种渠道入选进中国十大名茶的16种茶叶品牌在调查用户中予以选择调查,被调查者16中选10,按照被选中的获票率高低排序,得到中国的十大名茶是:安溪铁观音(1)、洞庭碧螺春(2)、云南普洱茶(3)、西湖龙井(4)、黄山毛峰(5)、祁门红茶(6)、信阳毛尖(7)、武夷岩茶(8)、庐山云雾(9)、峨眉竹叶青(10),其中都匀毛尖排名第11位,表23为基于网络调查的全国十大名茶排名。

表23 基于网络调查的全国十大名茶排名

茶品牌	调查得票率	得票排名	百度指数	百度指数排名	所在省市(区域)
安溪铁观音	91.67%	1	677	9	福建安溪县
洞庭碧螺春	88.81%	2	2520	1	江苏苏州市
云南普洱茶	84.76%	3	331	12	云南西双版纳
西湖龙井	81.79%	4	1459	4	浙江杭州市
黄山毛峰	78.93%	5	1244	5	安徽黄山(徽州)
祁门红茶	68.10%	6	1200	6	安徽祁门市
信阳毛尖	67.86%	7	1948	2	河南信阳市
武夷岩茶	67.14%	8	532	10	福建闽北
庐山云雾	62.26%	9	294	13	江西九江市
峨眉竹叶青	58.93%	10	926	7	四川峨眉山市
都匀毛尖	55.24%	11	392	11	贵州都匀市
君山银针	55.12%	12	722	8	湖南岳阳洞庭湖
四川茉莉花茶	49.05%	13	8	15	四川乐山犍为县
六安瓜片	46.55%	14	1518	3	安徽六安市
蒙顶甘露	23.57%	15	288	14	四川省名山、雅安两县的蒙山

续表

茶品牌	调查得票率	得票排名	百度指数	百度指数排名	所在省市(区域)
湖南蒙洱茶	20.24%	16	0	16	湖南新化县奉家山蒙洱冲

数据来源:网络问卷调查及百度搜索系数。❶

(2)品牌搜索百度指数都匀毛尖全国排名第11位。百度指数通过对百度的海量数据统计分析,一方面通过进行关键词搜索热度分析;另一方面通过深度挖掘相关舆情信息、市场需求,以及与用户特征相关的多方面数据特征,是品牌知名度在网上的一种重要体现,百度指数越大,表示搜索与关注的人越多。百度指数包括来自PC端的关键词搜索指数,以及通过移动互联网移动端的无线搜索指数,随着以手机为主移动互联网的普及推广,通过手机获取信息的用户越来越多。将曾经被各种渠道入选进中国十大名茶的16种茶叶品牌在百度搜索指数中搜索统计,按照整体搜索指数高低排序,得到中国的十大名茶的百度指数排名:洞庭碧螺春(1)、信阳毛尖(2)、六安瓜片(3)、西湖龙井(4)、黄山毛峰(5)、祁门红茶(6)、峨眉竹叶青(7)、君山银针(8)、安溪铁观音(9)、武夷岩茶(10),其中都匀毛尖排名第11位,其他品牌的排名为云南普洱茶(12)、庐山云雾(13)、蒙顶甘露(14)、四川茉莉花茶(15)、湖南蒙洱茶(16)。

(3)中国茶叶区域公共品牌价值都匀毛尖全国排名第11位。2019年,浙江大学CARD中国农业品牌研究中心、中国茶叶区域公用品牌价值评估课题组评估都匀毛尖品牌价值为32.9亿元,在全国排名11位(2018年都匀毛尖品牌价值为29.9亿元,在全国排名第9位)。2019年排名前20名的茶叶区域品牌是:西湖龙井(1),普洱茶(2),信阳毛尖(3),福鼎白茶(4),洞庭山碧螺春(5),大佛龙井(6),安吉白茶(7),蒙顶山茶(8),六安瓜片(9),安化黑茶(10),都匀毛尖(11),福州茉莉花茶(12),武夷山大红袍(13),祁门红茶(14),峨眉山茶(15),坦洋工夫(16),太平猴魁(17),赤壁青砖茶(18),庐山云雾茶(19),武当道茶(20)。进入前100名的贵州茶叶区域公共品牌价值排名为:都匀毛尖(11),湄潭翠芽(24),梵净山茶(31),凤冈锌硒茶(42),遵义红(80),余庆苦丁茶(91)。

❶2019年7月17日百度搜索指数(半年日均)数值为参考,部分品牌名茶没有创建百度关键词,百度指数无数据。

（二）贵州十大名茶认知

用户网络调查中都匀毛尖在贵州排名第1位。对曾经入选贵州十大名茶的11种茶叶品牌按照11选10调查，以获票率高低排序，贵州的十大名茶为：都匀毛尖茶（1）、梵净山翠峰茶（2）、贵定云雾贡茶（3）、凤冈明前毛尖茶（4）、凤冈绿宝石茶（5）、凤冈锌硒茶（6）、湄潭翠芽茶（7）、金沙"清水塘"清池翠片茶（8）、遵义红（9）、石阡苔茶（10）、雷公山银球茶（11），部分贵州品牌名茶没有创建百度关键词，百度指数无数据，基于网络调查的贵州十大名茶排名状况如表24所示。

表24 基于网络调查的贵州十大名茶排名状况

品牌名称	调查得票率(%)	得票率排序	百度指数	指数排名
都匀毛尖茶	65.95	1	476	1
梵净山翠峰茶	42.94	2	0	
贵定云雾贡茶	36.42	3	0	
凤冈明前毛尖茶	35.11	4	0	
凤冈绿宝石茶	31.20	5	0	
凤冈锌硒茶	25.03	6	0	
湄潭翠芽茶	24.08	7	347	2
金沙"清水塘"清池翠片茶	21.12	8	0	
遵义红	18.39	9	0	
石阡苔茶	18.15	10	112	3
雷公山银球茶	13.76	11	0	

数据来源：网络问卷调查及百度搜索系数。[1]

（三）贵州茶业的竞争力认识

贵州茶业竞争力较强。调查结果显示，认为贵州茶叶竞争力较强及很强的人群达67.97%。调查对象中不了解贵州茶叶的仅占8.42%，认为贵州茶业竞争力较强的比例为48.40%、竞争力很强的比例为19.57%、竞争力一般的比例为21.71%、没有竞争力的比例为1.90%，贵州茶产业竞争力状况如表25所示。

---

[1] 2019年7月17日百度搜索指数（半年日均）数值为参考，部分品牌名茶没有创建百度关键词，百度指数无数据。

表25 贵州茶产业竞争力状况

单位:%

选项	比例
竞争力很强	19.57
竞争力较强	48.40
竞争力一般	21.71
没有竞争力	1.90
不了解贵州茶叶	8.42

(四)贵州茶叶品牌的主要弱势

和全国其他地区茶叶品牌比较,贵州茶叶弱势主要在于宣传力度小,品牌影响力低,生产厂家多,生产技术落后,质量不稳定等。综合起来,贵州茶叶品牌的弱势主要表现在:一是宣传力度小,品牌影响力低;二是品牌多乱杂,知名品牌较少;三是生产厂家多,生产技术落后,质量不稳定;四是政府投入及扶持力度小。认为文化底蕴不深厚,生产成本大、茶叶价格较高的比例并不高,分别只占28.57%及20.71%,贵州茶叶品牌的主要弱势如表26所示。

表26 贵州茶叶品牌的主要弱势

单位:%

选项	比例
生产成本大,茶叶价格较高	20.71
宣传力度小,品牌影响力低	70.48
生产厂家多,生产技术落后,质量不稳定	47.38
品牌多乱杂,知名品牌较少	47.74
政府投入及扶持力度小	34.52
文化底蕴不深厚	28.57
其他	0.83
对此问题不了解	5.24

四、发展对策建议

根据消费者问卷调查所反映出来的优势和存在问题,提出促进贵州省茶产业发展的对策建议。应充分利用贵州茶叶的产地环境、地方良种茶树、独特传统工艺、差异且独有的产品特征、品饮技术、历史文化内涵等优势,挖掘黔茶发展潜力,提升黔茶软硬实力,促进黔茶产业竞争力的快速提升。

(一)加强品牌宣传力度,提高品牌影响力

针对黔茶品牌宣传力度小,品牌影响力低问题,以提升黔茶品牌知名度、产品市场占有率为目标,在品牌宣传上多做文章,重点突出、差异化扶持,加大黔茶品牌宣传推广力度。

1. 提升省内知名黔茶品牌知名度

"十四五"期间,建议以"3+4"品牌战略("3"即"都匀毛尖""湄潭翠芽""凤冈锌硒茶","4"即"绿宝石""遵义红""梵净山茶""雷公山银球茶"),加大省内知名茶品牌抱团发展、合力宣传推广的力度,联合省内外主流媒体开展以"3+4"品牌茶为重点的公益性宣传,引导协会或企业申报中国区域茶公共品牌、中国驰名商标、省著名商标和地理标识等。

2. 着力品牌建设及推广差异化

研究制定黔茶品牌发展壮大统一战略,对省内不同区域的绿茶产品品牌,重点突出品牌的差异化及个性化特征,减少省内品牌的同质化无序竞争。围绕品牌战略,以将黔茶打造成为世界有名、全国领先知名品牌为核心,实施对黔茶品牌的重点化、多元化、差异化宣传推广。

3. 突出黔茶品牌功效及文化内涵宣传

根据各区域茶产品的特征,深入研究不同黔茶品牌产品的保健功效、文化内涵功能、礼品馈送功能等差异化比较优势特征,减少同类产品在相近功效宣传下的同质化竞争。聘请著名专业策划机构为黔茶量身打造黔茶品牌提升宣传点。加大互联网精准营销、精准推广力度,利用大数据提高黔茶知名度。通过在中央及省级主流媒体开辟专栏、专题综艺节目、网络宣传、户外宣传、活动宣传等措施,扩大黔茶品牌公众认可度。

(二)加强质量安全管理,提高用户信任度

针对生产厂家多、生产技术落后、质量不稳定状况,加强黔茶质量安全意识、强化质量安全管理、实现质量安全追溯体系全覆盖,对质量安全违法行为零容忍。

1. 提高对黔茶产品及黔茶品牌发展的质量安全意识

各级农业主管、工业管理、技术监督、人力资源等主管部门,加大力度对农民、茶园、生产企业、批发零售市场、相关技术人员等开展形式多样的质量、安全技术培训,将"质量、安全"作为黔茶产业做大做强的生命线,全面提升茶产业经营主体的质量安全意识。

2. 加强质量安全管理

严格有效控制茶园投入品管理,推广生态调控、病虫草害的绿色防控机制,对农药及草甘膦零容忍。加大质量安全事件的处理力度,提高企业、市场、个体等质量安全违法成本。

3. 完善茶叶质量检验检测和认证体系

建立贵州省统一完善的质量检验检测和认证体系,构建标准化生产格局,实现茶产业全程质量安全监控管理。本着"高标准、严要求、高信誉"原则,加强质量检验检测工作。严把认证关,将认证与工作监督举报结合,将认证与质量管理及监督结合,将认证与大数据信息化管理相结合。

4. 建立质量安全追溯体系的全覆盖

以贵州省建立大数据综合实验区为契机,先行先试,加大茶产业大数据应用,充分利用大数据、物联网、互联网等先进技术,积极借鉴国外先进生产经营模式,探索建立"生产有记录、信息可查询、流向可跟踪、责任可追究、产品可召回"的茶叶质量可追溯体系,全面提升和保证黔茶质量,建立贵州省全覆盖的茶叶质量安全追溯制度和质量追溯系统。建立严格的茶园管理制度,逐笔记录茶园农事;合理配备质量安全督查队伍,指导茶农按清单施肥用药;建立茶叶产品档案数据库,实现产品可追溯。通过建立贵州省茶产品质量安全管理追溯信息系统,提高公众对黔茶安全及质量问题、假冒品牌问题等的担忧。

(三)加强品牌管理及维护,提高品牌美誉度

针对品牌多乱杂、知名品牌较少情况,加大黔茶品牌管理及维护力度,有效提升黔茶品牌的市场美誉度及用户信赖度。

1. 严格品牌统一规范管理

对正规使用的黔茶公共品牌产品,严格实施统一的标准化管理,提高品牌使用准入门槛,确保产品质量。建立"统一品牌、统一包装、统一质量、统一宣传、统一价格、统一店型标准化体系"的"六统一"品牌管理体系。未经茶叶相关主管部门及市州政府批准,任何企业或个人不得冠以区域公共品牌、名义参加各类名优茶奖项(茶事)评选(比)活动。提高公共品牌准入门槛,建立第三方评价机制,加强对品牌的统一管理,提升公共品牌的信誉度。

2. 实施品牌维护

(1)建立品牌诚信机制。引导产业链上下游各个环节企业依法经营、诚实守信,严守商业道德,严格承诺兑现,把诚信作为企业品牌建设命脉所在,将企业对品牌的诚信机制纳入企业信用体系建设。(2)加强品牌知识产权保护。加强地理标志、证明商标、专利推广应用、品牌监管等工作,申报中国驰名商标,构建区域、企业自我保护、行业保护和司法保护相结合的机制。(3)严惩损害公共品牌行为。茶叶企业在应用好公共品牌发展自身企业品牌的同时,切实维护好茶叶公用品牌发展,严厉惩处有损于茶叶公用品牌形象的行为,对有损公共品牌的违法行为加大惩罚力度。(4)加大对假冒伪劣品牌商品打击力度。组建市场巡查人员,建立有奖举报制度,长期在全国全省范围内巡回检查证明商标的维护使用,强化对黔茶品牌使用的市场规范。建立用户有奖举报制度,将"人防与技防"相结合,通过法律惩罚、市场引导、舆论监督、技术跟踪等手段,加大对非法品牌的市场清理力度和假冒伪劣产品打击力度,全面提升黔茶公共品牌信誉。

(四)以市场为导向,强化细分市场的产品开发

针对消费者对茶叶产品营养保健及文化传承特征的关注,茶延伸产品关注,买茶目的、饮茶习惯目的的关注,坚持市场作为资源配置的决定作用的原则,细化茶产品市场,开发适合消费者需求的茶产品。

1. 重点培育最具核心竞争力的黔茶产品

根据消费人群最关心茶的营养保健、文化传承及饮用解渴特征,对茶的性价比、使用方便性、时尚性等并不特别关注情况,重点开发最具核心竞争力的贵州特色茶产品。以贵州本地茶种、独特气候环境优势为依托,开发满足年轻人营养保健及文化传承需求的茶产品,开发满足中老年人营养保健及饮用解渴特征的茶产品,开发满足年轻人、高学历、高收入、特殊职业群体礼品馈送功能的茶产品等。

2. 开发关联产品延伸茶产业链

针对在茶叶与茶延伸产品消费者中,单独消费茶延伸产品比例较低,而两者兼有比例较高的情况,加大对茶延伸产品(茶饮料、固体浓缩饮料、茶食品等)营养保健、饮用解渴功能产品开发,发挥贵州茶产品的比较竞争优势,开发设计满足国际国内市场需求的茶延伸产品。通过多种方式,从茶的物理、生化特征等多重属性入手,开发超微茶粉、茶饮料、茶药品、茶食品、茶化妆品等产品,提高黔茶产品的附加值和资源综合利用率,全面提高茶产业的综合效益。

3. 推进茶旅融合发展

加强茶产业与旅游产业相结合发展,实现城乡建设、旅游开发、茶业和茶文化发展一盘棋,加快配套完善旅游基础设施和公共服务设施,规划建设一批能够反映黔茶文化底蕴的茶文化生态博物馆、茶植物博览园、茶基地旅游综合体等文化旅游设施。结合贵州省各茶区少数民族文化积极开展黔茶文化活动和经贸活动,推动城旅、茶旅、文旅一体化、融合式发展。

4. 以茶文化建设促进黔茶多元化发展

充分利用贵州丰富多彩的民族区域特征,强化茶产品的文化传承功能,开发独具特色的黔茶文化产品。通过以挖掘整理茶叶历史、民俗,开发茶艺、书画、手工艺品等措施推动茶文化建设,加速提升黔茶品牌知名度和影响力。加大招商引资力度,扶持企业搭建全国化、多元化的茶文化营销渠道网络,推进茶文化电子商务发展,以茶文化软实力的提升。

(五)完善广告投入及茶产品定价机制,提高茶产业综合效益

随着大数据、移动互联网、物联网等技术的快速发展,人们了解茶、购买茶的渠道发生了巨大变化,传统的茶产品广告投入机制及茶产品定价机制已不再适应消

费者市场变化的需要;黔茶品牌宣传中户外广告、楼宇广告等收效也远不如网络、电视等新媒体,部分区域公共品牌宣传存在"油去灯不亮"的情况;消费者对茶产品的需求不同,表现为不同职业、不同收入群体、不同受教育群体、高收入人群体对茶产品价格关注区别,从而需要对不同消费群体制定不同的价格机制及广告投放机制,但目前黔茶产品定价机制不健全,产品售价过高、市场销售不容乐观,黔茶总体上的市场占有率较低,综合效益不高。

1. 完善广告投入机制

在利用好传统电视、广播、报纸杂志、茶叶推销人员、户外广告、朋友推荐等传统媒介广告宣传外,综合运用互联网、大数据、物联网等先进技术发展后形成的网络、手机、楼宇广告等新媒体,以提高黔茶产品广告投入效率,提高品牌知名度、提高市场占有率为目标,建立广告投入的精准投放机制及广告投入评价机制,加大网络广告精准投放力度,提升黔茶品牌关键词搜索指数及黔茶产品线上线下交易量,使茶广告投入呈现事半功倍效应。

2. 完善黔茶产品定价机制

根据不同用户特征和需求开发不同价格层次,能满足市场需求的黔茶产品,完善黔茶产品的定价机制,建立市场、用户、厂家、政府监管定价机制。根据不同性别、年龄、不同职业、不同教育程度、不同收入水平,制定不同细分市场茶产品价格,开发高端绿茶的同时,加大对中低端茶产品及茶延伸产品的开发及市场开拓,建设高端茶为主的名茶市场、中端茶为主的大众茶市场、低端茶为主的廉价茶市场,提高黔茶产业的综合利用率。

参考文献

[1] 肖伟,刘勇,许利嘉,等. 茶饮与健康[J]. 中国现代中药,2014(1):1-3.

[2] 王家林,王煜,吕丽丽. 茶酒的保健作用[J]. 食品研究与开发,2011(8):133-136.

[3] 刘声传,段学艺,赵华富,等. 贵州野生茶树种质资源生化多样性分析[J]. 植物遗传资源学报,2014(6):1255-1261.

[4] 罗显扬,张正秋. 贵州茶业发展的现状、优势与对策[J]. 贵州农业科学,2009(7):172-178.

[5] 林宏伟,罗以洪,李应祥,等. 基于互联网+的贵州省茶产业转型升级研究——

以中国十大名茶"都匀毛尖"品牌营销策略为例[J].经营管理者,2015(26):121-122.

[6]罗以洪,陈涛,谢孝明.基于茶文化视角的黔茶产业转型升级路径研究[J].贵州师范大学学报(社会科学版),2018(1):104-110.

[7]胡晓云,魏春丽,袁馨遥.2018中国茶叶区域公用品牌价值评估研究报告[J].中国茶叶,2018(5):31-50.

[8]胡晓云,魏春丽,许多,等.2019中国茶叶区域公用品牌价值评估报告[J].中国茶叶,2019(6):22-43.

[9]胡晓云,李闯,魏春丽.2020中国茶叶区域公用品牌价值评估报告[J].中国茶叶,2020(5):24-38.

Ⅲ 品牌报告

B.11 都匀毛尖茶品牌发展研究*

赵 青 钟 庆 徐兴国**

摘 要： 都匀毛尖是历史名茶、黔南布依族苗族自治州（简称"黔南州"）区域公共品牌、贵州"三绿一红"首推品牌。黔南州通过政策支持、拓展销售渠道、举办节会加大宣传、扶持地方茶企等提升都匀毛尖品牌价值、增加效益、促进地方经济发展，使黔南州茶产业有了质的提升，量的飞跃。但都匀毛尖在产量产值、龙头企业、种植、制作、销售等方面仍有较多不足，作为民族地区，需在政策倾斜、精准提质增效、精准扶持龙头企业、找准消费者差异化特点、重点选育地方良种、多层次培训实用人才、捕捉电子商务发展趋势、引进外资企业、培育茶文化等方面，通过精准施策，促进品牌高质量发展。

关键词： 都匀毛尖 产业 品牌 高质量 发展

贵州省茶产业是贵州省传统优势产业，大力发展茶产业是贵州省守住发展和生态两条底线的重要举措。2014年4月21日，《贵州省茶产业提升三年行动计划（2014—2016年）》出台，提出大力实施黔茶品牌战略，确定了"三绿一红"四个重点品牌，即"都匀毛尖""湄潭翠芽""绿宝石"和"遵义红"，"都匀毛尖"是排在首位的贵州茶第一品牌。

"都匀毛尖"是黔南州茶叶统一品牌，2018年首次进入中国茶叶区域公用品牌价值十强，位列榜单第九名，是贵州省唯一进入前十位的品牌[1]。

"都匀毛尖"品牌的发展历程，重要举措，取得的成就与不足能为贵州茶产业发展提供重要参考。

---

*本文系贵州省哲学社会科学创新工程"贵州生态史研究团队"阶段性成果之一。
**赵青，贵州省社会科学院副研究员；钟庆，黔南黔元会计师事务所主任会计师；徐兴国，黔南州茶叶产业发展中心品牌科副科长、农艺师。
[1] 胡晓云，魏春丽，袁馨遥.2018中国茶叶区域公用品牌价值评估研究报告[J].中国茶叶，2018（5）.

一、品牌简介

都匀毛尖茶历史悠久,获奖无数。在1915年巴拿马万国博览会上获优奖,1982年首次被全国名茶评选会评为"中国十大名茶",2010年入选中国上海世博会十大名茶和联合国馆指定用茶,2012年成为消费者最喜爱的100个中国农产品区域公用品牌,2015年参加"1915—2015美国巴拿马太平洋万国博览会百年庆典"获"特别金奖",2017年入选农业部颁发的中国十大茶叶区域公用品牌,2018年进入中国茶叶区域公用品牌价值十强。其传统制作工艺入选国家级非物质文化遗产名录,是中华老字号。"都匀毛尖"是国家地理标志证明商标。

都匀毛尖茶核心产区位于有"全球绿色城市""中国毛尖茶都"之称的都匀市,都匀市为黔南州州府,引领全州茶产业的发展,全州12个县(市)皆产茶。2013年,黔南州委、州政府联合下发《关于进一步加快推进茶产业发展的意见》,提出统一全州茶叶品牌打造都匀毛尖,都匀毛尖成为黔南茶的代表品牌。

都匀毛尖茶产区具有优良的适宜茶树生长的自然条件,主产地平均海拔1200米,年均降水量1100~1400毫米,降水均匀。主产地云雾山、螺丝壳一带的云雾天气一年有200天,湿度常年保持在80%以上,35℃以上的极端高温和低于-5℃的极端低温都极为罕见,特别适宜茶树生长,产出的茶业品质优良。尤其是斗篷山一带森林覆盖率达到90%,普遍高于国内各名茶产区。传统都匀毛尖茶只有春茶,采摘4月上旬至5月上旬("清明"至"谷雨")30天内的茶树芽叶进行加工制作,采摘以一芽一叶为主,有部分独芽茶和一芽二叶茶。春茶干茶外形匀整、鲜绿有光泽、白毫明显,冲泡后香高持久、滋味浓醇、回甘生津、汤色明亮清澈,具有"三绿透三黄"的特色,即干茶色泽绿中带黄,汤色绿中透黄,叶底绿中显黄。春茶采茶期短、产量低、成本高、品质高。近十几年来,为提高产量、增加收入,有茶农利用6~10月采摘的茶叶制作夏秋茶,一般夏茶多制作红茶,秋茶多制作绿茶。

二、主要发展历程

黔南自古就有茶,最早可追溯至《宋史》记载"夔州路茶",夔州路羁縻今都匀、独山一带,可推测黔南已有千年茶史,但有史籍明确记载始于贵州建省后。明永乐十一年(1413)贵州建省,黔南产茶在史籍中的记载日渐增多,明弘治年间(1488—1505),贵州首部省志《贵州图经新志》记载:"(土产)龙里卫(今龙里县一带)茶;新添卫(今贵定县一带)茶;平越卫(今福泉县一带)茶。"嘉靖三十四年(1555)《贵州通志》记载:"独山州……其地产茶,以茶为货;……龙里卫(今龙里市一带)货之属茶。"清康熙三十六年(1697)《贵州通志》记载:"(山川)贵定县阳宝山(在新添北……山产茶,制之如法,可供清啜)。……贵阳府茶(产龙里东苗坡及阳宝山,土人制之无法,味不佳。近亦有采芽以造者,稍可供啜)。"乾隆六年(1741)《贵州通志》记载:"定番州(今惠水县)卢山……又南有茶山,产茶;……贵定县阳宝山在城北十里……山产茶,可供啜;都匀县藤茶山。在城西南旧丹行司西;……茶产龙里东苗坡及贵定翁粟冲、五柯树、摆耳诸处,土人制之无法,味不佳,近亦知采芽以造,稍可供啜。"总体而言,明代黔南产茶之地尚少,至清时已逐渐遍及全州,茶本身品质上佳,但制作工艺较为落后,茶味欠佳。迄今,黔南各地仍有相当数量古茶树,当以明清时期留存至今的古茶树居多❶。

民国以后,黔南茶从产量到质量都有很大提升。1915年,都匀毛尖参加巴拿马万国博览会获优奖,是贵州唯一获奖的茶,一举成为全国名茶。将都匀毛尖送往巴拿马赛会的是都匀人薛尚铭,他将自己带去的茶命名为"薛尚铭茶",因此巴拿马赛会都匀获奖茶叶名为"薛尚铭茶"❷,这可能是都匀毛尖最早的品牌。

新中国成立后,黔南州各地茶叶种植主要是国有及集体所有茶(农)场等,种植面积和制作工艺都有大幅提高,茶叶产量大幅增长。1949年黔南州产茶53050千克,到1966年达249500千克。1973年兴办千亩以上的大茶场17个,千亩以下的乡、村茶场100多个❸。至1978年,茶产量增至939吨。茶叶出口也在逐步增长,

---

❶根据《贵州省古茶树保护条例》(2017年)的规定,"古茶树是指本省行政区域内树龄100年以上的原生地天然生长和栽培型茶树",故本文以100年以上者为古茶树。虞富莲编著《中国古茶树》(云南科技出版社2016年出版)称:"茶树树龄目前没有科学准确的计算方法,通常是根据记载、传说或推测。"其中当以"记载"最为可靠,黔南明清之际关于茶的记载,可作为黔南古茶树树龄的重要参考。另据贵州省茶叶协会编《贵州古茶树》(中国农业出版社2018年出版)述及"三都县有3万多株古茶树,树龄在500年左右;贵定县古茶树树龄在500~1000年的有168株,300~499年的有218株,100~299年的有500多亩",由此推测黔南古茶树以明清留存至今者居多。

❷陈琪.中国参与巴拿马太平洋博览会纪实[M].北京:商务印书馆,1917:190-192.

❸李继俊,彭振奇.黔南布依族苗族自治州志·农业志[M].贵阳:贵州人民出版社,1998:188.

1973年都匀毛尖出口试销成功,都匀茶场所产的都匀毛尖全部出口日本等国。

改革开放后,尤其是进入21世纪之后,黔南茶产业发展迅速。2000年,黔南州成立茶产业管理专门机构——黔南州茶产业发展领导小组办公室,负责全州茶产业管理相关工作。2001年,《都匀毛尖茶》标准(DB52/T433—2001)作为省级标准,由贵州省质监局颁布。2002年,都匀供销茶叶有限责任公司基地生产的"都匀毛尖"产品被贵州省质监局指定为"DB52/433"都匀毛尖茶标样制作单位,都匀毛尖茶逐渐实现标准化管理。2005年在贵州省首届茶文化节上,"螺丝壳"牌毛尖茶获十大名茶榜首;2007年,都匀毛尖茶主产地都匀市被中国茶叶流通协会批准授予"中国毛尖茶都"称号。2009年贵州十大名茶评选活动,"都匀毛尖"再列榜首。2009年,黔南州实施"农业185工程",茶叶是重点特色优势产业,全年黔南州茶园面积达到37万亩,产量4285吨。

2010年,都匀毛尖入选"上海世博会十大名茶",逐渐向世界名茶品牌迈进,黔南州茶产业也进入新的加速发展时期。2011年,黔南州将发展茶产业作为生态建设的重要举措迅速推进。2014年,都匀毛尖茶制作技艺入选国家级非遗名录。2015年在巴拿马世博会百年之际,都匀中国茶文化博览园建成并投入运营,这是都匀毛尖茶第一座地标性建筑。2016年,都匀毛尖地理标志品牌价值已达181亿元,在茶叶地理标志品牌中位列第2名。2017年中国星级茶馆评选,黔南州有6家茶馆荣获星级称号。2019年都匀毛尖品牌被中国茶叶流通协会评为"中国高端绿茶特色品牌",荣获首届中国品牌农业"神农奖"。

2019年,都匀毛尖品牌位列中国茶叶区域公用品牌价值榜第11位,品牌价值32.9亿元,品牌价值比2018年提升了3亿元[1];2020年,重回该榜前十名,为第十位,品牌价值达到35.28亿元[2],是2010年的3.66倍,增长率为266%。

---

[1] 胡晓云,魏春丽,许多,李俊波.2019中国茶叶区域公用品牌价值评估报告[J].中国茶叶,2019(6).
[2] 胡晓云,李闯,魏春丽.2020中国茶叶区域公用品牌价值评估报告[J].中国茶叶,2020(5).

三、2010—2019年的发展举措及成效

(一)制定政策、标准,规范茶产业发展

2010年,贵州省质监局、黔南州质监局发布实施《都匀毛尖茶产地环境条件》《都匀毛尖茶有机生产技术规范》《都匀毛尖茶加工技术规范》等11个地方标准,为规范黔南州茶叶的规模化发展奠定了基础。

2011年,黔南州人民政府办公室发出《关于印发都匀毛尖茶地理标志产品保护管理办法(暂行)的通知》,提出了对都匀毛尖茶地理标志产品保护的管理办法。经国家质检总局批准,黔南州有10家企业首批获准使用都匀毛尖茶地理标志保护产品专用标志;黔南州委、州政府制定了《黔南州茶产业发展规划(2011—2015年)》,提出将黔南州绿茶整合为一个统一品牌"都匀毛尖",实现统一商品名称、统一商标注册,同时出台了《金融行业支持茶产业发展实施意见》《关于加快推进都匀毛尖茶叶企业整合的指导意见》等。

2012年,黔南州质监局颁布《都匀红茶》(DB522700/T031—2011)州级地方标准。协调贵州省质监局启动了贵州省地方标准《都匀毛尖茶》(DB52/T433)申报国家级标准工作。

2013年,黔南州委、州政府出台了《中共黔南州委、黔南州人民政府关于进一步加快推进茶产业发展的意见》(黔南党发〔2013〕13号)、《黔南州2013—2016年茶产业发展工作考核办法(暂行)》(黔南委办字〔2013〕82号)及《黔南州2013—2016年州直部门推进茶产业发展项目资金整合方案(暂行)》(黔南府办发〔2013〕67号)等文件,明确将"都匀毛尖"品牌作为黔南州12县(市)茶叶的统一品牌,将茶产业作为黔南州四大农业之首加大力度推进。

2014年,继贵州省人民政府出台《贵州省茶产业提升三年行动计划(2014—2016年)》(黔府办发〔2014〕19号)文件后,黔南州委、州政府出台了《关于创建都匀毛尖茶世博名茶知名品牌三年行动计划纲要》(黔南党发〔2014〕16号)。同年5月17日,贵州省十二届人大常委会第九次会议批准《黔南布依族苗族自治州促进茶产业发展条例》,自2014年7月1日起施行。黔南州由此成为贵州省第一、全国第二个为茶产业立法的地区。

2015年,黔南州人民政府批准《〈黔南布依族苗族自治州促进茶产业发展条例〉实施方案》(以下简称《实施方案》),从基地建设和管护、品牌建设和保护、销售渠道、茶文化、茶旅结合、茶叶企业整合重组、茶叶质量安全保障体系、科技兴茶战略8个方面提出发展任务。

2016年,为保障《实施方案》的落实,相应出台了《黔南州促进茶产业发展工作部门职责》《黔南州促进茶产业发展奖励扶持政策》《黔南州事业单位干部职工带薪留职发展茶产业暂行办法(试行)》。

为规范、保护都匀毛尖品牌,制定了《地理标志保护产品都匀毛尖品牌管理办法》,制定实施了都匀毛尖茶综合标准体系(含25个子标准)、都匀工夫红茶、都匀红碎茶、都匀白茶等4个茶类标准,国家质检总局同意筹建国家地理标志产品保护示范区(都匀毛尖茶),同时制定了《都匀毛尖证明商标使用管理办法(暂行)》。

2019年,成立了黔南州农业产业革命茶叶(金花茶)领导小组,制订了《黔南州农村产业革命茶产业发展推进方案》,以"提质增效"为核心,以"建基地、塑品牌、扶企业、拓市场"为主要抓手,进一步推进黔南州茶产业高质量发展。

(二)加大宣传力度,都匀毛尖品牌知名度不断提升

2010年以来,黔南州主要通过举办节、会等茶事活动,加大宣传力度,提升都匀毛尖品牌知名度(见表1)。黔南州茶事活动以都匀市为主,重点产茶县积极参与,既注重高端对外宣传,也积极推动对内普通民众的普及性宣传。

表1 都匀毛尖茶事主要活动统计表(2010—2019)

时间	活动名称	主要活动内容
2010年3月	第四届都匀毛尖茶节暨中国世博十大名茶走进都匀	上海世博十大名茶招商管理委员会授予都匀毛尖茶"中国世博十大名茶"牌匾;"中国世博十大名茶植物园"揭幕仪式;中国世博十大名茶暨后世博茶经济发展论坛
2011年4月	第五届都匀毛尖茶文化节暨文峰世博茶苑揭幕典礼	都匀文峰世博茶苑揭幕仪式;原世博十大名茶组委会、华侨茶叶发展研究基金会、上海、福建等100多家茶叶企业单位和78家黔南茶叶企业参加春茶交易

续表

时间	活动名称	主要活动内容
2012年4月	第六届都匀毛尖茶文化节	在上海光大会展中心举办,并在上海城隍庙、南京东路人民公园设两个分会场,举行"万元毛尖茶"评选及义卖活动
2013年6月	第七届都匀毛尖茶文化节	在北京马连道茶城举办,并在北京老舍茶馆设分会场,举行生态茶论坛;都匀毛尖正式进驻北京马连道茶缘茶城
2014年6月	第八届中国都匀毛尖茶文化节	2014年"都匀毛尖杯"全国手工制茶大赛;2014年贵州省茶叶协会年会;全国斗茶比赛;茶叶包装设计大赛等
2015年9月	第九届都匀毛尖茶文化节	都匀毛尖茶仙子国际选拔大赛;都匀市第六届"金手指"炒茶技能大赛
2016年9月	2016都匀毛尖国际茶人会、第十届都匀毛尖茶文化节	茶文化高端论坛;2016兴文强茶联盟年会;茶文化专场演出;在都匀、独山、贵定、瓮安等地举办"文化活茶·茶心之旅"活动;万人品茗活动;千人茶山歌会;国内外100家知名茶企产品展销
2017年6月	2017都匀毛尖国际茶人会、第十一届都匀毛尖茶文化节	都匀毛尖茶农业部农产品地理标志证书和都匀毛尖国家地理标志产品保护示范区牌匾颁发仪式;都匀毛尖品牌国际推广大使聘任仪式;贵定云雾贡茶文化都匀毛尖论坛;瓮安茶山音乐会
2018年9月	2018都匀毛尖国际茶人会	国际茶文化高端论坛;贵州绿茶万人冲泡大赛;"黔茶出山"助推脱贫攻坚电子商务产销洽谈会
2019年9月	2019都匀毛尖国际茶人会	中国茶文化高端论坛;茶品集市;都匀毛尖茶旅示范基地参观考察;"都匀毛尖"杯双手采茶比赛;斗茶大赛;冲泡大赛

都匀毛尖茶节(文化节)自2007年开始举办,是黔南州重要茶事活动,2011年起更名为都匀毛尖茶文化节,节日期间举行各种文化活动,茶类评奖、比赛、茶贸易等。2007—2017年,都匀毛尖茶文化节连续举行八届,其中六届在都匀市举行,2012年和2013年两年分别在上海、北京举行。

2016年,都匀市举办首届都匀毛尖国际茶人会,作为高端茶事活动,有来自17个国家100多位茶界知名人士参加。2016—2019年,茶人会连续举办四届,提高了都匀毛尖国际化影响力。茶人会举办除在都匀市外,也在其他县举行,促进黔南州都匀毛尖的发展,如平塘县自2016年起,作为茶人会组成部分,每年初春举办"都匀毛尖·平塘甲茶——贵州春茶第一壶"系列活动,主要产茶地区贵定、瓮安、独山等地也举行茶事活动。

在都匀毛尖茶事活动中,各种茶技能比赛是主要活动内容之一。黔南州茶艺技能大赛自2012年开始举行,"万人品茗"活动从2014年开始每年利用"五一""十一"黄金周举行,黔南州斗茶大赛自2014年开始举办。各种比赛是宣传、推介都匀毛尖的一个窗口,是指导各茶叶企业、单位改进技能、提高效率、改善茶叶品质的重要手段,促进了都匀毛尖整体品质、生产效率的提升。

除举办茶事活动进行宣传外,黔南州还通过参加省内外各种茶博会,扩大都匀毛尖知名度和影响力,增加与其他茶叶名品的交流。如中国(杭州)国际茶叶博览会等近二十家省外举行的茶博会,中国·贵阳国际绿茶博览会、湄潭国际茶文化节等近十家省内举行的茶博会。

2015年建成开放的中国茶文化博览园和都匀毛尖茶城,是长期集中展示都匀毛尖茶形象和进行毛尖茶交易的重要固定场所;2018年拍摄完成的宣传都匀毛尖茶文化的电视连续剧《星火云雾街》在中央电视台8套黄金时段和江苏综艺频道播出,使都匀毛尖的持续影响力更强。

都匀毛尖还通过广告投放加大宣传力度,2012年特邀国际巨星林志玲进行"贵天下"茶业形象代言,全面提升"贵天下"都匀毛尖品牌价值;2015年首次在中央电视CCTV-1晚间天气预报贵阳板块的景观广告栏目投放"都匀毛尖·香满人间"宣传广告,在"京沪""京广"线路高铁上投放时长15秒的都匀毛尖宣传片。同时通过多媒体进行宣传,2019年都匀国际茶人会前在贵州卫视《贵州新闻联播》前播放15秒宣传片20天,在高速公路高杆广告、贵阳市主城区大型LED显示屏投屏广告,今日头条、腾讯网、新浪网、抖音、快手等平台都有大量宣传报道。更多全方位立体宣传,在更广的范围内扩大了都匀毛尖茶影响力,培养了潜在的都匀毛尖消费者。

(三)茶园面积不断增长,茶园品质不断提升

黔南州12县(市)均有茶园分布,茶叶投产面积、产量、产值近十年来均有大幅增长。2010年,黔南州茶园面积48.6万亩,其中投产面积22.1万亩,至2019年,茶园投产面积达116.7万亩,增长率达428%;产量2010年仅为1.12万吨,至2019年为3.9万吨,增长率为248%;产值2010年仅为26.4亿元,至2019年为63.7亿元,增长率为141%。

黔南州形成了以都匀、贵定、瓮安等县市为代表的重点茶叶基地。茶园以都匀地区面积最大,形成了以毛尖镇、甘塘镇为中心,包括斗篷山、团山在内的茶叶种植核心区。贵定地区茶园主要以2013年启动的以茶叶为主的特色生态高效农业开发示范园区为主,区位布局以云雾镇为中心,核心区规划5万亩茶园。

在不断扩大茶园面积的基础上,注重茶园品质的提升。2015年,都匀市政府每年投入1000万元用于扶持6万亩绿色防控茶园的建设和维护,绿色防控措施主要是不施加农药,利用粘虫板、捕虫灯、防虫盒等绿色防控手段诱捕害虫,降低病虫害。2017年,贵定、瓮安两县入选国家级出口食品农产品质量安全示范区(茶叶)。到2018年,黔南州有省级茶叶园区5个、州级茶叶园区8个,万亩以上乡镇41个、万亩专业村23个;2019年,黔南州全面禁止农药及叶面肥,加大绿色防控,建成国家级出口茶叶质量安全示范区10万亩,完成综合绿色防控23.16万亩,推广夏秋茶机械化采摘17万亩。

(四)销售模式多元化,销量大幅增长

早期都匀毛尖茶主要是靠厂家直销和茶市销售,随着市场发展,专卖店销售、节会展销、网络销售等逐渐成为销售主渠道。

都匀毛尖采用厂家直销的茶叶以传统工艺制作的全手工茶为主,这类茶产量有限、品质上乘,一般需要预先订购。

都匀毛尖茶市场早期是露天茶市,主要集中在文峰园大门和三仓库农贸市场一带,售茶摊点日常约数十家,清明前后因明前茶销售,一般会大幅增长至数百家。随着都匀毛尖产业发展,都匀各星级酒店专设茶吧售卖都匀毛尖茶高档茶叶。2015年建成的都匀毛尖茶城是黔南州的第一家集中销售都匀毛尖茶的大型市场,

总建设面积约75亩,可容纳200余家大型茶企及商家进行交易经营。

随着都匀毛尖品牌形象提升,都匀毛尖茶企逐渐通过设立本企业的茶叶专卖店进行销售,其主要集中在都匀毛尖茶城。都匀市外都匀毛尖专卖店近年来也发展较快,2018年都匀毛尖在广州南方茶叶交易市场建立南方运营中心。都匀毛尖在全国累计已设立专卖店300多个、销售点近5000个,贵州省内各地,上海、广州、深圳、重庆等大城市和华北、东北、西北等区域都有专卖店售卖都匀毛尖。

自2007年起,都匀毛尖茶每年都举办都匀毛尖茶节,2016年起每年举办"都匀国际茶人会",每届节会期间都有茶叶展销活动。此外,都匀毛尖茶还多次走出省州,参加全国性相关茶文化活动,以此扩大影响,促进销售。

网络销售逐渐成为"都匀毛尖"销售的一个主要渠道。"都匀毛尖茶云商城"是由贵州百讯电子商务科技有限公司、贵州灵智集团与阿里巴巴联合打造的网上销售平台,其他如京东、淘宝等全国各大网络平台逐渐有大量都匀毛尖商家进行销售,2018年都匀毛尖入驻电商平台达到358个。

2019年,黔南州加大销售支持力度。在同年6月举办的贵州茶产业广东推介会上,黔南州签订项目总金额超过3.2亿元。进一步重视出口,与俄罗斯瑞诺德公司、俄罗斯贵州商会签订了合作协议;引进英国太古集团旗下贵州詹姆斯芬利公司和瓮安、独山8家企业签订夏、秋茶销售合同1000吨,销售趋势良好。

(五)茶企及从业人员大幅增加,带动就业脱贫

2012年,黔南州茶叶企业(合作社)中有州级龙头企业21家,省级龙头企业8家,茶叶企业注册商标94个,20余家企业通过ISO 9001、HACCP认证,6家企业通过有机茶认证,4家企业商标被评为"贵州省著名商标"。

2014年,黔南州注册茶叶企业250家、专业合作社175家,其中省级龙头企业15个、州级龙头企业32个。黔南州茶叶企业注册商标199个,50余家企业通过ISO 9001、HACCP认证。

2016年,黔南州茶产业扶贫人口数达57888人,贵定、平塘等县,都匀摆忙乡、贵定云雾镇、平塘大塘等产茶重点乡镇由贫困乡镇转变为富裕的新农村,茶叶平均亩产值在5700元,人均茶产业年收入近10000元。

至2018年,黔南州注册茶企522家,比2014年增长108%;合作社287家,比

2014年增长64%。其中国家级龙头企业1家、省级龙头企业37家、州级龙头企业55家,获得外贸资格茶企10家。

2019年,黔南州人民政府组建农业投资发展有限公司,都匀市组建都匀毛尖茶产业发展(集团)有限公司和都匀毛尖茶联盟,扶持都匀茶企抱团发展。2019年黔南州获得外贸资格的茶企增至17家。

2019年,黔南州茶产业覆盖贫困户9605户36746人,通过"公司+合作社+贫困户""合作社+农户"及"三变"入股形式实现贫困户茶叶产值3375.86万元。

(六)茶旅一体化发展迅速,带动乡村振兴

根据贵州省委、省政府《贵州省茶产业提升三年行动计划》打造茶旅一体化特色优势产业的要求,黔南州各县(市)都实施了本地茶旅一体化建设,在一定程度上实现了以茶促旅,以旅兴茶。

都匀市"百里毛尖长廊"示范区是都匀市现代高效茶叶产业示范园区,都匀市委、市政府茶叶产业结构调整的重点核心示范区,包括毛尖镇、绿茵湖办事处、小围寨办事处等,总面积75万亩,核心区茶园面积16.5万亩,全国茶叶标准园1个,有企业18家。核心区的毛尖镇2011年获贵州省"最美茶乡"荣誉称号。示范区已完成高寨水库环湖公路、毛尖镇民族风情园、茶神庙和文化广场等建设,初步具备旅游功能。

贵定县云雾镇茶旅一体化以茶叶核心产区云雾镇为中心,在茶区修建了鸟王长寿寨民族文化广场、甲子屯黔台友谊茶园、鸟王贡茶碑亭、石门寨茶园观光亭等,形成茶业和旅游业互相融合的良性循环发展。

平塘县茶旅融合茶廊与示范带以省道平罗线为中轴,以克度—塘边—通州—大塘为中心的"百里茶廊",以掌布、甲茶等茶旅结合示范带为重点,形成了通州—克度、克度—塘边茶旅结合示范带,逐渐延伸到天眼、天坑等景区。示范带覆盖茶园面积2万亩。

独山县上司镇省级现代农业示范园区有茶园面积1.5万亩,已形成1万亩生态观光茶园、茶叶加工厂及茶生产体验区,大型休闲茶庄以及布依风情小镇、古城观光旅游区,立体循环生态农业及生态林下养殖区,古茶树观赏及四季花卉观光旅游区。

(七)中国茶叶区域公用品牌价值评估稳步提升,成为贵州茶第一品牌

2010年,浙江大学CARD中国农业品牌研究中心、中国茶叶区域公用品牌价值评估课题组启动"中国茶叶区域公用品牌价值"专项评估,都匀毛尖位列第18位,品牌估值9.63亿元。此后连续十年,品牌价值逐年稳步提升,至2018年,都匀毛尖的排名为第9位;2019年有所回落,为第11位;2020年,重回前十名,为第十位,品牌价值达到35.28亿元,是2010年的3.66倍,增长率为266%。

湄潭翠芽、遵义红、梵净山茶、凤冈锌硒茶、石阡苔茶、余庆苦丁茶、正安白茶等贵州茶区域公共品牌在"中国茶叶区域公用品牌价值"专项评估中的排位及品牌价值低于都匀毛尖。2010年,贵州都匀毛尖在中国茶叶区域公用品牌价值排名中居第18位,品牌估值为9.63亿元;湄潭翠芽为第26位,品牌估值为7.69亿元;梵净山翠峰茶居第74位,品牌估值为1.44亿元。至2019年,都匀毛尖居第11位,品牌估值为32.9亿元;湄潭翠芽居第24位,品牌估值为25.22亿元;梵净山茶居第31位,品牌估值为23.4亿元;凤冈锌硒茶居第42位,品牌估值为19.57亿元;遵义红居第80位,品牌估值为8.56亿元;余庆苦丁茶居第91位,品牌估值为4.87亿元。在连续十年的价值评估中,都匀毛尖始终是贵州排位最靠前的品牌,是贵州茶第一品牌。

四、品牌发展中存在的主要问题

(一)投产面积、产量、产值还需提高

都匀毛尖是贵州省排名第一的区域公共品牌,但其投产面积、产量、产值在贵州省9个市(州)中排在遵义市、铜仁市之后。2019年,黔南州投产茶园面积为116.7万亩、产量3.9万吨、产值63.7亿元;遵义市投产茶园面积为170万亩、产量15.49万吨、产值133.14亿元;铜仁市投产茶园面积为124.95万亩、产量11.21万吨、产值108.96亿元。从产值投产面积比看,黔南州的比率也较低,仅为54.58%,遵义市为78.32%,铜仁市则达87.2%。都匀毛尖特殊的制作工艺是都匀毛尖产量较低的重要原因,但都匀毛尖的产量仍有提升空间。

(二)品牌价值与全国前三强相比差距较大,与省内其他品牌差距缩小

都匀毛尖品牌价值评估排位最好的是2018年,品牌价值29.9亿元。同年第一名是普洱茶,品牌估值64.1亿元,是都匀毛尖的2.14倍;第二名信阳毛尖,品牌估值63.52亿元,是都匀毛尖的2.12倍;第三名洞庭山碧螺春,品牌估值42.06亿元[1],是都匀毛尖的1.4倍;都匀毛尖品牌价值还有很大成长空间。

从贵州省内看,2010年品牌评估进入前80名的贵州品牌只有三家,到2019年进入前80名的贵州品牌达到6家;2010年都匀毛尖与排名第74位的梵净山翠峰茶比值为8.45,2019年都匀毛尖与排名第80位的遵义红比值为3.84,比值大幅降低;其他品牌的成长速度高于都匀毛尖,都匀毛尖品牌需要加快发展。

(三)茶叶企业尤其是龙头企业及有出口资质企业较少

2018年黔南州注册茶企523家,茶叶合作社287家,其中国家级龙头企业1家,省级龙头企业37家,获得外贸资格茶企10家。同年遵义市有注册茶企908家,茶叶合作社290家,国家级龙头企业5家,省级龙头企业50家,具有出口资质企业47家;铜仁市有茶企608家,专业合作社639家,国家级龙头企业2家,省级龙头企业38家,获得外贸资格茶企24家。至2019年,黔南州获得外贸经营资格的有17家,与遵义、铜仁的差距有所缩小。但整体数量和质量均低于遵义市、铜仁市,尤其是国家级龙头企业和出口资质企业较少,品牌引领作用影响力不足,使茶业整体种植、加工、销售等能力及水平提升较慢,制约了黔南茶产业的发展。

(四)地方良种推广率较低,茶资源利用率较低

黔南州是传统茶产区,有大量古茶树,茶种质资源丰富、类型多样、品质优良,据《黔南茶树种质资源》一书的调查样本就达416种[2]。但地方优势良种的研究、应用和推广不够,尚未形成具有品牌价值影响力的地方品种。而云南省的普洱茶、福建省的福鼎白茶等作为地方茶树品种已成为极具影响力的品牌,2019年

---

[1] 胡晓云,魏春丽,袁馨遥.2018中国茶叶区域公用品牌价值评估研究报告[J].中国茶叶,2018(5).
[2] 魏明禄.黔南茶树种质资源[M].昆明:云南科技出版社,2018:104.

普洱茶的区域品牌价值位列全国第2位、福鼎白茶的区域品牌价值位列全国第4位[1]。

由于黔南州地处山区,茶园种植相对分散,管护水平较低,茶区基础设施相对滞后,茶青采摘方式多为手工采摘,茶农劳动强度大,茶青采摘效率低。受茶树品种局限、传统生产习惯制约及市场开发不足等原因,春茶生产仍然占据绝对比重,夏秋茶开发利用较少,茶产业科技创新未得到应有重视,茶产品开发创新较弱。

(五)茶叶加工技术人员缺乏,加工成本较高

由于茶产业快速发展,茶叶加工设备及技术人员需求量急剧,设备与技术明显跟不上产业发展。茶农设备少、技术水平有限,以手工加工为主,生产加工效率较低;自动化水平较低,成本较高,产品质量不够稳定。一些加工企业由于设备有限、技术人员缺乏,只重视春茶生产,夏秋茶、大宗茶多数仅仅停留在原料坯茶水平,精制茶比例低,茶叶衍生产品开发更少,茶叶综合利用水平较低,茶产品附加值不高。

五、对策建议

近十年来,黔南州通过政策支持、拓展销售渠道、举办节会加大宣传、扶持地方茶企等,提升都匀毛尖品牌价值、增加效益、促进地方经济发展,使黔南州茶产业有了质的提升,量的飞跃,但在产量产值、龙头企业、种植、制作、销售等方面仍有较多不足。要从做大到做强,必须实现问题精准化,通过精准施策,实现高质量发展。

(一)省级政策倾斜,支持民族地区茶产业发展

尽管地方政府在政策上已尽力给予支持,但因黔南州地处山区,又属民族地区,相较遵义、铜仁等地,缺少区位优势、经济优势和人才优势等,茶产业发展仍存在较多困难。都匀毛尖作为贵州茶第一品牌,其发展需得到来自省级层面的支持,才能突破发展瓶颈,实现高质量发展。

---

[1] 胡晓云,魏春丽,许多,李俊波. 2019中国茶叶区域公用品牌价值评估报告[J]. 中国茶叶, 2019(6).

(二)精准提质增效,提高单位产出率

黔南州在提质增效上已做了大量工作,仅2019年就通过建提质增效示范基地、加大欧标茶园基地建设、积极探索精深加工模式等,在一定程度上使都匀毛尖品质、产量都有所提升,但仍有较大提升空间。为实现提质增效,建议在逐步提高茶园规模的基础上高标准建设茶园基地,提高茶园种植科技水平,提升茶园单位产出率;推广大宗茶优质良种茶叶,完善都匀毛尖茶良种繁育体系建设;推行标准化及规模化生产,完善茶叶质量检验检测和认证体系,实现黔南州茶叶质量安全追溯体系的全覆盖。

(三)精准扶持龙头企业,带动茶企发展

加大对龙头企业扶持力度,通过政策、金融、技术等手段,支持龙头企业提高茶叶精深加工水平;通过宣传、推广等手段,支持龙头企业提升品牌知名度;强化龙头企业的示范引领作用,带动一般茶企共同发展,整体提升黔南州茶产业发展水平。

(四)找准消费差异化特点,促进消费群体稳定增长

都匀毛尖已逐渐形成以互联网为基础,茶市、专卖店、专柜、茶馆、电商平台等构成的营销网络。更新营销理念,关注消费者不断变化的消费倾向,及时调整营销策略,建立名优绿茶为主,高中低齐头并进的目标消费市场,引导培育消费者,促进消费群体稳定增长,是品牌长期稳定发展的基础。

(五)重点选育并推广地方良种,提升黔茶区域特色

在对黔南州古茶树普查的基础上,加大对黔南州古茶树的保护、研发力度,尽快研发地方茶树良种。在地方种中选育和推广一批具有自主知识产权的地方优良品种,重点发展名优茶开发,提升黔茶区域特色。为适应开发规模化、标准化和多元化产品需要,研发质量好、产量高,适宜机械化、规模化、标准化作业的大宗茶品种,有效提高茶区劳动力资源季节性均衡配置。

(六)充分了解企业需求,多渠道、多层次培训实用型技术人才

要充分了解企业对不同层次人才的需求,加强与高等院校、优秀茶园、加工企业、集贸市场、电商平台等合作,培养茶叶种植、加工、生产管理、质量检测、市场营销、电子商务等领域的实用性专业技术人才。鼓励创办各种类型的民间茶叶培训学校、培训机构、培训班、茶艺馆等。在茶叶主产区、工业园区、重点龙头企业、交易市场等建立教学实践基地。依托教育机构,建立实施全产业链的茶产业生产及服务实用技术培训,为茶叶加工企业、合作社、茶园基地、专业大户、集贸市场、茶产业服务机构等培训实用性人才。

(七)捕捉电子商务发展趋势,提升电子商务水平

电子商务已成为现代销售主要渠道,电子商务发展瞬息万变,要善于捕捉电子商务发展趋势,提升都匀毛尖茶的电子商务水平。支持茶企构建专卖店、专柜、茶馆、网络等立体销售等营销网络,鼓励茶企在国内电商主流平台开设营销网店,进行网络直播等。完善都匀毛尖电子商务销售平台建设,充分利用信息化手段,借助互联网和电子商务,大力发展应用"互联网+农业"和农村电子商务,变革生产及商业模式。

(八)加强与外企合作,积极开拓国外市场

通过与外企合作,可以充分利用外企广阔的销售渠道,倒逼企业提质增效,实现产销两旺,提升品牌价值。根据国际市场需求变化,充分发挥都匀毛尖茶产品的比较竞争优势,积极开发适合国外消费者习惯的适销对路的茶系列产品及茶延伸产品。引导有实力的茶叶企业通过自身发展和与其他企业抱团发展相结合的方式,建立茶产品外贸品直销专营店、连锁店,积极支持黔南州外贸茶叶产品进入知名大型超市。建设都匀毛尖跨境商务平台,不断加大与跨境贸易商务平台的建设与合作,多渠道拓展国外市场,开发国外茶叶高中低端市场。

(九)深入挖掘黔南茶历史,培育都匀毛尖茶文化

黔南茶有明确史籍记载已有近600年时间,黔南茶百年以上有史可查者,就有

两次登顶贵州名茶之冠。一次是清代道光年间著名学者莫友芝在《黔诗纪略》中述及,"(贵定阳宝山)山顶茶茁云雾中,为贵州冠",距今200余年;另一次是1915年巴拿马博览会,都匀薛尚铭茶(团山一带)是贵州省唯一获奖茶叶,距今100余年;无愧于"北茅台南毛尖"之誉,值得再进一步深入挖掘。黔南茶历史的挖掘是培育都匀毛尖茶文化的基础,应加大宣传力度,使更多人从文化上认同都匀毛尖。

参考文献

[1] 沈庠删正,赵瓒编集,张光祥点校.贵州图经新志(点校本)[M].贵阳:贵州人民出版社,2015.

[2] 谢东山修,张道纂.(嘉靖)贵州通志(上)[M].成都:西南交通大学出版社,2018.

[3] 卫既齐修,薛载德纂,阎兴邦补修.中国地方志集成:省志辑·贵州[M].南京:凤凰出版社,2010.

[4] 胡晓云,魏春丽,陈清爽,等.价值决胜——中国茶叶品牌价值成长报告(2007—2017)[M].杭州:浙江大学出版社,2018.

[5] 贵州省地方编纂委员会.贵州省志·供销合作志[M].贵阳:贵州人民出版社,2003.

[6] 黔南布依族苗族自治州史志编纂委员会.黔南布依族苗族自治州志(第13卷):供销合作志[M].贵阳:贵州人民出版社,1998.

[7] 庹文升.贵州茶百科全书[M].贵阳:贵州人民出版社,2012.

[8] 魏明禄.鱼钩巷[M].北京:光明日报出版社,2016.

[9] 张文磊.都匀毛尖茶文化与旅游[M].南京:西南交通大学出版社,2016.

[10] 李裴,胡继承.贵州茶产业发展报告(2015)[M].贵阳:贵州科技出版社,2015.

[11] 李裴,胡继承.贵州茶产业发展报告(2016)[M].贵阳:贵州科技出版社,2017.

[12] 李裴,胡继承.贵州茶产业发展报告(2017)[M].贵阳:贵州科技出版社,2018.

[13] 徐天才,胡继承.贵州茶产业发展报告(2019)[M].贵阳:贵州科技出版社,2020.

[14] 罗以洪,陈涛.贵州省都匀毛尖品牌转型升级研究[J].中国茶叶加工,2016(4).

[15] 罗以洪,李应祥,罗洪富.中国十大名茶"都匀毛尖"茶品牌发展策略研究[J].现代商业,2015(25).

[16] 贵州省地方志编委会.贵州省志·农业志[M].贵阳:贵州人民出版社,2001.

B.12 湄潭翠芽茶品牌发展研究

任永强　周开讯[*]

摘　要："湄潭翠芽"茶产于贵州高原东北部素有"云贵小江南"之美称的贵州省湄潭县，是贵州省遵义市特别是湄潭县特产，中国国家地理标志产品。本文对湄潭茶历史文化、近代湄潭茶产业发展突出贡献，湄潭翠芽的品质特点、制作工艺、工艺要求做了归纳总结。多年来湄潭县高度重视茶产业发展，狠抓基地建设夯实发展基础、强化品牌建设抢占茶叶市场、推进产业融合展现蓬勃生机。未来将夯实茶叶基地建设，巩固"湄潭翠芽、遵义红"两个品牌，拓展国内、国际、线上线下市场，促进茶旅融合，加大科技投入，提升安全质量，推进湄潭茶产业实现新的跨越。

关键词：湄潭翠芽茶　贵州茶　品牌建设　茶产业

一、品牌简介

"湄潭翠芽"茶产于贵州高原东北部素有"云贵小江南"之美称的贵州省湄潭县，是贵州省遵义市特别是湄潭县特产，中国国家地理标志产品。湄潭翠芽外形扁平光滑，形似葵花子，隐毫稀见，色泽绿翠，香气清芬悦鼻，粟香浓并伴有新鲜花香，滋味醇厚爽口，回味甘甜，汤色黄绿明亮，叶底嫩绿匀整。理化指标水浸出物≥39.0%，水分≤6.0%。2017年5月，原国家质检总局批准对"湄潭翠芽"实施地理标志产品保护。2019年11月15日，入选中国农业品牌目录。2019年12月23日，湄潭翠芽入选"中国农产品百强标志性品牌"。2020年2月26日，贵州省湄潭县湄潭翠芽中国特色农产品优势区被认定为第三批中国特色农产品优势区。

湄潭是贵州最大的茶区，年平均气温14.9℃，降雨量1100毫米以上，无霜期284天，年日照时数1163小时，平均海拔972米。同时，湄潭县地表资源丰富，土壤富含锌硒等对人体健康有益的微量元素，森林覆盖率达62%，其自然地理环境特别

---

[*]任永强，贵州省社会科学院法律研究所副研究员。研究方向为合同法、茶产业；周开讯，湄潭县政协原副主席。研究方向为贵州茶产业、茶文化。

适宜于茶树生长和生产优质茶叶,是典型的高海拔、低纬度、寡日照、多云雾、富锌硒的贵州茶业第一县,在"全国重点产茶县"排位第二。2001年成为全国首批"无公害茶叶生产示范基地县",2005年获"中国三绿工程茶业示范县",2008年荣获西南地区唯一的"中国名茶之乡"称号,2009年荣获"全国十大特色产茶县"称号,2010年被《人民网》评为"最受百姓欢迎产茶地",2012年获"全国十大茶叶产业发展示范县"称号。2009—2014年连续获"全国重点产茶县"称号,2013年获"国家级出口茶叶质量安全示范区""全国茶叶籽产业发展示范县"称号,2014年被评为"中国茶业十大转型升级示范县""全国茶文化之乡",2015年获"贵州茶产业第一县""中国茶叶产业示范县"称号,2016年获"中国十大最美茶乡"称号,2017年荣获"中国茶产业扶贫示范县"称号,2018年荣获"中国茶业品牌影响力全国十强县"称号,并连续四年蝉联全国第二重点产茶县。湄潭是贵州省现代茶业高效示范园区,茶叶产业已成为湄潭农村经济中最重要的支柱产业。2019年"湄潭翠芽"和"遵义红"被列为全省"三绿一红"重点品牌,占了"三绿一红"的半壁江山,均是国家农产品地理标志保护产品。截至2019年年底,以茶叶加工为主的贵州湄潭经济开发区,工业总产值达28亿元,实现6300余人就业;茶叶加工企业达566家,全县农村居民人均可支配收入的50%以上来自茶产业。

二、发展历程

(一)悠久的湄潭茶历史文化

湄潭种茶历史悠久。从唐代茶圣陆羽撰写《茶经》中就有"湄潭产茶且味美"的论述,说明湄潭不仅能产茶,而且茶味很美。宋代则有以茶叶上贡的记载,元末明初湄潭的容山长官司张、韩二氏,将境地民间制作的茶叶交播州宣慰,进入播州茶仓或作为"播州方物"上贡朝廷,那时的茶叶制作技艺被视为湄潭眉尖茶传统制作技艺的雏形。如今的湄潭,拥有全国闻名的大型茶场和星罗棋布的农村茶园,还有创建于20世纪30年代末的贵州省茶叶研究所。

据《贵州通志·风土志》记载,"贵定云雾山茶有名,惜产量太少,得之极不易。石阡、湄潭眉尖茶皆为贡品",清代"石阡、湄潭眉尖茶皆为贡品"。

湄潭,山川秀丽,景色迷人。在历史上的数次战争期间,湄潭都曾经是宁静的世外桃源，一带山峦隔绝了与古代都城的喧嚣，成为很多名人侠客的归隐地。明朝遗臣钱邦芑、南明兵部尚书程源、贵州总督范鑛等都曾经因时局的变迁而隐居湄潭。钱邦芑隐居于湄江边上的西来庵，范鑛隐居湄江琴州岸上，他们彼此之间相距甚近，便经常邀约当地名士浏览湄江景色。他们在琴州拣干枝扫树叶生火煨茶，一边品茶一边吟诗抒发各自情感，久久不愿离去，故而留下了"扫叶烹茗，啸歌自适，流连忘归"的史料记载。

康熙二十六年（1687）春，湄潭县令杨玉柱邀文士韩应时等闲游湄潭城，一路漫步至湄水桥，被春节期间湄江岸上家家户户的灯笼楹联所吸引，"彩球高结，鱼虾争戏"的情景，使他们心旷神怡。杨玉柱一行沉浸在一片歌舞升平中，再抬眼望去，象山四周茶垄之间，茶姑挥舞灵巧的双手在茶垄上劳作，韩应时触景生情，遂吟出"两岸踏歌声，士女采茶工且艳"的诗句。清朝康熙时代湄潭象山的茶园，一直保留到民国年间。清朝同治十三年（1874），湄潭进士安盘金在游湄潭清虚洞（今观音洞）时触景生情，留下了"诗笺扫苔石，茶鼎听松风"的佳句。

清乾隆年间，湄潭随阳山人陈天禄（1782—1812）开垦9堡13湾茶园，按此技艺制作眉尖茶销往外地。清同治年间，家居湄潭大庙场的杨氏家族按此技艺从事眉尖茶生产。清末民初，杨氏后人杨秀财（1914—1997）以茶为业，按此技艺加工制作眉尖茶销往遵义等地。

1939—1949年，民国中央实验茶场落户湄潭期间，刘淦芝、李联标等茶叶专家在湄潭眉尖茶传统制作技艺基础上，专门聘请杭州西湖邬、郭姓师傅来湄潭吸取西湖龙井茶的炒制方法，通过改进提升，试制出贵州首款"色绿、馥郁、味醇、形美"扁平名优茶——湄绿；中华人民共和国成立后，贵州省湄潭实验茶场又在湄绿制作技艺基础上研制出一支绿茶新品，1953年时任贵州省长周林来湄视察工作，品尝了后将其命名为湄江茶。

1954年，湄潭县将湄江河名与茶名融在一起，正式定名为"湄潭翠芽"。

1980年，我国著名茶学专家，安徽农学院茶叶系陈椽教授根据其品质特征，又将其命名为"湄江翠片"，之后此茶连续荣获省优、部优和"贵州四大名茶""贵州十大名茶"称号，并被载入《中国名茶志》。

(二)近代湄潭茶产业发展的突出贡献

在20世纪30年代末,因为抗日战争的爆发,山清水秀、产茶历史悠久但地理位置相对僻静的湄潭县迎来了一批重要"客人"。这些客人中既有中国茶叶界的著名专家学者,也有经历了"文军西征"壮举的浙江大学精英知识分子,他们在湄潭承担起了中华民族在国难当头时期特殊的历史使命。

1939年,国民政府意欲在西南山区建立茶叶科研生产出口基地。1940年4月初,国民政府中央农业实验所和中国茶叶公司联合派遣王淘、张天福、李联标、朱源林等组成茶叶专家考察组,先后考察了四川成都、宜宾,西康雅安,云南昆明,贵州贵阳、遵义、湄潭等传统老茶区。那时候的贵州省主席吴鼎昌因为知道湄潭山清水秀,历产眉尖贡茶,且社会秩序比较稳定,地处筑渝公路东侧,交通较为方便,便建议国民政府将中央实验茶场选址在湄潭。考察组也认为,湄潭县有得天独厚的自然地理优势,宜大面积种茶,将来茶业的发展,未可限量。考察完毕,张天福便执笔将专家组的考察情况写成《发展西南五省茶叶》,并将其作为会议提案上报国民政府。最终,国民政府决定在湄潭创建"民国政府经济部中央农业实验所湄潭实验茶场"(以下简称"民国中央实验茶场")。就这样,40余位国内知名的茶叶、昆虫、农业、森林等方面的专家抵达湄潭,开始筹建中国近现代历史上的第一个国家级茶叶科研生产机构——民国中央实验茶场,也就是今天贵州省茶叶科学研究所和贵州省湄潭茶场的前身。

民国中央实验茶场落户湄潭后,将县城南万寿宫、水府祠作为场部办公场所,收购校场坝、老龙田、水井湾等地总面积约1686亩的土地作为实验场地;在象山(打鼓坡)开垦茶园555.5亩作为示范园;在桐子坡开垦土地种植桂花、紫薇等植物,将三面环水的桐子坡培植成为花园式茶园,形成浙大"湄江吟社"九君子赋诗称赏的"湄潭茶场八景",并收集全国14个省166个县的茶树品种种植于茶园之中,还建立了简易昆虫实验室;同时收集全国各地的科技书籍,建立了图书室。

据1943年国内有关茶叶机构到湄潭调查了解,当时的民国中央实验茶场已拥有昆虫室1间、标本室1间、图书室1间、办公室1座、萎凋室1座、炒青室1座、发酵室1座、烘干室1座的规模。1943年,民国中央实验茶场与浙江大学在湄潭联合创办贵州省立实用职业技术学校,主要开设以茶树栽培管理、制茶等为主的专业技术培训。湄潭茶场帮助全省各地建立茶叶技术推广站、传授茶叶种植加工技术、举办茶叶干部培训班,进行科技推广和技术服务,为贵州省各茶区培养了大量的茶叶科学技术人才,对推动贵州产业生产发挥了重要作用。

贵州茶叶品质的大幅度提高,在茶叶科研上得到突破性的发展,以及茶叶品种改良和防治茶叶病虫害等方面的成绩,都与浙江大学抗战期间西迁湄潭七年(1940—1946)和民国农林部所属中央实验所及中国茶叶公司合办湄潭实验茶场,开展茶业科研工作息息相关。1944—1945年,民国中央实验茶场扩大茶叶生产加工,扩建厂房,制造了出口红茶生产线等规模庞大的木制茶机具,大量生产红茶和绿茶,使湄潭成为当时中国出口红茶和绿茶的主要原产地,也为中华人民共和国成立后湄潭乃至贵州茶叶的科研生产奠定了坚实的历史、技术及外贸基础。

一代茶学泰斗张天福、刘淦芝、李联标等与第二年到达的浙大师生一起"合力推开中国近现代茶业发展的第一扇大门",使湄潭在以后数十年里一度成为中国现代茶业科研种植与推广的中心之一。在中国现代茶叶历史上,没有哪一个地方像湄潭这样,汇集了这么多重量级的茶学专家;也没哪有一个地方的茶叶能够得到当时浙大"湄江吟社"九君子等一代科学精英的同声赞美,他们当时所做的同题诗词《试新茶》,已成为中国茶文化历史上的绝唱。

民国中央实验茶场落户湄潭期间,还留下一大批茶叶科研生产旧址及所属茶园等难以估价的珍贵历史文化遗产,现在完整保存下来的仍有6处之多。主要是保存相对较为完好并具有一定代表性的民国中央实验茶场场部旧址(义泉万寿宫、水府祠)、民国中央实验茶场茶叶试验站旧址、民国中央实验茶场制茶工厂旧址、民国中央实验茶场茶树品种园(桐子坡)、民国中央实验茶场象山(打鼓坡)茶园,以及室内保存完好的各种科研制茶机具、标本、图片、手稿、书籍等。

三、主要特征

潭翠芽茶,原名湄江茶,创制于1943年,至今已有60多年历史,因产于湄江河畔而得名,为贵州省的扁形名茶。

(一)品质特点

外形扁平光滑,形似葵花籽,隐毫稀见,色泽绿翠,香气清芬悦鼻,粟香浓并伴有新鲜花香,滋味醇厚爽口,回味甘甜,汤色黄绿明亮,叶底嫩绿匀整。湄潭翠芽采自湄江良种苔茶的嫩梢。清明前后开采,以明前茶品质最佳。特级、1~2级翠片采摘标准为:一芽一叶初展,芽长于叶,芽叶长度分别为1.5厘米、2厘米、2.5厘米。3级翠片采摘标准为:一芽二叶初展,芽叶长度不超过3厘米。通常,制500克特级翠片需采5万个以上芽头。一级翠片需4万个左右芽头。采回的芽叶必须分级摊放在通风阴凉处,失水量8%左右。一般历时3~5小时。

(二)制作工艺

湄潭翠芽炒制技术考究,既吸取了西湖龙井茶的炒制方法,又有其独特之处。主要工艺分杀青、摊凉、二炒、摊凉、煇锅五道工序。

1. 杀青

目的是破坏酶的活性,蒸发水分,初步做形。当锅温105~125℃,投入200~300克摊放叶。开始采用抖、带手势。当散发部分水分,叶质柔软,降低锅温至70℃左右,采用搭、带、抖、拉、拓手势,边拉扣理条,边拓,并结合抖、带、搭手法。用力由轻到重,将芽叶拉直、搭平、拓紧。当杀青叶含水量达60%左右,茶香显露,茶条平伏,即可起锅。特级、1级翠片杀青过程历时10~11分钟,2~3级翠片历时16~17分钟。杀青叶摊放在双层白纸垫底的簸盘内摊凉散热,使水分重新分布均匀,便于二炒。摊晾时间50分钟左右。

2. 二炒

目的是继续做形和失水。当锅温60~70℃,投入300~400克摊凉叶,先用抓、抖、拓手势。当茶叶转软,有热手感时,换用拉、带、拓、推、磨手法,最后用推、磨为主的手势,将茶叶推直、磨光、磨平。当锅内发出沙沙响声,起锅摊凉。历时15~20分钟。二炒叶经30~40分钟摊凉回潮,用簸扬去轻片,6孔筛割去碎末。

3. 煇锅

目的是定形、干燥。当锅温50℃左右,投入250~300克二炒摊凉叶,先采用抓、抖手势,后用拉、推、磨、压手势,将茶叶贴紧锅壁,往返磨擦,尽量将茶叶磨光压平。当茶叶将达足干时,动作应轻巧,轻抓、轻磨、轻推,使外形扁平光滑,茸毫隐藏稀见,含水量4%左右,手一触即断,一捻即为粉末,起锅摊凉。筛分整形,簸去黄片、鱼叶、老叶,筛去碎末及其他夹杂物,分级归堆,包装贮藏,严防受潮。

(三)工艺要求

1. 摊青

鲜叶厚度8~15厘米,时间为4~10小时。摊青后叶色由鲜绿转暗绿,清香显露。

2. 杀青

温度180~200℃,时间8~10分钟。杀青叶茶香显露,茶条平伏。

3. 理条

温度80~120℃,时间2~3分钟,以叶条扁直,色泽润绿,达到四五成干时为准。

4. 整形

温度80~110℃,至叶色为黄绿,茶叶扁平直,香气显露,含水率15%~20%即可。

5. 脱毫

温度60~80℃,时间30~50分钟,至茶叶含水量9%~11%,外形扁平直即可。

6. 提香

温度120~150℃,时间4~12分钟,至茶条扁平直,黄绿润,香气显露,手捏茶条成粉末,含水量≤5.5%。

四、主要做法

(一)狠抓基地建设夯实发展基础

湄潭生态环境优美,平均海拔972米,年平均气温14.9℃,冬无严寒,夏无酷暑,森林覆盖率达62%,素有"云贵小江南"之美誉。湄潭地表资源丰富,土壤富含锌硒等对人体健康有益的微量元素,是典型的"高海拔、低纬度、寡日照、多云雾、无污染"的地区,是茶树生长的最佳之地。基于此,湄潭县因地制宜顺势而为,秉承优势在茶、特色在茶的茶产业发展理念,加大投入扶持茶叶基地建设,夯实茶产业发展基础。

湄潭县委、县政府高度重视茶产业发展,作为"一把手"工程一届接着一届干,湄潭县上下一心,形成了全县发展茶产业的共识,全力突破茶产业发展取得显著成效。2004年以来,湄潭县委、县政府出台了一系列加快茶叶产业发展的优惠政策,茶园建设实现规模化、生态化。通过茶区科学规划,制定生态茶园发展奖扶政策,多形式加大茶农培训、多渠道招商引资,大力实施茶园户籍化、标准化、清洁化管理,全面推广茶园病虫害统防统治、生物农药等绿色生态防控技术。建成黔北生态茶园物资配送中心,推行茶用农资统一配送,从源头上严把安全关。

近年来,湄潭为把好茶叶质量安全第一关,通过建立"县镇村组户"五级防控体系,对湄潭县茶叶基地质量安全和标准化建设实行网格化管理,将责任压紧压实。通过加大培训和规范基地管理,引导农户标准范围内用药用肥,推进高标准茶园建设。通过严厉打击农资市场、茶园流动摊贩非法经营禁用农药、肥料等行为,进一步从源头减少污染。通过严格落实茶青检测制度,规范开展茶青检测工作,禁止农残超标茶青流入市场。通过制定村规民约,形成"连带联保"措施,形成相互监督、责任共担和利益共享机制。

2019年,湄潭县发展生态茶园60万亩,投产茶园57万亩,建设规模500亩以上的茶叶基地100余个,形成6条茶叶产业带,建设欧标茶园60000亩,开展雨林联盟认证茶园2.8万亩,逐步实现规模化向生态化的转变。茶叶总产量达7.25万吨,产值达52.66亿元,茶业综合收入达139.45亿元。其中,无性系良种达99%以上、无公害茶园面积50.84万亩、有机茶园面积5.41万亩、绿色食品茶园面积0.9万亩。

(二)强化品牌建设抢占茶叶市场

湄潭县将茶品牌建设作为茶产业发展的核心竞争力,在茶产业发展初期,由于茶叶品牌知名度不高,曾有"茶农得小利,加工得大利,外商得暴利"的说法。为解决这个问题,湄潭县痛下决心,集全县之力,集中培育地域性公共品牌,制定"湄潭翠芽""遵义红"系列产品生产标准,注册地域品牌证明商标,主推两大公共品牌。2007年以来,湄潭县委、县政府分别出台茶产业发展纲领性文件,每年制定实施意见,从基地、市场、品牌、文化旅游等方面进行扶持和引导。同时加大财政投入,每年整合上级财政资金4000万元以上、县级财政预算专项资金1000万元以上直接投入茶产业发展。

截至2019年年底,湄潭县有茶叶商标700余个,"湄潭翠芽"和"遵义红"被列为全省"三绿一红"重点品牌,是国家农产品地理标志保护产品。"湄潭翠芽"获得国家级金奖88次,"遵义红"获得国家级金奖28次。在2015年意大利米兰世博会上,湄潭翠芽、遵义红均获得百年世博中国名茶金奖。"湄潭翠芽"是"中国驰名商标",2017年荣获"中国优秀茶叶区域公用品牌"称号,品牌价值达102.17亿元。公共品牌价值提升带动了地方茶叶附加值提升,为湄潭县茶农带来了经济实惠,2019年中国茶叶区域公用品牌价值评估中"湄潭翠芽"公共品牌价值为25.22元,在全国排名24位。2019年中国驰名商标"兰馨"及一批企业品牌在省内外有了一定的知名度。"遵义红"成为党的十九大和2018年全国"两会"用茶。

建成农业部定点市场、商务部定点出口市场——中国茶城,着力打造"一个中心、五大平台"。截至2019年年底,入驻企业和商户400多家,2019年交易额20亿元,已成为茶产业营销的综合舞台。湄潭在全国20多个省(区、市)地级以上城市设立品牌专卖店、旗舰店、批发部1000多家,兰馨、栗香、一丫翠片公司等企业在天猫、阿里巴巴等全国知名网站开设网店400余家。

(三)推进产业融合展现蓬勃生机

因地制宜,科学规划,形成了6条茶叶产业带、7个茶叶专业镇、一批茶叶专业村和专业户,实现集约化、标准化、规模化经营。以茶产业发展为抓手,推进扶贫攻坚,带动一方百姓致富奔小康。湄潭县有8.8万余户、35.1万余茶农因茶走向致富路。实施茶旅一体化发展,延伸产业链条,提升茶产业综合效益。有天下第一壶茶文化博览园、"翠芽27度"等两个国家4A级景区,一个贵州十大魅力景区——中国茶海,还有中国茶工业遗址博物馆群、贵州茶文化生态博物馆、象山茶博园、茶博会展中心等茶文化标志性景点,吸引着国内外游客纷沓而至观光、体验。茶产业成为旅游发展的基础,茶旅游提升了茶产业的翅膀,湄潭涉茶的农商旅投公司、文化创新公司、茶庄园经济、私人订制等新型经营主体、经营业态展呈多栖发展,展现蓬勃生机与活力。

五、未来展望

未来发展中,湄潭县将重点围绕"夯实一个基地、巩固两个品牌、拓展三个市场、全面融合发展"总体工作思路,不断推动茶产业提质增效,转型升级,努力实现"产业兴、人气旺、生态好、环境美"的产业发展目标。

(一)夯实一个基地

政府加强对茶叶生产地的科学评价,做好区域划分,重点扶持大宗茶发展,减少扶持盲目性。加强研究湄潭县茶叶种类分布,完善产品质量评价,制定不同茶叶品种产区土壤土质标准,建立茶叶生态评价指标体系,建设不同品种茶叶所适宜的地区的分区图。一是强化新建茶园管理,做实基地规模。二是强化幼龄茶园管护,促进早投产。三是强化科学防治病虫害,保障质量安全。四是支持社会化服务组织建设,提升社会化服务水平。五是指导茶叶企业开展"三品一标"及雨林联盟认证,实现茶园全覆盖。六是积极探索新技术新方法,提升基地建设水平。

(二)巩固二个品牌

大力发展湄潭茶产业的品牌效应,专注重点茶叶品牌发展,促进茶叶企业群建设,打造一系列完善的茶叶品牌。鼓励龙头茶叶企业发展,加强企业融资手段。鼓励企业走品牌连锁模式,提高连锁规模。提高品牌宣传力度,尤其加强"湄潭翠芽""遵义红"的宣传与推广,实施多元化多角度的宣传方式。一是开展品牌现状调研,探索完善品牌管理办法。二是加强政企联手,倾力打造"湄潭翠芽"和"遵义红",提升知名度和美誉度。三是支持茶叶企业参加具有重大影响的斗茶比赛、评比及品牌(产业)推广活动。四是制作湄潭茶产业宣传片,利用各种媒介广泛宣传。

(三)拓展三个市场

不断完善茶叶产业市场运行体系,确定茶叶重点发展市场,加大投资融资力度,建设多元化的销售网络,提高黔茶市场占有率。提高茶叶产业市场管理水平,加大资金投入量,完善质量监管体系,加强产业升级。综合利用茶叶资源,推动茶叶产业集群化发展,提高湄潭县茶叶产业整体经济效益,使其能够占用最少土地资源,实现最大经济效益。优化及拓宽物流运输渠道,建设完备的物流基础设施,实现物流渠道共享,以保证物流成本的降低。

1. 开拓国内市场

大力发展北京、山东、深圳、广东、上海、西安、重庆等市场,辐射带动华东、东北、西北、北方等区域市场,建设贵州茶叶交易中心。以点带面,发展全国茶叶产业市场,建设以湄潭县为交易中心的市场体系。

2. 发展线上市场

通过互联网等手段加强线上销售,建设以"湄潭翠芽"和"遵义红"等优茶名茶线上品牌旗舰店以及专卖店建设,充分利用互联网体系,拓展网上市场发展。

3. 拓展国外市场

随着我国国际影响力的不断提升,我国传统文化在海外愈加受到推崇,"茶文化"就是中国传统文化之一。抢抓"一带一路"机遇,积极对接与俄罗斯、巴基斯坦、哈萨克斯坦、土耳其等"一带一路"国家合作,加强和澳大利亚、新西兰等国家合作,支持和鼓励企业开拓国际市场,做大宗茶出口,积极推进湄潭翠芽黔茶出海。

(四)促进茶旅融合

以"茶庄"建设为突破口,推进茶产业的三产共生,三产融合,不断提升茶叶的附加值、延长产业链条。围绕茶叶的生态优势功能、经济功能、健康功能、文化功能,全力推进茶旅一体化建设,让茶园变公园、茶区变景区。

(五)加大科技投入

促进茶园优良茶树品种的引入,优化茶叶品种结构,整体提高茶园茶叶品质水平,延长茶产业生产周期,实现四季生产。加强茶叶研究队伍建设,引进专业茶叶科研人员,加强当地高校茶叶专业建设,扩大茶叶专业招生规模,加强师资力量建设。完善农业科技教育,加快推进科技成果转化,促进茶叶产业发展。同时依托全国各茶区科研机构,深化茶区合作,定期交换专家进行茶园调研及研究工作。全面推行机械化、标准化,提高茶产业发展规模。

(六)提升安全质量

大力推广有机肥、茶叶专用肥,统一肥料投入,进一步巩固提升茶叶品质;大力推广黔茶系列,发展金观音、金牡丹等优良品种,进一步优化品种结构;提升基地组织化管理,引导茶叶专业村组建专业合作社,对茶园进行三统一管理;鼓励企业建立"公司+农户+基地"的合作模式,建设优质茶叶原料基地;持续全面推广茶叶质量奖惩机制,对滥用农药、化肥的现象进行严厉打击,对举报者进行适当奖励,形成全民监督、全民参与的良好氛围,从源头上保障茶叶的质量安全。

参考文献

[1] 靖晓燕,申云帆.湄潭网络卖茶拓新路[J].当代贵州,2020(22):44-45.

[2] 孟洋,陈莉,卢红梅,等.贵州湄潭夏秋茶茶醋氨基酸组分及挥发性成分分析[J].中国调味品,2020(5):176-181.

[3] 佘军敏,马坤.电商精准扶贫下农产品的发展与探究——以贵州湄潭翠芽茶为例[J].农家参谋,2019(21):39-40.

[4] 牛聪,陶通艾,肖会兵.湄潭县推进茶产业扶贫的做法与思考[J].农产品市场,2019(16):54-57.

[5] 阮欧,罗丹,余天雪,等.基于态势分析的湄潭县茶旅一体化发展研究及对策探讨[J].当代旅游,2019(6):54-55.

[6] 张圆.贵州绿茶品牌发展策略初探——以湄潭翠芽为例[J].贵州茶叶,2019(1):35-38.

[7] 茹玉,肖庆文,都静.全球价值链助推农业产业升级的创新路径研究——基于湄潭县茶产业扶贫项目的案例分析[J].农业经济问题,2019(4):51-59.

[8] 金循.贵州茶产业庄园化发展的思考——以湄潭兰馨茶庄园为例[J].茶世界,2018(3):31-34.

[9] 黄富贵,喻梦江.千年古茶品茗久安——纪念中央实验茶场落户湄潭78周年[J].贵州茶叶,2018(1):45-47.

[10] 刘声彦.多彩贵州的一绿一红:湄潭翠芽、遵义红[J].茶世界,2018(5):43-44.

[11] 唐玮,柳汉波.湄潭县茶文化旅游开发现状和对策研究[J].旅游纵览(下半

月),2017(12):124-125.

[12]林永良,李占彬,李林."互联网+茶业"助力湄潭现代茶业转型升级[J].农业开发与装备,2017(2):5.

[13]王太,彭小元,辛燕,等.黔北湄潭翠芽明前品质最佳[J].农产品市场周刊,2017(18):37.

[14]陈正芳,匡模,廖家鸿.湄潭茶产业现状与发展思路[J].中国果菜,2016(11):45-47.

[15]叶大祥,白尚恒,李建波.湄潭县推进茶产业转型升级的实践与成效[J].理论与当代,2014(11):48-49.

[16]何莲,张易,张其生,等.敢为人先勇于拼搏的湄潭茶人[J].贵州茶叶,2014(3):40-42.

[17]张顺福.加快湄潭茶业发展的对策及建议[J].贵州茶叶,2005(4):28-32.

[18]陈晓敏.关于湄潭茶业发展之浅见[J].贵州茶叶,1997(4):39-40.

[19]杨方福.湄潭苔茶[J].作物品种资源,1986(1):48.

B.13 凤冈锌硒茶品牌发展研究

朱 薇 陈 涛*

摘 要：贵州省遵义市凤冈县产茶历史悠久，有史载以来已达两千多年，茶圣陆羽在《茶经》里也有记载。凤冈县委、县政府高度重视茶产业的发展，并将茶产业作为调整农业产业化结构的重要抓手，确立了"以茶兴县、以茶扬县、以茶富民"的目标。大力发展茶叶基地，推进标准化建设，提升茶叶质量安全水平，实施品牌战略，加速市场化进程，加强茶旅一体化建设，实施茶产业精准扶贫，提升政策保障能力等取得显著成效。凤冈县茶叶发展在产业基础夯实、质量安全提升、加工水平提高、品牌宣传推广、市场渠道拓展等方面有待完善。未来凤冈县应夯实产业基础促进基地提升，狠抓质量安全促进品质提升，抓实茶叶加工提升加工水平，加大品牌宣传促进品牌提升，加快渠道建设拓展国内外市场，加大人才培训提高人才保障。

关键词：凤冈锌硒茶 贵州茶 品牌建设 茶产业

一、品牌简介

凤冈富锌富硒茶，是贵州省遵义市凤冈县特产，是中国国家地理标志产品。凤冈产茶历史悠久，茶圣陆羽在《茶经》里就有记载。称之为锌硒茶，是因为土壤里含有天然的锌硒微量元素，通过茶树种植，使之自然吸收于茶叶中，其茶叶浸泡所析出的锌硒元素易于人体吸收，天然无毒副作用。凤冈锌硒茶，不但富含人体所需的17种氨基酸，且富含的锌硒微量元素正是人体所需的最适宜量。

凤冈是贵州省产茶大县，截至2019年年底，凤冈县茶园总面积为50万亩，规模化茶叶加工企业110家，拥有国家级产业化龙头企业1家，省级龙头企业32家，市级龙头企业44家。凤冈县委、县政府积极对接、引导企业完善基地认证等工作。已累计获得各类奖项77个（其中，金奖57个、银奖20个），在2019年中国茶叶区域

---

*朱薇，贵州省社会科学院区域经济研究所副研究员。研究方向为区域经济、智慧旅游、大数据、茶产业；陈涛，贵州师范大学经济管理学院副教授。研究方向为创新管理、电子商务、茶大数据。

公用品牌价值评估中,凤冈锌硒茶品牌价值19.57亿元,全国排名第42位。凤冈锌硒茶还先后获得中共中央宣传部等中央部门的高度重视和充分肯定,得到了中国中央电视台等主流媒体的竞相报道,初步实现了"以茶兴县、以茶扬县"的目标。经过发展,仙人岭茶业、永田露茶业、野鹿盖茶业、浪竹茶业、凤冈贵茶等一批产业龙头企业脱颖而出,茶叶深加工企业实现由无到有,以茶酒、锌硒茶饮料为代表的茶叶深加工产品相继面市,产业链条得到有效延伸,红茶、乌龙茶、边销茶等多元化产品产销比重逐年提升,茶叶综合效益明显增强。

2019年1月至11月,遵义海关共检验检疫出口茶叶190批次1887.36吨、金额6900.99万美元,较2018年遵义市茶叶出口1007吨、金额3133万美元,分别增长87%和120%。其中,遵义市外贸企业直接出口茶叶790.32吨、价值1989.22万美元,通过其他地区企业代理出口茶叶1097.04吨、价值4911.77万美元。在这些茶叶出口交易涉及遵义市的有16家茶叶企业,其中凤冈县就有9家。2019年,凤冈县出口茶叶1890吨,出口额达5933.1万美元,占贵州省的49.4%,茶叶出口总量和出口额占据贵州省"半壁江山",位居贵州省第一,为贵州茶叶首次突破1亿美元大关做出重要贡献。

近年来,凤冈县坚守生态和发展两条底线,坚持以"双有机"战略为引领,坚持以"东有龙井·西有凤冈"品牌文化为主导,坚持以锌硒同具为特色,坚持以"茶旅一体化"为引擎,全力做大做优做强茶产业,实现了"绿水青山变金山银山"。"绿色"已成为凤冈县最深的底色,"有机"已成为凤冈县最亮的特质,锌硒已成为凤冈县最响的品牌,茶旅一体已成为凤冈县最火的爆点。凤冈锌硒茶获得国家地理标志保护产品,成功入选中国茶叶博物馆馆藏,列入首批100个中欧互认地理标志产品名单和全国名特优新农产品目录,"凤冈锌硒茶"分别在"中茶杯""中绿杯"、中国国际茶业博览会等茶赛(事)活动中胜出,累计获得了58个金奖;先后被评为"贵州十大名茶"(3次)、"贵州省五大名茶""贵州省三大名茶""中国驰名商标"。

凤冈县先后获得"中国富锌富硒有机茶之乡""中国十大生态产茶县""中国名茶之乡""全国重点产茶县""全国特色产茶县""国家级农业标准化生产示范县""国家级出口茶叶质量安全示范区""全国休闲农业旅游示范点"等诸多殊荣。成功创建为国家级出口茶叶质量安全示范区、国家有机产品认证示范区、国家农产品质量安全县,凤冈锌硒茶先后出口到欧盟、美国、俄罗斯、东南亚等十多个国家和地区。凤冈锌硒茶致力于脱贫攻坚奔小康,是一杯前景广阔、潜力巨大的致富茶,凤冈县上下牢牢把控凤冈锌硒茶叶品质,千方百计确保这片茶叶干净,让凤冈锌硒茶走出凤冈,销往全国,走向世界。

二、主要发展历程

(一)悠久的茶历史文化

贵州省遵义市凤冈县产茶历史悠久,有史载以来已达两千多年。早在汉代,就有《汉书》《史记》载:汉使臣唐蒙出使夜郎,发现了夜郎之特产蒟酱、茶叶。今凤冈地在秦汉时,处夜郎方国之东北部边沿。东晋《华阳国志》载:"平夷产茶蜜。"时平夷为今贵州西、北大部区域含今凤冈县地。唐代,茶圣陆羽著《茶经》载:"茶之出,黔中生思州、播州、费州、夷州……往往得之,其味极佳。"据考,唐夷州彼时辖绥阳、宁夷、都上、义泉、洋川诸县,其州治就在今凤冈县绥阳镇场集边,唐绥阳县治所就在地为今凤冈县永安镇境。宋代,《太平寰宇记》载:"夷州,土产茶、朱砂、水银、蜡烛、犀角。"凤冈县种茶虽然历史悠久,但由于清朝以前的茶场都是官办为主,民间很少有人种茶,近代因为各种原因茶叶生产基本没有发展。1949年以前,凤冈没有成片茶园,只有零星茶丛和野生茶树。

1. 凤冈茶之礼俗

凤冈的古老茶俗,有"疙蔸火,砂罐茶",有劳动者的干劲汤——土家油茶,还有婚俗中的茶礼与"吃茶"。蹬茶馆则又是另类茶客的嗜好与青睐。现实中,不论是婚丧嫁娶、兴居寿庆、节日祭祀,茶都是先行之物、厚重神品。家礼家规,递烟敬茶;人来客往,敬茶谢茶;驾鹤西去,茶米相随。无茶不成礼,缺茶难交心。凤冈茶的礼俗,成规入章,时时伴随着百姓生活。

2. 凤冈茶之地名

凤冈有茶地名由来已久,不少山地、村寨都冠名"茶"字。凤冈县茶的地名有50个以上,其中居住人口100人以上,用"茶"字为名的寨子有30多个。如茶子园、茶蜡湾、米茶园、茶坎坡、茶芳坪、茶蜡坪、煎茶溪、茶树园、茶蜡树、茶堡湾等,从这些"茶"地名可看出,历史上凤冈种茶遍及旮旯角角。

3. 凤冈茶之图雕

与茶相关的古老雕刻图在黔北发现得不多。但是在凤冈县,茶图雕不仅有而且精。如金鸡民居上有《骑马敬茶图》、太极洞石刻有《驿站饮茶图》、民间印版有《仡佬茶神图》、民间陶茶壶上有《仡佬和合图》、农家堂屋神柜上有《宅神敬茶图》等,这些都是凤冈茶文化的珍贵艺术品。

(二)将茶产业作为富民兴农重要产业

1958年,凤冈县为解决人民饮用茶叶的供需矛盾,发动群众在水河村开辟茶园,并创办了第一个社办茶场,以此带动全县茶叶生产发展。中华人民共和国成立后,凤冈县茶叶产业发展主要经历了三个阶段。

1. 茶产业恢复发展阶段(1949—1981年)

中华人民共和国成立后,凤冈县人民政府对茶叶生产实行统购统销,凤冈县的茶叶生产逐渐得以恢复,期间共创办了17个茶场,茶园面积发展到了2.3万亩,但由于布局分散,规模小,单产低,加工设备简陋,工艺简单,产品主要局限于晒青茶、青毛茶、炒青茶三种。

2. 徘徊发展阶段(1982—1999年)

这一阶段是计划经济向市场经济转型时期,产供销体制发生改变,跑市场与茶园基地建设成了凤冈茶人必须面对的问题。1987年凤冈县成立了县茶叶公司,对全县茶叶的开发、生产、加工、销售实行一体化经营管理,茶叶生产得到巩固。采取公司建基地模式,新建茶园12000亩,但因缺乏资金,无力管护等原因,实现保留下来茶园的仅有5000亩,1999年茶园面积为2.89万亩。主要产品有"凤泉雪剑""毛峰""毛尖""富锌富硒绿茶"等名优茶,注册了"仙人岭""浪竹"商标,磨炼出了一批适应市场发展的茶人。这一时期茶产业得到了巩固和提高,参加了贵州省农业厅和贵州省科委组织的低产茶园改造技术攻关项目,被贵州省评为攻关"一等奖",同时凤冈被列入贵州省十大产茶县之一。

3. 快速发展阶段(2000年至今)

2000年以来,凤冈县委、县政府高度重视茶叶产业,由县委、县政府领导主抓茶叶产业,每年都要邀请各地茶叶专家对茶农进行种植、无公害、有机品质等相关内容的培训;要求县相关部门不断改进监管帮扶手段,对县内茶叶加工企业实行建档管理,对企业100%进行定期、不定期监督抽查,对存在质量严重违法行为的企业,坚决责令改正或暂停生产;对茶农在茶叶的种植、施肥、农残等方面进行追踪管理与日常监管相结合,使凤冈茶叶产品质量和内在品质有了大幅度提升。2002年10月,凤冈县茶叶协会成立。2002年11月,凤冈县茶叶事业办公室成立,凤冈县委、县政府明确一名副县级领导干部专抓专管,构建了"政府+协会+企业+生产者"四位一体及"1+N"的产业发展新格局。2003年8月5日"永安会议"胜利召开,确立了茶产业"有机品质·锌硒特色"的发展方向。至此"凤冈富锌富硒茶"作为农业产业结构调理的重要实践,作为农民增收和农村稳定的重要产业,作为生态环境建设的重要载体,承载着富裕一方百姓、助力区域经济腾飞的希望正式启航。2005年,凤冈县出台了《鼓励支持干部职工、城镇居民和个体工商户、私营业主参与生猪、茶叶产业建设实施细则》。2007年凤冈县人民政府又出台了《关于调整茶叶产业发展政策的意见》,决定在五年之内连续每年投入1000万元用于扶持茶叶基地建设、生产加工和品牌打造等方面。2008年1月,中共凤冈县委十届五次全会通过《关于加快茶叶产业发展的决定》,凤冈县人民政府又出台了《关于2008年度茶叶产业发展政策的若干意见》。2007年,凤冈县被列为国家财政支农资金整合试点县,有力地推动了凤冈茶产业跨越式发展。2018年1月,凤冈县加强古茶树保护,出台了《县人民政府办公室关于印发凤冈县古茶树资源调查工作方案的通知》(凤府办发〔2018〕2号)。2018年9月,凤冈县加快推进茶产业发展,出台了《县人民政府办公室关于印发凤冈县加快推进茶产业发展三年行动计划(2018—2020年)的通知》(凤府办发〔2018〕101号)。2020年3月,为进一步推动凤冈县茶产业高质量发展,建立完善茶叶质量安全管理长效机制,加速茶产业提档升级,壮大茶叶出口规模,巩固脱贫成效,促进乡村振兴,出台了《县人民政府关于进一步加快茶产业高质量发展打造茶叶出口大县的实施意见》(凤府办发〔2018〕101号)。2020年4月,为推动凤冈县有机产业健康发展,提高农产品的产量、质量,增强市场竞争力,加速传统农业向有机农业转变,促进凤冈县农业增效、农民增收和推进农村经济的全面发展,结合凤冈县实际,出台了《凤冈县茶叶有机种植标准化示范区三年实施方案》(凤府办发〔2020〕21号)。2020年10月,为全面服务好凤冈县锌硒茶加工基地项目建设各项工作,进一步推动项目早日建成投用,经凤冈县人民政府研究,成立了以县长为组长的凤冈县锌硒茶加工基地项目服务工作领导小组。

三、品牌建设主要做法

(一)大力发展茶叶基地

凤冈县委、县政府高度重视茶产业的发展,并将茶产业作为调整农业产业化结构的重要抓手,确立了"以茶兴县、以茶扬县、以茶富民"的目标。在历届县委、县政府的常抓不懈和大力推动下,茶产业迅速发展壮大,从2003年开始,每年以3万~5万亩的速度推进茶园基地建设,短短十余年,茶园面积就从最初不足3万亩快速发展到50万亩,基地规模迅速完成了由小到大的积累,茶叶基地遍布全县14乡镇,茶树品种由福鼎大白茶、浙江中小叶种等几个单一的常规品种增加到含龙井长叶、黄观音、金观音、黔湄601等无性系良种共23个。凤冈县茶叶面积、产量、产值排名挤入贵州省前列,茶产业已成为凤冈县重要的农业支柱产业。

(二)推进标准化建设

凤冈县委、县政府组织制定了《凤冈县有机茶生产、管理与加工技术规程》《凤冈县有机茶生产、加工、销售管理实施细则》《凤冈县锌硒乌龙茶地方标准》《凤冈县锌硒绿茶地方标准》等生产和加工标准。扎实推进"畜—沼—茶—林"生态循环建园模式,以农户为基本单元、以发展茶叶为核心、以建沼气池为基础、以畜禽养殖为辅助,在茶园中套种红豆杉、雪松、香樟、桂花等花卉苗木,有效提升茶叶品质,形成了"茶中有林、林中有茶、茶林相间、茶行有树、树中有花"的独特"茶旅一体"生态茶园,累计建成标准化生态茶园30万余亩。《凤冈锌硒茶地方标准》经修订并颁布实施以来,积极推进新标准的贯标实施工作,凤冈县茶叶企业初步实现了贯标全覆盖,加工水平和产品质量大大提升,凤冈锌硒茶系列产品无论是外形、汤色、香气、口感等均得到了有效统一。

(三)提升茶叶质量安全水平

1. 建立茶叶质量检测体系

(1)成立了农产品质量安全监管检测检验站。由相关部门组建农业综合检查执法队伍,不定期对种植大户、茶叶专业合作社、茶叶企业的茶园、茶青、茶叶成品进行抽样检测,实现生产、加工、贮运、销售全过程监控。

(2)与上海绿度信息科技公司合作。健全农产品质量安全追溯监管信息平台,共采购11套茶叶追溯系统软件,分别提供给11家基础较好的茶叶企业使用,在茶叶种植管理、质量检测、生产加工、包装储运等各环节和全过程实现可追溯信息的查询。

(3)积极对接质量安全云平台。健全茶叶质量安全大数据,利用大数据等强势媒体资源优势,聚焦食品安全示范区、出口茶叶示范区,助推凤茶出山。

2. 严格控制农药投入及使用

对全县农药经营网点,按照统一质量标准、统一服务以及跟踪监管服务。通过发放茶叶生产技术明白纸、设立违规农药有奖举报制度等,有效遏制了茶园中违规农药使用,提高了茶叶质量安全水平。

3. 创新管控模式

(1)推行"五级防控"管理网格。组建以茶叶企业和合作社为一级网络,村民组为二级网络,村委会为三级网络,乡镇为四级网络,县直相关部门为五级网络的"五级防控"网格化管理构架。

(2)搭建"五位一体"管理模式。通过搭建"五位一体"管理模式(党支部+公司+合作社+基地+农户),探索建立合作社盈利机制,激发合作社对质量安全的管理积极性。

(3)推行"3+2"管理模式("3+2"的"3"即镇、村、组三级组织,按照镇主导、村主责、组主抓的思路开展工作,"2"指的是茶农和茶企两个利益主体),制定茶叶质量安全管理村规民约,落实村民自治,强化行业主体责任,增强茶农自律意识,全方位提升群众的茶叶质量安全意识。建立形成以茶叶企业和合作社为一级网络,村民组为二级网络,村委会为三级网络,乡镇为四级网络,县直相关部门为五级网络的"五级防控"网格化管理构架。

4. 落实"两防一治"

(1)推进"技术防控"管理。将现有的凤冈县田坝茶区监控系统、贵州省凤冈县洪成金银花茶业有限公司视频监控示范点接入网络终端,实现"大数据+茶叶质量安全"网上监管。在全县茶青市场设置质量监管检测站14个,开展茶青随机抽样检测,凡不合格的茶青坚决不予收购。严格市场流通检测,对全县茶产品开展集中抽检,严禁不合格产品进入市场。

(2)实施"意识防控"管理。重点围绕《中华人民共和国农产品质量安全法》《中华人民共和国食品安全法》《凤冈锌硒茶标准》《凤冈锌硒茶生产技术规程》,"茶园绿色防控技术"等内容开展培训。通过广播、电视、微信、报纸、"扶贫大喇叭"等宣传方式,将"致全县茶农和茶叶生产企业的一封信"和"茶树禁用农药名单"等内容进行广泛宣传,在重点产茶区域张贴标语和宣传单,茶农质量安全防范意识得到显著提升。

(3)实施"法律法规"治理。强化源头管控,对全县农药等投入品经营市场开展集中整治,每个乡镇均严格按要求设立茶叶农药专柜,坚决杜绝违禁农药进入茶园。联合相关职能部门,不定期开展茶叶质量安全专项整治及综合执法行动,依法查处茶叶生产、加工、销售中的违法违规行为,确保茶产业健康发展。

5. 积极开展质量安全相关认证工作

(1)积极推进"二品一标"认证。通过积极推进"二品一标"认证,完成茶园绿色认证2万亩,有机认证5.18万亩。

(2)积极开展绿色防控。建成永安镇、绥阳镇茶树绿色防控核心示范区2个,示范面积5万亩,辐射凤冈县50万亩茶园。

(3)开展茶叶质量安全可追溯。贵州省凤冈县浪竹有机茶业有限公司等30家茶叶企业进入"贵州省质量安全云服务平台"上线运行,14家茶叶企业实施二维码、有机码追溯,20家茶叶企业进入新华数讯云平台实施质量追溯。

(4)积极推进茶叶质量安全标准化示范建设。创建的"国家级出口茶叶质量安全示范区"通过国家级复检,"国家级农业综合标准化示范县"通过国家级初检,进一步巩固了创建成果。

(四)实施品牌战略

1. 加大品牌宣传

积极与杭州"茗边头条"、贵州电视台、贵州日报等知名主流媒体合作,对凤冈锌硒茶进行深度系列宣传,在高速公路沿线投入宣传广告牌38块,长期宣传凤冈锌硒茶。近年来,凤冈县成功举办了"东有龙井·西有凤冈"浙黔茶业大会、"贵州省首届茶文化节""中国西部茶海·遵义首届春茶开展节",每年组织参与北京"两展一节""丝绸之路·黔茶飘香"茶事活动、贵阳农交会等推介活动,凤冈锌硒茶关注度和知名度得到有效提升。

2. 强化品牌打造

(1)加强"凤冈锌硒茶"品牌管理。制定了《凤冈锌硒茶地理标志证明商标管理办法(试行)》《凤冈锌硒茶地理标志证明商标"五统一"管理办法实施意见》《凤冈锌硒茶专卖店门头统一标准》,按照统一标识管理、统一宣传口径、统一产品包装、统一门店风格、统一技术标准的"五统一"原则,切实维护"凤冈锌硒茶"公共品牌形象,截至2019年年底,已有44家茶叶企业申请使用"凤冈锌硒茶"地理标志证明商标。

(2)打造"东有龙井·西有凤冈"茶文化品牌。推进"东有龙井、西有凤冈"品牌战略,赴杭州举办了"东有龙井·西有凤冈"品牌文化交流论坛,与杭州西湖区签订了"东有龙井·西有凤冈"战略合作五年行动纲要,成功举办了"东有龙井·西有凤冈"品牌与茶文化论坛和"东有龙井·西有凤冈"浙黔茶业大会等活动,得到了省内外知名媒体的广泛宣传,品牌知名度和美誉度得到有效提升。

(3)做靓"禅茶瑜伽·养生凤冈"品牌。在凤冈,成功举办了中国瑜伽大会,与中国瑜伽行业联盟签订了"东有龙井·西有凤冈,禅茶一味、养生瑜伽"品牌文化、休闲养生发展战略合作框架协议,联手承办了"中国瑜伽15年公益回顾大会"暨"禅茶瑜伽·养生凤冈""中国瑜伽行业联盟论坛唯一永久举办地新闻发布会",凤冈成了中国瑜伽唯一永久论坛举办地。

3. 加强品牌保护

随着凤冈锌硒茶知名度的提升、市场规模的扩大,凤冈茶人加强了品牌保护工作,以规范企业经营行为和防范来自各方面的侵害及侵权行为。制定了一系列凤冈锌硒茶的保护措施。2006年1月,"凤冈富锌富硒茶"成功申报国家质量监督检验检疫总局地理标志产品保护。2011年12月,"凤冈锌硒茶"取得国家工商总局商标局颁发的商标注册证书(地理标志证明商标)。2014年3月,"凤冈锌硒茶"获中国驰名商标认定。2014年11月,"凤冈锌硒茶"取得农业部农产品地理标志登记。2014年12月,"凤冈锌硒茶"获贵州省工商局著名商标认定。2020年7月,"凤冈锌硒茶"成功进入"中欧地理标志产品互认保护名录"。

(五)加速市场化进程

积极吸引外商和投资企业开发超微茶粉、茶多酚、茶食品、茶饮料等多元化茶叶产品,延伸茶叶产业链,提高茶叶资源综合利用效益。陆氏锌硒茶饮料项目、凤冈七彩农业开发公司蜂蜜姜茶、桂花茶加工项目先后建成投产,茶食品等深加工产品开发取得实质性进展。

积极开展市场渠道建设,按照"立足贵州、抢占西南、面向华中、进驻沿海、开拓东北、延伸海外"的市场营销策略,建立国内市场、国际市场、实体市场和网络市场相互促进、互为补充的销售网络。鼓励和支持企业在茶叶主销区开设凤冈锌硒茶专卖店和网店。

(六)加强茶旅一体化建设

打造形成田坝生态有机茶生产示范园区、太极生态养生园和玛瑙山茶旅景区三大茶旅景区,景区集茶叶采摘、茶叶加工、茶艺表演和旅游购茶为一体的特色茶庄旅游、生态观光游和休闲体验游蓬勃兴起。田坝"九堡十三湾茶园"和"仙人岭茶园"荣获"中国三十座最美茶园"称号,"贵州凤冈茶海之心景区"荣登"中国十佳茶旅路线"和"全省十佳农业旅游景区"榜单。编印了《龙凤茶缘》《龙凤茶苑》等茶文化丛书,成功举办了春茶开采节、中秋品茗联谊会,积极开展了五一、国庆、中秋旅游景区品茗和茶文化"六进"活动,茶文化氛围日渐浓厚。积极开展古茶树普查和保护工作,取得丰硕进展,先后在蜂岩、何坝、龙泉、石径4个乡镇发现古茶树群落,得到了贵州省茶基因专家的认定和高度赞扬,弥补了凤冈县无古茶树的空白。

(七)实施茶产业精准扶贫

凤冈县明确把茶产业作为农民脱贫致富的重要支柱产业发展以来,通过大力发展基地建设、项目精准扶持、"企业(合作社)+基地+农户"、龙头企业利益联结、干部结对帮扶等模式,有效推进了茶产业精准扶贫,截至2019年,因茶脱贫农户达1.5万户,茶农人均收入比未种茶前平均增收1500~2000元。同时,凤冈县将茶产业作为支农资金整合的平台,用有限的项目资金,引导财政支农资金向茶产业集中,带动了社会资本向茶叶产业聚集,不仅有效解决了产业发展投入难问题,还推动了茶区水、电、路等基础设施建设,促进了农村基础设施全面提升。

(八)提升政策保障能力

从2003年以来,凤冈累计出台茶叶相关优惠政策文件20余份,平均每年整合资金投入茶产业发展超过3000万元,涉及基地建设、生产加工、市场营销、品牌打造等多个环节,为凤冈县茶产业健康快速发展提供了强有力保障。2014年出台了《关于加快推进茶产业转型升级的实施意见》,通过大力实施"茶园生态化""作业机械化""过程安全化""服务社会化""市场多元化""产品品牌化""企业规模化""茶旅一体化"八大转型工程,全力推进茶产业转型升级。并配套出台了《凤冈县2014年茶产业发展奖励和补助办法》,2016年调整出台了年度茶产业发展奖励和补助办法,2018年出台了《凤冈县关于进一步推进茶叶产业的实施意见》和《凤冈县加快推进茶产业发展三年行动计划》,为推动凤冈县茶产业健康持续发展提供了强有力的政策保障。

凤冈县委、县政府坚持把茶产业作为支柱产业和城市名片做大做强,坚定"茶叶改变凤冈",紧紧围绕"以茶富民,以茶兴县,以茶扬县,以茶奔小康"和"人均1亩茶"推进茶产业纵深发展,确立了建世界级茶园、创国家级标准、树锌硒特色牌、走生态有机路、领茶产业方向的战略思路,奋力打造贵州省绿茶强县、全国名优茶基地县、全世界锌硒茶名县,努力形成"东有龙井,西有凤冈"的产业发展格局,凤冈茶产业在凤冈县委、县政府的正确领导下,在凤冈县上下共同努力下,将会不断做大做强。

四、存在的主要问题

(一)产业基础有待夯实

纵向比较看,凤冈县茶叶发展取得了显著进步,但是从遵义市和贵州省看,凤冈县茶产业发展基础仍然不高,优质茶园规模化、集中化不足,茶旅融合发展程度需要提高,茶园品质适应市场化的程度还需要提高。

(二)茶叶加工水平有待更进一步提高

加工小、散、乱,品牌不统一、加工标准不统一、各自为政。茶叶下树率低,主要以初级加工为主,链条短,精深加工拓展困难。茶叶企业负债沉重,规模以上茶叶加工企业贷款户均较高,很多茶企完全依靠贷款维持,偿贷艰难,偿贷过桥资金均依靠民间高息借款,企业生存风险极大。茶叶精深加工以及茶叶衍生品开发不足,一些企业虽然开发了茶酒、锌硒茶饮料、抹茶食品等产品,但是由于市场推广和可接受程度不高,茶产业加工链延长困难,茶叶资源利用价值不高。

(三)茶品牌宣传管理力度有待提升

在茶品牌管理力度上需要加强,虽然"凤冈锌硒茶"作为公共品牌统一标识、统一宣传口径、统一产品包装、统一门店风格、统一技术标准"五统一"管理做了一定工作,但在具体实行"凤冈锌硒茶"地理标志证明商标申报准入制,切实维护公共品牌形象上还不完善。企业申报使用"贵州绿茶""遵义红""遵义绿"等公共品牌动力还不足,公共品牌涉及的企业较多,但实力较大的企业不多。产品包装样式适应酒店、民航、高铁、企业集团、行业协会、机关事业单位配用的定制包装不规范。随着互联网的发展,品牌宣传的形式需要适应现代媒体的发展变化需要。在"东有龙井·西有凤冈""良心产业·有机凤冈""禅茶瑜伽·养生凤冈""锌硒茶乡·长寿凤冈"四张名片茶文化内涵挖掘,茶园景区茶庄建设力度,祭茶大典、茶王大赛、中秋品茗等活动开展等方面需要加强。

（四）加快渠道建设，实现市场提升

凤冈茶叶出口最近两年有较大的突破，但茶叶出口渠道较少，凤冈县内茶叶企业组建出口茶联盟，自营出口贸易格局没有形成，产品出口率低，与国际茶商和茶叶行业组织的交流合作较少。茶叶出口企业茶出口规模不大，大型茶叶国际贸易企业与凤冈县茶叶企业合作程度不深。企业应对市场的能力不足，产品销路不畅，凤冈县内企业在国内市场开拓方面还要加强，特别是在上海、山东、西安、甘肃、哈尔滨等省外地区营销网点较少，在广州、杭州等茶交易市场销售推广还有待提升，凤冈锌硒茶市场营销网络还有待增强，凤冈县内茶电商品牌还没有有效形成。

（五）茶专业人才不足

茶叶专业人才库没有形成，没有与茶相关的用人优惠政策保障本土培育的茶专业人才就业。茶企经营管理人员、种植人员、采茶工、加工人员、销售人员、茶艺师、评茶员等专项人才培训需要加强，采茶能手、制茶能手、加工能手、营销精英以及茶文化传播者较少。

五、发展展望

（一）夯实产业基础促进基地提升

根据凤冈县现有可发展基地空间，以企业（合作社）为主体，通过土地流转、农民入股等方式，重点发展集中连片优质茶园，实现基地组织化、规模化、集中化建设；结合旅游发展规划，建设茶旅一体产业带。加大高香型茶叶品种的推广力度，逐步对不适应市场需求的老品种和低产茶园进行更新改良。

（二）抓实茶叶加工提升加工水平

1. 支持茶叶初制加工的提质创新

支持在加工能力不足的茶区新建（改扩建）中型以上茶叶加工厂；鼓励加工企业贯标生产，提升加工标准化和清洁化水平，更多企业产品达到凤冈锌硒茶或贵州绿茶标准；鼓励支持企业进行新产品开发、新技术研发，引导企业申报省级科研专利成果,提高凤冈县茶叶的科技含量,促进产品品质实现大提升;支持企业进行设备更新和采购先进设备;鼓励支持龙头企业引进、定制茶叶自动化生产线,满足"大企业、大订单和交货及时性"要求,实现茶叶加工自动化[全程不落地、连续化、智能化、规模化(年加工能力100吨以上/条)]及清洁化目标,达到茶园长时间生产、下树率提高及农民脱贫增收的目的。

2. 大力发展茶叶精深加工以及茶叶衍生品开发

鼓励支持企业开发茶酒、锌硒茶饮料、抹茶食品,延长茶产业加工链,提高茶叶资源利用价值;支持凤冈县农业投资发展有限公司大宗茶精制拼配加工中心的建成投用,年加工量达到8000吨以上,提高茶叶加工规模化、集约化、标准化及系列化水平。

(三)加大品牌宣传促进品牌提升

1. 加大品牌管理力度

继续深化"凤冈锌硒茶"公共品牌统一标识、统一宣传口径、统一产品包装、统一门店风格、统一技术标准"五统一"管理,实行"凤冈锌硒茶"地理标志证明商标申报准入制,切实维护公共品牌形象。鼓励引导企业申报使用"贵州绿茶""遵义红""遵义绿"等公共品牌;开发多种类型的包装样式,以适应酒店、民航、高铁、企业集团、行业协会、机关事业单位配用的定制包装,规范大众茶包装。

2. 加强品牌宣传推广形式

积极与知名主流媒体宣传合作,开辟专栏,长期宣传推广凤冈锌硒茶公共品牌;将高速公路沿线、旅游景区、酒店、公交、机场、餐饮企业等打造为宣传凤冈茶叶的重要窗口。充分利用政府门户网站、微信、微博、自媒体等网络媒体广泛传播,提高"凤冈锌硒茶"知名度。

3. 创新品牌宣传形式

深入挖掘"东有龙井·西有凤冈""良心产业·有机凤冈""禅茶瑜伽·养生凤冈""锌硒茶乡·长寿凤冈"4张名片茶文化内涵;支持茶园景区茶庄建设;坚持开展祭茶大典、茶王大赛、中秋品茗等活动;加大茶文化研究与茶文化遗产保护,积极创作出版茶文化丛书;积极开展茶文化和茶艺茶道表演进机关、进学校、进酒店、进社区"四进"活动,在全县范围内营造浓厚的茶文化氛围;争取"华夏茶窖"项目落户凤冈,提升茶旅文化。

（四）加快渠道建设拓展国内外市场

1. 加强茶叶出口渠道减少

对标欧美、日韩、中东等国际市场消费标准,大力支持凤冈县内茶叶企业组建出口茶联盟,开展自营出口贸易,加强与国际茶商和茶叶行业组织的交流合作。重点支持茶叶出口企业扩大茶叶出口规模,积极引进大型茶叶国际贸易企业与凤冈县茶叶企业合作,或到凤冈县建立出口茶叶加工基地或加工车间,推进茶叶出口大幅度增长。

2. 加强企业营销策划与管理

积极支持企业抱团,利用各种茶叶主流通渠道推销凤冈茶产品,重点支持在上海、山东、西安、甘肃、哈尔滨等地建设销售推广中心;在各大中城市茶叶批发市场建设销售专区,积极支持公共品牌企业开拓民航、高铁、酒店旅客专用茶和茶楼、机关事业单位、大中型企业用茶市场;鼓励支持以凤冈为基地,主营"凤冈锌硒茶"公共品牌的省外茶叶连锁经销企业发展;大力引进培育茶叶经销商,加快培育一支强大的营销队伍,巩固完善凤冈锌硒茶市场营销网络。

3. 支持茶发展电商品牌

鼓励和支持茶叶企业在天猫、京东、手机惠农等大型电商平台,以及美国亚马逊、中国阿里巴巴等跨境电商平台,开设电商销售店。支持企业在贵州省内贵农网、农经网、黔茶商城等电商平台销售凤冈锌硒茶。支持茶叶企业扩展经营电商业务,发展"网上看样下单,实体店体验提货消费"的线上线下融合营销模式。

（五）加大人才培训提高人才保障

建立茶叶人才库,制订实施茶叶人才培训计划,鼓励和支持县职校继续开办茶学专业班,培育更多茶叶后备人才,通过制定出台单位用人相关优惠政策,保障本土培育的茶专业人才实现就业。整合凤冈县人力资源和社会保障局、县农牧局、县总工会、县电商办、县扶贫开发办公室、县妇联等部门培训项目,积极开展茶企经营管理人员、种植人员、采茶工、加工人员、销售人员、茶艺师、评茶员等专项人才培训。通过举办或组织参与竞赛,评选一批采茶能手、制茶能手、加工能手、营销精英以及茶文化传播者。

参考文献

[1] 李华超.21世纪凤冈县茶业展望[J].茶叶,1995(1):7-8.

[2] 申学华,申友琴.凤冈富锌富硒有机茶现状与展望[J].贵州茶叶,2005(3):33-35.

[3] 汪勇,朱飞,张绍伦,等.凤冈县茶产业发展现状及思考[J].中国茶叶,2008(10):34-35.

[4] 谢晓东,孙晓霞,毛炜,等.贵州凤冈茶产业发展综述[J].中国茶叶,2010(11):26-28.

[5] 盘应娟,刘义,邵树勋.贵州凤冈富锌硒茶中锌元素含量的研究[J].中国西部科技,2011(21):13-14.

[6] 邹晓峰,李勇.农业产业化条件下农村金融服务研究——以贵州省凤冈县茶产业为例[J].中国经贸导刊,2011(22):36-37.

[7] 任明华,程冲.贵州凤冈县加快推进茶产业转型升级工作[J].中国茶叶,2014(8):35.

[8] 方英艺,杨军.贵州省凤冈县茶产业发展现状及对策[J].农业工程,2014(3):53-54.

[9] 潘年松,刘英波,张学愈,等.凤冈锌硒茶中锌硒含量调查与启示[J].中国西部科技,2015(1):12-15.

[10] 任明华,王海燕.贵州凤冈与杭州西湖区签署合作协议共促茶产业发展[J].中国茶叶,2015(8):34.

[11] 陈昌霖.提升茶叶品质助推凤冈茶旅一体化[J].当代贵州,2015(41):58.

[12] 李艳.基于交易成本理论的凤冈锌硒茶鲜茶叶交易中纵向一体化的垂直协作模式[J].劳动保障世界,2016(5):57-58.

[13] 张学愈,潘年松,刘英波.药食两用中药凤冈锌硒茶的显微结构[J].农技服务,2016(7):31-32.

[14] 谢孝明,罗以洪.试论莫友芝与其家族成员对贵州茶文化的卓著贡献[J].教育文化论坛,2016(4):133-137.

[15] 唐玮,冉亚娇.茶文化乡村旅游发展研究——以凤冈县茶海之心为例[J].现代商贸工业,2017(16):15-16.

[16] 许朋,韩晗,蓝招玲,等.凤冈锌硒茶对人的肺癌细胞A549增殖的影响分析[J].基因组学与应用生物学,2017,36(5):1793-1796.

[17] 杨成莉,王杨,曾凡群,等.凤冈锌硒茶体外抗癌活性研究[J].食品与药品,2017,19(6):398-402.

[18] 陈涛,罗以洪,龙卫东.互联网众筹视角下黔茶产业发展模式探索[J].贵州师范大学学报(社会科学版),2018(1):111-119.

[19] 罗以洪,陈涛,谢孝明.基于茶文化视角的黔茶产业转型升级路径研究[J].贵州师范大学学报(社会科学版),2018(1):104-110.

[20] 曹雨.贵州省茶叶产业技术体系、省农科院茶产业技术专班、省农科院茶叶所联动赴凤冈、思南开展技术服务[J].贵州茶叶,2019,47(3):60.

[21] 彭红梅,唐道辉,高桂川.基于SWOT的凤冈县锌硒茶产业发展前景及对策探讨[J].南方农业,2020(10):49-52.

B.14 遵义红茶品牌发展研究

李德生[*]

摘　要："遵义红"是贵州近年创新推出的一款红茶产品，它是在遵义湄潭等地产出的"湄红"基础上结合福建工夫红茶制作工艺研制而成。"遵义红"开创了贵州品牌红茶的先河，通过坚持走规模化品牌路线，制定合理的营销策略，大大提升了贵州红茶的国内外知名度，成为贵州茶叶主推品牌"三绿一红"的重要成员。

关键词：贵州茶　遵义红　发展报告

一、品牌简介

（一）遵义红茶的生产历史与"湄红"

贵州茶叶"三绿一红"品牌之一的"遵义红"产自贵州省遵义市。在遵义市下辖各县中，有一个重点茶叶生产基地，就是贵州最早制作红茶的湄潭县。湄潭茶叶种植历史悠久，南明永历六年（1652），湖广巡抚胡钦华隐居湄潭客溪，将家居附近茶叶采摘加工成红茶等出售，被视为湄潭红茶传统制作技艺的雏形；清代至民国时期，湄潭随阳山、大庙场、土塘等古茶区民间就一直有制作红茶的传统。抗战期间，农林部中央农业试验所和中国茶叶公司在湄潭筹建实验茶场，提供茶树栽培、育种、制茶、防病虫害等研究，直接推动了湄潭茶产业的发展。浙江大学西迁湄潭之后，带来了先进的茶叶栽培技术和炒茶工艺，贵州开始有了绿茶、红茶、眉尖茶等不同产品。尤其是浙江大学农学院将杭州龙井茶的制作工艺引入湄潭，试制出优质龙井茶。可以说，浙江大学西迁，不仅是改变了个别人的人生，从更大的范围内来看，还改变了贵州茶叶的发展。

1940年，刘淦芝在湄潭实验茶场主持试制红茶获得成功，取名为"湄红"。"湄红"送给顺宁实验茶场场长、中国评茶大师冯绍裘审评，冯先生评语为："湄红形状

[*] 李德生，贵州省社会科学院马克思主义研究所副研究员。

细嫩匀齐不亚祁红,色泽润泽,香气颇清香,滋味似祁红,制法得法或可胜于宜红。""湄红"试制成功后,随即大面积推广。从茶场丰产期起直至20世纪70年代,茶场每年均有1万~2万担红茶出口。湄潭实验茶场成为西南继云南顺宁试制"滇红"成功后,又一个工夫红茶生产、出口基地。抗战期间,中国东部沿海出口港口全部被封锁。安徽、福建等传统红茶产区相继被切断,"湄红"和其他红茶一样,通过"史迪威公路"和当时最险峻的驼峰航线辗转出口到苏联,再转运到英国、法国等欧洲国家,从而换回更多外汇,以充军需,为抗战做出了贡献。1952年,国营湄潭茶场开始研创"功夫红茶",两年后,该场的"黔红"牌红茶通过上海、广州的口岸畅销国外,湄潭成为全国重要的红茶出口基地,促进了湄潭茶叶大气候的形成。

(二)福建红茶工艺引入和"遵义红"品牌研发

2003年,福建茶商叶文盛看重湄潭丰富的茶园资源,到湄潭投资茶产业,成立了贵州湄潭盛兴茶业有限公司(以下简称"盛兴公司")。由于没有自己的品牌,好茶也很难得到市场认可,盛兴公司只能忍痛把每年近5万千克红茶交予厦门某茶叶贸易名企贴牌销售,只能获得其利润的一成左右。盛兴红茶"美女穷嫁"的遭遇引起了湄潭县领导层的高度重视,要求县茶叶协会会同盛兴公司积极打造自己的红茶品牌,并定下"遵义红"作为品牌名称。叶文盛从小就学习制作工夫红茶,对红茶很有研究,而且比较了解福建的"金骏眉""坦洋""政和"等功夫红茶。叶文盛认为湄潭县存在的主要问题是当地加工企业的技术创新能力、新产品开发能力、市场拓展能力滞后,未能很好利用湄潭茶叶原料优势,导致农民种茶的经济收入低;于是决定开发一款可与金骏眉媲美的红茶。在当地一些老茶人的帮助下,盛兴公司通过反复实践,最后利用湄潭大量的夏秋茶叶,综合运用福建工夫红茶、坦洋工夫红茶与祁门红茶的加工工艺,摸索、创新出适合加工红茶的生产工艺,制作出外形紧细、色泽褐黄,汤色橙红透亮,香气纯正、带果香,滋味纯正,叶底匀嫩的红茶产品,充分体现出了回甘好、香气浓、耐泡等名优茶特点。

(三)"遵义红"茶产地特征和产品特点

红茶是世界产量最大的茶类,占据市场份额的70%以上。据研究,在地球的经纬度上的几个特殊地区,如国外斯里兰卡,国内福建省武夷山和贵州省湄潭县,最适宜种植茶叶。湄潭县年平均气温14.9℃,年降水量为1000~1200毫米,年均日照数1163小时,全年无霜期284天,境内有湄江穿城而过,森林覆盖率达62%,种植"遵义红"产量高、品质好,是得天独厚的"遵义红"生产基地。低纬度、高海拔、寡日照、无工业污染,是湄潭茶产得天独厚的自然和区位优势,现在贵州省主推的四大茶叶品牌:"三绿一红"中的湄潭翠芽和"遵义红"核心产区都选择了湄潭县内。

遵义红茶的产地范围还包括了贵州省遵义市内具有相同或类似地理气候环境的凤冈县、余庆县、道真自治县、正安县、务川自治县和习水县现辖行政区域。以上区域的茶园地理海拔高度都在700~1600米,土壤类型为黄壤或黄棕壤,土壤pH4.5~6.5,土壤有机质含量≥1.0%,土层厚度≥50厘米。"遵义红"茶树的种植有着严格的标准,育苗采用短穗扦插繁育技术,栽植密度每亩不得大于3666株,要求农药、化肥等的使用必须符合国家规定,不得污染环境。茶树品种选择适合加工制造的中、小叶茶树品种,茶叶每年春秋两季采摘两次,采摘标准为单芽或一芽二叶的嫩梢,采用传统红茶的制作工艺,经过摊凉、萎凋、揉捻、发酵和干燥提香等工序加工而成。制作完成的遵义红茶,汤色红亮透明,香气馥郁持久,具有甜香高、滋味鲜爽醇厚的特点。2017年5月,"遵义红"茶获得了原国家质检总局批准的地理标志产品保护。

"遵义红"开创了遵义红茶产品的先河,在国内茶行业权威获得广泛好评,为贵州茶产业做出了突出贡献。与国内红茶顶尖品牌金骏眉相比,"遵义红"的茶青原料可以扩大到一芽两叶,而前者只是采用芽尖,从而大大提高了产量,增加了普通百姓享受高端红茶的机会,因此也必将占据更大、更广泛的市场份额。我国茶界泰斗张天福老人品过该红茶后,大加赞赏,说该红茶是"湄潭茶叶品质与福建工艺的最佳结合"。遵义作为中国革命的转折之地、胜地和福地,是国家历史文化名城,更是中国红色旅游城市。以遵义命名的这款红茶优质产品,既凸显了代表茶叶品质的原产地特征,又包含了丰富的红色文化内涵,因此一上市就很快受到了消费者的青睐。

二、发展历程

(一)"遵义红"商标正式取得和初露头角

"遵义红"红茶于2008年研制成功后,当年即参加第九届广州国际茶文化博览会并获得金奖。2009年,盛兴公司开始申请注册"遵义红"红茶商标。2009年7月首次参加贵州十大名优茶评比,"遵义红"在贵州省近百只茶样品中独树一帜,以"色泽红艳、金毫显露、紧细卷曲的外形;红艳亮丽的汤色;果香浓烈的香气;滋味强烈尚鲜,叶底明亮匀嫩"的评语,获得评委的一致好评,摘得了唯一"评审委特别奖",成为湄潭茶产业中最绚烂的一束。"遵义红"的诞生,实现了贵州茶产业由绿到红、红绿比翼齐飞的转变。

为打响"遵义红"品牌,盛兴公司每年投入20万元以上宣传品牌,频频亮相各种茶叶博览会并载誉而归。盛兴公司以"公司+合作社+基地"的发展模式,率先在安徽峨桥茶叶市场建设"湄潭翠芽批发部",同时在贵州贵阳和广东东莞设立多个专卖店、直销点和批发站。2009年,在贵州省首届十大名茶(绿茶)评选中,"遵义红"获"评审委特别奖",随即又获中国(上海)国际茶业博览会金奖。2011年,湄潭县茶业协会和盛兴公司正式获得"遵义红"商标。当年,在中国(信阳)国际茶业博览会上,"遵义红"携手"信阳红"跻身全国十大红茶之列,与"川红""滇红"等原有的八大红茶齐名。日益响亮的品牌和广阔的红茶市场前景为盛兴公司赢来了新的发展机遇。

(二)贵州贵天下茶业有限责任公司对"遵义红"品牌的提升

2012年,贵州贵天下茶业有限责任公司(简称"贵天下公司")注资控股盛兴公司,进一步加大了对"遵义红"品牌的宣传。贵天下公司是贵州省省属大型国企、南方最大煤炭企业集团——贵州盘江投资控股(集团)有限公司(以下简称"盘江集团")控股的现代化大型茶业企业,成员单位包括国家级农业产业化重点龙头企业——盛兴公司、黔南州都匀毛尖茶有限责任公司、都匀供销茶叶有限责任公司等。盘江集团是全国520户国有重点企业、中国煤炭企业煤炭产量50强企业、贵州省十大企业之一,在贵州省煤炭企业中排名首位。2012年3月18日,盘江集团分别和黔南州、都匀市、湄潭县签订战略合作协议,以黔北湄潭翠芽、遵义红和黔南都匀毛尖等品牌为切入点,利用盘江集团的资本、管理、人力等优势,旨在打造中国茶叶的第一品牌——贵天下公司。

盘江集团是贵州省属国有大型企业,投资茶产业是该集团第一次涉入快消品领域,团队基础为零,渠道基础为零,品牌基础为零,对于茶叶市场也仅仅是在纸面上做过一些投资分析研究,而这种投资分析研究和实际的营销行为是远远不能画等号的。茶叶市场对于他们来说,完全是一个全新而又陌生的市场。专业的事情必须交给专业人士来做,成功切忌以外行冒充内行。贵天下公司营销团队经过认真的调研和分析,认为应走价值成长路线,按照现有的经验、文化、品质等凸显溢价能力的关键因素必定是品牌的支撑。但贵州茶现有的资源,既无品类优势,更无品牌、文化优势,且高端市场是众家争夺,单纯的价值成长,难成大器;随着空间资源越来越稀缺,扩张难度必然是越来越大,尤其是单纯的渠道辐射能力是有限的。消费的两极分化,使得想喝好茶的普通老百姓只能望着天价的茶叶而不得,从而造成喝好茶的心理需求和高价格的巨大落差之间产生了冲突,更关键的是至今没有一家茶企去解决这个冲突。中国拥有几千年的饮茶历史,对好茶的需求并不是高端人群专属。通过仔细分析,贵天下公司最终确定了自己的营销策略:坚持走规模成长优先的路径。而要实现规模成长就必须有三个规模化的支撑:产品规模化(满足不同人群的产品)、终端规模化(建设多元化的终端形态)、传播规模化(抢占茶叶第一品牌的心智资源)。

2012年伊始,贵天下公司聘请国内顶尖策划机构叶茂中策划,全程护航品牌策划工作,并携手国际巨星林志玲小姐共同诠释贵人文化,打造"贵天下"这一强势品牌。相继在中国中央电视台第1、第2、第4、第10、第12频道,贵州卫视等众多电视台,中央人民广播电台中国之声,国内各大机场、高铁、航空杂志、分众楼宇、报纸等高端主流媒体不间断地进行广告投放,结合网络及终端宣传,实现360°无空隙传播。贵天下公司营销渠道的建设,同样令人津津乐道。登陆国际知名大卖场,是贵天下公司走出贵州的第一步。短短两年时间,贵天下公司的都匀毛尖进入410家沃尔玛超市、69家华润连锁店、二线城市有名的连锁超市1000家。2014年,贵天下公司成为第一家进驻沃尔玛所有全国超市的茶企。紧接着,贵天下公司相继与家乐福、大润发等国际大卖场合作。如今,贵天下茶叶已进入近5000家KA大卖场和9000多家社区便利店,并在天猫、京东、亚马逊等主流电商平台全面上线,产品销售网点达15000多家。面对经济新常态,贵天下公司主动拥抱"互联网+"和"大数据"新思路,通过控制成本、调整定位、丰富品类、微信营销等手段,积极调整经营思路,在经济形势下滑的大环境下不断取得骄人的成绩。截至2015年9月,贵天下公司商品终端销售网点就高达15039家,覆盖全国沃尔玛、家乐福、大润发等近5000家超市以及京东、天猫、1号店等电子商务平台,成为国内销售覆盖面最广,网点数量最多的茶业企业。2018年5月,中国·贵州国际茶文化节暨茶产业博览会活动之一,"让贵州茶走向世界"茶产业高端论坛暨立顿"遵义红"新产品发布会在湄潭举行。联合利华旗下的立顿品牌发布了全新遵义茶袋泡茶系列——"遵义红"红茶和绿茶,这是立顿首款完全使用遵义茶制成的袋泡茶系列新品,新推出的立顿"遵义红"袋泡茶上市后,将搭载联合利华强大的销售体系,在全国范围内上架,主要用于政府办公及酒店接待用茶。值得一提的是,此次立顿使用的是"立顿+遵义红"双品牌,并不是简单的原料采购,同普通的立顿红茶都是拼配茶。立顿"遵义红"袋泡茶系列的茶叶质量严格遵循"遵义红"的地方标准,这在立顿袋泡茶产品中,属于首次尝试。

三、主要做法和成效

(一)"遵义红"品牌获得的主要荣誉

"遵义红"品牌自问世以来,短短几年就异军突起,展现出锐不可当的发展趋势。2008年荣获第九届广州国际茶文化博览会金奖;2009年,在贵州省首届十大名茶(绿茶)评选中,获唯一"评审委特别奖",随即又获上海茶博会金奖。2011年,在河南信阳茶博会上,"遵义红"携手"信阳红"跻身全国十大红茶之列,与"川红""滇红"等原有的八大红茶齐名。2013年11月,由贵州省凤冈县贵茶有限公司生产的一批红茶,经遵义检验检疫局检验检疫合格后顺利出口德国,实现了遵义红茶出口欧盟零的突破。2014年1月,"贵天下"与"周大福珠宝""微信"等品牌同获"2013CCTV中国年度品牌"殊荣,成为贵州省继"茅台"之后第二个斩获此项荣誉的企业产品品牌。

2014年,贵州省实施了茶产业提升三年行动计划,主推的四大品牌茶叶因此获得的关注度和知名度明显提升,企业整合度和集群度也得到了明显提高,仅当年上半年茶叶出口同比增长74倍。"遵义红"茶被列为贵州重点推介"三绿一红"品牌茶中的唯一红茶,成为贵州最具发展潜力的红茶品牌。2014年7月,贵天下公司品牌估值约为33.26亿元;2014年10月,"遵义红"茶获得了世界茶联合会组织评选的"国际名茶评比金奖";2014年11月,"遵义红"产品在第七届中国茶品牌"金芽奖·陆羽奖"评选中荣获本年度"金芽奖"(年度中国茶行业最具竞争力品牌);2015年8月,都匀毛尖和遵义红同时荣获"百年世博中国名茶金骆驼奖",续写了1905年巴拿马世博会都匀毛尖独占鳌头斩获金奖的新篇章,将贵州茶再次推向世界舞台;2015—2016年,"遵义红"连续两年获贵州春秋茶斗茶大赛金奖茶王;2020年4月26日,在贵州春季斗茶大赛上,遵义茶企选送茶样在比赛中斩获红茶类金奖。据统计,"遵义红"红茶于2008年以来先后28次获得了"中茶杯""中绿杯""国际名优茶评比"等国家级金奖荣誉称号。

(二)严格的品质要求和适当的营销理念

"遵义红"品牌成功的根源在于茶叶的优良品质。贵天下公司控股盛兴公司以后,不论对产品还是品牌,一直以高标准要求自己,以塑造领袖级风范为未来目标。在产品上,"原生态 零添加"是贵天下对茶叶品质的苛求,也是能够通过欧盟的高标准检测、得到国际认可的根本原因。据2012年贵州第二届经济年会资料,2012年贵州省茶叶种植面积突破500万亩,跃居全国第一位,茶叶产量达10.6万吨。在政府的主导下,贵州借助其优越的自然条件,积极发展生态农业,已经成为中国第二大有机茶种植基地,并出口一向审核严格的欧洲市场。低纬度、高海拔、寡日照,这是贵州独具的天时地利,作为中国唯一兼具这些条件的地区,贵州茶叶的优良品质和种植面积得到了充分保证,从而也保障了"遵义红"品牌规模发展路线的可能。2013年,贵州获得了中国标准创新贡献奖,为保障贵州茶叶安全、健康、高品质提供了有力的技术支撑。

2015年,贵州省质量技术监督局和贵州省农业委员会携手发布"遵义红"红茶《地方标准》DB52/T1000—2015,标准突出了黔茶的生态品质特色,强调了茶叶内质,对影响茶叶品质的理化、安全指标要求严格,规定贵州茶叶品牌特级、一级茶水浸出物含量最低为40%,高于国家标准6~8个百分点,在我国茶业界立起了茶叶内含物质的标杆;茶青从以前的独芽修改成现在的一芽一叶或一芽二三叶,灰分、粗纤维、水分等重要的理化指标均优于国标,突出了贵州绿茶内含丰富的特色;参照欧盟和日本茶园禁用标准制定了《贵州省茶树病虫害绿色防控技术方案》《贵州省茶园用农药规范化专营店(专柜)实施方案》,还发布了高于国家有关禁令要求的黔农发〔2014〕94号文,禁止各种杀虫剂、杀菌剂、植物生长调节剂在茶园中使用;引用了2013年我国发布的GB14881《食品安全国家标准食品生产通用卫生规范》,旨在要求多年来养成农产品粗放式加工习惯的传统茶叶生产者向现代食品加工企业的卫生要求靠拢。标准要求加工场所实行全程不落地生产,推进清洁化生产,做干净茶、放心茶,使生产企业实现了标准化、清洁化、规模化生产。

2018年11月,贵州省质量技术监督局实施了最新修订并通过技术审查的《都匀毛尖茶》《湄潭翠芽茶》《绿宝石绿茶》《遵义红红茶》4个省级地方标准。其内容由81项标准构成,覆盖了从茶叶种植、加工、冲泡等从茶园到茶杯全产业链、产品全生命周期,形成了协调配套、系统完备的茶叶技术标准体系。其中,污染物限量指标铅严于国家标准1.2倍,农药残留限量指标吡虫啉、草甘膦、虫螨腈、啶虫脒、联苯菊酯、茚虫威6项指标均严于国家标准,是目前国内最严格的安全要求,凸显了贵州茶的安全品质特征,符合贵州做生态茶、干净茶、出口茶、欧标茶的茶产业发展方向,可以进一步提升贵州茶的品质,推动茶产业规范化、高质量发展。

在产品营销方面,贵天下公司营销团队不仅为"遵义红"、都匀毛尖等品牌制定了合理的营销策略,建立起全方位立体式营销渠道,而且明确了该公司的文化内涵。他们认为赢得消费者好感的最好方法是与他们建立精神上的共鸣。他们在扫描贵州文化和传统茶文化无果之后,最后将目光锁定在了贵人文化上。中国人自古讲究知恩图报,心存感恩,尤其是感恩贵人,这不只是高端人群专有的情感共鸣,而是具有普遍认知,对子女来讲,父母即贵人;对学生来讲,老师就是他的贵人;对从商者来讲,合作伙伴就是他的贵人;甚至到了一个陌生地方,给你指路的人也是你的贵人。可以说贵人文化在各个人群中间都能产生共鸣。在和这些贵人相处时,我们都心存感激,难以言表。"贵人"概念非常契合高端茶叶的礼品属性理念。

借势"贵人文化"这种具有普遍认知基础的强势文化,必将赢得大多数人的共鸣。"贵人,贵州茶,贵天下",成为贵天下公司的核心营销理念,最终形成了"人生每上一步都离不开贵人的扶持,贵天下好茶,献给生命中每一位贵人"的广告语。贵天下公司以最直接的方式表达消费者的心声,让消费者瞬间对品牌产生极强的亲切感。

(三)地方党委政府的大力支持

"遵义红"品牌在研发推销过程中,不断获得地方党委政府,贵州省委、省政府的大力鼓励和支持。品牌创建之初就得到湄潭县领导层的高度重视,要求县茶叶协会会同公司积极打造自己的红茶品牌,并定下"遵义红"作为品牌名称。"遵义红"红茶品牌的主要营销思路是走规模化道路,正好符合贵州省加大发展茶产业的工作方向。2007年,湄潭县提出每年以发展5万亩的速度向前推进茶园,到2012年达到60万亩,成为中国第一大产茶县。

贵州省委、省政府一直坚持把加强贵州茶宣传放在优先突出位置,先后制订了《贵州茶产业三年宣传行动计划》《2019年贵州茶产业宣传工作方案》《贵州茶"春季攻势"宣传工作方案》《"茶的起源在贵州"宣传工作方案》等,以"喝干净贵州茶,做健康中国人"为主题,整合国际、国内、省内的媒体、商业、行业、学界等资源,坚持媒体融合创新传播,向外大力宣传推介贵州"生态茶""干净茶""贵州冲泡"等优势特点,提升贵州茶品牌影响力号召力传播力。2019年,贵州省组织本省茶企参加北京、西安、义乌、武汉、济宁等12个城市22场茶博会及综合类展会,举办20场茶产业专场推介活动,在北京玉渊潭公园举办万人品茗活动;以推广贵州冲泡为主,到北京、上海、济南、青岛等地开展贵州茶叶经销商培训。

(四)品牌成功塑造发展势头良好

"遵义红"品牌自成功塑造以来,一直保持着良好的发展势头。2015年,贵天下公司已建成核心茶园8000亩和8条清洁化、自动化生产线。在2015年8月的世博名茶百年庆典活动中,贵天下公司和盛兴公司分别荣获"都匀毛尖""遵义红"销售最佳企业奖,支撑了贵州省"三绿一红"品牌打造的半壁江山。2016年12月,央企扶贫基金投资贵天下公司,旨在打造"品牌+渠道"的绿色健康食品销售平台,这是央企扶贫基金与盘江集团强强联合、共同开发贫困地区优势特色资源的体现,有助于贵州贫困地区特色食品走向全国。2017年年底,贵天下公司仅在湄潭县就拥有有机茶园3000亩、无公害茶园基地9000余亩,"遵义红"销量2357.96吨,产值达到8.3亿元。2018年5月,"遵义红"与联合利华公司达成合作,成功搭载对方强大的销售体系。2019年,遵义举办首届春季斗茶选茶大赛,将评选出的遵义红茶、遵义绿茶金奖茶品,制作推出了"万里挑一"系列的高端产品"盛世国红"红茶产品和"天赐国翠"绿茶产品。

四、存在问题

根据相关数据显示,2019年全国18个主要产茶省(自治区、直辖市)的可采摘茶园面积为3690.77万亩。全国干毛茶产量为279.34万吨,全国干毛茶总产值达2396亿元。从销售数据来看,2019年,中国茶叶国内销售量202.56万吨,内销均价为135.25元/千克,同比下降2.9%。各类茶中红茶均价最高,达178.98元/千克。国内销售总额为2739.5亿元,其中红茶570.26亿元,占比20.8%。综合分析以上数据,中国茶叶产量庞大,产品呈现供大于求的趋势,红茶市场份额占比较少,目标客户有待进一步培养,"遵义红"品牌发展存在一定压力。

(一)面临着日益增加的市场竞争压力

国内外生产加工红茶的厂家越来越多,抛开生产规模不说,福建、安徽、云南等省份都有长期形成的著名红茶品牌,仅贵州省就存在数十家规模、层次不同的生产经营厂家,推出如"普安红""红宝石""雷山红"等红茶产品。"遵义红"品牌成名不久,品牌价值远远不如他省的同类产品,作为一款致力满足普通消费者的中低端产品,较容易碰到同级别替代产品,在全国茶叶销售价格整体下降的大趋势下,势必面对巨大的市场竞争压力。

(二)消费者品茶习惯正发生变化

事实表明,为了满足不同客户的更多喜好,贵天下公司在积极开发绿茶等其他特色产品,从而为消费者提供更多可选项。这就从客观上要求"遵义红"进一步提升营销理念,关注消费者不断变化的消费倾向,及时更新营销策略,开发更多茶饮方式,建立高中低齐头并进的目标消费市场,引导培育消费者,促进消费群体稳定增长。

(三)遵义红发展面临多种挑战

品牌的打造非一日之功,在发展过程中容易受到假冒伪劣产品的冲击,在"遵义红"品牌的发展和崛起过程中,已出现了某些产品假冒"遵义红"的品牌兜售。作为贵州省主推的红茶品牌,"遵义红"需要政府加大对品牌的保护力度。茶叶作为农业产品,比较容易受到天灾人祸的影响,从而导致部分茶农收益的浮动,不利于保持长期稳定的生产群体,比如出现类似雪灾或新型冠状病毒肺炎之类的疫情。在"遵义红"营销中占据一定地位的海外市场,难免受到国际政治环境的影响,在"遵义红"品牌未来发展进程中,需要进一步强化风险意识,通过参加商业保险等举措有效规避风险,从而确保健康茁壮成长。

五、发展展望

红茶作为世界上最普及的茶类,从英国皇宫兴起的下午茶,直到现在都市里到处可见的红茶馆,红茶被赋予了高雅、时尚、恬淡的韵味;红茶包容性很强,兼具实用性和艺术性。它有暖胃,抗感冒,抑菌的功效,同时汤色亮丽,呈琥珀色或橙色,视觉效果佳;红茶还很柔和,适应不同的环境,显得浪漫和温馨;红茶是全发酵的茶,储藏时间比较久,而且适宜不同的人群。"遵义红"基于茶青价格和人工成本,具有更高的性价比。随着人们对健康生态饮料的日益追捧,"遵义红"等品牌红茶未来的发展前景有较好预期。

参考文献

[1]胡华健,刘晓霞.贵州茶叶重点品牌"湄潭翠芽""遵义红"及"绿宝石"推进中存在问题及改进措施[J].贵州茶叶,2014(3):4-6.

[2]刘声彦.多彩贵州的一绿一红:湄潭翠芽、遵义红[J].茶世界,2018(5):43-44.

[3]刘小华,刘晓霞."遵义红"从"茶的途程"中找回历史的辉煌——贵州工夫红茶的恢复[J].茶世界,2010(10):40-41.

[4]毛德萍.遵义红·大爱梦[J].贵州茶叶,2013(3):56.

B.15 雷山银球茶品牌发展研究

张云峰 肖 越 陈启静*

摘 要: 雷山银球茶产自贵州省黔东南州雷山县,历史悠久,因形状似苗族银饰银球而得名。自毛克翕同志发掘和提升银球茶工艺后,银球茶品牌逐步壮大,美誉度逐步提升,银球茶已成为贵州十大名茶之一,在国内一定范围内享有一定的知名度。本文梳理雷山银球茶培育品牌采取的形成过程和地方政府为品牌培育的相关措施,为相关茶品牌做大做强提供参考和借鉴。

关键词: 雷山银球茶 品牌 建设

改革开放以来,我国城乡人民整体生活水平得到大幅度的提高,人民群众对美好生活追求的步伐越来越快,自然、健康的优质农产品成为消费市场热捧的宠儿。茶,作为中国的古老饮料,已经有几千年的历史。中国是世界上重要的茶叶生产和消费大国,贵州是世界茶源地和中国产茶大省,雷山银球茶是贵州十大名茶之一,是知名的茶品牌,在国内享有较高的知名度。

雷山银球茶产自贵州省黔东南州雷山县,其形状独特,采用"清明茶"的一芽二叶,经过炒制加工后,精制成一个直径18~20毫米的球体,约重2.5克,表面银灰墨绿,造型为国内外首创。雷山县优越的地理位置和得天独厚的自然条件,为雷山银球茶生长提供了良好的自然环境。雷山县地处云贵高原湘、桂丘陵盆地过渡的斜坡地带,地势东北高,西南低。雷公山最高,海拔2178.8米,最低处海拔480米。雷山县境内属中亚热带季风湿润气候,大部分地区年均气温14~15℃,最高气温35.6℃,最低气温零下8.9℃。年降雨量1310毫米,年平均相对湿度80%。无霜期240~250天,年均降水量1375毫米,年均日照1225小时,适宜种植雷山银球茶。境内山峦起伏,土质肥沃,土层深厚,有机质含量高,土壤酸碱度适中,非常适宜茶

---

*张云峰,贵州省社会科学院马克思主义研究所副研究员,研究方向为产业经济;肖越,贵州省社会科学院历史研究所研究实习员,研究方向为旅游经济;陈启静,雷山县茶叶发展局副局长,研究方向为农村管理。

树生长。日夜温差大,有利于光合物质的积累转化和茶树体内芳香物质的合成,具备制出好茶的鲜叶原料。

雷山县境内茶叶种植加工历史悠久,种茶和喝茶就早已成为当地苗族群众生活中的重要一部分。20世纪80年代,来自贵州北部余庆县的汉族青年毛克翕,被人称为"茶迷"。出于对茶的热爱和事业的追求,毛克翕毅然辞去工作,并邀约伙伴筹集资金,来到雷山县安营扎寨,无论春夏秋冬,任其艰难清苦,在苗族村寨收集整理发掘银球茶资料,承包了40多亩荒芜茶山,创立了茶叶、天麻培植试验场。为了开发名茶,他几乎翻遍了古今中外有关名茶生产加工的技术资料,又对茶叶评审标准、制茶工艺反复进行比较、探索。采摘一芽二叶初展的高档青茶,经传统科学加工成外观呈小球形状,直径约19毫米,每颗重2.5克,经干燥后,茶球表面呈银灰墨绿色,银球茶因此得名。但他们怎么也不会想到,这一发明对于后来的雷山茶产业产生了深远的影响。茶叶一上市,人们交口称赞,求购者络绎不绝。

雷山银球茶作为贵州知名茶叶品牌,具有极高的品牌价值。本文将结合雷山银球茶品牌的发展现状和存在的问题进行探讨,对其提出对策建议。

一、品牌形成

雷山银球茶问世后,因其独特的形状和优良的质量特点,在茶叶市场获得好评。四十年来,雷山县的茶叶以无污染、口感好、耐泡等品质优势多次获得各种奖项。截至目前,雷山银球茶获得如下荣誉。

雷山银球茶在1988年银球茶生产工艺获得国家专利,1989年荣获中国食品博览会金奖。

1984年11月,银球茶被贵州省人民政府评为优秀新产品奖。

1986年5月,银球茶被评为"贵州名茶"。

1986年6月至1991年,银球茶荣获国家轻工业部优秀新产品奖和优质产品奖。

1988年,银球茶荣获"中国首届食品博览会金鹤杯"奖。

1990年,银球茶特种绿茶造型工艺研究项目获"贵州科学技术述进步三等奖"。

1991年,银球茶荣获中国食品工业"十年新成就"展示会"1981—1990年优秀新产品"荣誉称号。

1991年,银球茶荣获国家专利产品,专利号为91110631·6,同时获"全国轻工业优质产品奖"。

1996年6月,银球茶荣获中国食品工业协会"全国食品行业名牌产品"荣誉称号。

1998年8月,"银球"商标被贵州省工商行政管理局评定为"贵州省著名商标"。

2000年1月,银球茶经贵州省人民政府审定批准为"贵州名牌产品"。

2002年4月,银球茶、"银球"牌特级清明茶被评为"贵州省名优茶"。

2002年5月,银球茶荣获中、日、韩第四届国际名优茶评比金奖。

2003年,"银球"品牌被评为贵州省食品工业"著名品牌"。

2004年,"银球"品牌荣获第五届国际名优评比金奖。

2004年,"银球"牌被评为"贵州省茶叶行业著名品牌"。

2005年,银球茶被评为"贵州省特型名茶"。

2005年7月,银球茶荣获第六届"中茶杯"全国名茶评比"一等奖"。

2008年4月,在中国绿茶(古丈)高峰论坛上,银球茶获得银奖。

2009年7月,"雷山银球茶"在贵州十大名茶评选活动中,荣获"贵州省十大名茶"荣誉称号。

2010年4月,银球茶荣获第十七届上海国际茶文化节"中国名茶"金奖。

2010年8月,银球茶荣获首届"国饮杯"全国茶叶评比"一等奖"。

2010年9月,银球茶荣获第七届中国国际茶业博览会"优质奖"。

2011年5月,银球茶在上海国际茶业博览会评选中荣获中国名茶"特别奖金"称号。

2012年,银球茶被选定为党的十八大会议用茶。

2013年10月,中国国际茶文化研究会授予雷公山银球茶为"中华文化名茶"称号。

2013年11月,银球茶在日本静冈世界绿茶评比中荣获金奖。

2014年5月,银球茶在第七届中国宁波国际茶文化"中绿杯"中国名优绿茶比评荣获金奖。

2014年9月,原国家质检总局批准对"雷山银球茶"实施地理标志产品保护,保护范围为贵州省雷山县西江镇、望丰乡、丹江镇、大塘乡、方祥乡、达地乡、永乐镇、郎德镇、桃江乡共9个乡镇现辖行政区域。

2015年,荣获贵州省首届春茶斗茶大赛绿茶类金奖茶王。

2015年,荣获百年世博中国名茶金奖。

2015年,作为全球第六届商报经济论坛会指定用茶和馈赠品。

2017年,在第十四届上海国际茶叶博览会上,获得"中国好茶"评比金奖。

2018年,荣获中国(上海)国际茶业博览会评比金奖。

二、品牌建设

(一)雷山县人民政府大力支持雷山银球茶发展

雷山县人民政府紧紧围绕"生态立县、文化兴县、旅游强县"战略,牢牢守住发展和生态两条底线,树立"生态竞争"意识,全力打造"贵州茶叶大县"。雷山县主要以"雷山银球茶"品牌进行综合打造,主推银球茶。雷山县以雷山银球茶获得国家地理标志保护为契机,打造自己的茶叶品牌。2015年3月18日,雷山发布施行《雷山银球茶地理标志产品保护管理办法》,对雷山银球茶地理标志产品实施监管和保护。该《办法》分总则、工作机构与职责、标志的使用、生产加工和销售、监督管理、附则共6章21条,对雷山银球茶地理标志产品保护地域范围,地理标志产品专用标志的申请、使用、保护、监督管理等方面内容做了明确规定。根据该《办法》,在雷山银球茶地理标志产品保护地域范围内从事银球茶生产的单位和个人,凡符合使用条件的,均有权提出使用雷山银球茶地理标志产品保护专用标志申请,从而获得地理标志产品的保护。该《办法》的出台,将有效地保护雷山银球茶地理标志产品,规范产品专用标志的申请、使用和管理,确保雷山银球茶地理标志产品的质量和特色,维护雷山银球茶的声誉和生产者、经营者、消费者的合法权益。

(二)拥有充裕的原材料

雷山银球茶是雷山县一张金色名片,也是雷山大力发展的产业。近年来,尤其是党的十八大以来,雷山县结合地方资源优势,坚持不懈打造"贵州茶叶大县"的名片,大力发展茶产业,以绿色和有机建高标准无性系茶园,打生态牌,走绿色路,做外贸出口等,在茶园提质改造、扩大种植规模、实施茶旅文化等方面发力,全面提升茶产业整体竞争力和市场占有率,加快推进茶产业融合、高质量发展,促进农业增效、农民增收。为了给雷山银球茶提供充裕的原材料,雷山县连续出台《关于加快茶叶产业发展的实施意见》《关于进一步加快茶叶产业发展的意见》和《关于进一步加快茶叶产业发展的补充意见》等政策,加速了雷山茶叶产业快速健康发展。截至2019年年底,雷山县茶园面积发展已达15.24万亩,覆盖雷山县8个乡(镇)132个村、1.8万户7.8万余人,雷山县采摘茶园面积11.5万亩。2019年,雷山县注册茶叶企业156家,初级加工厂54个,各类茶叶行业组织25个,SC茶叶生产企业27家,具有茶叶出口经营权企业1家,茶叶年加工生产能力达4098吨以上。2019年,雷山县茶产品产量4000吨,综合产值10.05亿元。雷山县大力发展茶产业,不仅满足雷山银球茶的原材料,也是当地贫困群众走上致富道路的有效途径,很多贫困群众通过参与种植茶叶,最终实现了脱贫致富。

(三)标准体系逐渐健全

作为贵州知名的茶叶品牌和享有很高知名度的茶叶,保证雷山银球茶的质量安全对雷山茶产业的可持续发展具有重要的意义,因此,雷山县加强银球茶标准体系建设,从源头上保证茶的质量安全。

2011年,雷山县制定了《雷山银球茶》产品标准,于2011年4月25日由原贵州省质量技术监督局发布实施,标准号为DB52/T 713—2011。随着国家相关标准和市场需求变化,为了更好地指导企业生产、满足市场需求和加强地理标志产品保护,2015年年初,雷山县人民政府提出,将《雷山银球茶》标准名称改为《地理标志产品雷山银球茶》,并单独制定了加工技术规程,于2015年2月15日由贵州省市场监督管理局和贵州省农业农村厅发布,2015年3月15日起实施。

为了不断提升雷山茶的市场竞争力,雷山县近年来先后颁布了《雷公山银球茶、清明茶综合标准体系》等7个系列地方标准,建立了以县茶叶检测中心、县农产品质量安全检测站为重点的县、乡、企业三级检验检测网络,实现县、乡、企业层层把关质量安全;在6个茶叶重点乡镇建立"茶叶用药专卖店"及茶叶用药配送体系;在有机茶园实现了用药统一清单、茶园疫情统一发布、配制用药统一标准、质量安全统一监控的"四统一"。同时,雷山多措并举积极推广绿色生态技术,重点推行"畜—沼—茶"、割草覆盖、播种绿料等生态循环模式,推广太阳能杀虫灯、杀虫板、生物防控等绿色防控技术,建设生态茶园。对产品卓越品质的追求还体现在该县对茶叶专业技术人员的培育上。

为了适应国内、国际市场的需求,雷山县近年来立足发展精品农业,成功总结了"统一品牌、统一包装、统一价格、统一管理"四大茶叶品牌规范管理要求,严格实行有机种植和标准化管理,雷山银球茶成为国家地理标志保护产品,获得了欧盟食品组织的认定,远销多个国家和地区,实现了由质量提高型向数量扩张型的转变。雷山县已入选全国首批生态文明示范工程试点县、全国生态保护和建设示范区,先后被评为国家有机产品认证示范区、国家茶叶综合标准化示范区、国家级出口茶叶质量安全示范区,雷山县生态茶叶示范园区被列为贵州省32个高效农业产业示范园之一。

(四)生产销售多元化格局形成

茶叶品种主要有福鼎大白茶、龙井中小叶、安吉白茶等。茶产业覆盖雷山县8个乡(镇)132个村,雷山县茶农达1.8万户7.8万余人。雷山县注册茶叶企业156家,获得SC认证生产茶企25家,省级龙头企业5家,州级龙头企业7家。2019年茶产品产量4098吨,产品产值为5.7亿元。茶叶产业综合产值为10.5亿元。产品主要销往北京、上海、广州、深圳、贵阳和香港等地。

(五)整合品牌资源,打造品牌"领头雁"

通过政府引导和市场相结合的办法,充分借助雷公山自然保护区、国家级森林公园进行宣传,把县内众多的品牌加以整合,全力打造"雷公山"茶品牌,改变雷山茶叶品牌多、乱、杂的现状,实现品牌共享,做大做强"雷公山"茶品牌。2010年以"雷公山茶"为品牌的产品销售收入达6700万元,占总产品销售收入8775万元的

76%。雷山银球茶被选定为党的十八大会议用茶后,雷山县及时投入500万元在中央电视台、贵州电视台进行宣传,在全国开设茶叶专卖店17家。

三、存在问题

(一)缺乏领军的龙头企业

龙头企业是农产品品牌建设中的主体和关键。雷山银球茶作为一个知名品牌,需要强大的龙头企业来领军。目前,雷山银球茶生产企业主要是省级、州级、县级企业及一些小作坊,缺少国家级龙头企业,大规模的龙头企业欠缺,对区域企业辐射带动能力不强,对提高产品质量和品牌含量的效果有限,对提升产区市场竞争力和抵御市场风险的能力相对较弱。

(二)政府品牌保护力度不强

地方政府在农产品品牌建设中的作用非常明显,雷山银球茶虽然是地理标志保护产品,雷山县也出台了相应的管理办法,但是雷山县却没有按照原来申报地理标志时的要求,根据保护范围做大做强雷山银球茶的品牌,反而推出"雷公山银球茶",虽然是一字之差,但是相关执法部门和部分企业执行不严,在一定程度上损害"雷山银球茶"的品牌形象,进而对产业链产生极为不利的影响。

(三)知名度高但市场占有率较低

雷山县有"中国茶文化之乡""全国重点产茶县""贵州十大名茶"及国家地理标志保护等称号。但多年来,雷山银球茶在全国市场占有率较小,即使在贵州茶叶市场,雷山银球茶的市场占有量也不高,省内外市场拓展仍需较长时间来重新定位与打造。

(四)高水平专业技术人才缺乏

雷山有一支茶叶专业队伍,但是技术力量显得薄弱,尤其是涉及银球茶种植管理、加工销售、营销宣传、精深加工等方面人才的文化水平总体不高,专业知识不够精深,缺乏特色品牌建设的技术与经验,缺乏知识面广的"领头羊",难以满足雷山银球茶品牌建设的实际需要。

四、对策建议

(一)高位推动,举全州之力打造好雷山银球茶公用品牌

一是从州级层面建立公用品牌雷山银球茶品牌。黔东南州茶叶品牌中,雷山银球茶知名度最高,底蕴最深厚,品牌含金量最高,可以考虑举全州之力把雷山银球茶打造成黔东南州公用品牌,通过做大做强雷山银球茶品牌,进一步带动全州茶产业发展。在黔东南州范围内,出台系列政策支持雷山银球茶品牌建设,紧紧围绕"雷山银球茶"建基地、搞生产、促营销,开展一系列品牌宣传推介活动,以多种形式致力于雷山银球茶品牌的打造和培育,通过积极策划举办各类高端茶事活动,举办丰富多彩的节庆赛事活动等,不断提升雷山银球茶品牌影响力和知名度。

二是严格企业公用品牌雷山银球茶准入制度,维护的品牌含金量。借鉴"都匀毛尖""西湖龙井"等公用品牌管理办法,以雷山银球茶作为黔东南州茶叶公用品牌,对使用雷山银球茶的企业,严格限制茶叶产区、质量标准和包装标识,企业可以以"公用品牌+企业品牌"组合的方式进行品牌宣传,从源头保障产品质量,提升产品竞争力,夯实品牌含金量。

(二)强基固本,进一步提高雷山银球茶生产能力和质量

一是完善雷山银球茶茶园基础设施建设。加强基地茶园建设和管理,对雷山银球茶原料园实行产地保护,扩大面积,改善生态环境,提升原料品质。对核心茶园基地加强基础设施建设,加大标准园建设规模,建设集中连片高产优质茶园。逐步对低产茶园进行更新改造,发展良种茶园,按标准化茶园规程管理。加大对夏茶和秋茶开发力度,丰富雷山银球茶产品体系。

二是强化科技创新。加快对茶叶生产管理中新技术、新成果推广应用,强化职业农民培训,提高茶农素质,提升科学种茶、制茶水平,增强辐射带动能力。加大茶叶生产先进实用技术推广力度,集成推广茶叶生物防治和测土配方施肥技术,扩大

生物防治病虫害次数和面积。加强与科研院所、高校合作开展课题、项目研究,促使研究成果尽快应用到茶叶生产中,推动茶叶生产的发展。

三是不断强化茶叶标准体系建设。完善雷山银球茶茶叶种植、加工体系标准,持续推行标准化生产,确保茶叶质量安全,提升茶叶品质。鼓励企业进行申报绿色、有机茶基地认证。以标准茶园创建为契机,积极开展各种高产栽培技术集成推广应用,严格按照标准对雷山银球茶生产、加工、储存和运输的管理。

四是加大对雷山银球茶传统工艺的改进和生产车间的改造力度。按照"政府引导、企业主导、文化添彩、统一品牌、升级发展"的工作思路,充分利用现有生产场地,扩大现有银球茶生产能力。通过对雷山银球茶生产车间的改造和生产工艺的改进,提高雷山银球茶的生产能力和产品品质,改出雷山茶企新风貌,改出茶企新生产力,改出雷山新影响力。

(三)龙头带动,加大对雷山银球茶龙头企业培育力度

一是加强雷山银球茶省级龙头企业的培育。选择规模大、成长好、知名度高的茶企重点扶持,加大信贷力度,引导社会资本投入,鼓励通过合资合作、兼并重组、股份改制等方式,扩大经营规模,增强市场竞争力,扩大雷山银球茶知名度和影响力,带动茶农持续增收。

二是建立龙头企业培育数据库,制定龙头企业认定、培育、支持、淘汰的方案和机制,整合涉企资源要素,出台培育优惠政策,大力支持企业发展壮大。

三是实施州县领导帮扶龙头企业工程,加强州县领导对雷山银球茶企业帮扶力度,重点协助企业解决招商引资、发展制约、市场拓展等方面的难题,为企业发展营造良好环境。

四是加大招商引资力度,抓住机遇,在土地、税收等方面提供优惠政策,努力引进一批实力强、技术新、产品有竞争力的企业投资雷山银球茶。

(四)强化管理,大力推进雷山银球茶品牌建设

一是建立雷山银球茶公用品牌管理机构,指导规范雷山银球茶品牌创建工作。完善雷山银球茶品牌定位,强化品牌策划,开展品牌形象设计,按照严格的理念识别、行为识别、视觉识别的要求,形成完整的雷山银球茶品牌形象和品牌体系。

二是引导、支持生产和销售雷山银球茶的企业进行品牌塑造,在雷山银球茶作为公用品牌的视域下,企业可以依靠雷山银球茶的知名度,加强茶企自身品牌打造,通过在产品质量、等级、价格、包装等方面的定位,增强差异化品牌意识。

三是创新营销模式。用好传统模式,扩大订单销售、专卖店规模,建立覆盖全国大中小城市的销售网络。大力发展网络营销,广聚电商及龙头企业等方面的线上资源,引进网销策划和营销人才,建立自成体系的雷山银球茶网络营销平台。推广"线下体验、线上销售"模式,在全国范围内开设雷山银球茶体验店,建设饮茶爱好者的"打卡地",培育雷山银球茶消费习惯。

四是加强品牌宣传。坚持传统媒体与新媒体相结合,利用新闻、专题片在主流媒体上展示雷山银球茶产业发展、文化挖掘等方面的成果,凸显雷山银球茶品牌形象。积极实施"走出去"战略,鼓励和支持企业参与黔茶对外推介活动。

五是加强人才队伍建设。在州级层面出台雷山银球茶人才战略规划,制定优惠政策,增加涉茶机构的专业人员编制,吸纳省内外高校茶学专业优秀毕业生充实专业技术力量,为雷山银球茶发展提供人才保障。同时,建好茶叶技术推广机构,充实技术人员,配备必要的科技服务装备,加强科技实施和推广应用力度。

(五)讲好故事,增强雷山银球茶品牌的文化内涵

一是凝聚雷山茶文化,讲好雷山银球茶的故事。黔东南州有丰富而深厚的文化底蕴,把民族文化、生态文化与茶文化有机结合起来,通过系列故事传播雷山银球茶的品牌价值和诉求。

二是进一步培育雷山银球茶的文化底蕴,举办"中国·雷山银球茶"文化节,加快推进雷山银球茶与茶文化的融合;以举办雷山银球茶文化节茶摄影、茶叶诗会、茶叶笔会、茶艺茶道表演等文化活动为载体,开展雷山银球茶文化宣传,营造良好的文化氛围。

三是融合黔东南州厚重的民族文化元素,以消费者的兴趣为出发点,以热门话题为纽带,将雷山银球茶品牌宣传活动提升为精神文化体验,激发消费者的情感共鸣。

四是进一步开发茶文化,充分发掘当地古茶树资源和种植、饮茶的民族文化资源,研究和开发极具茶文化内涵的茶叶品牌产品,提高雷山银球茶在国内外市场的品牌知名度和美誉度。

参考文献

[1] 刘大泯,梁宁.打造贵州生态茶叶主体品牌助推贵州茶产业壮大发展——关于贵州茶产业发展的现状及对策研究[J].贵州师范学院学报,2014(10).

[2] 孙颖.中国茶文化的品牌建设策略[J].品牌研究,2020(4).

[3] 蒋焕洲.贵州茶文化生态旅游的现状与对策研究[J].特区经济,2017(9).

[4] 蒲应秋,王萍.贵州茶文化研究的历史与现状探讨[J].教育文化论坛,2018(3).

[5] 罗以洪,陈涛,谢孝明.基于茶文化视角的黔茶产业转型升级路径研究[J].贵州师范大学学报(社会科学版),2018(1).

B.16 梵净山茶品牌发展研究

魏 霞 孟 麟 马芝新 陈永前 徐代刚 肖 楚[*]

摘 要: 本文回顾了铜仁梵净山茶品牌发展历程,对2012年以来铜仁市将"梵净山"茶品牌整合成区域公共品牌取得的主要成效及做法进行了总结,指出梵净山茶品牌发展过程中存在的问题,从抓基地建设、抓龙头企业带动、抓品牌建设、抓人才队伍建设和抓市场建设五个方面提出加快梵净山茶品牌绿色化、规模化、品牌化、专业化、市场化发展,切实提高品牌的凝聚力、影响力和竞争力的对策建议。

关键词: 茶品牌 梵净山 对策建议

贵州是我国唯一兼具高海拔、低纬度、多云雾、无污染,全境高原的茶产区,是我国乃至世界茶树的发源地之一。贵州独特的自然地理条件与生态资源优势,铸就了生态茶的独特品质,连续八年来,贵州茶园总面积位居全国第一位,铜仁市茶园面积位居贵州省第二位。铜仁作为贵州茶叶的重要产区之一,具有发展茶产业得天独厚的自然优势和历史文化传承。得益于梵净山区及周边区域独特的自然生态条件,铜仁出产的梵净山茶嫩绿鲜活、汤色明净、滋味醇厚,系列产品已通过欧盟标准500余项指标检测,被誉为"茶中极品"。[1]20世纪80年代至90年代期间,铜仁相继组建了石阡、松桃、印江、沿河4个县茶叶公司和铜仁地区武陵山茶场,民营企业随之崛起。此后,经过几十年蜕变,逐步形成以梵净山翠峰茶和石阡苔茶为代表的"铜仁茶叶方阵"。梵净山绿茶、夷州贡茶、松桃翠芽、坪山翠芽、沿河古茶、德江

---

[*] 魏霞,贵州省社会科学院区域经济研究所研究员。研究方向为区域经济;孟麟,中共铜仁市委常委、市委宣传部部长,铜仁市推进农村产业革命生态茶产业发展工作专班组长;马芝新,铜仁市农业农村局党组成员、副局长,铜仁市推进农村产业革命生态茶产业发展工作专班副组长;陈永前,铜仁市农业产业化办公室副主任、铜仁市农业农村局茶产业专班副班长、高级农艺师;徐代刚,铜仁市农业产业化办公室茶产业发展科科长、高级农艺师;肖楚,铜仁市农业产业化办公室农艺师、铜仁市茶叶行业协会副秘书长。

[1] 李琛奇. "干净黔茶·全球共享 梵净山茶·香溢天下"贵州茶产业兰州推介会签约资金超5亿元[N]. 经济日报,2020-07-24.

白茶等10多种铜仁名优茶,在全国各种茶事评比活动中荣获160多个奖项,其中,出自"中国名茶之乡"的梵净山翠峰茶、"中国苔茶之乡"的石阡苔茶是铜仁茶的佼佼者,分别跻身贵州五大名茶之列,与中国十大名茶之一的都匀毛尖比肩而立,闻名省内外。[1]在2020年贵州省春季斗茶大赛中,铜仁梵净山茶斩获绿茶组金、银、铜三项大奖,石阡苔茶获红茶组铜奖,"一天一叶"获黑茶组特别优秀奖,充分彰显了"梵净山茶"生态、安全、健康、优质的品牌和产品特征。

一、发展历程

铜仁市作为贵州茶叶的重要产区,种茶、制茶、饮茶历史悠久,兴起于魏晋、南北朝时期,到隋唐已较为兴盛,茶文化源远流长。据陆羽《茶经》记载,今石阡、思南、德江、沿河、印江五县均是"其味极佳"[2]的产茶区域之一。周朝时,梵净山及其周边地区已有茶叶种植。公元前135年,以黔东地区为中心的夜郎古国已形成了"夜郎茶市"[3]。宋代,石阡和思南的茶已是贡茶。明朝永乐年间,梵净山茶就曾享誉朝野,涌现出印江团龙贡茶、石阡坪山贡茶、沿河姚溪贡茶、思南晏茶等一大批"贡茶"品牌。《明实录》中有"思州方物茶为上"的历史记载。中华人民共和国成立后,铜仁茶业得到长足发展。铜仁梵净山茶主要经历了以下五个发展阶段。

(一)自然发展阶段(1986年以前)

在此期间,铜仁石阡、思南、印江、沿河、德江、松桃、江口、玉屏等县均有种植茶树的历史记载,铜仁生产的团龙贡茶、梵净山土茶等已小有名气。这一阶段,茶园面积约31183.5亩,茶叶产量为448.45吨、产值0.13亿元。产品主要以绿茶和红茶为主。[4]

(二)规模发展阶段(1987—2006年)

在此期间,铜仁茶产业的发展主要由政府主导并按照"规模化、标准化、品牌

---

[1] 罗旭."梵净茶·香天下"梵净山茶的前世今生[N].铜仁日报,2020-07-22.
[2] 张景春.梵净山茶文化开发的路径探索[J].福建茶业,2017(5).
[3] 张其生,孙玉玲.光辉灿烂的黔茶文化[J].贵州茶叶,2009(1):36.
[4] 资料来源:铜仁市生态茶产业发展工作领导小组办公室。

化、产业化"发展思路,将铜仁茶产业列入"支柱产业"大力发展,在全区大面积规范种植茶树。其间,茶叶种植面积逐步扩大,茶叶产值产量不断提高、茶叶品牌影响力不断提升,茶产业已发展成为铜仁的主导产业。[1]铜仁市茶园面积由1990年的24750亩发展到2006年的121890亩。[2]实现茶产量895吨、产值0.27亿元。茶产业得到长足的发展,逐渐成为促农增收的重点支柱产业。其中,在此发展阶段,印江县于1992年将"梵净山"申请为茶叶商标,并获得国家工商总局批准注册,对梵净山茶品牌的发展壮大奠定了坚实基础。

(三)快速发展阶段(2007—2011年)

在此期间,铜仁茶产业发展主要是政府主导向政府推动企业、农户发展转型阶段,每年平均新建茶园面积20万亩左右。其中,2007年,贵州省出台《关于加快茶产业发展的意见》文件,明确把茶产业作为贵州省重点发展的优势产业来抓;铜仁地委行署也出台了《关于加快茶产业发展的意见》,确定将茶产业作为农业产业结构调整和富民强区的主导产业加速发展;并根据生态、气候、区域、茶叶品质和魅力、茶文化等优势因素,大力实施名茶品牌战略。到2011年年底,全区茶园面积达到103.38万亩,其中无性系茶园面积约98万亩、约占茶园总面积的94.67%,投产茶园约37.73万亩、占茶园总面积36.5%,无公害茶园面积69.04万亩、占茶园总面积66.8%,机械化示范园12140亩,涉及种茶企业42家、茶农29878户,是贵州省自2007年加快发展茶产业以来,贵州省建园增速第一、规模第二的地区。[3]实现茶产量28830吨、产值达到11.91亿元。印江土家族苗族自治县被授予"中国名茶之乡"称号,石阡县被授予"中国苔茶之乡"称号,梵净山翠峰茶、石阡苔茶先后被评为"贵州十大名茶""贵州五大名茶"及石阡苔茶被评为"贵州三大名茶",石阡苔茶获国家地理标志产品认证。

(四)跨越发展阶段(2012—2016年)

2012年,铜仁市委、市政府将"梵净山茶"整合为全市茶叶区域公共品牌,实行

---

[1] 茶山变金山! 铜仁茶产业发展纪实.铜仁市人民政府网http://www.trs.gov.cn/,2020-06-11.
[2] 吴仲珍,范宝磊,刘智勇.梵净山生态茶产业化现状分析与发展研究[J].安徽农业科学,2013,41(20).
[3] 吴仲珍,范宝磊,刘智勇.梵净山生态茶产业化现状分析与发展研究[J].安徽农业科学,2013,41(20).

"五统一"模式进行管理打造,由铜仁市茶叶行业协会负责监管运营。全市以整合"梵净山茶"品牌为契机,以标准化建设基地,以工业化方式壮大园区,以信息化和现代物流带动产业,以观光农业提升园区,打造了"生态循环、电子商务、特色品牌"的现代高效生态茶业升级版。[1]实现了梵净山茶品牌跨越式发展。2016年,"梵净山茶"被农业部认定为"国家农产品地理标志保护产品",使"梵净山茶"品牌知名度、影响力和美誉度得到了大幅度提升,铜仁市茶产业发展也得到了大幅度的跨越发展。这一阶段,茶园面积约137万亩,茶叶产量为72800吨、产值74.11亿元。

(五)转型升级阶段(2017年至今)

在此期间,铜仁市凭借生态茶产业发展的生态优势、规模优势、品牌优势、政策优势、市场优势、潜力优势等,基于茶产业发展的实际和世界茶产业发展消费趋势,铜仁市以发展抹茶为突破口,延长产业链、拓宽产业幅,推动茶产业转型升级,拟将铜仁市打造成为国际抹茶文化中心和交易中心,把抹茶文化节打造成为助推贵州茶叶产品走出国门、融入世界的又一重要平台。[2]2017年,江口县与贵茶集团签订合作协议后,贵茶集团投资6亿元在江口凯德特色产业园区建设江口县贵茶产业综合开发项目,加工厂占地340.79亩,重点发展抹茶深加工,建成了国内外最大的抹茶单体车间,组建了全国最大的抹茶企业生产联盟,占领了抹茶产业发展制高点。在江口、德江、思南、印江、沿河5个县建成抹茶原料基地8.4万亩,成功引进贵茶集团落户江口县,建成碾茶生产线38条、抹茶生产线2条,实现抹茶产量200吨、抹茶产值0.56亿元,为抹茶产业发展奠定了基础,吸引了大量国内外有关机构、企业前来考察投资,合作发展抹茶产业。2018年,铜仁市成功举办首届贵州梵净山国际抹茶文化节,收获了"中国抹茶之都""中国高品质抹茶基地""中国国际茶文化研究会抹茶文化研究中心"三块国字号匾牌。2019年,梵净山抹茶大会在江口县举行,铜仁已累计建成碾茶生产线50条,抹茶生产线3条,实现抹茶产量1600吨,抹茶产值达3.2亿元,已向美国、德国、法国等12个国家出口抹茶产品。[3]梵净山抹茶大会已成为推动铜仁市抹茶产业发展、传播交流抹茶文化的重要平台。

---

[1] 李中迪.山间最美的那一抹绿——铜仁茶产业全面转型升级观察[N].贵州日报,2015-02-05.
[2] 罗旭."梵净茶·香天下"梵净山茶的前世今生[N].铜仁日报,2020-07-22.
[3] 2019梵净山抹茶大会在贵州铜仁举行[N].经济日报,2019-10-18.

2019年,围绕贵州省委、省政府《关于加快建设茶产业强省的意见》《贵州省农村产业革命茶产业发展推进方案》、铜仁市委、市政府《关于落实"八要素"深入推进农村产业革命 坚决夺取脱贫攻坚全面胜利的意见》《铜仁市生态茶产业助推脱贫攻坚三年行动方案(2017—2019)》等文件的总体安排部署,深入推进农村产业革命,加快生态茶产业提质增效、转型升级发展,取得显著成效,有力地促进了农业农村经济社会发展,助推了脱贫攻坚和乡村振兴。[1]自2012年以来,铜仁市每年以近20万亩发展速度递增。截至2019年,铜仁市茶园基地面积150.99万亩,实现茶叶总产量11.21万吨、茶叶总产值108.9亿元,成为100亿元级的农业产业,产业规模排名贵州省第二位。[2]铜仁市万亩种茶乡镇63个,茶叶专业村47个,茶叶专业合作社438家,建成省级现代农业高效茶叶示范园区16个,基地不断扩大,面积不断增加。铜仁市有5个县荣获"全国重点产茶县"称号、3个县荣获"中国名茶之乡"称号、6个乡镇荣获"贵州省最美茶乡"、沿河县荣获"中国古茶树之乡"称号,铜仁市被授予"中华生态文明茶乡"荣誉称号,铜仁梵净山茶基地被授予"中华生态文明茶园"荣誉称号,梵净山茶商标荣获"中国驰名商标"认定,梵净山茶荣获国家农产品地理标志产品,梵净山茶品牌评估价值为26.2亿元。10余家梵净山茶企业抱团入驻北京马连道茶叶市场,成立北京马连道梵净山茶城(见表1)。

表1 铜仁梵净山茶各阶段发展情况

阶段	时间	茶园面积(亩)	茶产量(吨)	产值(亿元)	特征
自然发展	1986年以前	31183.5	448.45	0.13	以印江县为主产地
规模发展	1987—2006年	121890	1247	0.46	政府主导
快速发展	2007—2011年	1033800	28830	11.91	政府推动
跨越发展	2012—2016年	1369995	72800	74.11	政府推动+企业运作+市场调节
转型升级	2017年至今	1509900	112100	108.9	政府推动+企业带动+农民参与+市场运作

资料来源:根据铜仁市生态茶产业发展工作领导小组办公室提供资料整理。

---

[1] 铜仁市生态茶产业发展工作领导小组办公室.铜仁市茶产业发展报告[M]//徐天才,胡继承.贵州茶产业发展报告(2019).贵阳:贵州科技出版社,2020:4.

[2] 罗旭."梵净茶·香天下"梵净山茶的前世今生[N].铜仁日报,2020-07-22.

二、品牌价值

铜仁梵净山茶历史悠久、底蕴深厚,梵净山茶是名副其实的干净茶、生态茶、安全茶、放心茶、健康茶,被誉为"茶中极品"。

梵净山茶是有历史有故事的茶。梵净山茶因产于梵净山而得名,历史悠久,茶文化源远流长。明初,佛教兴盛,梵净山因云瀑、禅雾、幻影、佛光四大天象奇观,成为众僧向往的"梵天净土","梵净山"因此得名,是与山西五台山、四川峨眉山、安徽九华山、浙江普陀山齐名的中国第五大佛教名山,1982年被联合国列为一级世界生态保护区,同年,被联合国教科文组织接纳为国际"人与生物圈保护网"(MAB)成员,被誉为"地球和人类之宝"。[1]梵净山是兼具高海拔、低纬度、多云雾的茶区,常年云雾缠绕,非常适合茶树的生长,是中国茶叶原产地之一,至今仍保留着古茶树5万余株(其中,千年古茶树132株),野生茶树20.55万亩,野生茶树平均密度达到45株/亩。[2]

梵净山茶是生态健康的茶。梵净山茶诞生于武陵山脉,因方圆百里无工业污染,生态条件优越,得天独厚的地理和气候条件、优良的水质、良好的生态环境、特殊的微生物群落,经过不断生长、沉淀,创造出了当今品质优良的"梵净山茶"品牌价值。得益于梵净山周边区域优越的自然生态,采用传统工艺与现代科技精制而成的梵净山茶,品质独具特色,经国家农业农村部茶叶质量检测中心和贵州省农产品质量检验检测中心多年检测,茶叶中的水浸出物含量达38.0%~47.8%,茶多酚含量达16.7%~31.5%,氨基酸含量达3.1%~10.6%,构成了茶多酚与氨基酸协调的黄金配比,赋予了梵净山茶香高持久、鲜爽醇厚的独特品质,[3]属天然绿色食品,茶叶各项理化指标和卫生指标均优于贵州省地方标准和国家标准,500多项指标检测达到或超过欧盟标准,并且富含维生素、茶多酚、氨基酸和人体必需的多种微量元素,是名副其实的养生茶、健康茶、长寿茶,被誉为"梵净山珍""绿色极品"。[4]

---

[1] 梵净山.梵净山旅游网 http://special.gzfjs.gov.cn/2018fjs/fjs1010.html,2018-07-18.

[2] 罗旭."梵净茶·香天下"梵净山茶的前世今生[N].铜仁日报,2020-07-22.

[3] 李锦华."梵净山"茶的"净"品质与"静"文化[J].农产品市场周刊,2014(31).

[4] "梵净茶香天下"梵天净土,只此一杯干净茶[N].铜仁微报,2020-07-20.

梵净山茶是有品位的茶。铜仁是贵州茶的主产区,位于武陵山腹地,是典型的亚热带高原季风气候区,雨热同季,润物宜人。铜仁市年平均气温16.2℃,海拔高度在205～2572米,年无霜期290天,常年植被丰富、山高雾浓、雨量充沛、空气清新、溪明如镜,空气质量优良率达97%。境内拥有国家级自然保护区梵净山和佛顶山,其中梵净山被誉为地球同纬度唯一的原始绿洲、动植物基因库,是联合国公布的世界自然遗产之一,森林覆盖率高达98%,负氧离子含量每立方厘米高达12万～18万个,被誉为"天然氧吧"的源头,是优质茶叶的最佳生长区域。独特的生态资源,造就了梵净山茶的品质魅力,"得天独厚,景美茶香"。"梵净山"茶商标是中国驰名商标,梵净山茶是农产品地理标志产品,受国家地理标志产品保护,梵净山茶品牌被评为"十大绿茶公共品牌",梵净山茶系列产品在国际国内茶叶评比活动中获奖160多项。[1]

三、成效及主要做法

自2007年贵州省委、省政府出台《关于加快全省茶产业发展的意见》以来,铜仁高度重视,抢抓贵州省委、省政府做出的"念好山字经、做好水文章、打好生态牌"的发展机遇,始终坚持生态优先、绿色发展战略,坚持把发展茶产业作为调整农业产业结构、振兴农村经济、绿色富民的重要支柱产业来培育打造。特别是2017年9月以来,在《贵州省发展茶产业助推脱贫攻坚三年行动方案(2017—2019年)》的指引下,铜仁市坚持"政府引导、企业带动、农民参与、市场运作"的发展之路,依靠科技创新,推进品牌创建,促进茶产业转型升级,助推脱贫攻坚和农村经济发展,铜仁市茶叶种植规模、生产能力、文化品牌、经济效益取得明显成效,现已成为贵州省重点产茶大市与国内生态名优茶原料、生产和加工的重要基地。在铜仁市125个贫困乡镇中有71个乡镇种茶,2018年实现9.48万贫困人口因茶脱贫,2019年实现9.43万贫困人口因茶脱贫。截至2019年,铜仁市已建成茶叶加工企业454家、专业合作社438家,累计带动23.2万户、94万人从事茶产业,6万多农民依靠茶产业实现家门口就业,带动茶农户均增收1.42万元、人均增收3550元;带动贫困户涉茶人数

---

[1] 刘芮.解锁梵净山茶的"核心竞争力",铜仁市人民政府网http://www.trs.gov.cn/2020-07-31.

9.19万人,带动贫困户脱贫人数4.4万人,涉茶贫困户户均增收2696元,[1]茶产业已发展成为铜仁市脱贫增收的富民产业。

(一)"三项举措"提升茶品牌形象

铜仁市通过政府引导、政策支持、改革推动"三项举措",提升了茶品牌形象。一是设立工作机构,强化组织保障。实行市领导领衔工作制度,成立由铜仁市人大常委会主任、市委常委、市委宣传部部长、市政府分管副市长三名市领导领衔的生态茶产业发展工作领导小组,组建由铜仁市委常委、宣传部部长任组长的市推进农村产业革命茶产业发展工作专班,加强对铜仁市茶产业的组织领导。二是明确目标任务,强化政策保障。相继出台《关于加快生态茶产业发展的意见》《铜仁市茶叶品牌整合实施方案》《铜仁市生态茶产业提升三年行动计划》《铜仁市茶产业发展助推脱贫攻坚三年行动方案》《铜仁市抹茶产业发展实施方案》等一系列政策文件,明确茶产业目标任务,提出工作要求,提供政策保障。[2]三是推进改革,强化品牌提升。按照"强基地育主体、重加工提质量、融文化塑品牌、扩市场抓销售、创机制谋成效"发展思路,积极推进茶产业供给侧结构性改革,把茶产业作为调整农业产业结构、发展农业农村经济、增加农民收入、助推脱贫攻坚的重要农业支柱产业来培育打造,有力促进了全市茶园种植面积、茶叶产量、茶叶产值大幅增加,提高了茶叶品牌影响力,茶产业逐渐发展成为铜仁市农业主导产业和农民脱贫增收致富的绿色产业。[3]

(二)"四个选好"推进品牌茶园基地建设

在政府的引导下,铜仁市采取企业带动、农民参与、市场运作的方式,以选好种植区域、选好种植地块、选好种植主体、选好种植茶苗"四个选好"为抓手,采取招商引资、"公司+基地+农户"带动发展等措施,积极引导全市农村土地有序流转,为茶产业发展提供了良好的载体。[4]一是选好种植区域。选择基础设施完善、相对集中

---

[1] 梵净茶香天下"梵天净土,只此一杯干净茶[N].铜仁微报,2020-07-20.
[2] 铜仁市生态茶产业发展工作领导小组办公室.铜仁市茶产业发展报告[M]//徐天才,胡继承.贵州茶产业发展报告(2019).贵阳:贵州科技出版社,2020:4.
[3] 茶山变金山!铜仁茶产业发展纪实,铜仁市人民政府网http://www.trs.gov.cn/,2020-06-11.
[4] 铜仁市生态茶产业发展工作领导小组办公室.铜仁市茶产业发展报告[M]//徐天才,胡继承.贵州茶产业发展报告(2019).贵阳:贵州科技出版社,2020:4.

连片、坡度25°以下的宜茶区域,以现有茶园为基础,按照"连点成线、连线成片"的思路,稳步推进全市新建茶园建设,扩大种植规模,逐渐形成了印江、松桃、江口梵净山旅游观光茶区,沿河、德江、思南乌江特色茶区,石阡苔茶茶区三大茶叶产业带。[1]二是选好种植地块。选择土壤条件适宜、生态环境良好、土层肥力深厚、严格按照定植茶叶对土质、地势、水源等要求选择种茶地块,确保茶树成活率高、长势好、见效快。[2]三是选好种植主体。选择种植积极性高、基础实力较强、管理运行良好的龙头企业、专业合作社和村级集体经济作为茶园基地建设主体,确保茶园规范、管护到位、下树率高。四是选好种植茶苗。结合铜仁地理气候环境,选择"福鼎大白""龙井43""石阡苔茶"等国家级、省级茶树良种,严把苗木质量关,确保新植茶园良种化覆盖率达到100%。

(三)"五个品"打造茶叶公共品牌

2012年,为促进名山与名茶的优势互补,推行茶旅一体化,铜仁市整合全市茶叶品牌,把"梵净山茶"品牌作为全市公共品牌统一打造,通过在"品牌、品种、品位、品相、品质"五个品上下功夫,不断推动梵净山茶公共品牌发展壮大。一是提升品牌。在全市实行"区域性公共品牌+企业商标"的品牌运行模式,区域内生产的冠以"梵净山茶"品牌的茶叶,由铜仁市茶叶行业协会进行授权管理,铜仁市农业主管部门对品牌的经营销售活动进行宏观管理和指导,铜仁市茶叶行业协会制定了《梵净山茶商标使用管理办法》,规范使用"梵净山茶"品牌,不断提升品牌的使用率、覆盖面、知名度和影响力。二是优化品种。以茶树品种的适应性、适制性和市场需求为导向,不断调整优化和布局一批国家级、省级优良茶树品种,加大对本地特色优势品种石阡苔茶、沿河古茶等开发利用和保护,全面推行良种良法,确保茶树良种化覆盖率100%,从生产原料上确保梵净山茶优质干净。三是提升品位。实行"政府牵头、打捆推介、抱团出山"的宣传战略,统一对外宣传,不断营造"梵净山茶"品牌文化氛围,稳步提升"梵净山茶"品牌的文化品位,实现梵净山茶产品与梵净山茶文

---

[1] 印江自治县农业农牧局.印江自治县茶产业发展报告[M]//徐天才,胡继承.贵州茶产业发展报告(2019).贵阳:贵州科技出版社,2020:4.
[2] 铜仁市生态茶产业发展工作领导小组办公室.铜仁市茶产业发展报告[M]//徐天才,胡继承.贵州茶产业发展报告(2019).贵阳:贵州科技出版社,2020:4.

化的一体化经营,拓展梵净山茶经营领域,积极向梵净山地域文化、梵净山旅游等行业渗透,通过举办梵净山茶文化节、开展梵净山茶茶艺表演、大力弘扬梵净山茶文化,创立具有"梵净山茶"特色和独特风格的茶文化,稳步提升"梵净山茶"品牌的整体形象。四是提升品相。以产品外形丰富多样、包装简洁轻便大方、标识清新醒目为基本原则,调整优化梵净山茶产品结构和外形,面向全国征集梵净山茶公共品牌优秀包装,开发适宜居家、旅行、赠礼、茶馆经营、酒店配用、民航和高铁配用等不同需求的系列产品及配套包装设计,做到名优高端茶产品及包装有品位、上档次而不张扬,普通大众茶产品及包装贴民心受欢迎,不断提升梵净山茶的外形和包装品相;五是提升品质。坚持以"生态茶、干净茶、放心茶,让天下人喝上干净茶"的理念指导生产加工,始终把茶叶质量安全作为发展最基本底线,先后制定了涵盖梵净山茶全产业链的标准技术规程,建立了《梵净山茶品牌综合标准体系》,❶严控各个生产环节,对基地建设、茶园管理、生产加工等严格执行等级评定标准、卫生标准、计量包装标准,不断提高茶叶品质,确保茶叶产品优质安全。

(四)"三级联动"增强茶品牌经营主体动力

坚持企业带动、农民参与、市场运作"三级联动",积极培育经营主体,不断增强经营主体发展动力。一是企业带动。以招商引资和龙头企业培育为重点,推动茶产业主体集群集聚发展。先后引入贵茶集团、太古集团、上海联合利华公司等一批发展实力强、关联度大、带动力强的茶叶龙头企业落户铜仁,壮大茶产业发展主体。截至2019年,铜仁市有茶叶企业454家、专业合作社438家,其中,国家级龙头企业1家、省级龙头企业38家、市级龙头企业100家、规模以上企业99家,基本形成了大、中、小并举的发展格局,产业主体不断壮大,产业体系日趋成熟。❷二是农民参与。坚持以产业发展、农民增收为目标,广泛发动群众参与到茶产业发展中来,重点茶区实现户户有人懂技术、家家有人管产业、人人享受致富成果的良好发展氛围,让贫困群众通过参与茶产业发展,稳步实现脱贫致富目标。三是市场运作。以"政府搭台,企业唱戏"的形式,将茶产业所涉及的一、二、三产业资源进行深度整合,聚合产业优势资源,强化市场运作模式,推动生态茶产业发展优化升级。

---

❶ 灵山秀水茶香四溢印江生态茶抢占市场先机,铜仁门户网:http://tr.gymhw.com/,2014-07-15.
❷ 茶山变金山! 铜仁茶产业发展纪实,铜仁市人民政府网http://www.trs.gov.cn/,2020-06-11.

(五)"三个主动"不断提升优质茶品牌价值

近年来,铜仁市积极组织、引领企业主动参加国内外举办的各类茶业博览会、农交会、农博会、万人品茗等茶事活动,将"梵净山茶"系列产品进行宣传展示,主动推荐"梵净山茶·香溢天下"品牌,提高"梵净山茶"品牌知名度和美誉度,扩大品牌影响力。一是主动参与。先后参加了"中茶杯""农(茶)博会""贵州绿茶·秀甲天下"万人品茗、北京国际茶业展、中国国际茶业博览会、上海茶博会、中国杭州国际茶叶博览会、中国·贵州国际茶文化节暨茶产业博览会、贵州省手工制茶技能大赛等各类茶事活动和有影响力的评选活动,拓展市场,提高铜仁市茶产品的市场占有率和茶品牌影响力。二是主动宣传。不断加大铜仁茶品牌广告宣传推介力度,每年在中央、省市主流媒体,高速公路、机场、火车站、公交车等投放梵净山茶品牌宣传广告,通过持之以恒加强品牌宣传推介,梵净山茶品牌影响力和知名度逐年提升。与行业组织进行合作,挖掘茶历史文化,培育茶艺表演载体。梵净山茶系列产品在"中绿杯""国饮杯""黔茶杯"等名茶评比活动获奖60余个,沿河县千年古茶在捷克布拉格举办的第十届国际名茶评比中获金奖。"梵净山翠峰茶""石阡苔茶"先后获得国家地理标志产品保护并注册为地理标志证明商标。三是主动办会。先后举办北京玉渊潭公园"品黔茶·赏樱花"万人品茗活动、北京香山公园"品黔茶·赏红叶"万人品茗活动、"丝绸之路·黔茶飘香""梵净山茶"西宁推介活动、南京"黔茶出山·风行天下"梵净山茶推介会、"干净黔茶·全球共享"梵净山茶兰州推介活动、铜仁市"梵净山杯"手工制茶大赛及茶艺技能大赛、2018首届中国贵州(铜仁)国际抹茶文化节、2019梵净山抹茶大会等活动。通过持之以恒的品牌打造、宣传推介,"梵净山茶"公共品牌的知名度和影响力得到进一步提升。

(六)"三个集中"拓展茶品牌销售渠道

通过政府引导,集中整合、集中展示、集中推广"三个集中"搭建交易平台,将茶业上游的茶农、茶叶合作社、茶叶生产企业和茶业下游的茶叶经销商进行有效衔接,强化企业展销对接,打造促进茶产业发展、茶文化传播线上线下渠道建设。一是集中拓展线下目标市场。将茶产业市场拓展由政府主导转变成政府引导、企业主导、市场运作的模式,瞄准北京、上海、广州、深圳、苏州、兰州、哈尔滨等国内重点目标市场积极搭建市场销售平台,通过开设北京马连道梵净山茶城、梵净山茶上海推广中心、梵净山茶苏州推广中心等线下销售推广平台和组织举办梵净山茶招商订货会、展销会、茶博会等活动,充分展示、宣传、推介梵净山茶优秀品质和独特魅力,提高梵净山茶品牌的知名度、影响力和美誉度,进一步提升梵净山茶品牌的市场占有率。二是集中拓展线上销售渠道。在稳定省内外目标市场的同时,组织梵净山茶品牌系列产品进入电商平台,不断拓展线上销售渠道,在淘宝村、网店、微商等线上销售渠道建设持续强化,初步形成了线上线下双管齐下、齐头并进的销售市场网络。截至2019年,铜仁市已建立梵净山茶省内销售点1178个、省外销售点447个,进入省内外商超系统82个。[1]三是集中拓展国外市场。出口对象主要是欧洲、北美、东南亚、非洲等区域,出口产品主要以梵净山绿茶、梵净山红茶、梵净山抹茶等产品为主。[2]

(七)"三个围绕"茶产业助力脱贫攻坚

铜仁市茶品牌发展紧紧围绕脱贫攻坚主线、围绕紧扣产业发展"八要素"、围绕扎实推进"五步"工作法,切实把茶产业发展与脱贫攻坚紧密结合起来,坚持把生态茶产业作为第一扶贫主导产业来抓,发挥茶产业在"精准扶贫"中带领山区茶农脱贫致富奔小康的作用,不断创新经营发展方式和利益联结机制,总结形成了辐射带动型、吸纳就业型、入股分红型、合作发展型等四种联结模式,扶贫成效越来越明显,为决战脱贫攻坚、决胜同步小康提供了示范样板。通过产业带动,助推茶企增效、茶农增收、农村富美。如石阡县以茶产业为主导的"1+3"农业产业布局,涉及茶农8.8万户30万人。按照"公司+村级集体经济组织(专业合作社)+农户"的模式,以"三变"为基础,以茶农个人入股、产业劳务和土地出租,把茶农变股民,带动3743贫困户14441人脱贫。[3]目前,铜仁市茶产业涉及115个乡镇、1232个村,产茶

---

[1] 申逸恺."一片茶叶"铺就的致富路——我市持续推动生态茶发展战略[N].铜仁日报,2020-05-30(02).

[2] 铜仁市生态茶产业发展工作领导小组办公室.铜仁市茶产业发展报告[M]//徐天才,胡继承.贵州茶产业发展报告(2019).贵阳:贵州科技出版社,2020:4.

[3] 铜仁市生态茶产业发展工作领导小组办公室.铜仁市茶产业发展报告[M]//徐天才,胡继承.贵州茶产业发展报告(2019).贵阳:贵州科技出版社,2020:4.

贫困乡镇涉茶人员年均收入达7214元。❶铜仁市涉茶人数94.08万人,带动涉茶贫困户9.19万人,带动涉茶贫困户脱贫4.4万人,涉茶贫困户户均增收2696元。❷茶产业脱贫攻坚成效明显,茶叶正成为推动铜仁现代山地特色高效农业后发赶超的优势产业和绿色产业,成为具有较强市场竞争力的农业支柱产业,成为引领农民脱贫增收的富民产业。❸

四、存在问题

(一)组织化程度不高,茶园管理水平差异较大

目前,有的茶园管护参差水平不齐,标准化程度不高,产业规模效益不大。部分茶园是分散种植与经营,组织化程度不高,协会、龙头企业、专业合作组织的实力不强;部分幼龄茶园未及时进行定型修剪,茶树蓬面枝条密度不够,少数投产茶园没有管护到位,难以做到"适时采摘"和"应采尽采"。

(二)流动资金严重短缺,茶叶加工技能尚需提升

由于新建茶园投入大、周期长、见效慢,农户发展茶园存在资金和技术投入上的严重不足。生产企业由于资金积累薄弱,流动资金严重短缺,造成龙头企业工厂规模小、数量少,设备陈旧,生产能力有限,标准化加工厂少,机械化程度低,茶叶产出不高,加工设备难于更新或配套,部分企业加工生产环境较差,有的仍是小作坊式的加工方式,加工技能有待提高。

(三)产品结构不合理,企业品牌创建力度不大

部分茶叶企业产品创新意识不强,生产的茶叶产品结构不合理,茶叶精深加工企业较少,多数企业只重视春季名优绿茶生产,忽视夏秋茶生产,产品结构单一。

---

❶铜仁市生态茶产业发展工作领导小组办公室.铜仁市茶产业发展报告[M]//徐天才,胡继承.贵州茶产业发展报告(2019).贵阳:贵州科技出版社,2020:4.

❷茶山变金山!铜仁茶产业发展纪实,铜仁市人民政府网http://www.trs.gov.cn/,2020-06-11.

❸梁玉飞.从"变"字看铜仁茶产业发展[N].铜仁日报,2020-06-02.

茶青单产不足,产出效益不明显。[1]企业茶品牌多、乱、小、杂,知名品牌使用不规范,品牌监管标准和体系尚需进一步完善,茶叶品牌带动力不强,市场开拓不够,市场占有率不足,产品覆盖率低,经济效益不够明显。

(四)专业技术人才短缺,制约生产加工及品质提升

铜仁市茶产业人才队伍上存在专业技术人才总量偏少,本科及以上文化水平人数偏低,人才队伍不稳定、人才培训工作滞后、高层次人才短缺等主要问题,使茶产业发展缺乏技术支撑,并面临着技术人才与发展目标、发展速度、技术服务、茶农对技术需求四个方面的不适应,一定程度上制约了全市生态茶产业持续健康发展。

五、发展展望

紧紧围绕"把铜仁茶产业建成全国一流茶叶生产、加工和出口的重要基地,打造成为武陵山区茶叶贸易流通、茶旅文化体验中心和'中国抹茶之都'"的总体目标"内外兼修"既要进一步把梵净山茶质量和数量这两个"内功"练实,又要把梵净山茶品牌包装宣传这个"外功"练好,突出"干净茶、生态茶、健康茶"品质优势、生态基因优势,以提升质量和效益为核心,以提高梵净山茶品牌知名度和美誉度为目标,提高标准化、规模化、品牌化"三化"水平,以"梵净山茶·香溢天下"为主题,合力打造公共品牌,抢好当前茶叶发展的有利时机,不断提升梵净山茶品牌的竞争力和影响力,把茶产业打造成为铜仁市特色优势产业、脱贫攻坚主导产业、绿色生态产业、乡村振兴重点产业。

(一)抓基地建设,推动茶园基地提质增效

按照"做实面积,做好管护,做优品质"的发展要求,不断提高茶园基地规模化、标准化、精细化水平,进一步夯实发展基础,着力解决铜仁茶叶基地规模大、茶园单产效益低的矛盾,推动铜仁茶产业绿色发展提质增效。围绕石阡、印江、思南、江口、德江、松桃、沿河7个产茶重点县,按照绿色、有机认证要求和标准,强化茶园基

---

[1] 沿河自治县生态茶发展和技术指导中心.沿河自治县茶产业发展报告[M]//徐天才,胡继承.贵州茶产业发展报告(2019).贵阳:贵州科技出版社,2020:4.

地精细化管理,促进茶产业规模化发展。一是健全完善梵净山茶标准体系,实现产品、技术、管理等从茶苗到"茶杯"全程均有标准,确保茶产业建设"做有标准、管有规程",着力构建"梵净山茶"品牌产业绿色发展技术体系、标准体系、产业体系、经营体系、政策体系和数字体系,提升茶产业社会化服务水平。二是狠抓茶园品质提升。加大对绿色食品、有机产品认证的支持和宣传力度,围绕茶园"三品"认证建设要求,着力打造一批有影响力的绿色、有机茶叶生产示范核心区,注重市场宣传推介,让广大消费者知情认可、放心消费。三是强化企业的质量安全责任,构筑质量安全防线,确保茶叶从茶园到茶杯上的安全。实行质监部门和茶叶主管部门联合监管,构筑质量安全监管体系。全面禁止茶园禁用农药进入茶园,从源头强化对茶园投入品监管,确保从思想、源头、制度、标准以及技术措施等方面全面贯彻实施,确保产品品质和品牌信誉。四是突出打造生态茶园基地。充分发挥生态优势,建设茶中有林、林中有茶的立体生态茶园。五是狠抓抹茶基地建设。瞄准"世界抹茶之都"的目标,以江口、印江、松桃等环梵净山区域为核心区,向石阡、思南、德江、沿河等县拓展,规划建设一批高标准、高品质抹茶示范基地,进一步夯实抹茶产业基础,抢占市场主导权。

(二)抓主体培育,促进产业主体提档升级

龙头企业和实力雄厚的专业合作社具有开拓市场、引导生产、深化加工、搞好服务的综合功能,是茶叶产业化发展的核心,要充分发挥其在市场准入、信息咨询、技术服务、经营行为规范等方面的作用,增强龙头企业的带动能力,解决铜仁茶叶企业数量多、规模小、实力弱,茶产业发展体量大、产业链条长,龙头企业带动能力不强等矛盾。一是把培育和壮大茶产业龙头企业和专业合作社作为一项重要工作来抓,尽快引进和培育一批具有核心竞争力,能带动茶叶产业化发展的龙头企业。按照"扶优、扶强、扶大"的原则,立足现有企业的技术改造和资产优化重组,打破区域、行业界限,采取联合、参股、兼并、重组等方式来扩大规模,以增强企业的活力、实力和辐射能力,从而担当起带动生态茶产业发展的重任。二是营造优质的营商环境。加大招商引资力度,积极引进、扶持经济实力强、经营理念先进、市场营销好的龙头企业,进行优质茶叶、茶饮料、茶食品、茶保健品等方面的茶叶深加工开发,延伸茶叶产业链,提高茶叶原料的利用率,增加茶叶的附加值,促进茶业经济的增

长。[1]继续做好贵茶集团、太古集团、联合利华公司等重大招商引资企业入驻的相关服务工作,确保招商企业进得来、留得住、有发展,进一步激发招商企业发展动能。三是进一步强化主体引进和培育,完善和落实经营主体扶持政策,按照扶优扶强原则,重点培育并积极扶持一批规模型、带动型、现代型和科技型龙头企业,积极引进一批加工技术先进、市场前景好、带动能力强的茶叶龙头企业,培育壮大一批既有龙头企业、专业合作社。四是延伸产业链,提升价值链,强化技术革新,推动加工提级增效。要千方百计提高茶青下树率,想方设法提高茶青资源附加值,着力提升茶叶加工能力。按照清洁化、标准化生产要求,积极引进推广新技术、新设备,提高加工水平,降低生产成本,提升春茶、夏秋茶生产能力,提升经济效益。推动茶叶初精加工分离。引导和支持有加工能力的茶企、专业合作社等向区域中心企业集聚,根据茶区海拔高度、开采时间、茶青品质等要素,按照初制企业就近茶区加工、精制企业落户园区加工,实行区域化加工,推动初精制分离。五是加强政策资金扶持,促进龙头企业做大做强。促使有产品、品质、品牌、市场的茶企强化政策资金扶持,解决融资难、融资贵、融资使用周期短等问题,多方联动,培植基础好的有潜力茶企,促进龙头企业做大做强,全面激发茶产业发展活力。

(三)抓品牌建设,推动茶叶品牌提档增值

梵净山茶的品质好,但梵净山茶品牌影响力与其品质相比还有较大差距,要坚持以"贵州绿茶"为引领,积极融入全省"省级公共品牌+核心区域品牌+企业品牌"的贵州茶品牌体系,重点突出"梵净山茶""梵净山翠峰茶""梵净山抹茶""石阡苔茶"等品牌,让"梵净山茶"走出铜仁、走向全国、走进世界。一是品牌包装。集中打造"梵净山"茶品牌,深入挖掘梵净山茶品牌文化内涵,明确梵净山茶品牌的竞争战略及整合营销传播策略;导入梵净山茶品牌CIS(形象识别系统)设计,委托专业品牌设计机构,完成梵净山茶品牌的CIS完善设计工作,含理念识别系统(MI)、行为识别系统(BI)、视觉识别系统(包括基础应用设计、专卖店形象识别、包装设计)等。二是加大宣传力度,强化形象展示。强化梵净山茶品牌推广与传播。以梵净山抹

---

[1] 石阡县茶产业发展中心.石阡县茶产业发展报告[M]//徐天才,胡继承.贵州茶产业发展报告(2019).贵阳:贵州科技出版社,2020:4.

茶大会为宣传载体,以"梵净山茶,香溢天下"为品牌广告语,以"梵净山"旅游品牌已有的知名度为基础,通过梵净山生态、地理、茶园资源优势与品牌相关联,挖掘梵净山茶的生态文化内涵,彰显优良品质。狠抓品牌宣传,持续以"梵净山珍·健康养生""梵净山茶·香溢天下"为主题,积极组团参加省内外有影响力的茶事活动,扩大品牌影响力。继续加大在覆盖广、影响力强的媒体、目标市场、重点区域的广告宣传力度,多形式组织举办茶事活动。以中高端宣传平台为主,打捆推介、集中展示开展宣传,在省内机场、高铁站设置宣传广告,举办梵净山茶加工技能大赛,制作梵净山茶宣传片,提高品牌知名度、美誉度和影响力。开展"梵净山茶与健康"为主的科研项目及公益论坛活动,鼓励企业积极参加国际、国内各类型茶事活动,通过茶城项目的建设与运作,通过茶叶展示中心的展示与传播,提升整体形象和影响力,树立贵州省领军茶企形象。三是强化品牌建设维护。制定梵净山茶品牌地方性管理法规和发展规划,明确梵净山茶品牌建设、使用和监管等主体职能职责等;加强对梵净山茶品牌授权使用和地理标志使用监管,提高企业对公用品牌的认知度和使用率,抱团打造区域公共品牌,合力拓展销售渠道,不断提高茶叶品牌影响力和市场竞争力。加快推进梵净抹茶品牌注册和标准制定工作,进一步丰富和充实梵净山茶品牌内涵和标准体系,集中力量打响梵净抹茶品牌,抢占抹茶产业发展先机。加大产品质批、食品安全等方面的法律法规保护。加大品牌知识产权保护。加大产地保护,保护好梵净山茶的生态环境。四是培育梵净山茶茶树品种,建立梵净山茶种植数据库,打造一批梵净山茶品牌特色核心基地和科技创新基地。五是找准梵净山茶文化与有铜仁市历史文化和民族文化、梵净山佛教文化等的结合点,整合大生态、大旅游、大健康,研究茶文化、发展茶文化、树立茶品牌,形成独特的梵净山茶文化,推动梵净山茶品牌提质增效,把铜仁打造成为具有国际影响力的"中国抹茶之都",让梵净山茶走出铜仁,走出贵州,走向世界。

(四)抓队伍建设,提升专业人才技术水平

当前,铜仁茶产业发展体量大、产业链条长,与当前发展的体制机制和人员力量配置不相适应。要进一步创新和完善体制机制,尽快培养一批懂知识、会营销,

既有事业心,又有责任心的茶产业从业人员、专业技术队伍、销售队伍和茶文化传播队伍,把铜仁茶推向全国,进而走出国门,拥抱世界。一是聘用业内高端人才,建设一支专业、敬业,高效、稳定的茶业管理人才队伍。积极通过各种渠道培养和引进种类茶产业专业技术人才,探索成立专业化队伍参与管理的模式及邀请省内专家服务工作组,采取田间指导与集中培训相结合的方式,指导茶青采摘技术、机械化加工技术、标准宣贯、茶叶品质审评、质量安全、冲泡等培训,提高茶叶品质,推进铜仁市茶叶产业持续健康发展。二是抓紧培训一批专业技术人才。积极采取"请进来""走出去"相结合的办法,强化与中国农业科学院茶叶研究所等茶叶科研机构和贵州大学的合作,聘请专家进行技术培训和指导。积极与省内外大专院校,特别是与铜仁市职业学院联合,有计划地组织茶业技术人员到科研单位、大专院校进行培训、深造。三是整合培训经费、优化培训方式,重点加强对茶叶从业人员、专业技术人员的技术水平和在茶叶种植、生产、加工、市场营销等方面的技能培训,按照梵净山茶品牌加工工艺流程,对加工技术人员进行培训,统一加工标准。大力培养茶叶种植、采摘、加工、质量审评、市场营销(电子商务)、质量安全、茶艺、茶文化、茶旅等专业复合型人才队伍,培训一批茶产业从业人员。四是探索成立专业化队伍参与茶园管理模式,加大对茶园管理的支持力度,积极推广绿色防控、茶园机械化管理、测土配方施肥等先进技术,切实加强和提升现有茶园的田间管理水平,通过高水平的专业化队伍,打造一批高产茶园示范基地。五是在茶园相对集中的区域开展茶农培训,结合"绿色证书"、新型农民科技培训、"阳光工程"等项目的实施,加强茶企、合作社、家庭农场、专业大户、农技人员培训,提高电子商务、现代物流,茶旅项目运作能力,培养茶叶种植、加工的示范能手,提高茶叶技术推广力度,让茶农逐步掌握无公害茶叶和有机茶生产的基础知识和基本技能。

(五)抓市场建设,提升目标市场竞争能力

以"梵净山茶·香溢天下"为主题,紧紧围绕"把铜仁茶产业建成全国一流茶叶生产、加工和出口的重要基地,打造成为武陵山区茶叶贸易流通、茶旅文化体验中心和中国'抹茶之都'"的总体目标,强化市场建设,扩大品牌影响力。一是巩固提升区域市场。优化铜仁市内茶叶批发交易市场布局,加快推进梵净山茶城、梵净抹

茶小镇等基础设施建设,提升市内市场服务功能。支持开展茶文化进机关、进学校、进企业、进军营、进社区、进乡村"六进"活动;继续办好梵净山抹茶大会系列活动,持续提升影响力。二是积极开拓国内市场。积极主动融入贵州省茶叶渠道建设大格局中,突出梵净山茶品牌特征,继续支持巩固和扩大北京、上海、广州、深圳等大中城市的市场份额,锁定细分目标市场和目标消费群体,精心谋划、精准营销,利用"苏州梵净山茶推广中心"平台,促进苏州碧螺春与铜仁梵净山茶深度融合,提升品牌知名度和影响力。坚持走出去和请进来并重,支持区域内以企业为主体邀请省外"梵净山茶"品牌的消费者、爱茶人士、经销商、潜在经销商、媒体人士等进来,举办各类产销对接活动;主动到国内梵净山茶品牌销售区,通过春茶品茗会、主题茶会、斗茶赛、新品发布会等活动,继续拓展国内市场。三是积极扩大出口市场。按照把铜仁打造成为中国茶叶出口的优质原料基地和"中国高品质抹茶基地"目标,支持已取得出口资质的企业和有出口渠道的企业集团进一步做大出口市场,鼓励支持有条件的企业、行业组织等利用"一带一路"发展机遇,积极对接国际市场,搭建出口通道。

参考文献

[1]徐天才,胡继承.贵州茶产业发展报告(2019)[M].贵阳:贵州科技出版社,2020:4.

[2]陈林.既绿荒山又富民——从铜仁茶产业看"两山"理论[N].铜仁日报,2020-04-29.

[6]邹林.石阡苔茶:片片绿叶撑起富农产业[N].贵州日报,2019-11-27.

[3]申逸恺.铜仁生态茶产业发展势头强劲[N].铜仁日报,2019-08-12.

[4]杨红,杨志清."黔茶出山·风行天下"铜仁茶产业专场推介会在南京举行[N].铜仁日报,2019-04-30.

[5]陈百荷.乡村振兴战略背景下贵州省茶产业发展现状、问题及对策研究[D].武汉:华中师范大学,2019.

[7]徐代刚.铜仁市茶产业发展分析[J].中国茶叶,2018(1).

[8]文叶飞,张凤琴.盘活资源提质增效——铜仁市茶产业发展观察[J].当代贵州,2018(16).

[9]梁正海.三大优势支撑铜仁学院构建梵净山学[N].铜仁日报,2018-07-31(5版).

[10]刘学,温顺位,徐代刚,黄朝军.浅析铜仁市茶产业发展的问题及建议[J].茶业通报,2016(2).

Ⅳ 案例报告

B.17 雷山县毛克翕茶业有限公司案例

卫肖晔[*]

摘　要：在雷山县众多茶企中，有一家以毛克翕个人名字命名的企业——贵州省雷山县毛克翕茶业有限公司（简称"毛克翕有限公司"）。毛克翕是雷山银球茶的创始人和发明人，毛克翕有限公司的发展历程，是雷山银球茶产品、技术与市场发展的缩影。通过对毛克翕茶业有限公司的案例研究发现，企业在技术研发、品牌宣传、茶园建设、文旅资源挖掘、社会责任履行等方面取得显著成效，充分发挥了龙头企业的带动作用，为助推雷山县脱贫攻坚、雷山县茶叶产业高质量发展具有重要的示范作用。

关键词：雷山县　毛克翕　茶产业发展　雷山银球茶

自"十三五"以来，贵州省雷山县大力实施"生态立县、文化兴县、旅游强县"战略，全力打造"全国旅游名县、贵州茶叶大县"，始终坚持"扩基地、抓管理、树品牌、拓市场"的工作思路，大力支持茶产业发展，茶叶综合生产能力和市场竞争力逐步增强。"雷公山茶""雷山银球茶"公共品牌蜚声海内外，茶农收入持续增长，茶产业已成为雷山为实现县域经济后发赶超、富民强县的主导产业，在推动农民增收致富和脱贫工作中起到良好作用。在雷山县众多茶企中，有一家以毛克翕个人名字命名的企业——毛克翕有限公司。毛克翕是雷山银球茶的创始人和发明人，毛克翕有限公司的发展历程，是雷山银球茶产品、技术与市场发展的缩影。

一、企业简介

毛克翕有限公司的前身是成立于1996年的毛克翕茶叶发展研究所，是集茶叶种植、加工、销售与茶艺培训、茶文化传播、茶事活动体验及民俗为一体，以毛克翕个人名字命名的综合性茶叶企业。毛克翕有限公司成立于2009年6月，毛克翕是

---

[*] 卫肖晔，贵州省社会科学院图书信息中心，副研究馆员。

雷山银球茶创始人及发明人。公司坐落在雷山县丹江镇乌开绿色食品工业园区（见图1）。企业以师资实力雄厚、产品质量保证、服务理念先进、诚信经营为方针，生产有银球茶、清明茶、云雾银针、云雾雪芽、云雾绿茶等高、中、低档产品。截至2019年年底，公司拥有固定资产2680万元，办公场所占地面积3665平方米，固定职工28人，高级职称4人，中级职称6人，年加工生产茶叶能力达200吨，年销售收入1600万元。

图1　雷山县毛克翕茶业有限公司办公场地
图片来源：企业提供。

近年来，毛克翕有限公司始终坚持"以茶兴县、以茶富民"，已发展成为雷山县具有一定影响力和带动力的茶叶主导地位企业，对雷山县茶叶产业发展做出了积极的贡献，深受省、州、县各级领导的赞扬和鼓励。

毛克翕有限公司按照"规模化、规范化、标准化、市场化"的发展方向，采取"公司+基地+合作社+农户"的发展模式，分别在乌东村、陶尧村、黄里村、小龙村、南尧村、望丰村、方祥村、雀鸟村等村庄设有茶青收购点，与85户贫困户及500余户茶农签订了茶青收购协议，同时带动周边3000多户发展茶叶种植，有效解决了当地2000多人就业，辐射周边30000余人从事茶产业相关工作，解决了农村劳动力就业难题，增加了农民收入。

2007—2012年"毛克翕商标"连续被认定为"贵州省著名商标"；2008—2012年

被雷山县科技协会评为"先进企业";2008—2012年被黔东南州消费者协会评为"诚信单位";2010年被雷山县委、县政府评为社会贡献大纳税"先进企业";2010—2013年被雷山县委、政府评为"先进企业";2013年3月被评为黔东南州级农业产品优化经营"重点龙头企业"称号;2013年11月获得共青团贵州省委、贵州省青年创业就业基金会授予的"贵州百万青年创业就业行动示范基地"荣誉称号;2013年被评为黔东南州重点扶贫企业;2014年11月被评为"贵州省名牌产品";2015年5月被评为"消费者最喜爱的产品";2015年5月获得"贵州省首届斗茶赛绿茶类金奖茶王"称号;2015年11月获得贵州省"省级扶贫龙头企业"称号;2015年12月毛克翕有限公司产品"雷山银球茶"(见图2)入选国家农业部"名、特、优、新"目录;2016年12月获得省级"重点龙头企业"称号;2017年12月毛克翕牌清明茶获得"贵州省名牌产品"称号;2018年公司生产车间获得"全国工人先锋号",同年毛克翕银球茶获得贵州省第六届"黔茶杯"评比一等奖;2019年被评为第八届贵州茶业经济年会"干净黔茶·全球共享"优秀茶商。

图2 贵州省雷山县毛克翕茶业有限公司雷山银球茶产品

图片来源:雷山县人民政府。

图3所示为2019年6月22日,北京国际茶业展民族文化体验活动上毛克翕有限公司执行董事毛鹃代表雷山县将雷山特产"银球茶"赠予上合组织原秘书长、外交家阿利莫夫先生。

图3　毛克翕茶业有限公司执行董事毛鹃将雷山特产"银球茶"赠予阿利莫夫先生
图片来源：雷山县融媒体中心。

二、雷山银球茶的奠基人

在贵州省雷公山下的雷山县城，有一家茶叶发展研究所生产出来的"银球茶""清明茶""云雾绿茶""天麻茶"，以其"色鲜味美、醇香可口"蜚声海内外，多次荣获"贵州省优质产品""第四届国际名茶金奖"称号。这些名优茶的发明人就是毛克翕先生。

毛克翕1931年3月出生于贵州省余庆县乌江镇后坝村，1950年10月至1951年3月在镇远干校学习，同年4月被安排在镇远地委宣传部工作；1952年起先后在县委宣传部、县供销社、县科委工作。

随着国内外市场需求的加大，茶叶饮用已进入千家万户，优质茶产品成为国际市场的抢手货。地处贵州省雷公山区的雷山县，气候温和，雨量充沛，土壤肥沃，空气清洁，所产茶业无工业污染，无农药残留，含硒量是一般茶叶平均含量的15倍，是种植茶叶得天独厚的一块宝地。改革开放以来，历届雷山县委、县政府利用这块宝地，积极引导农民大力发展茶叶生产，先后派科技人员到乡村，向农民宣传茶叶栽培与管理技术。雷山县领导和有关部门带头办点，建立茶叶高产示范基地。毛克翕则积极要求离开县科委办公室，到山上开发茶叶基地；组织上同意他的请求后，1980年11月，毛克翕走出了原雷山县科委办公室，背着行李来到距县城14千米的丹江镇洋排村觉散苗寨的山坡上安营扎寨,开发茶叶基地180亩,办起了茶叶加工厂,开始了他的创业之路。经过精心打造特色茶叶品牌,终于生产出了银球茶、天麻茶、清明茶、云雾绿茶。这些产自雷山苗寨的茶产品"色鲜味美、醇香可口"1983年被评为"轻工系统优秀新产品"称号,1988年和1991年分别获得国家发明专利。

1985年10月,毛克翕被推选为"贵州省各界人士为四化服务先进代表";1986年4月光荣地加入了中国共产党;1989年8月被评为"黔东南州科协先进个人";1989年毛克翕发明的"银球茶"荣获轻工部优质产品奖。

1989年,雷山县银球茶叶公司成立时,毛克翕担任公司经理。在银球茶叶公司工作期间,由于工作成效显著,为国家做出了突出贡献,1990年12月再次被评为"全州科协先进个人";同年荣获"贵州省科学技术进步三等奖";1991年被评为"县先进科技工作者";1992年8月起享受国务院特殊津贴;1985—1990年被原轻工部、林业部聘为茶叶评委;1993年被评为"雷山县专业技术拔尖人才";同年被授予"州首届科技兴州奖"等。

毛克翕退休后在县城办起"贵州省雷山县毛克翕茶叶发展研究所",并设有茶叶加工厂,有12位工人,每年加工茶叶(干茶)产量达12吨,产值达80万元,创税4.5万元;生产的茶叶产品主要有银球茶、清明茶、云雾绿茶、天麻茶、苦丁茶、三尖杉社仲茶等系列品种。他发明的茶叶销往北京、上海、天津、哈尔滨、深圳,以及日本、韩国等地,产品供不应求。为了使银球茶达到"一香、三绿",毛克翕经过多年的反复研究,刻苦钻研烘烤、提香方法,通过试验,加工出来的茶叶汤色淡绿,经久耐泡,回味绵甜,受到了广大消费者的喜爱。2000年,毛克翕发明的银球茶又荣获"第四届国际名茶金奖",为雷山县争得了荣誉。

三、主要做法及成效

近年来,雷山县立足于自身优势,大力支持茶产业发展,始终坚持"扩基地、抓管理、树品牌、拓市场"的工作思路,以毛克翕有限公司为代表的茶企走出了一条基地标准化、服务社会化、效应品牌化、运营产业化的新型茶产业发展之路。

(一)满足市场需求,加大技术投入

雷山银球茶精选上年秋季形成的越冬芽,在清明前后采摘制作而成。由于茶叶的生长期限长,加之雷山地区优越的自然生态,毛克翕银球茶所含有的茶多酚、儿茶素及微量元素锌、硒等多种营养成分高于同等级的名优绿茶,水浸物高达42%以上。茶园分布在国家级自然保护区雷公山腹地及海拔1200~1400米地带,常年云雾缭绕、雨量充沛、空气清洁、土壤肥沃、无任何工业污染,茶叶微量元素含量丰富。

图4 毛克翕在茶园查看茶叶病虫害治理情况

图片来源:企业提供。

为了满足市场需求和企业的发展,2009年10月毛克翕有限公司开始进行技术改造。项目总投资450万元,并于2011年正式投入生产,当年实现销售收入380万元,利润46万元,税金52万元。通过项目的实施,企业生产自动化、清洁化程度提高,资源综合利用率在第一年试产期就达到了60%以上,能源节约了25%,就业人员增加62人,环境保护效果显著。通过项目实施,产品结构得到了优化,加工工艺得到了改善和控制,产品技术含量和附加值得到了很大提升,食品安全得到保证,为通过HACCP和绿色食品认证奠定了扎实的基础。

(二)加强技术合作,确保质量安全

黔东南州农业农村局每年组织州植保站、州土肥站的专业技术人员到各县提质增效示范点详细了解茶园基地生产经营与管护情况,指导推广病虫绿色防控技术、有机肥替代减量等绿色防控技术。为加大茶园提质增效培训力度,确保黔东南州"三个100万"工程茶产业稳步推进,黔东南州农业农村局多次开展茶园提质增效技术培训会,通过专家对茶园管理技术系统性讲解与分析,切实为茶企和农业技术干部解决了技术上的难点、疑点。雷山县组织乡镇分管领导、茶叶重点村干部、种茶大户等到浙江新昌等地参观学习茶产业发展先进典型经验。2019年,雷山县开展各类技术培训2536人次,深入茶区指导茶农采茶、管茶873人次。毛克翕有限公司主动与贵州省茶叶研究所等高校和科研院所对接,积极争取技术支持,从开展技术合作、人员培训、专家指导等多方面解决技术力量薄弱的问题。依托中国农业科学院茶叶研究所、黔东南州农业农村局、雷山县茶叶发展局等单位作为技术后盾,加强茶园种植、管理、加工技术培训,尤其是茶树病虫害管理和加工技术培训,多种形式多种方式让茶农看得懂、学得会、用得上。毛克翕有限公司领导和技术员先后到小龙村等各基地、加工厂做现场培训。受培训的茶农科学管理能力及茶叶加工技能不断得到加强,茶产业管护及专业技术知识全面提高,加工工艺不断创新,有效地增强了茶农发展创业的信心与决心。

(三)制定品牌标准,提升品牌质量

为进一步提升雷山县及黔东南州茶产业发展质量,黔东南州于2018年12月发布了"雷公山茶"地方标准,并于2019年3月正式实施,该标准的发布对推动黔东南州茶叶公共品牌的发展具有带动性作用。毛克翕有限公司始终坚持以绿色防控为中心,以打造生态茶、绿色茶、健康茶的理念,全面推广应用茶园绿色防控技术,提高茶叶原料品质,确保品牌质量。一是加大茶园标准化建园力度。截至2019年年底,在有效期范围内标准化认定的茶园有1000万亩,有机茶园面积499.95亩(第三年转化期2020年7月12日至2021年7月11日)。二是加强茶园监管。强化对茶园监管投入品进行管控,毛克翕有限公司所有茶园均按照贵州省茶园监管投入品进行管控,坚决禁用除草剂和水溶性生长素。三是定期抽样检查。州、县农产品质量安全检测站、州执法队分季度对雷山县茶叶样品、茶园土样、鲜叶等进行农残、重金属抽检,产品均达标。

(四)确保茶农利益,促进联营发展

近年来,雷山立足于自身优势,大力支持茶产业发展,通过多年努力,雷山县"雷山银球茶""雷公山茶"在省内外有一定的知名度和市场占有率。截至2020年年底,雷山县茶园面积16.24万亩,可采摘面积13.5万亩,茶产业覆盖雷山县8个乡(镇)132个村,雷山县茶农达1.8万户7.8万余人。雷山县注册茶叶加工企业及加工厂156家,省级龙头企业5家,州级龙头企业7家,年生产能力达4500吨。生产加工茶产品主要以中高端为主、其他为辅,绿茶为主、红茶为辅,春茶为主、夏秋茶为辅。茶产业已逐步成为农民增收致富的主导产业。"公司+基地+合作社+农户"的发展模式使毛克翕有限公司逐步走向规模化、规范化、标准化、市场化的发展道路,分别在乌东村、陶尧村、黄里村、小龙村、南尧村、望丰村、方祥村、雀鸟村等村庄建有初级加工厂和茶青收购点,毛克翕有限公司和合作社签订协议,合作社和茶农签订协议,毛克翕有限公司对合作社(初级加工厂)做茶园管护、农资采购、加工技术等方面的技术指导,提供生产标准,收购合作社生产出的毛茶,解决销售问题,在产品品质安全性、稳定性方面严格把关,形成企业与合作社、茶农利益共享、风险共担,集"三品一标"、产加销为一体的茶园经营管理示范区。农户依托毛克翕有限公司雄厚的加工和销售实力,夯实茶园基地建设,毛克翕有限公司与农户既分工明确又互相监督,企业减少了基地投入,农户也不需要担心加工能力欠缺和销售的压力,既避免了生产资料的浪费,又让双方在各自业务领域有更好的发展。这一脱贫攻坚的利益联结模式成为贵州省茶叶产业的典型模式并得到推广。毛克翕有限公司形成以茶叶加工企业为龙头、合作社为依托、茶园基地农户为主体的茶产业经管管理模式。毛克翕有限公司与茶场、合作社、茶农长期合作,创建品牌产品原料基地,成为茶园经营管理、品牌打造、标准化生产、科技推广、质量安全全程可控的重要主体,走适度规模化发展之路。

(五)强化企业责任,促进经济发展

通过"中国侗乡茶城"、茶博会、斗茶赛、省内外各类展销会等平台宣传"雷公山银球茶",积极开拓省外市场,以安全、高品质占领茶叶市场。毛克翕有限公司产品将雷山苗族元素充分融入茶产品销售的各个环节,通过淘宝、抖音等各平台强化线

上销售,通过一系列茶事活动,进一步提升雷山县"全国旅游名县""贵州茶叶大县"两张名片,扩大雷山银球茶品牌的影响力,对弘扬雷山县茶文化、引导茶消费、服务茶产业、繁荣茶经济发挥良好效果。

毛克翕有限公司生产的茶叶在雷山县同行业中树立起标杆和榜样作用,多年来,在雷山县委、县政府及相关业务部门的关心、支持下,毛克翕有限公司业绩得到了快速发展。2019年实现茶叶产量200吨,茶叶销售收入1810万元,创税收21万元,带动农户收入980万元。可以说,无论从产量还是收益,该公司都走在雷山县茶产业发展前沿,对促进雷山县贫困地区农民增收致富,促进农村经济发展,促进构建和谐社会,建设社会主义新农村做出了努力和贡献。

四、展望

多年来,在雷山县委、县政府及上级业务部门的关心、支持下,毛克翕有限公司业绩得到了快速发展。下一步,毛克翕有限公司将围绕雷山县委、县政府打造"贵州茶叶大县"和"决战脱贫攻坚、决胜同步小康"的目标,立足省内市场,重点开拓省外市场,积极进军国外市场,以茶产业扶贫为抓手,以提升质量和效益为核心,围绕"强龙头、创品牌、占市场、促脱贫、带农户、增效益"的基本思路,在加工升级、质量安全、品牌宣传、茶旅融合等方面推进创新力度,助推脱贫攻坚,推动雷山县茶叶产业又好又快发展。

(一)加强技术研发,提升品牌质量

多年来,毛克翕茶业的发展历程证明,只有不断加强技术创新,在激烈的市场竞争中,才能具有更强的市场竞争力。但是,银球茶时至今日仍采用传统的手工搓揉技艺,很大程度上制约了茶叶的产量。为解决这个问题,需要在茶产品加工上既要体现传统手工艺,又要结合现代工业发展,加大研发力度,研制银球茶的机械搓揉成型工艺,为雷山银球茶的量产提供技术支撑。

(二)加强品牌宣传,提升市场占有率

雷山银球茶尽管深受消费者喜爱,但市场占有率仍不高。为此,毛克翕有限公

司每年都会多次赴省内外进行产品展销及推活动,有力地促进企业之间的交流与合作。随着产品市场不断拓展,毛克翕有限公司与多个网络平台合作,线上线下双线销售,营销市场由原来北京、山东、河南、贵阳等地,拓展到了天津、上海、深圳、新疆等地。在未来发展中,还有待继续深耕国内市场,积极开拓国外市场,做优做大企业品牌,提升毛克翕雷山银球茶的市场占有率。借助西江景区巨大的游客资源,深入思考和谋划营销渠道,用"银球"吸引"眼球",拓展拓宽茶叶销售市场。

(三)夯实茶园基础,严格质量控制

坚持干净黔茶发展理念,用最严格的举措加强企业茶园及生产各个环节质量安全建设。强化公司生态茶园建设,采取科学有机的防治方法,做好茶叶病虫害防治管理。加强与企业现有茶园、合作社、农户等茶园的精细化管护,加快低产茶园改造提升。加强与贵州省农科院、贵州省社会科学院、贵州大学等科研平台的产学研合作,加强茶产业硬件投入和软件投入,提升茶叶生产质量和效率,加强科技力量培育,增强企业茶产品的科技竞争力,切实巩固雷山茶叶优质品牌地位。

(四)深挖文旅资源,做精茶旅融合

按照"政府引导、企业主导、文化添彩、统一品牌、升级发展"的工作思路,依托毛克翕茶业品牌传承人和龙头企业优势,深入推进雷山茶叶、文化、旅游相融合,将茶产业融入文旅、休闲、饮品等行业发展,强化雷山银球茶传统工艺、厂区提升改造,整合西江景区市场资源,谋划实施茶旅深度融合,以旅促茶,以销促产,以产促管,展示宣传银球茶文化,提高"雷山银球茶"品牌知名度。

五、案例启示

(一)以旅促茶,茶旅互动,大力延伸茶产业链

巩固提升省内市场,积极推进茶文化与旅游融合发展,形成多点支撑。毛克翕有限公司坚持以银球茶为拳头,走名优茶、红茶、大宗茶共同发展、春夏秋茶并举的发展路子。加强与茶产业相关企业联手开发茶饮料、茶食品、茶保健品、茶文化旅

游商品等茶叶深加工及茶叶衍生品开发,延伸茶产业链,促进茶叶资源的综合利用。坚持"以旅促茶、茶旅互动"理念,充分利用"五一"、国庆等节假日在西江千户苗寨、肇兴侗寨、丹寨万达小镇、龙泉山等著名景区开展茶叶品茗活动,在北京参加茶文化体验活动,通过展销推介活动,进一步提升企业及雷山银球茶的知名度、美誉度,拓宽企业产品销售渠道,营造全社会饮茶、爱茶、关心茶的良好氛围,为"黔茶出山""黔茶出海"奠定基础。

(二)强化市场拓展,全力推行黔东南州茶叶公共品牌

雷山县公共品牌宣传与打造主要还是靠政府投入和开展,很多企业对公共品牌的推介、宣传主动性较差,部分茶产品本地产本地销,市场占有率不高。为此,雷山县委、县政府在多渠道、多方式、多层次、多视角开展品牌宣传、推介工作,加强消费引导,提升雷山茶的社会认知度和影响力,除了宣传推广"雷山银球茶""雷公山清明茶",还新注册"雷公山高山绿""高山绿"两个公共品牌。2019年,中国·雷山苗年节"雷公山高山绿·银球茶杯"茶艺大赛成功举办,通过茶事活动,进一步提升雷山县"全国旅游名县""贵州茶叶大县"知名度,扩大雷山茶叶品牌的影响力,对弘扬雷山县茶文化、引导茶消费、服务茶产业、繁荣茶经济具有良好效果。毛克翕有限公司在确保自己茶产品核心技术、核心市场竞争力的条件下,坚持做优、作特、做精的发展思路不动摇,确定茶叶发展的重点目标市场,积极面向全国市场和全球,搭建全国化、多元化的营销渠道网络,完善交易平台和物流设施,积极拓展茶叶营销空间,提升企业生产的雷山银球茶市场占有率。

在万物互联的互联网时代,毛克翕有限公司加强企业智能化技术改造,加强基地建设和市场营销网络建设,有力地促进了企业的升级转型,为茶产业在互联网时代的发展提供了强劲动力。未来发展中,毛克翕银球茶有待抓住互联网赋能所带来的红利,在巩固线下营销阵地,保证线下利润和用户产品体验的基础上,打通线上流通体系,实现线上线下双线作战。借助贵州大数据战略推进优势,让毛克翕银球茶在线下卖场的强劲势能在互联网上得以延续。目前,毛克翕有限公司线上销售产品在包装设计上更加趋于迎合年轻人品味,下一步需加大线上精准营销力度,形成新的经营模式,更好地为消费者服务。

(三)充分发挥龙头企业带动作用,促进雷山茶产业做大做强

截至2019年12月,雷山县注册茶叶企业156家,其中获得QS认证生产企业27家,省级龙头企业5家,州级龙头企业7家,州级示范社1家。但雷山县多数茶企业是"小作坊"起步,家庭式生产,单打独斗、自闯市场,缺乏强有力的龙头企业带动,龙头企业整体实力不强,辐射带动产业发展能力较弱,延长产业链条发展不明显。基于此,毛克翕有限公司有待充分发挥区域龙头企业的带动作用,加强与大型国有企业、国际化企业建立企业联盟(集团公司),积极开拓省外市场,以安全高品质、品牌知名度和美誉度占领茶叶市场,助推雷山县茶产业尽快改变加工企业弱、小、散、乱格局,积极发展区域龙头企业、创造区域品牌,推进雷山茶叶转型升级,让雷山茶香香飘全球。

参考文献

[1] 徐天才,胡继承.贵州茶产业发展报告(2019)[M].贵阳:贵州科技出版社,2020:210.

[2] 胡毅,王徽,刘文锋,等.超高效液相色谱指纹图谱法在雷山银球茶品质鉴别上的应用[J].贵州农业科学,2019(9):130-135.

[3] 王徽,胡毅,鄢人雨,等.贵州雷山县春茶中农药残留膳食摄入风险评估[J].茶叶通讯,2017(4):18-23.

[4] 刘亚华,李继新,辛来香,等.雷山产淡黄香茶菜化学成分的研究[J].中草药,2016(10):1657-1660.

[5] 谢燕青.雷山银球茶:雷山县的金名片——访雷山县副县长龙志波[J].茶博览,2013(10):62-63.

[6] 毛启文,周富裕.争项目扩基地建品牌——雷山县2010年茶产业发展回顾[J].贵州茶叶,2011(1):40-41.

[7] 杨秀银.毛克翕与银球茶[J].农业考古,1995(4):175-176.

[8] 任建梅.银球茶[J].今日中国(中文版),1993(4):18.

B.18 凤冈县秀姑茶业有限公司案例

曾 亮 邓小海*

摘 要: 凤冈县秀姑茶业有限公司由小微企业发展为千万元级茶企,得益于其采取"公司+合作社+农户"的经营模式、秉持的绿色有机的发展理念,以及应用现代生产加工技术建立起的"实体店+电商+批发"的销售体系等多种发展思路。综观公司的发展,政府的大力支持、企业的战略布局和自主创新、"凤冈锌硒茶"品牌的支撑带动等多种因素叠加是秀姑茶业有限公司获得长足发展的主要因素。凤冈县秀姑茶业有限公司经营之道和取得的成就表明,良好政策环境有力促进了企业的快速成长,资源禀赋公共品牌与企业发展的完美结合,政府引导企业主导促进企业发展由弱到强。

关键词: 凤冈 秀姑茶 自主创新 案例

自2011年"凤冈锌硒茶"获国家地理标志证明商标以来,"锌硒茶"已成为凤冈茶产业品牌的独特标志,"凤冈锌硒茶"公共品牌产品走出贵州、走向全国乃至世界,在一批批优秀企业的带领下,凤冈县茶产业蓬勃发展。在众多优秀企业中,有一家残疾妇女创新创业的代表,那就是凤冈县秀姑茶业有限公司。"凤冈锌硒茶"成就了"秀姑"的千万产业,也成为中小茶产业企业发展壮大的典范。

一、企业简介

凤冈县秀姑茶业有限公司成立于2014年8月20日。它是一家由女性残疾人创建的,由微型企业成长为龙头企业的茶叶企业,主营茶叶、果蔬生产、加工、销售及茶叶进出口贸易,是一家集茶业生产、加工、销售和互联网营销为一体的贵州省农业产业化经营省级重点龙头企业(见图1)。

---

*曾亮,贵州省社会科学院副研究员;邓小海,贵州省社会科学院农村发展研究所副研究员。

图 1　凤冈县秀姑茶业有限公司办公楼

图片来源：企业提供。

凤冈县秀姑茶业有限公司位于凤冈县永安镇田坝村，是贵州省残疾人创业就业示范点、贵州省四星级巾帼示范基地、贵州省三八绿色工程示范基地、贵州省诚信企业、贵州省农村科普示范基地、贵州省省级扶贫龙头企业、遵义市残疾人就业基地、遵义市市级扶贫龙头企业、凤冈县爱心企业、凤冈县脱贫攻坚先进帮扶企业、凤冈县残疾人就业扶贫"三变"改革示范点。凤冈县秀姑茶业有限公司荣获"2019年'干净黔茶·全球共享'优秀茶商"等称号并通过SC认证及HACCP认证、质量管理体系认证，获得实用新型专利授权1件及发明专利1项。凤冈县秀姑茶业有限公司银行征信记录为特优级，已被国家质检总局审查获准使用凤冈锌硒茶和贵州绿茶地理标志产品专用标志。

凤冈县秀姑茶业有限公司法人杨秀贵出生于农村，3岁时因意外致左腿和左手严重烧伤，因家境贫寒，未能得到及时治疗，鉴定为四级残疾。为改变家庭贫困的生活状况，1997年她前往浙江永嘉县打工。10年后她回到家乡，依托当地良好的茶产业资源，学习茶艺，熟练掌握了杀青、揉捻、定型、脱毫、提香等制茶技术环节。2010年，她购买茶叶加工机器设备，把自家居住的小平房改造成车间，成为当时凤冈县唯一一家残疾人微型产茶企业。2012年，在政府扶持下，杨秀贵的茶叶作坊发展为微型企业——凤冈县成友茶叶加工厂。图2所示为杨秀贵在无公害认证茶园采茶。

图2 杨秀贵在无公害认证茶园采茶

图片来源：企业提供。

2014年，杨秀贵投资300万元扩大茶叶加工厂，创建自己的茶叶品牌"秀姑"，同年8月20日注册成立凤冈县秀姑茶业有限公司。该公司在政府的引导、市场的主导下进行企业战略布局、自主创新发展。到2019年年底，公司拥有无公害认证茶园3600亩，资产总额2800.98万元；拥有茶叶加工生产线2条，其中标准化绿茶生产线1条，红茶生产1条，各种先进设备180多台（套），年加工优质名优茶生产能力500余吨。该公司下设科技研发部、基地原料部、加工生产部、质量监测部、市场营销部和清洁化茶叶加工厂等。

二、主要做法及成效

凤冈县秀姑茶业有限公司的发展源于自主创新。该公司依托凤冈得天独厚的锌硒有机茶叶的资源优势，不断优化、整合资源，努力打造"秀姑""青工茶"锌硒有机茶品牌，本着"凤冈锌硒茶"茶叶大众化、差异化的经营思路，坚持以"有机茶"为核心，倡导原生态文化，积极带动茶农脱贫致富。凤冈县秀姑茶业有限公司已经进入了转型升级发展阶段,主要从经营模式创新、生产技术管理创新、销售网络体系创新等入手提高公司核心竞争力,努力做大做强农业产业化龙头。

(一)依托公共品牌,成就千万产业

杨秀贵在凤冈县残联、妇联、农业农村局、经贸局、市场监管局等帮扶下,通过小微企业资金扶持、妇女创业贷款、残疾人帮扶、品牌创建等多种形式,凤冈县秀姑茶业有限公司成为拥有千万产业企业。

1. 回乡创业,企业由小做大

2008年,杨秀贵下定决心创建自己的茶叶加工,通过外出取经学艺,逐渐成了田坝村第一个女制茶师。2010年,杨秀贵用手头的积蓄,购买了茶叶加工机器设备,把自家居住的小平房改造成车间,成为当时凤冈县唯一的一家残疾人微型产茶企业。2014年,她投资300万元扩大茶叶加工厂,创建了自己的茶叶品牌"秀姑",一直发展到现有规模。

2. 积极履行社会责任

在创业成功后的凤冈县秀姑茶业有限责任公司不忘履行民营企业的社会责任,通过成立合作社吸纳了500多户贫困户,包括残疾人和孤寡困难家庭,还帮助3个残疾人家庭办起了加工厂。在2020年抗击新型冠状病毒肺炎疫情期间,杨秀贵主动找到凤冈县民政局,捐献1万元,两次捐赠茶叶、水杯(玉米粉杯)、消毒液共计价值10.3万元。2020年6月,向永安镇田坝赞助2万元作为茶园管护资金。2020年11月4日向凤冈县各镇88个失去劳动力的重度残疾人股东分8.8万元,另外1万元给田坝作为村集体经济资金。

3. 品牌价值逐渐提升

杨秀贵的成功也得益于凤冈锌硒茶近年来的蓬勃发展,企业知名度不断提升,品牌价值逐渐凸显。2011年,"凤冈锌硒茶"成功注册了"国家地理标志证明商标"。在2017年中国茶叶区域公用品牌价值评估中,"凤冈锌硒茶"品牌价值13亿元,跻身全国50强。品牌价值的提升带动了经济效益。仅在2017年,凤冈投产茶园就达到40万亩,茶叶产值35亿元,通过项目扶持、企业带动、社会投入等方式,带动茶农6000人脱贫,人均增收2800元。凤冈县秀姑茶业有限公司生产的凤冈锌硒茶市场逐年扩大,发展势头越来越好,带动了2000多人就业。

(二)"公司+合作社+农户+残疾人"经营模式

凤冈县秀姑茶业有限公司紧紧依托产业政策,紧扣市场导向,建立科学决策机制,牢固树立人才是第一资源的理念,坚持管理创新和技术创新,健全和优化各项制度,坚持企业发展与带富一方百姓相融合,坚持依法经营、诚信经营,提高公司知名度及影响力。

凤冈县秀姑茶业有限公司积极融入国家脱贫攻坚企业大军,积极带动贫困茶农脱贫致富。采用"公司+合作社+农户+残疾人"的经营模式,建立稳固的以企业为引领、以农民合作社为纽带、以农户为基础的茶叶产业化联合体,通过合作社将农户与企业联系起来,增强企业发展的内生动力,充分发挥了其作为龙头企业的带动、管理和市场优势。

凤冈县秀姑茶业有限公司基于"妇女创业贷款、残疾人帮扶"建立,是一家女性为主创建的茶企,承担了支持帮助残疾人就业、创业的社会责任。近年来,凤冈县秀姑茶业有限公司致力于脱贫攻坚工作,在促进农民增收致富方面充分发挥了龙头企业的带头作用。到2019年年底,与253个建档立卡贫困户(88个重度残疾人股东及166户建档立卡贫困户)和422个残疾人家庭建立利益联结机制,帮助他们脱贫致富,对他们进行技术指导,将他们种植、采摘的茶青实行保护价收购,帮助他们规避市场风险,提高参与市场竞争的能力,确保他们有稳定收入来源,同时解决20个残疾人就业。2019年,公司产值达2095万元,季节性就业解决劳动务工达2万人次以上,为农户累计增收500余万元,让当地困难民众脱贫致富。

在东西部扶贫的助力下,杨秀贵的企业雇佣的40名固定员工中,一半是残疾人。杨秀贵成立了专业合作社,辐射带动茶农1200多户,其中有360户残疾人。

通过东西部协作项目设备支持,凤冈县秀姑茶业有限公司产能由年产约100吨提高到近400吨。2019年9月,凤冈县秀姑茶业有限公司与上海遵义馆签订协议,建立"遵茶入沪"创新消费扶贫模式,搭建销售平台,面向上海及"长三角"市场推广茶叶。2019年凤冈县消费扶贫茶叶采购清单中,凤冈县秀姑茶业有限公司销售额达到380万元。通过"消费扶贫分红"的方式,凤冈县秀姑茶业有限公司以每户311元、共计3.6076万元的分红资金,为永安镇116户贫困户,395名贫困人员送去了冬日温暖。

正因如此,凤冈县秀姑茶业有限公司荣获"遵义市市级扶贫龙头企业""凤冈县脱贫攻坚先进帮扶企业""凤冈县残疾人就业扶贫'三变'改革示范点"等称号。杨秀贵本人先后被评为全国"最美家庭之星",贵州省"最美家庭之星",遵义市"最美家庭之星"称号;2014年被遵义市妇联评为"农村科技致富女能手"。2019年杨秀贵获得"全国助残先进个人"荣誉。

(三)坚持绿色有机生态干净黔茶发展理念

凤冈县秀姑茶业有限公司成立以来,一直坚持以质量求生存,以信用和服务求发展,还原传统农耕模式。从基地入手,严格按照有机标准管理茶园,实行人工除草,不施农药,不施速效肥;严格把产品加工标准做到清洁化、标准化,层层筛选,做到每批产品必须自检,加工后的半成品严格按照出入库制度进行管理,每一个批次的干茶都送遵义检测院进行检测,合格后才进入市场。整个茶叶生产环节,从茶青采摘、装茶设备、加工环节到包装、运输,每一个细节都不会放过安全质量把关,严格按照有机标准和清洁化要求生产。

凤冈县秀姑茶业有限公司秉承好茶从种子开始理念,始终做到四个坚持:坚持使用农家肥和有机肥;坚持人工除草和机器除草;坚持用物理防治和生物防治防病防虫;坚持还原茶叶本色,本香本味。

在加强现有研发力量基础上,凤冈县秀姑茶业有限公司聘请专业机构专家指导研发,不断加大产品研发投入力度,通过科研攻关,公司生产出的茶叶产品达到了出口标准。2019年,公司新增红茶自动揉捻系统、自动化茶叶包装机等先进设备,大大提升了标准化、清洁化、规模化生产能力。

主要生产的"秀姑"牌青工茶、绿毛细雨、香珠、兰香、红毛细雨等凤冈锌硒茶系列高中低档绿茶和红茶产品,产品原材料全部来自凤冈县永安镇田坝村。凤冈县秀姑茶业有限公司一直秉持绿色有机的生产技术,努力引领健康原生态茶行业潮流,提高"秀姑、青工茶"牌凤冈锌硒茶市场占有率,凤冈县秀姑茶业有限公司产品已销往省内外各地。

(四)建立"实体店+电商+批发"销售体系

凤冈县秀姑茶业有限公司采取"实体店+电商+批发"的销售体系,主动融入"一带一路"建设大格局,加快走出去步伐。该公司坚持诚信为本,积极参加国内外各类茶事活动宣传凤冈锌硒茶,寻找新客户。到2019年年底,该公司已在省内外开茶叶专卖店6家,进入商超160余家。

坚持做到做好售前、售中、售后服务,按照决胜终端的要求,在细节上做文章,树立企业品牌的知名度和美誉度。在做好国内销售的同时,抓好出口的路子,产品销往全国各地,深受消费者的好评。

三、未来发展展望

(一)在乡村振兴中作表率

一个人活着总要有梦想和一往无前的精神,千百个模范汇聚的波涌,一定会在千百万人心中激起浪花,迸发出更加壮阔的力量。杨秀贵身残志不残,她自强不息、艰辛创业。在企业发展的道路上积极参与公益行动,积极带动贫困户勤劳致富,结合脱贫攻坚工作,保障贫困户和残疾人的稳定收入。杨秀贵真正地做到了做茶有匠心,做人有爱心。凤冈县秀姑茶业有限公司已获得"贵州省残疾人创业就业示范点""贵州省四星级巾帼示范基地""贵州省三八绿色工程示范基地""遵义市残疾人就力基地"遵义市"市级扶贫龙头企业"等荣誉。在未来的发展中,凤冈县秀姑茶业有限公司继续稳健发展,带动残疾人、农村妇女就近就业,通过产业发展带领周边贫困妇女、残疾人员就业创业、脱贫致富,力争在贵州省经济发展、乡村全面振兴中做出更大贡献。

(二)成为"黔茶出海"大军的主力军

抓住贵州省大开放大发展新趋势,借贵州省黔茶出海战略东风,与时俱进,不断优化产业结构,大力拓展贵州茶叶营销市场,坚持国际、国内两大市场并重,做好茶产业发展国际国内双循环。

依托成功获得出口资质认证条件,发挥"秀姑""青工茶"锌硒有机茶等品质上乘优势,不断优化调整产品结构,在提高产能的基础上保证质量,争做"黔茶出海"大军中的主力军。

(三)做好"茶旅一体化"特色产业

2014年5月,贵州省出台《贵州省茶产业提升三年行动计划》,明确提出"茶旅一体化"。茶旅一体化是推动茶产业结构优化升级的新举措,是发展茶业经济的新业态。贵州省茶旅一体化优势明显,发展空间较大,茶产业与旅游业的融合日趋成熟。

凤冈县秀姑茶业有限公司将围绕政府提出的茶旅一体化发展思路,树立以质量求生存,以信誉求发展,稳步推进,力求做大做强原则,以公司提质增效、贫困家庭及茶农共同增收致富为最终目标,建设全自动化生产线,建设多功能(茶叶种植、加工技能和电商培训)实训基地,推进茶产业转型升级,助推"凤冈锌硒茶""贵州绿茶"两个公共品牌同步发展。同时,继续打好"爱心"牌,建设无障碍茶园和宾馆,解决残疾人就业瓶颈问题,提高企业社会影响力。

在现有产品的基础上,依托当地良好的生态环境和旅游资源,因地制宜,合理发展企业的体验、观光、康养、休闲等复合功能,打造集娱乐购物、生态观光、休闲体验、康养度假等为一体的别具特色的茶旅融合农业产业化龙头企业。

(四)做好企业文化和品牌建设

企业文化是企业的灵魂,品牌建设是企业得以长远发展的基础。茶文化和企业文化建设对公司长足发展、增强品牌建设的内生力具有巨大推动作用。在新时代,随着人民对美好生活需要的日益增长,茶企需要不断满足消费者高层次的精神文化需求。在此大背景下,公司有待在众多茶企中脱颖而出,更进一步,加强茶文化的传承和创新,加强企业文化建设及核心品牌产品打造。结合企业特有的地域优势和行业特征,将锌硒茶、女性、康养、旅游等元素有机结合,丰富企业文化内涵、提升产品品质,不断打响企业品牌,提升企业产品的市场竞争力。

四、案例启示

(一)良好政策环境有力促进了企业的快速成长

凤冈县秀姑茶业有限公司从2010年的微型茶企成长成为今天的千万龙头企业,这一切均是在国家西部大开发的时代背景下企业战略布局及政府大力支持的结果。

西部大开发以来,尤其是2012年以来,是贵州实现后发赶超的黄金时期。而这一时期,正好也是凤冈县秀姑茶业有限公司从"微型企业"到"千万级龙头企业"不断发展壮大的黄金时期。

在此期间,凤冈县主动作为,大力发展茶产业。2002年11月,成立茶叶事业办公室,并成立茶叶生产领导小组,负责组织、领导、协调全县茶叶的生产。2005年,出台了《鼓励支持干部职工、城镇居民和个体工商户、私营业主参与生猪、茶叶产业建设实施细则》。2006年,凤冈县委第七次党代会和凤冈县第十四次人代会提出了"强茶、壮烟、兴畜、稳粮、重特"的产业结构调整思路,确立了茶叶产业作为建设生态农业的首选产业和支柱地位。2007年,凤冈县人民政府又出台了《关于调整茶叶产业发展政策的意见》,决定在五年之内连续每年投入1000万元用于扶持茶叶基地建设、生产加工和品牌打造等方面。2008年1月,中共凤冈县委十届五次全会通过《关于加快茶叶产业发展的决定》,凤冈县人民政府又出台了《关于2008年度茶叶产业发展政策的若干意见》。2014年5月贵州省出台《贵州省茶产业提升三年行动计划》后,凤冈茶产业如沐春风,发展劲头更盛。

在如上种种政策东风鼓舞下,凤冈县秀姑茶业有限公司从无到有、从小到大。自2010年起,凤冈县秀姑茶业有限公司通过小微企业资金扶持、妇女创业贷款、残疾人帮扶、品牌创建等多种形式,不断获得帮助;同时,该公司充分利用政策倾斜优势,通过市场调研,牢牢把握市场的主动权,不断发展成为省级农业产业化龙头企业。

(二)资源禀赋公共品牌与企业发展的完美结合

凤冈产茶历史悠久。凤冈县秀姑茶业有限公司所在的凤冈县永安镇田坝村资源禀赋良好,种茶优势明显,共有茶园约2.5万亩,盛产茶园约1.8万亩,是全省茶园面积最多的行政村之一。田坝村得天独厚的自然优势孕育了诸多茶企的发展。到2019年年底,全村拥有大小茶叶加工厂70多家,产值上千万元茶企4家,已成功入选贵州省100个高效农业示范园区、100个重点旅游景区,获得"贵州最美茶乡""全国农业旅游示范点""全国文明村镇""全国绿色小康村""国家4A级旅游景区"等称号。

该公司依托凤冈和锌硒茶的品牌优势,精选凤冈县一带含硒丰富的富锌富硒生态茶鲜叶为原料,经技术创新自主开发"青工茶""绿毛细雨""红毛细雨"等绿茶红茶系列产品及"遵义红"等红绿茶系列产品,并注册自己的商标品牌"秀姑""青工茶""绿毛细雨"等,成为凤冈良好的资源禀赋和"锌硒茶"品牌支撑带动完美结合的典型案例。

(三)政府引导企业主导促进企业发展由弱到强

综观凤冈县秀姑茶业有限公司发展路径,其作为政府助力企业发展的成功案例,在每一个公司发展的阶段,在每一次进行公司战略调整时期,政府都积极引导,给予了大力支持。此外,在公司发展过程中,领导者对公司的定位、发展模式、自身品牌推广、资源优势整合等方面良好把控,借助凤冈得天独厚的茶产业发展底蕴和"锌硒茶"品牌支撑优势,使公司从贵州省众多茶企中实现由弱到强、脱颖而出。

在脱贫攻坚和乡村振兴的大背景下,凤冈县秀姑茶业有限公司的成功经验为创新政府服务功能,为建设百姓富、生态美的中国特色社会主义新农村探索出了一条切实可行的发展新路。

(本案例基本材料由凤冈县秀姑茶业有限公司协助提供。)

参考文献

[1]"凤冈锌硒茶"成就"秀姑"千万产业[N].贵州日报,2018-11-21(07).
[2]中共中央关于制定国民经济和社会发展第十四个五年规划和二〇三五年远景目标的建议[N].人民日报,2020-11-04(01).

[3]贵州省茶产业提升三年行动计划[EB/OL].(2017-09-25)[2018-01-16].贵州省人民政府网:http://www.guizhou.gov.cn/xwdt/djfb/201709/t20170925_875509.html.

[4]《国务院关于进一步促进贵州经济社会又好又快发展的若干意见[EB/OL].(2012-01-16)[2013-09-18].中国政府网:http://www.gov.cn/zwgk/2012-01/16/content_2045519.htm.

B.19 都匀供销茶叶有限责任公司案例

卫肖晔　蒙帮婉[*]

摘　要：都匀供销茶叶有限责任公司是一家集茶园基地建设和茶叶生产、加工、销售为一体的茶叶专营公司，现为贵州省农业产业化经营重点龙头企业。本案例基于对该企业茶产业发展的主要模式及取得的成效分析，剖析了都匀供销茶叶有限责任公司借助良好的生态条件和产业发展环境，坚持"公司+专业合作社+农户"的经营发展模式，不断加强技术创新和新品研发能力，成长为助推脱贫攻坚、决胜全面小康及实施乡村振兴战略的典型范例。

关键词：都匀毛尖　产业发展　都匀供销茶叶　企业案例

作为都匀毛尖茶品牌的重要代表企业，都匀供销茶叶有限责任公司加大产业投入力度，加强企业改革，重点在构建好都匀毛尖茶现代产业体系及市场体系上做文章，促进了黔南州茶产业高质量发展。

一、企业简介

都匀供销茶叶有限责任公司于2006年4月11日成立，为原都匀市土产公司改制后新成立的集茶园基地建设和茶叶生产、加工、销售为一体的茶叶专营公司，现有在职职工15人，退休人员23人，资产达到1210万元。公司已通过QS、ISO 9001、HACCP、ISO 14000及有机茶等体系认证，现为贵州省农业产业化经营重点龙头企业、中华全国供销合作总社农业产业化重点龙头企业、中国世博十大名茶都匀毛尖生产基地、农业部茶叶标准园（创建）示范基地、贵州省农产品加工业示范基地、贵州省农业产业化经营重点龙头企业、州级扶贫龙头企业。

---

[*] 卫肖晔，贵州省社会科学院，副研究馆员；蒙帮婉，黔南日报社，助理记者。

二、主要做法及成效

黔南州12县(市)均产茶,茶产业是黔南州传统优势特色产业。截至2019年年底,黔南州现有茶园161.8万亩,投产茶园122.82万亩,黔南州茶叶从业人员38.83万人,覆盖贫困户12987户49121人,茶产业已成为黔南州助推脱贫攻坚、决胜全面小康及实施乡村振兴战略的重要产业。

(一)将茶产业作为"一县一业"主导产业

作为都匀毛尖茶的核心主产区,一直以来,都匀市把茶产业作为"一县一业"主导产业,集中在抓基地、上项目、强加工、塑品牌等方面发力,重点以"六个聚焦"茶产业,助力脱贫攻坚和乡村振兴,着力推进茶产业提质增效、转型升级、融合发展。截至2019年,都匀茶园面积达到37.83万亩,涉茶企业231家,其中通过SC认证37家,茶叶专业合作社114家,茶企年生产加工能力已达1万吨,产值近20亿元;都匀市109个村中102个村种植茶,其中种茶面积1000亩以上村有43个,茶农13.5万人,从事涉茶人员5000余人,带动近30万群众增收,其中3181户建档立卡贫困户1.14万人依托茶产业脱贫,都匀成为黔南州茶产业核心主产区。

1. 聚焦脱贫攻坚乡村振兴抓融合发展

都匀市围绕"一年打基础、二年见成效、三年出拐点"的要求,编制出《都匀市茶产业助推乡村振兴三年行动计划(2019—2022年)》。2014年全国"两会"期间,习近平总书记作出"把都匀毛尖品牌打出去"的重要指示。贵州省迅速出台了《贵州省茶产业提升三年行动计划》,提出以都匀毛尖茶为抓手,把茶产业发展与经济社会加快转型、生态文明建设、小康社会建设有机结合起来,创建"绿水青山、金山银山"生态文明先行示范区。黔南州出台了《关于进一步加快茶产业发展的意见》《2013—2016年州直部门推进茶产业发展项目资金整合方案》《创建都匀毛尖世博名茶知名品牌三年行动计划纲要》,决定用三年时间创建都匀毛尖世博名茶知名品牌,使都匀毛尖品牌跻身全国茶叶区域公共品牌价值前十名,黔南州有机茶标准基地发展到200万亩,投产茶园100万亩,实现茶叶加工能力3万吨,综合产值80亿元以上。

2014年11月起,黔南州质监局正式实施《地理标志产品都匀毛尖茶综合标准体系》等14个黔南州地方标准,其中对都匀毛尖茶2010年制定的标准体系进行了修订完善,增加了都匀白茶、都匀红碎茶等产品标准,提高黔南茶产业标准化生产水平,促进都匀毛尖茶产业快速发展。

都匀市按照贵州"三绿一红"茶产业领军品牌战略部署,以及省、州茶叶产业助推脱贫攻坚提升三年行动计划,明确茶旅融合发展方向:突出经营乡村理念,整乡推进、集中连片,构建"百里乡村百里茶、一路山水一路景"产业格局,计划"十四五"期间建设高标准茶园3万亩以上,构建"一镇一园、百村百厂"的加工体系,建设一个精制园区,50个以上初制加工厂。坚持"名茶"和"民茶"同步走、同推进,走好"一带一路""万里茶道商贸"之路,发出做世界高品质绿茶品牌的强音,打造世界绿茶总部经济的品牌高地。计划到2022年,建成在西南乃至全国都颇有影响的茶都。确定"2+8"主导产业,即以茶叶和蔬菜为主,以水果、食用菌、中药材(石斛)、刺梨、畜牧、渔业、海花草、烟草为辅的主导产业,实现以茶兴业、以茶惠民的目标。

2. 聚焦"三全战略"抓提质增效

都匀市对茶产业"全年采摘、全树利用、全产业链建设"提出要求,2019年新建茶园面积1万亩以上,实施茶园管护2万亩,提质增效标准示范基地3~5个。都匀市按照"企业+合作社+贫困户"和"合作社+贫困户"的形式带动贫困户脱贫致富,即由企业与专业合作社、大户、茶农签订茶青定点收购协议,引导茶农积极从事夏秋茶生产,除生产绿茶外,还要生产红茶、饮料茶等系列产品。

3. 聚焦转型升级抓经营主体培育

都匀市抓茶叶加工园区建设,抓龙头企业培育,抓小微企业培育,推进粗精加工分离,构建茶产业种加销合理分工、紧密合作的体系。在"龙头企业创办或入股农民合作社、农民合作社入股龙头企业或创办龙头企业、提高农村集体组织成员资产收益"等方面试点示范,围绕"茶+"思路健全产业链,加快茶产业助推乡村振兴的里程。围绕"茶+基地"主线,推进"一园三区多廊带"建设,明确"1352"茶产业助力脱贫攻坚的布局,即做大螺蛳壳茶叶扶贫产业园区,核心区地理标识产品面积达到5万亩;做强毛尖绿茶精制园区、毛尖茶省级出口转型示范基地、毛尖国际茶文化产业园区;做实村级茶叶产业支撑,每村茶叶面积达1000亩以上。按照"百里乡村百里茶、一路山水一路景色"的理念,打造百里毛尖长廊,建成茶叶园区大小旅游环线、机耕道、景观台、茶区步道等,形成完善的茶叶基础设施体系。实施茶产业"百村百企、千寨千社(合作社)"工程,推行企社联营抱团发展,推广"龙头企业+合作社+基地+农户"新模式,确保企业加工原料80%以上来自直供基地,促进多方共赢。

依托螺蛳壳茶基地核心区,打造"云端茶海"茶生态旅游示范带、百里毛尖长廊景区和中国茶文化博览园、毛尖小镇和秦汉影视城影视游,重点面向长三角、珠三角、粤港澳大湾区等省内外,开展茶文化体验、团队拓展、农耕体验等为一体的青少年综合实践教育活动。

实施龙头企业引领战略,重点对接"三大市场",即绿茶主攻长三角市场,红茶主攻粤港澳大湾区,出口茶主攻欧洲、中亚、南美、非洲等区域市场。已在国内各大、中城市开设毛尖茶品牌专卖店及形象店270多家。

4. 聚焦品牌建设提升市场影响力

在抓好茶叶生产基地建设的同时,致力于品牌的打造和培育。从2007年起,连续举办毛尖茶文化节(国际茶人会),并通过国内外媒体及组织参加茶事活动,充分展示"都匀毛尖茶都"魅力。2009年9月,都匀毛尖茶成功入驻2010年上海世博会联合国馆,被世博会指定用茶。2020年4月,"都匀毛尖"以35.28亿元的品牌价值,跻身"2020中国茶叶区域公用品牌价值十强"。都匀市被农业农村部定为全国117个名茶基地县(市)之一;被列为全国茶叶标准园示范基地、中央财政现代农业茶产业项目示范县;被国家发展和改革委员会授予全国农村产业融合发展试点示范县(市);荣获中国茶旅融合竞争力全国十强县(市)。

都匀市茶产业的一系列政策举措,为都匀供销茶叶有限责任公司的发展奠定了坚实基础。

(二)成为助推脱贫攻坚与乡村振兴典范

地处都匀毛尖核心产区都匀市的都匀市供销社近年来将企业改革作为密切与农民利益联结的突破口,按照"社企分开、上下贯通、整体协调运转"的发展思路,支持企业转型发展。为破解"收租子、守摊子、混日子"的困局,2006年,都匀市供销社组建了都匀供销茶叶有限责任公司。该公司在都匀市毛尖茶乡螺蛳壳山建成了1200亩有机茶园,大力打造"螺丝壳"都匀毛尖茶品牌,在推动"黔茶出山"、助力脱贫攻坚中唱响了供销好声音。作为供销合作社的社有企业,不仅自身要发展,还要承担一定的社会责任。"做强品牌、质量第一、务实创新、服务社会"一直是该公司的经营理念。坚持"公司+专业合作社+农户"的经营发展模式,解决茶农卖茶难的后顾之忧,积极发展现代山地高效农业,加强"螺丝壳"都匀毛尖茶基地的建设工作,完善茶园基础设施的建设和完成低产茶园的改造,按照有机茶的标准进行茶园管理,推进茶产业提质增效。

1. 高度重视茶产业的发展

黔南州成立了茶产业领导小组,领导小组下设茶产业发展工作专班,专门负责茶产业日常工作。县(市)也相继成立了茶产业领导小组和工作专班,督促指导茶叶基地建设和后期管护各项工作落细落实。政策方面,贵州省出台了《关于建设茶业强省的实施意见》,为产业发展指明了方向。黔南州2014年颁布实施了《黔南州促进茶产业发展条例》,之后黔南州人民政府又相继出台了《黔南州促进茶产业发展条例实施方案》,制定了《金融行业支持茶产业发展实施意见》《关于加快推进都匀毛尖茶叶企业整合的指导意见》《茶产业发展推进方案》等系列文件,为产业发展提供了政策支撑。县(市)相继出台了《茶产业发展推进方案》《招商引资工作实施方案》《茶产业项目资金整合方案》《茶产业发展奖励优惠扶持办法》等政策文件,让扶持政策具体落地。

2. 积极参与脱贫攻坚

茶产业是黔南州的特色产业,为此,都匀供销茶叶有限责任公司利用自身在茶产业发展方面的优势,把发展茶产业与精准扶贫相结合。由公司牵头,都匀市坝固万隆茶叶专业合作社、匀山茶叶农民专业合作社、毛尖镇双堡贵茗春供销茶叶专业合作社共同出资,注册成立了都匀市螺丝壳茶叶农民专业合作社联合社(简称"合作社")。其采取"合作社+基地+农户"的模式,按照"扩规模、打品牌、提品质、拓市场"的工作思路,借助国家退耕还林(茶)的机遇,充分挖掘本地自然优势,大力发展茶叶产业,入社茶园6800亩,带动农户1700余户,让更多人吃上茶叶饭,助力脱贫攻坚。

3. 创新技术提高茶园水平

公司派技术员深入专业合作社进行茶叶管护的培训、指导,合作社人员按公司技术要求对茶园规范化管护,加强优良茶树品种的开发,实现茶树品种搭配多样化、合理化。对幼龄茶园实施锄草施肥、遮阴防晒、补苗等措施进行抚育。对茶园老化、管理粗放、产茶量低等老茶园,进行茶树深修剪、重修剪、茶园深耕改良土壤、测土配方施肥、增施有机肥等改造,以绿色防控技术作为病虫害防治的引擎,推广生物防治、生态控制、物理防治等绿色防控技术,使之生产的茶叶达到无公害及有机茶的要求,稳步提升了茶产品质量。

4. 加强茶旅融合

都匀供销茶叶有限责任公司螺丝壳毛尖茶基地现有有机茶园面积1200余亩,基地地处国家级风景名胜区"斗篷山"山脉及都匀市"百里毛尖长廊"产业带上,海拔1480米的螺丝壳之巅,远离城市工业区30多千米,周围群峰竞秀,绿水长流,常年云雾缭绕,生态环境优良,茶叶资源丰富,为名优茶产地之一。依托特有的资源,都匀供销茶叶有限责任公司积极打造毛尖茶+旅游的生态发展型合作社,以茶带旅,进一步助推都匀旅游业的发展。

5. 拓展市场,促进销售

为提高茶产品价格,都匀供销茶叶有限责任公司及时调整营销策略,积极组织中、低档毛尖茶生产,严格制定了茶叶生产、加工技术标准,统一品牌,统一销售,增加市场占有率。通过从纯手工加工向手工加工与机械作业相结合的方式转变,成功开发出了夏秋茶并投放市场。同时,运用电商网络手段,借助淘宝网、黔茶商城等线上交易平台,探索微信、抖音、快手等直播卖茶和网红带货,发展线上线下融合营销模式,提升茶叶的销售额。

(三)充分发挥龙头企业的示范引领作用

2019年年底,都匀毛尖以35.28亿元的品牌价值,进入"2020中国茶叶区域公用品牌价值十强",位列榜单第10位,较上一年增加2.38亿元,增幅为7.23%。黔南州、都匀市茶产业发展成效的取得,离不开贵州省都匀供销茶叶有限责任公司这样的龙头企业的努力。自基地创建之初,该公司从茶园选址到种苗选择,坚持高起点、高标准的管理模式,在茶园管理上,一直以无公害为基础,向绿色食品及有机茶的方向发展,严把用肥、用药关,做到茶园管理科学化,确保茶园高效优质。

1. 夯实发展基础

都匀供销茶叶有限责任公司基地被农业部认定为茶叶标准园(创建)示范基

地,带动基地建设4000余亩,坚持"公司+专业合作社+茶农"的产业经营发展模式,走共同发展之路。与市委组织部、茶办联办茶叶培训班,对都匀市各乡镇分管领导、村支两委干部、种茶大户进行茶园管护、双手采茶技术、生产加工、绿色防控等相关培训,培训人数达800余人,同时派公司技术员,深入各乡镇、行政村及茶农家中开展定期或不定期技术培训,培训人数3800余人。

2. 加强劳务人员交流合作

每年到周边县市及各乡镇招聘采茶人员,增加农民务工收入,务工人员达10000余人次,公司支付采摘、加工等劳务费1000余万元。

3. 坚持"请进来、走出去"发展战略

通过加强人才流动的方式,加强对相关人员业务素质的学习与培训。2003年引进机械设备进行试验与探索,2006年成功开发夏秋都匀毛尖茶,并在2007年把该工艺流程引入春茶生产,效果明显,产品受消费者认可和青睐。2008年,在州、市政府的大力支持下,已建成都匀市第一家都匀毛尖茶清洁化流水生产线,于2009年投入使用,促进产品标准化、统一化、规范化、规模化。

三、未来发展展望

(一)促进三次产业融合,延伸茶产业链

都匀毛尖茶已完成了从产品到产业的整体演变,都匀毛尖茶已不单是一个茶产品,而是一、二、三产融合的全产业链。在产业链中,需要以茶叶企业为主体,实现产品、企业和品牌联动,形成以茶为主题元素的全产业链协同发展。都匀供销茶叶有限责任公司在构建现代茶产业企业过程中,更需要将茶与地方文化融合,充分利用黔南州特别是都匀市的民族文化、生态条件,结合都匀毛尖的茶文化历史传承,结合生态旅游,将一个个精彩的茶故事、茶饮、茶人、茶艺等茶文化传播到消费者中,形成独特的茶文化产业体系,提升都匀毛尖茶的民族文化功能。

(二)加强政产学研结合,提升市场竞争力

企业的发展需要不断加大技术投入力度,在政府引导下,加大对产品研发、基

地、生产、市场开拓等的科技投入,提升企业产品及市场竞争力。在科技层面,不断和教学机构合作,跟进都匀毛尖种子、种植、市场等教育教学与基础研究配套,与高校合作,在黔南州内主要大专院校设置茶专业,开展针对企业发展的茶叶教学及科研。加强与华南农业大学、全国供销合作总社杭州茶叶研究院、中国农业科学院茶叶研究所、贵州省社会科学院、成都科技大学等合作,促进研究机构、政府职能部门与企业共同开展生产加工技术、品牌战略、企业转型升级、茶树种质资源等研究和技术推广。

(三)积极承担社会责任,助推乡村振兴

黔南州茶产业是乡村振兴的重点,是农民增收、农业增效和扩大就业的重要民生产业。发挥黔南山水资源、人文资源、"毛尖"资源优势,通过旅游带动、产业推动、茶产地市场带动、茶企业带动、文化带动发展茶旅融合,依托公司所在地天寨水库、斗篷山等景区条件,打造出涵盖"喝茶、饮茶、吃茶、用茶、玩茶、事茶"全产业链的茶特色小镇和特色乡村,做好茶与旅游、文化、科技、艺术会展等相关产业的有机融合,以公司为龙头,将茶产业作为脱贫攻坚、乡村振兴的支柱产业。

四、案例启示

(一)加强茶园管护,做好干净黔茶

都匀供销茶叶有限责任公司的经验表明,要综合运用科学、智能化手段加强对现有茶园的管护,加强病虫害防护,严禁使用违禁农药,科学施肥,应用现代科学技术加强茶园管护,提高现有茶园利用率,增加茶园经济效益。通过加大设备维护、人员管理、技术革新等方式稳定企业生产,做好干净黔茶。

(二)调整产品结构,提高茶叶品质

通过市场调研分析,都匀毛尖茶的产品特性决定了都匀毛尖茶是以中高端茶为主的产品。需要根据毛尖茶特性和消费者特性,加强对工作人员茶叶标准化种植、标准化生产的技术指导,提升加工生产水平,加强相关技术培训,推广茶园综合

绿色防控技术,推广生物防治、生态控制、物理防治等绿色防控技术,从源头保障质量安全,稳步提升茶产品质量,提供企业的产品市场竞争力。

(三)依托区域品牌,增强抗风险力

龙头企业在区域内对经济带动、生产营销、产业发展方面有着极强的带动作用。面对日趋激烈的竞争,要发展区域大型龙头企业,创造区域品牌,利用企业控制与管理体系及同一标准化管理,带动一方茶企共同用好区域公共品牌,提升品牌知名度。

(四)提升茶园技术,推进"四化"建设

提升茶园技术化水平,提高夏秋茶的综合利用水平。改变传统茶叶加工中过度崇尚手工、产品结构单一、开工不足、生产时间短、产品规模小、机器折旧和人工工资高导致产品价格高、缺乏市场竞争力的状况,依靠双手采茶采摘技术,提高采茶效率,使茶叶实现及时采、分批采、标准采。通过双手采技术推广培训,提高采摘效率。逐步推进茶园机械化运用,从纯手工加工向手工加工与机械作业相结合的方式转变,提高独芽茶、春茶、夏秋茶产量。通过茶叶生产标准化、专业化、机械化、智能化提高茶园科技水平。

(五)把握消费趋势,赋予生产动能

按照市场规律,加大消费者研究,利用销售渠道因需而变、因势而新、因时而进的特点,改变茶叶产销对接不足、茶叶销售渠道狭窄等困境。精准把握新时代茶叶消费新特点,洞察新时代茶叶消费新趋势,赋予新时代茶叶生产新动能,以市场为导向,开发新产品,丰富产品结构,延长茶叶产业链,提高茶叶综合利用率,提高企业生产都匀毛尖茶的市场核心竞争力。在万物互联时代,促进茶产业升级转型,为茶产业加入互联网提供强劲助力。加快实现线上线下、双线作战销售体系,精准定位目标客户,激发年轻一代茶叶消费者消费潜能,不断优化线上业态结构,加强茶产品电商,推进企业产品在传统终端和卖场的强劲势能在互联网延续。

(六)强化品牌效应,打造中国符号

依托"干净黔茶,全球共享"的口号及消费者更加注重健康饮茶的生活方式,贵州生态茶在全国的宣传力度不断提高。都匀供销茶叶有限责任公司依托都匀毛尖的贵州茶文化,从贵州干净茶中提炼出企业茶产品文化内核,将茶文化精准传递给消费者,使公司茶产品打破产地限制,漂洋过海,成为中茶文化的传播者。

参考文献

[1] 张丽娟,魏明禄,李应祥,等.都匀毛尖茶标准化建设初探[J].中国茶叶,2020(10):63-66.

[2] 陆瑶.供给侧结构性改革背景下黔南州"都匀毛尖"茶产业结构优化路径研究[J].福建茶叶,2020(6):95-96.

[3] 罗政勇.贵州都匀螺丝壳毛尖茶基地[J].贵州农机化,2019(4):66.

[4] 肖正广.都匀毛尖茶发展历史与文化辩述[J].贵州茶叶,2019(4):32-35.

[5] 吴翊.电商环境下都匀毛尖茶品牌建设思路探讨[J].商场现代化,2019(19):54-55.

[6] 张亚芝.贵州都匀毛尖茶文化与旅游产业融合发展探析[J].北方经贸,2019(6):155-156.

[7] 陈盼,龙鸥.茶场生产经营方式研究——以都匀毛尖茶的生产为例[J].大众投资指南,2019(11):3-5.

[8] 刘久锋.引领黔茶出深山——贵州都匀毛尖产业发展之路[J].农产品市场周刊,2018(45):32-33.

[9] 刘奥东,张文磊,蒲琳.都匀毛尖茶旅游食品开发研究[J].福建茶叶,2018(11):129.

[10] 韦倩.都匀:茶旅融合新业态[J].当代贵州,2017(45):32.

[11] 罗以洪,李应祥,罗洪富.中国十大名茶"都匀毛尖"茶品牌发展策略研究[J].现代商业,2015(25):32-34.

[12] 欧平勇,徐平.都匀毛尖茶机械加工做形工艺研究[J].贵州茶叶,2013(3):20-22.

V 附 录

B.20 贵州省茶产业大事记(2010—2019年)

赵 青*

2010年

2月1日,都匀市启动"都匀毛尖茶城市生活健康茶仙子"评选活动。都匀毛尖茶入选2010年上海世博会十大名茶,是联合国馆贵州唯一指定用茶。活动最终评选出五位茶仙子作为"世博茶仙子"服务于上海世博会联合国馆中国茶展区。

3月22日,"第四届都匀毛尖茶节暨中国世博十大名茶走进都匀"活动在都匀市举办。此次活动以"世博名茶聚匀城、中国佳茗迎世博"为主题,省、市(州)各企业,上海世博会联合国馆、招管会有关领导,省内外茶叶专家、学者,世博十大名茶企业及省州有关人员等300多人出席。开幕式上,上海世博会十大名茶招商管理委员会授予都匀毛尖茶"中国世博十大名茶"牌匾。活动期间举办炒茶、茶艺表演及少数民族风情展演,"中国世博十大名茶植物园"揭幕仪式,中国世博十大名茶暨后世博茶经济发展论坛等多项活动。

4月19日,贵州贵茶(集团)有限公司成立,是农业产业化国家重点龙头企业。该公司在收购凤冈黔风有机茶业有限公司、贵州凤冈春秋茶业有限公司、贵州久安古茶树茶业有限公司基础上建立,主要品牌为"绿宝石"绿茶,该品种于2006年荣获第三届中国国际茶叶博览会金奖,2008年荣获世界茶联合会第七届国际名茶评比金奖,2009年荣获贵州十大名茶称号。

4月21—22日,在由中国茶叶流通协会、中国国际茶文化研究会、中国茶叶学会举办的第五届"中绿杯"全国名优绿茶评比中,贵州获金奖的茶叶有11种:凤冈县田坝茗茶茶厂的宣仁茗峰,道真县博联茶业有限公司的"仡山西施"牌天茶(白茶),贵州寸心草有机茶业有限公司的"寸心草"遵义毛峰,正安县桴焉茶业有限责任公司的"世荣"牌天池玉叶,金沙县沁天茶业有限责任公司的"鹤林"牌沁天翠芽,

---

*赵青,贵州省社会科学院副研究员。

凤冈县芳智锌硒茶业有限公司的"人生绿"锌硒翠芽,凤冈县古夷州茶叶专业合作社的"娄山春"娄山凤冠,都匀供销茶叶有限责任公司的"螺丝壳"牌都匀毛尖,贵定县水土保持雪芽茶业科研基地的贵定雪芽,安顺市蚕种场的"瀑布"翠芽,瓮安县曼生茶业有限公司"曼生"牌曼生贡春。

4月30日,上海世博会开幕期间,贵州茅台与国品黔茶上海旗舰店正式开业,其是首家贵州茅台与国品黔茶旗舰店。

5月1日,第41届世博会在上海举行。"都匀毛尖"作为贵州唯一代表,被评为"中国世博十大名茶",被列为2010年上海世博会专用茶、礼品茶和指定用茶。

5月6日,"贵定云雾贡茶"成为贵州省首个获得地理标志认证的茶叶产品。

5月27日,中国·贵阳避暑季之南明"黔茶飘香·品茗健康"茶文化系列活动在贵阳市人民广场举行。活动为期5天,凤冈、印江、湄潭、石阡等产茶县组团设立"黔茶展示台"。

5月28日,"印江茶漾·绿茶飘香"梵净山翠峰茶推介活动在贵阳市人民广场举行,梵净山翠峰茶是2009年"贵州十大名茶"公众投票第一的名茶。

8月25日,贵州省绿茶品牌发展促进会(以下简称"促进会")在贵阳市成立。促进会由贵州省农业委员会、贵州省茶产业发展联席会议办公室主管,省内20家重点龙头企业发起组建,150余家团体会员企业参与,主要目标是联合贵州省茶企打造"贵州绿茶"标识,为贵州绿茶开拓国内外市场。

10月28—30日,由贵州省人民政府、中国茶叶流通协会、中国国际茶文化研究会联合主办,遵义市人民政府、贵州省农业委员会共同承办的第六届中国茶业经济年会暨2010中国贵州国际绿茶博览会在遵义举行。会议以"绿色共赢可持续发展"和"贵州绿茶·秀甲天下"为主题。开幕式上,向2010年贵州五大名茶和三大名茶授牌并颁发证书,对"2010年全国重点产茶县"前十名和"2010年全国特色产茶县"进行授牌,对"2010年中国茶叶行业百强企业""2010中国茶叶行业年度经济人物"进行了表彰,向获得"中国高品质绿茶产区"称号的遵义市和荣获"中国高山生态有机茶之乡"称号的纳雍县授牌。会议期间还举行了合作项目签约仪式,11个项目进行了现场签约,合作资金总额达81.4亿元。

11月1日,《贵州茶叶标准技术规程》由中国标准出版社出版,该书由贵州省质量技术监督局组织贵州省茶叶研究所、贵州省茶叶质检站、贵州省茶叶协会等单位编制,包括贵州茶叶基础标准、种植技术标准、加工技术标准、产品标准、检测标准、包装标准、销售服务标准等共计41项。

12月31日,据《贵州年鉴》,到2010年年底,贵州省茶园面积329.3万亩,其中投产茶园116.7万亩,茶叶总产量6.1万吨,总产值32.17亿元。注册茶叶加工企业616家,其中国家级龙头企业3家,省级龙头企业57家。

2011年

3月7日,商务部发布《关于进一步做好中华老字号保护与促进工作的通知》,"都匀毛尖"入选"第二批保护与促进的中华老字号名录",是贵州茶叶行业唯一上榜品牌。

3月29日,贵州省茶技术茶文化中等专业学校在贵定县云雾湖景区举行茶叶实训基地的奠基仪式。该校是贵州省建立最早的茶专业学校,成立于2007年,由贵州省供销社主管。

4月16日,"第五届都匀毛尖茶文化节暨文峰世博茶苑揭幕典礼"在都匀市文峰园举行。开幕式结束后,都匀文峰世博茶苑揭幕仪式在文峰公园的中国世博十大名茶植物园举行。文峰世博茶苑是收藏中国世博十大名茶的博物馆,馆内所有陈设均为上海世博会联合国馆中国茶展示区原样物品。原世博十大名茶组委会、华侨茶叶发展研究基金会、上海茶叶协会、福建茶叶协会等100多家茶叶企业单位和78家黔南茶叶企业参加春茶交易。

5月23日,由普安县委、县政府和黔西南州农业和扶贫开发委员会组织召开的"普安野生古茶树鉴定会"在普安举行。由中国农业科学院茶叶研究所研究员虞富连任组长,中国茶叶流通协会、云南省农业科学院茶叶研究所、贵州省茶叶研究所、贵州省绿茶品牌发展促进会相关人员联合组成的"中国普安野生古茶树"专家组鉴定,普安古茶树是目前国内已发现的最古老最大的四球茶树,也是目前最大的四球茶野生古茶树居群。

5月26—30日,由贵州省人民政府、国家旅游局主办,贵阳市人民政府、贵州省旅游局承办的"2011中国·贵阳避暑季之'黔茶飘香·品茗健康'活动"在贵阳市举行。

7月5日,贵州省茶馆业协会在贵阳市成立。

7月8—10日,由中国农业部和贵州省人民政府主办,贵州省农业委员会、贵阳市人民政府承办的"2011中国·贵州国际绿茶博览会"在贵阳国际会议展览中心举行。茶博会以"贵州绿茶·秀甲天下"为主题,汇聚国内十大名茶、贵州五大名茶及其他知名品牌茶叶。参展单位包括境外茶叶企业、省内外茶叶企业及茶业经销商和专业买家等,同时,国内15个省、省内9个市(州)政府组团参会。博览会期间还举行贵州省第三届茶艺大赛;"最美茶乡"及茶文化摄影作品展;多彩贵州茶文化表演;中国茶叶加工高端论坛;万人品茗活动;茶叶生态旅游等。本次茶博会现场交易金额2.44亿元,观展人数10.6万人次。

9月16日,由中国茶叶流通协会、贵州省农业委员会和铜仁地区行署等联合主办的"2011中国苔茶之乡·石阡首届苔茶文化旅游节"在石阡县举行,其间还举办"石阡苔茶品牌营销国际高峰论坛""资源推介会""夜郎文化高峰论坛"以及旅游商品展销、万人品茗和观光游园等活动。

11月29日,原国家工商行政管理总局商标局公布2011年中国驰名商标名单,由贵州湄潭县茶业协会申报的"湄潭翠芽"名列其中,是贵州省首个获得"中国驰名商标"的茶叶类商标。

12月23日,由贵州省绿茶品牌发展促进会、贵州省茶文化研究会、贵州省茶叶学会联合主办,《贵州日报·27度黔地标文化周刊》《西部开发报·茶周刊》、贵州国品黔茶研究院、遵义陆圣康源科技开发有限责任公司、贵州花果园太升茶叶专营市场有限公司共同承办的首届贵州茶业经济年会在贵阳召开。会议以"共识、共进、共赢"为主题,发布了"2011年贵州茶业经济发展报告",颁发了"十一五贵州茶产业发展贡献奖""2011贵州茶叶行业年度经济人物"等奖项。

12月23日,在首届贵州茶叶经济年会上湄潭中国茶城招商活动正式启动。总投资10亿元的中国茶城在湄潭县奠基,这是继浙江新昌"中国茶市""福建安溪""中国茶都"之后,又一全国性大型茶叶交易市场。中国茶城项目规划用地面积约345亩,总投资10亿元,集国家级茶叶交易市场、冷链物流、电子商务、茶文化展示为一体,是国家农业部定点市场、国家商务部定点出口茶市场、贵州省重点工程,遵义市唯一指定茶叶市场、湄潭县重点招商引资工程项目。旨在"打造中国最大绿茶交易中心",预计建成后可实现年交易额12亿元以上。

12月31日,据《贵州年鉴》,到2011年年底,贵州茶园面积达到400.87万亩,其中投产茶园162万亩,茶叶产量5.84万吨,综合产值51.6亿元。注册茶叶加工企业683家,其中8家国家级重点龙头企业,52家省级重点龙头企业,5家进入全国茶叶百强企业,217家通过QS认证,104家获得对外贸易资格。

2012年

4月9日,贵州省茶园办理林权证启动仪式在石阡县举行,此举开创贵州省茶园办理林权证先河,解决茶农后期管护资金困难。

4月28日,以"都匀毛尖·香飘申城"为主题的都匀市第六届茶文化节在上海光大会展中心东馆的主会场隆重开幕,分会场分别在城隍庙九曲桥广场和南京东路人民公园。期间举行少数民族歌舞表演、茶艺表演、万人叹春茗免费品茗、精品茶展销、顶级毛尖茶慈善义卖等活动,所得义款将购买校车捐赠给黔南茶产区贫困学校。

5月15—16日,贵州省茶产业发展大会在遵义市湄潭县召开。会议指出贵州省茶产业已进入由茶产业大省向茶产业强省转变的重要时期,要加快推进茶产业强省建设,促进农业结构调整和特色优势产业发展。

7月13—15日,由农业部支持,贵州省人民政府主办,贵州省农业委员会、贵阳市人民政府承办的"2012中国·贵州国际绿茶博览会"在贵阳国际会议展览中心举行,览面积超过20000平方米,邀请参展企业超过800家。本届茶博会以"贵州绿茶·秀甲天下"为主题,活动期间还举行了茶艺大赛、"黔茶巨变"展、中国茶叶绿色防控高端论坛、黔浙绿茶产业战略合作发展洽谈会、对话黔茶、万人品茗和茶乡生态游等一系列活动。

7月13日,"2012中国·贵州国际绿茶博览会"指定用茶"贵天下"都匀毛尖正式展出。2012年经中共黔南州委、黔南州人民政府研究同意,州茶产业领导小组授权由贵州贵天下茶业有限责任公司牵头开发都匀毛尖特制精品茶。为打造真正"领袖级好茶",从3万千克都匀毛尖中精选258.5千克"贵天下"特制精品茶,通过国家及欧盟和日本检测标准。

7月26—27日,"贵州省茶叶生产机械化现场会暨技术交流研讨会"在铜仁地区石阡县召开。会议旨在为推进贵州省茶叶生产机械化,加快贵州茶产业又好又快、更好更快发展,积极探索茶叶生产机械化发展模式,提高茶叶生产机械化水平,促进茶园增效、茶农增收。

8月28日,贵州省茶树病虫害绿色防控现场会在凤冈召开,是首次为茶树病虫害防控召开的专题会议。

9月25日,贵州绿茶"贵茶绿宝石"与德国公司签订327.9万欧元销售合同,首批产品定于2013年4月出口。

9月25日,"加快黔茶渠道建设暨国酒茅台·国品黔茶系统合作推进会"在贵阳市举行,各茶区政府负责人与国品黔茶系统签订共建共享合作协议。

10月22日,贵州琦福苑茶业有限公司成立,创办人叶文盛是"遵义红"红茶创始人,2010年注册"遵义红"商标,2011年获评为贵州茶业年度"十大经济人物"。

12月18日,中国特产之乡推荐暨宣传活动组委会、中国特产报社与贵州省正安县委、县政府在北京人民大会堂举行了"特产扶贫战略研讨会暨中国白茶之乡(贵州正安)授牌仪式"。"正安白茶"先后获得国家工商总局地理证明商标、国家质检总局地理标志保护产品、贵州省著名商标等,农业部品牌评估机构独立评估品牌价值超亿元。当天还举行了"美丽中国特产之乡系列片暨走进中国白茶之乡(贵州正安)"开机仪式。

12月29日,"黔茶之魂·都匀毛尖——北京高端推介会"在北京市钓鱼台国宾馆举行,都匀市政府与国品黔茶签订了10个专柜的入驻协议。

12月31日,据《贵州年鉴》,到2012年年底,贵州省茶叶面积507万亩,居全国第2位,其中投产茶园面积200万亩,茶叶产量10.2万吨,综合产值86.1亿元。贵州省茶叶加工企业1056家,建立茶叶专业合作社554个,在省内外开设贵州茶叶专卖店、专营店308个。

2013年

1月19—20日,贵州省第二届茶业经济年会在贵阳市举办,来自省内外的行业专家、权威人士以及省直有关单位负责人共400余人参会,年会主题为"金融与黔茶"。会上,贵州银行分别与贵州省农业委员会、贵州省绿茶品牌发展促进会及企业签署战略协议。根据协议,贵州银行将提供100亿元以上资金扶持贵州茶产业,共同打造以茶资源交易为主的现代化茶叶交易中心,培育贵州100家以上的最具市场竞争力的茶叶企业;在3~5年内,重点扶持贵州湄潭——中国茶城市场建设,使其成为中国茶叶交易中心、电子商务交易平台、区域性茶叶专业交易市场,并为平台交易90%以上的小微客户群体提供全产业链交易金融服务等。会上,贵州省工商行政管理部门代表中国工商行政管理局为"石阡苔茶"和"兰馨(湄潭)"两个茶叶商标荣获"中国驰名商标"授牌。

1月20日,贵州省内40余家茶叶协会负责人在贵阳共同发起成立了贵州省茶叶行业社团组织联席会。

4月28日,雷山县西江千户苗寨景区茶文化广场正式开放,这是贵州省首次在景区设立专门的文化传播、茶叶销售为一体的文化广场。

5月9-11日,由贵州省供销社、贵州省人力资源与社会保障厅、贵州省总工会和贵州省教育厅联合主办,贵州省茶叶协会、贵州省经济学校(贵州省茶技术茶文化学校)等单位承办的"贵定云雾贡茶杯"2013年贵州省手工制茶技能大赛暨全国职业院校技能大赛贵州(区)手工制茶选拔赛在贵定县云雾镇贵州经典云雾茶业生产基地举办,来自全省的82人参加了绿茶卷曲形、绿茶扁形、红条茶、乌龙茶四个赛项的角逐。

5月20日,第十五届中国科协年会学术交流第二十分会场"科技创新与茶产业发展论坛"在贵阳市举行,中国工程院院士陈宗懋等来自全国各地的180多位茶叶专家参会。

6月20日,以"绿色都匀毛尖茶·香飘京城誉中华"为主题的第七届都匀毛尖文化节在北京市马连道茶缘茶城举行,来自贵州省农业委员会、中共黔南州委、黔南州人民政府、中共都匀市委、都匀市人民政府以及黔南州农委的领导一同出席开幕式,将崇尚生态的都匀毛尖茶文化首度引入北京。

6月26日,第九届"泛珠三角区域合作与发展论坛暨经贸洽谈会"现代特色农业合作磋商会在贵阳市召开,来自9个省区的农业部门主要负责人、茶叶行业组织、重点企业负责人一致同意发起成立"中国泛珠三角茶业合作(贵阳)组织"。会议还达成了建立"泛珠三角"区域茶叶行业组织协作例会制度、深化泛珠三角区域茶叶科技交流、推动区域合作,渠道网络共建四项共识。

6月27日,国家环境保护部办公厅、教育部办公厅联合下发《关于公布首批全国中小学环境教育社会实践基地名单的通知》,位于"中国西部茶海之心"的凤冈县永安镇田坝村有机生态茶区,成为贵州省第一个"全国首批中小学环境教育社会实践基地"。

8月29日至9月1日,由贵州省人民政府主办,中国茶叶流通协会支持,贵州省农业委员会和贵阳市人民政府承办,以"贵州绿茶·秀甲天下"为主题的2013年中国·贵州绿茶博览会在贵阳国际会议展览中心举行,展场面积规模达18400平方米,14个省(区、市)的代表团和省内各市(州)、贵安新区代表团,国内外1200余家企业和2000余家专业采购商参加本届展会。会展期间举办中国茶叶加工与机械高端论坛、贵州农产品抱团营销模式研讨会、淘宝大学农产品电子商务培训及营销专场讲座、茶艺大赛、黔茶巨变、贵州绿茶及特色农产品专场推介会等10余项活动。

9月26—27日,由中国茶叶流通协会主办,湄潭县人民政府承办的首届"茶资源综合开发利用高端论坛暨中国茶叶流通协会茶叶籽利用专业委员会成立大会"在湄潭县召开。

9月29日,贵州茶文化生态博物馆正式在湄潭开馆,这是国内首个以茶文化为主题的生态博物馆,首次全面、系统、立体地展示了贵州茶文化从起源发展至当代的全过程。

9月30日,由贵州省茶叶学会、贵州省绿茶品牌发展促进会联合主办的首届"黔茶杯"名优茶评选揭晓,排名前18位的名优茶是:开阳蓝枝玉叶(翠芽)绿茶、哚贝古茶(扁形茶)、贵天下都匀毛尖茶、百道香牌湄潭翠芽、梵净山牌画廊雀舌茶、黔山牌琊珑毛尖、怡壶春牌湄潭翠芽、鸿泰梵净山茗珠、蓝枝玉叶(竹叶青)绿茶、瀑珠香茗、喝宝牌都匀红茶、贵眉牌工夫红茶、喝宝牌都匀毛尖茶、共宇牌山韵雀舌、高原春雪牌遵义红茶、馥云牌朵贝毛尖、"黔道"牌盛世红茶、彝岭苗山茶。

10月16日,2013年中国茶行业最具影响力年度品牌"金芽奖"和杰出贡献茶人"陆羽奖"评选揭晓,贵州聚福轩茶业食品有限公司品牌"黔茶库"整合了贵州五大名茶:湄潭翠芽、石阡苔茶、凤冈锌硒茶、贵定云雾贡茶、都匀毛尖茶等系列名茶产品,荣获"2013中国茶行业创新营销品牌";聚福轩旗下的茶器具品牌"无华山房"茶具,荣获"2013中国茶器最具创意设计品牌"。

10月24日,2013年全国茶艺职业技能大赛圆满结束,贵州赛区取得一银三铜的好成绩,是贵州省在全国茶艺技能赛上取得的最好成绩。

10月30日,第九届"中国茶叶经济年会暨首届中国黄茶文化节"在湖南省岳阳市举行。贵州省湄潭县栗香茶业有限公司董事长谭书德当选"2013中国茶叶行业十大年度经济人物",黎平县获评2013年度十大中国茶叶产业发展示范县。2013年度中国茶叶行业贡献奖14人名单中贵州人有贵州野鹿盖茶业有限公司创始人陈胜建、(贵州)贵州余庆七砂(集团)绿色产业开发有限责任公司王兴荣。

12月19—21日,"第七届中国(深圳)国际茶产业博览会暨紫砂、陶瓷、茶具用品展"在深圳会展中心举行。本届深圳茶博会展览面积达6万平方米,设立国际展位2800个,规模位居世界前列,来自国内外69个名茶产区的千家展商,集中展示10万款茗茶精品。贵州省29家茶企代表"贵州茶"组团参展。

12月31日,国家质检总局公布国家级出口食品农产品质量安全示范区名单,贵州入选茶叶类的是湄潭县出口食品农产品质量安全示范区(茶叶)。

12月31日,据《中国茶业年鉴》,到2013年年底,贵州省茶园面积611万亩,投产茶园270万亩,占全国茶园面积的15.8%,茶园面积全国第一位。通过无公害、绿色有机认证茶园面积89.33万亩,有机茶园16.35万亩,居全国第二位。全年茶叶产量13.6万吨,总产值105亿元,茶叶产量和总产值分别占全国的6.8%和9.1%,分别居全国第6位和第4位。

2014年

2月22日,由中共贵州省委宣传部、贵州省农业委员会主办的"黔茶提升三年行动'绿宝石'——黔茶发现之旅"大型采访活动启动。省内外20多家主要新闻媒体先后两次深入贵州茶区进行了历时一个多月的采访。

3月7日,习近平总书记参加全国"两会"贵州代表团审议时十分关注贵州茶产业的发展,对贵州茶产业发展做出重要指示。

4月21日,《贵州省茶产业提升三年行动计划(2014—2016年)》出台,全省整合资源、合力推动,茶产业实现从规模数量增长型向质量效益型的快速转变。根据行动计划,到2016年,贵州拟建成茶园面积700万亩以上,投产500万亩,茶叶年产量27万吨,茶产业综合产值超过500亿元,农民人均茶叶收入达到1000元。同时打造2个以上全国知名品牌,培育5个以上有一定知名度的品牌。大力实施黔茶品牌战略,即绿茶以"都匀毛尖""湄潭翠芽""绿宝石",红茶以"遵义红"为重点品牌;大力扶持"梵净山茶""凤冈锌硒茶""石阡苔茶""瀑布毛峰"等公共品牌建设。

4月26日,以"黔茶春潮——贵州省茶产业提升三年在行动"为主题的第三届茶业经济年会暨贵州省绿茶农产品地理标志研讨会在凤冈县召开。年会同期召开了"凤冈锌硒茶高峰论坛""凤冈县茶叶产业发展十年历程回眸暨转型升级三年行动计划新闻发布会""全省茶叶行业社团组织联席会"等会议。省内外茶叶专家、茶企代表、茶办负责人等400余人参加本次年会。

4月27日,全省春茶产销分析会召开,2014年贵州春茶产量较2013年同期增幅达20%,预计全省春茶将超过6.5万吨。

5月17日,贵州省十二届人大常委会第9次会议批准《黔南布依族苗族自治州促进茶产业发展条例》,自7月1日起施行。黔南州由此成为贵州省第一个、全国第二个为茶产业立法的地区,这也是黔南州继完善都匀毛尖标准化体系建设、品牌体系建设之后的又一创新举措。

5月28—29日,"第十三届国际茶文化研讨会暨中国(贵州·遵义)国际茶产业博览会"在湄潭举行,主题为"复兴中华茶文化,振兴中国茶产业"。开幕式上举行了遵义市"圣地茶都"称号、湄潭县"中国茶文化之乡"称号的授牌仪式。本届博览会活动有:中国国际茶文化研究会第五次会员代表大会和第五届一次理事会、茶类产品及茶叶加工机械和茶食器皿展销、茶与酒行业高端对话、盛世兴茶——茶的深度开发和综合利用论坛、万人品茗、贵州省第五届茶艺大赛及表演颁奖大会等。

6月7日,由贵州湄潭兰馨茶业有限公司、贵州黔茶实业有限公司、贵州湄潭黔茗茶业有限公司等80家黔茶企业负责人在湄潭共同发起组建了贵州智慧黔茶产销联盟。"贵州智慧黔茶产销联盟揭牌暨文化产业资金助推联盟发展"活动在湄潭启动,这是全国产销联盟组织中获得文化产业资金支持的首个联盟组织。

6月6—7日,"都匀毛尖杯"全国手工制茶大赛在都匀市成功举办。本次大赛由中国茶叶流通协会、中共黔南州委、贵州省供销社联合主办,贵州省茶叶协会、中共都匀市委、黔南州供销社、贵州省内贸学校承办。共有来自10个省、市、自治区的27个代表队、92名选手参赛,共评定特等奖10个、金奖17个、一等奖25个。

6月8—9日,由中国茶叶流通协会、中共黔南州委、黔南州人民政府、贵州省农业委员会、贵州省供销社等单位主办的"第八届中国贵州都匀毛尖茶文化节"在都匀市举行。本次文化节包括2014年"都匀毛尖杯"全国手工制茶大赛、2014年贵州省茶叶协会年会、全国斗茶比赛、茶叶包装设计大赛等,并邀请了100名将军和100名艺术家来到都匀市进行茶文化创作书画笔会。针对此次文化节,部分旅行社还推出了万人品茗、百里毛尖长廊采茶祭茶、生态文化游等系列毛尖茶文化主题活动。

6月20日,中粮集团与贵州省农业委员会、贵州茶产业发展联席办公室签署战略合作框架协议,建立长期、互利的合作关系。根据协议,中粮集团计划在贵州成立中粮贵州茶业有限公司,用于在贵州投资构建以绿茶为主体的全产业链业务布局等业务。

7月18日,"贵州省上半年经济工作会暨第二次民营经济发展大会"召开,会上,贵州东太投资有限公司董事长姜流被授予"贵州省十佳民营企业家",是唯一一个入选十佳的茶类企业家。

7月29日,"贵州省茶树病虫害绿色防控现场会"在普安县召开,会议就省内行业部门、学校、茶企和农药骨干企业如何联合科技攻关,保障贵州茶产业的质量安全,更好发挥州茶产业生态优势做现场参观和深入探讨。

7月29日至8月1日,由贵州省商务厅、中国国际贸易促进委员会贵州省分会主办的"第四届贵州·香港投资贸易活动周"于香港会展中心举行,黔茶商城作为贵州唯一一家专业茶叶电商网站参展。

8月7日,"2014品牌中国(公共关系)高峰论坛暨贵州'五张名片'品牌推介活动"在贵阳举行。针对烟、酒、茶、民族医药、特色食品这五个特色产业,贵州都将单独出台扶持政策。2013年贵州省烟、酒、茶、民族医药、特色食品工业增加值达883亿元,占全省轻工业增加值比重90%左右,是贵州省工业的中坚力量。

8月22—24日,由农业部和中国特产采购协会支持,贵州省人民政府主办,贵州省农业委员会和贵阳市政府承办的"2014中国·贵阳国际特色农产品交易会暨绿茶博览会"在贵阳国际会展中心正式开幕。本届展会继续以"生态贵州·绿色产品""贵州绿茶·秀甲天下"为主题。开幕式当天举行贵州茶行业十大系列选活动颁奖仪式,"'三绿一红'(都匀毛尖、湄潭翠芽、绿宝石、遵义红)品牌十大领军企业""十大本土茶叶企业""十大外商投资茶叶企业""贵州十大茶旅目的地""网友推荐的十个'我心中的喝茶好去处'""贵州十大种茶能手""贵州十大制茶能手""贵州十佳茶艺师""贵州十大采茶能手""贵州十大古茶树之乡""贵州茶叶行业十大返乡农民创业之星""贵州茶业十大美文""影响贵州茶业发展的十大事件"名单正式揭晓。展会期间还举行筑台两地茶产业研讨会暨贵阳农业推介会、大数据与特色农产品营销论坛、电子商务与黔茶提升讲座、黔茶重点品牌和主要公用品牌推介及采购商洽谈会以及万人品茗活动。

8月23日,"2014贵州十大最美茶旅线路发布会暨现场发车仪式"在贵阳国际会议展览中心登录大厅举行。活动现场发布了"2014贵州十大最美茶旅线路",即湄潭凤冈休闲养生之旅、石阡"贡茶之乡"寻茶之旅、贵定早春尝新之旅、传统制茶之旅、丹寨深山珍品之旅、都匀名茶品茗之旅、安顺观名瀑品名茶之旅、乌撒烤茶文化体验之旅、晴隆茶艺新品之旅、开阳健康体验之旅。由贵州聚福轩茶业食品有限公司牵头,联合茶乡、景区、旅行社、茶会及媒体共同成立了"贵州茶旅联盟"。茶企代表与航空、景区、旅行社、媒体共同签署了推动"茶旅一体化"战略合作,协议内容包括联合开发茶旅线路产品、茶旅商品,建设茶文化主题度假酒店,开展宣传促销等。

10月31日,由遵义市产品质量检验检测院承建的"国家茶及茶制品质量监督检验中心(贵州)"以高分通过国家质检总局验收,是贵州获国家批准筹建的7个各类国检中心第一个通过国家验收的机构。中心于2012年12月获国家质检总局批准建设,2013年11月通过国家认证认可监督管理委员会、中国合格评定国家认可委员会实验室认可、计量认证、审查认可"三合一"现场评审,2014年5月通过国家质检总局委托贵州省质监局专家组的预验收。

11月20日,国家质检总局公布2014年国家级出口食品农产品质量安全示范区名单,贵州省茶叶类入选名单的是凤冈县国家级出口食品农产品质量安全示范区(茶叶)。

11月28日,由贵州赐力茶叶机械有限公司生产的首套茶叶自动化流水线加工设备在贵州贵茶有限公司投入使用,该设备单套日产可达800千克干茶,与老式加工设备相比,效率提高近十倍。这是贵州省自主研发成功的茶叶生产线成套设备,填补了茶叶生产环节机械化的"最后一道程序",有效助力茶叶全程清洁化生产,提高了茶青下树率。

12月18日,据贵州出入境检验检疫局12月18日数据显示,贵州省全年出口茶叶104批,货值1154万美元,同比分别增长395%和663%。

12月31日,据《贵州年鉴》,到2014年年底,贵州省茶园面积已达662万亩,其中投产茶园350.4万亩,全年茶叶产量达到18.1万吨,总产值165亿元,综合产值271亿元,分别增长32.5%和78.2%。全省注册茶叶企业(含合作社)2518家(茶企1638家,合作社880家),国家级龙头企业9家,省级龙头企业98家,通过QS认证企业435家。

2015年

2月7日,贵州贵茶(集团)有限公司获得美国星巴克公司订购"绿宝石"绿茶98吨订单。2013年公司与星巴克签订合作协议,是星巴克旗下茶吧六款主打茶品之一;"绿宝石"绿茶已远销德国、美国、加拿大、新加坡等地。

2月12日,贵州省科学技术厅公布2014年贵州省科学技术奖名单,这是贵州省科技类最高奖项,由贵州省农业科学院茶叶研究所主持实施的"贵州茶产业关键技术研究与产业化示范"重大科技专项获二等奖。

2月15日,贵州省质量技术监督局、贵州省农业委员会联合发布《都匀毛尖茶》《湄潭翠芽茶》《凤冈锌硒茶》《石阡苔茶》《雷山银球茶》《正安白茶》6种茶叶修订标准,新制定了《绿宝石绿茶》《遵义红红茶》《安顺瀑布毛峰茶》《梵净山针形绿茶》《梵净山卷曲形绿茶》《梵净山颗粒形绿茶》《梵净山红茶》7种茶叶标准,新制定了《都匀毛尖茶加工技术规程》等14项加工技术规程标准为贵州省地方标准。

4月20日,贵州省茶产业发展联席会议办公室(简称"省茶产办")为确保茶产品质量安全、稳定,要求在贵州省推进"贵州省茶叶质量安全云服务平台"建设工作,建立从茶园到茶杯的全程可追溯系统。

5月18日,"2015年全省春茶斗茶赛颁奖典礼"在贵阳举行。本次大赛以"生态·标准·品牌·创新"为主题,来自贵州省9个市(州)的46个县的近1000家企业,选送1300余种茶样参展,共评出绿茶类、红茶类、白叶茶及其他类、手工茶类、古树茶类等五类大奖。

5月29日,2015中国(贵州·遵义)国际茶文化节暨茶产业博览会在贵州遵义湄潭举行。本届茶博会以"多彩贵州·生态茶乡"为主题,由贵州省人民政府、中国国际茶文化研究会、中国茶叶流通协会主办,遵义市人民政府、贵州省农业委员会承办。国内外参会嘉宾2000余名,省内外参展企业500余家。茶博会期间举行了中国茶叶市场发展高峰论坛暨贵州西部农产品交易中心"遵义红、湄潭翠芽"上市仪式、中国茶叶市场专业委员会年会、"标准与中国茶叶的未来"论坛、贵州省第六届茶艺大赛、贵州古茶树茶叶品鉴暨茶文化遗产保护与利用高端论坛等。5月29日当天共签约茶产业项目20个、总投资79.3亿元。

6月18日,2015年贵州省春茶斗茶赛金奖茶王拍卖会在贵阳市举行,春茶斗茶赛选出的绿茶类茶王雷山银球茶、红茶类茶王遵义红红茶、白叶茶及其他茶类茶王开阳富硒白茶、手工茶类茶王贵定云雾贡茶、古树茶类茶王梵净山茶拍卖总成交量为557千克,成交额202万元。

7月19日,《人民日报》刊载凤冈县"茶天下"产业交易市场建成并正式投入使用。凤冈县已发展锌硒茶园45.21万亩,有机茶园面积3.18万亩。

7月24日,"2015年贵州省茶树病虫害绿色防控现场会"在都匀市举行。全省9个地(州、市)和88个县的农业负责人在都匀市螺丝壳山绿色防控茶叶产业园区进行实地考察。都匀市政府每年投入1000万元用于扶持6万亩绿色防控茶园的建设和维护,绿色防控措施主要是不施加农药,利用粘虫板、捕虫灯、防虫盒等绿色防控手段诱捕害虫,降低病虫害。

8月3日,"2015米兰世博会中国茶文化周"在意大利米兰世博会中国国家馆举办。此次活动由中国教育国际交流协会主办,国际茶叶委员会、欧盟茶叶委员会、意大利茶业协会、中国茶叶流通协会、中国国际茶文化研究会、中国茶叶学会、中国食品土畜进出口商会、中国茶文化国际交流协会联合协办。共有20个著名中国茶品牌参展,贵州有湄潭翠芽、遵义红两个公共品牌荣获"百年世博中国名茶金奖",

湄潭黔茗茶业公司黔茗牌湄潭翠芽、阳春白雪茶业公司贵芽牌湄潭翠芽、盛兴茶业公司盛兴牌遵义红茶3个企业品牌茶叶获"百年世博中国名茶金骆驼奖"。中国茶文化活动周是世博历史上第一次有国际茶叶委员会、欧盟茶叶委员会等众多国际茶叶行业组织共同参与的国际茶界盛会,"百年世博中国名茶国际评鉴"是中国规模最大、评鉴规格最高、评鉴过程最严谨的茶叶品牌评鉴。

9月2日,受贵州贵茶有限公司邀请,中国工程院院士钟南山等多名专家与贵州省农业委员会领导及茶叶专家,在贵茶有限公司花溪久安总部进行"贵茶与健康"的交流。

9月22日,贵州茶产业发展大会在都匀市举行。贵州省有关部门、各市(州)政府、贵安新区管委会及贵州省42个产茶重点县(市、区)政府、省内部分茶企代表参加会议。会议提出,充分发挥良好的自然生态环境、大规模的茶叶种植面积以及良好的茶叶品质等优势,狠抓基础设施建设、质量安全监管、标准制定、修订、品牌培育,加快把贵州建设成为以规模、品质、品牌为引领的全国茶叶强省。

10月22日,国家质检总局批准国家级出口食品农产品质量安全示范区,贵州省新增雷山县国家级出口食品农产品质量安全示范区(茶叶)。

11月26日,"2015年贵州秋季斗茶大赛"在贵阳市举行,本次大赛以"生态、标准、创新、品牌"为主题,分为机制绿茶和机制红茶两大类,茶样须是贵州境内夏秋季(5月6日之后)原料生产,茶青嫩度标准不能高于一芽一叶。贵州省29个县181家茶叶企业的348个茶样参选,最终共评出绿茶类金奖茶王1个、银奖2个、铜奖3个、优质奖8个;红茶类金奖茶王1个、银奖1个、铜奖2个、优质奖3个。

12月19日,贵州贵茶有限公司出品的绿宝石绿茶、红宝石红茶分别获得德国农业协会颁发的茶叶类产品评比金奖,德国农业协会(DLG)是德国乃至欧洲最具权威性的行业组织之一。

12月26日,由贵州省绿茶品牌发展促进会,贵州省茶文化研究会,贵州省茶叶学会,贵州省茶叶协会联合主办的"第四届贵州茶业经济年会"在贵州饭店国际会议中心贵州厅举行。各市州、县产茶县茶办,各茶叶企业,以及来自省级各商协会等各界人士600余人出席年会。

12月31日,据《贵州年鉴》,到2015年年底,贵州省茶园面积689.2万亩,居全国第一位。全年茶叶产量22.4万吨,总产值214.8亿元,综合产值404.9亿元,同比分别增10.7%、23.7%、30.2%、49.4%。茶园面积30万亩以上的有湄潭、凤冈、正安、石阡和都匀五个县(市)。贵州省注册茶叶企业3040家(茶企1861家、合作社1179家),457家企业通过QS认证,69家企业获得对外贸易经营资格。

2016年

3月1日,"首届贵州·平塘茶园世界众筹大会暨2016'贵州春茶第一壶'品鉴活动"举行。平塘是都匀毛尖茶的核心产区,气候独特、生态优良,是中国西部每年茶叶采摘最早的地区之一,经国内茶叶知名专家现场品尝、鉴定,被评为特级绿茶,并授予"贵州春茶第一壶"荣誉称号,形成了"都匀毛尖·平塘甲茶"的公共品牌。

3月22日,由贵州省农业委员会主办,贵州省绿茶品牌发展促进会与铜仁市茶叶行业协会北京分会协办,多彩黔农(北京)商贸有限公司承办的玉渊潭公园"品黔茶·赏樱花"万人品茗活动在北京玉渊潭举行。

3月22日,"助推电商黔茶出山"项目在湄潭县启动。湄潭茶叶通过航空运输,从产地到目的地仅需28个小时。本次活动由湄潭县委、县人民政府主办,中国邮政集团公司遵义市分公司、中国邮政速递物流股份有限公司遵义市分公司承办。邮政"黔茶航空运输"项目已开通7年,仅在湄潭已累计运输1400余次,累计邮件收件量560万余件,累计运输量14万余吨,80%的湄潭茶叶都通过邮政速递物流远销国内外。

4月11日,由贵州省委宣传部牵头,贵州农业委员会、贵州省旅游局联合主办,遵义市委宣传部、当代贵州杂志社承办的"山地公园省·多彩贵州风——2016贵茶飘香"茶旅互动推介活动在贵阳市正式启动。来自中央媒体,全国知名旅游杂志、网站,航空及高铁媒体、知名都市类媒体和省市部分媒体等记者,将深入到遵义市余庆县、凤冈县和湄潭县的茶场、茶庄、茶坊、企业、景区等,挖掘贵州特色茶旅文化。

4月18—21日,2016年中国·贵州国际茶文化节暨茶产业博览会在湄潭县、凤冈县、余庆县举行。本届贵州茶"一节一会"由贵州省人民政府、中国国际茶文化研究会、中国茶业流通协会主办,遵义市人民政府、贵州省农业委员会承办,活动以"醉美茶香·养生天堂"为主题。来自英国、德国、俄罗斯等国家知名茶企负责人及涉茶外宾,以及全国主要新闻媒体记者等共计2000余人。本届文化节暨博览会举办"中国现代茶业从这里走来""中国茶叶精深加工暨标准化""茶与山地生态旅游·茶与休闲养生""东有龙井·西有凤冈"品牌文化交流等论坛和"黔茶出山"展示展销、国际茶叶采购商大会、全国手工绿茶制作技能大赛、2016中国茶产业商业模式创新研讨会暨中茶协电商专委会年会、"圣地茶都·万人品茗"及知名作家、书画家、摄影家及媒体记者茶乡行等活动。

4月18日,2016年贵州茶"一节一会"开幕式上,聘任中国工程院院士、中国茶叶研究所研究员陈宗懋,当代茶学泰斗张天福,国家植物功能成分利用工程技术中心主任、中国茶商学院院长、博士生导师刘仲华,茅盾文学奖获得者、《茶人三部曲》作者、浙江农林大学茶文化学院院长王旭烽,北京老舍茶馆董事长尹智君,奥运冠军、著名拳击手邹市明,香港特区茶艺中心教授廖子芳,中国作协副主席、著名作家叶辛,央视著名主持人鞠萍,澳大利亚精品茶叶协会会长nathan(内森)10人为贵州省茶茶文化大使。

4月18—19日,"全国手工绿茶制作技能大赛"湄潭县举行,来自11个省市的20余支队伍近百名选手参赛。大赛终确定特等奖2名,一等奖6名,二等奖15名,三等奖20名。

4月21日,《贵州茶产业发展报告(2015)》在湄潭县举行首发式,全书分为关注、总体报告、主题报告、区域报告、专题报告5个部分,近49万字,全面反映2015年贵州茶产业发展情况。

5月27日,2016中国茶叶区域公用品牌价值评估结果发布,贵州省7个品牌上榜,分别为:都匀毛尖23.54亿元,位列12位;湄潭翠芽16.38亿元,位列26位;梵净山茶13.57亿元,位列41位;凤冈锌硒茶11.86亿元,位列51位;梵净山翠峰茶9.13亿元,位列62位;石阡苔茶8.98亿元,位列65位;余庆苦丁茶4.12亿元位列第83位。

7月9日,生态文明贵阳国际论坛2016年年会"生态文明与反贫困"主题论坛在贵阳国际生态会议中心举行。会上联合利华与遵义市人民政府就贵州可持续茶园项目签订了合作意向书,计划以遵义市为主建立1万亩可持续茶园,并计划在2020年前将贵州省可持续茶园发展到10万亩,建立全产业链的产品,带动近3万户的茶农持续增收,脱贫致富。根据联合利华的全球可持续发展计划,从2015年起立顿品牌的茶叶原料必须100%采购雨林联盟认证的可持续发展茶园。目前,联合利华已经在黔东南州镇远县建成了450亩茶园。

7月22日,"丝绸之路·黔茶飘香推介活动"开始启动,历时15天,行程2300千米,分别在重庆、成都、西安、兰州、西宁举办了"贵州省茶产业暨茶产业推介会"及万人品茗活动。

9月9日,国家质检总局公布2016年国家级出口食品农产品质量安全示范区名单,贵州省茶类有思南县国家级出口食品农产品质量安全示范区(茶叶)。

9月20—22日,"绿宝石"杯第三届全国茶艺职业技能竞赛总决赛在贵阳举行,来自全国23个省(区、市)代表队的400多位选手参赛,贵州代表队以2金5银3铜成绩位居第一。

9月23日,以"牵手茶人·拥抱世界"为主题的2016都匀毛尖国际茶人会都匀市中国茶文化博览园隆举行。茶人会举办了茶文化高端论坛、2016兴文强茶联盟年会、茶文化专场演出等活动。分别在都匀、独山、贵定、瓮安等地举办"文化活茶·茶心之旅"活动。

9月24日,"2016年都匀毛尖(国际)茶人会暨中国·贵州·贵定阳宝山佛教圣地佛茶文化研讨会"在贵定举行。会议发布了贵定阳宝山佛茶标准(绿茶),对贵定阳宝山佛茶研究会进行了授牌。

9月24日,"2016兴文强茶"联盟年会在都匀市召开。"兴文强茶"联盟是产、学、研、企、文等融合的综合联盟,2013年11月在杭州成立,联盟成员由在杭的10家国字号涉茶机构组成:中国国际茶文化研究会、中国农业科学院茶叶研究所、中华全国供销合作总社杭州茶叶研究院(中茶院)、中国茶叶学会、中国茶叶博物馆、国家茶叶质量监督检验中心、全国茶叶标准化技术委员会、农业部茶叶质量监督检验测试中心、浙江大学农业与生物技术学院茶学系、中国茶叶拍卖交易服务有限公司。联盟目标是:复兴中华茶文化、振兴中国茶产业、建设茶业强国;坚持用茶文化和茶科技促进茶产业健康发展。贵州省茶行业嘉宾、黔南州茶产业领导小组成员单位、茶叶企业代表共300余人参加年会。

10月25日,"第十二届中国茶业经济年会暨2016黄山茶会"在安徽省黄山市举行,会上,贵州有湄潭、凤冈两县入选"中国十大最美茶乡";黎平县入选"2016年度中国十大生态产茶县";贵州阳春白雪茶业公司被评为"2016年度中国茶企十佳成长型企业",公司董事长王静被评为"2016中国茶叶行业年度人物"。

10月29日,"2016贵州省秋季斗茶赛"决赛在贵阳举行。斗茶赛以"绿色、标准、传承、创新"为主题,来自80家企业选送的101只茶样参赛,贵州大方县以利茶场以利绿茶获"绿茶茶王",贵州湄潭盛兴茶业有限公司遵义红获"红茶茶王",毕节七星古茶开发有限公司太极古茶绿茶获"古树茶茶王"。

11月16日,从浙江省安吉县拉来的第一批73.9万株白茶苗木抵达榕江县两汪乡空申中心村空烈苗寨。8月以来,榕江县两汪乡空申中心村的空申、空烈、长吉三个行政村都以支部+合作社+贫困户的模式抱团发展白茶种植,修建白茶产业公路三条,群众以种植白茶为精准产业,种植白茶将成为当地群众脱贫致富的途径。

12月1日,"贵州绿茶"通过由农业部主持的农产品地理标志产品评审,成为全国首个省级茶叶类农产品地理标志产品。

12月20日,国家邮政局通过大数据监测显示,全国第300亿件快件产生于贵州省遵义市湄潭县,是当地一位茶农通过中通快递遵义湄潭网点寄出的贵州茶叶。

12月29日,"第五届贵州茶业经济年会"在贵阳市举行。本次年会以"聚力发展·拥抱未来"为主题,中国茶叶流通协会、中国茶叶研究所、中国茶业商学院等机构专家学者将与贵州茶行业主管部门、企业家等就茶产业供给侧结构性改革、贵州茶叶数字化加工方向、贵州茶品牌渠道建设、贵州未来十年茶产业发展机遇,如何持续稳健发展,竞争优势等进行重点探讨。

12月31日,据《贵州年鉴》,到2016年年底,贵州省茶园面积696万亩,投产茶园面积498万亩,同比分别增长1.0%、17.9%。茶叶产量28.4万吨,总产值299.8亿元,综合产值502.19亿元,同比分别增长26.8%、39.6%、24.0%。贵州省注册茶叶企业3760家(茶企2336家,合作社1424家),通过QS认证480家,获得对外贸易资格196家。

2017年

1月10日,农业部公告,准予"贵州绿茶"登记,并颁发农产品地理标志登记证书。

2月13日,贵州省茶办印发《GB2763茶叶农残限量标准2016版与2014版对比表》和《贵州省茶园禁用农药品种名单》。为保障茶叶生产质量安全,贵州省在国家明令禁止使用的54种农药的基础上,结合欧盟和日本标准,增加了63种禁用农药,为贵州生产不用洗的干净茶打下基础。

3月5日,平塘县举行贵州省春茶产销分析会,贵州省采摘茶园达520万~530万亩,春茶产量将达到14万吨左右,比去年同期增加20%左右。

3月26日,第八届"品黔茶·赏樱花"活动在北京市玉渊潭公园举行。当日,铜仁市主持的"贵州绿茶·秀甲天下;梵净山茶·一品沁香"专场推介会上,现场签约项目12个,签约金额达40.74亿元。

4月27日,2017"东有龙井·西有凤冈"浙黔茶业大会在凤冈县田坝景区举行。此次活动是杭州市西湖区与遵义市凤冈县结对帮扶后,双方致力于引导茶叶企业、实体销售店、网络电商等平台相互对接,并共同拓展海外市场,实现市场信息和销售平台共享。

4月28日,"2017中国贵州国际茶文化节暨茶产业博览会"在湄潭县开幕,网上茶博会暨首届贵州春茶网络之星评大赛同时正式启动。中央人民广播电台中国乡村之声《乡土乡情》栏目介绍了"遵义茶叶"发展的历程,并通过微博和全国听众进行了直播交流互动。贵州人民广播电台综合广播对2017贵州茶"一节一会"开幕式进行了现场直播,遵义综合广播同步进行了并机直播。中央电视台2套《第一时间》栏目联合贵州广播电视台和遵义市广播电视台,在湄潭永兴茶海进行了连线直播。会议现场,农业部还向贵州省颁发了"贵州绿茶国家农产品地理标志"证书及牌匾,中国书法家协会给湄潭县赠送了由30位书法名家共同创作的"百茶卷"。同时,现场为"2017年中国技能大赛——茶叶加工职业技能竞赛"获奖者进行颁奖。

5月20日,在首届中国国际茶叶博览会上,都匀毛尖入选农业部颁发的"中国十大茶叶区域公用品牌",湄潭翠芽入选17家"中国优秀茶叶区域公用品牌"。

5月31日,中共贵州省委办公厅、贵州省人民政府办公厅印发《贵州绿色农产品"泉涌"行动工作方案(2017—2020年)》,强调茶叶面积稳定在700万亩以上,投产茶园600万亩,培育15个黔茶产销联盟(企业集团),加快建成企业集聚、产业集群的中国高品质绿茶原料中心和加工中心。全面提升都匀毛尖等知名品牌的影响力,巩固提升"贵州绿茶""遵义红"等区域品牌形象,以市(州)为单位促进区域品牌相对集中。

6月9日,由贵州省人民政府、中国国际茶文化研究会、中国茶叶流通协会主办的"2017都匀毛尖(国际)茶人会"在都匀市隆重开幕。开幕式上,农业部、国家质检总局分别向黔南州颁发了都匀毛尖茶农业部农产品地理标志证书和都匀毛尖国家地理标志产品保护示范区牌匾。

6月16—19日,"2017北京国际茶业展·马连道国际茶文化展·遵义茶文化节"开幕,展览面积共计25000平方米,有600余家规模企业参展,一线品牌企业占92%以上,展会总体招展率100%。本次活动由中国茶叶流通协会、北京市西城区政府、遵义市政府共同主办。活动评选出的22个茶样获国际茶业展推介产品特别金奖,其中贵州获得金奖的有栗香茶、兰馨牌湄潭翠芽、遵义红醉相思。遵义市在北京展览馆搭建了以"红色圣地·茶香遵义"为主题的遵义展厅(面积533平方米),铜仁市搭建了一个153平方米的"梵净山茶"展区。

7月20日,由贵州省农业委员会、贵州省工商业联合会、贵州省商务厅、贵州省供销社主办、贵州省绿茶品牌发展促进会、贵州省文化研究会、贵州省茶叶协会、贵州省茶叶学会承办,"2017丝绸之路·黔茶飘香"推介活动在太升国际茶家具生活馆举行。活动分两个阶段进行,第一阶段从2017年7月20日起持续到8月16日历时26天,将分别在西南、西北丝绸之路沿线的重庆、西安、兰州、西宁、太原、呼和浩特推介;第二阶段分别于11月和12月在广州和深圳举行,行程近5000公里。活动包括万人品茗活动、茶产业推介会和茶文化交流活动,全省近300家茶企先后在各地开展现场推介。

7月28日,由贵州大学主办,贵州大学东盟研究院、贵州大学茶学院和贵州省绿茶品牌发展促进会承办的第四届中国—东盟茶文化论坛在贵州大学学术报告厅举行。本次论坛以"一带一路"背景下中国—东盟茶文化交流的时空脉络与文化认同为主题,来自泰国、缅甸、老挝、柬埔寨、菲律宾、韩国、俄罗斯、斯里兰卡和中国科学院、中国社科院、中国人民大学、浙江大学等国内外知名高校暨科研机构、省内知名茶企等70多家单位的专家学者参会。

8月3日,贵州省人大常委会第二十九次会议审议通过《贵州省古茶树保护条例》,自2017年9月1日起施行,是我国第一个由省人大立法的古茶树保护条例。

8月30日,中共贵州省委、贵州省人民政府发出《中共贵州省委、贵州省人民政府2017脱贫攻坚秋季攻势行动令》,要求抓茶产业提质增效:支持茶叶加工扩能增产,扩大秋茶生产规模。

9月18日,国家质检总局发布国家级出口食品农产品质量安全示范区名单,本次贵州获批的有贵定县国家级出口食品农产品质量安全示范区(茶叶);普安县国家级出口食品农产品质量安全示范区(普安红茶、普安绿茶);印江土家族苗族自治县国家级出口食品农产品质量安全示范区(茶叶);水城县国家级出口食品农产品质量安全示范区(绿茶、高山有机富硒茶);瓮安县国家级出口食品农产品质量安全示范区(茶叶)。加上2013获批准的湄潭县,2014年获批准的凤冈县、2015年获批准的雷山县、2016年获批准的思南县,贵州已有9个有关茶叶的国家级出口食品农产品质量安全示范区。

9月18日,历时两个月的"贵州绿茶首届全民冲泡大赛"决赛在贵阳市举行,最终评出金奖1名,银奖2名,铜奖3名,优秀奖60名。本次活动共有来自全国的375名选手参加初赛,旨在向大众普及"高水温、多投茶、快出汤"的贵州冲泡方式。本次活动是"2017中国·贵阳国际特色农产品交易会"活动之一,共展出茶叶、果蔬等千种农产品。

9月19日,贵州省人民政府办公厅印发《贵州省发展茶产业助推脱贫攻坚三年行动方案(2017—2019年)》,对贵州茶产业三年的发展做了目标规定。根据方案,贵州省2017年,贵州省投产茶园面积稳定在525万亩以上,茶叶总产量31.8万吨,总产值342亿元;2018年,贵州省投产茶园面积稳定在560万亩以上,总产量38.5万吨,总产值430亿元;2019年,贵州省投产茶园面积稳定在600万亩以上,总产量45万吨,总产值500亿元。

10月1日至11月15日,2017年"品黔茶·赏红叶"活动在北京香山公园持续开展了45天的万人品茗活动,此前的3月中旬到4月下旬,玉渊潭举行了"品黔茶·赏樱花"品茗活动。自2010年以来,春季开展"品黔茶·赏樱花",秋季开展"品黔茶·赏红叶"万人品茗活动,"品黔茶"活动已连续在北京玉渊潭公园和香山公园举办了七届,已成为贵州茶对外宣传的一个重要窗口,提升了黔茶品牌在北京市场的影响力和知名度。

10月26日,"第十三届中国茶业经济年会暨'天下茶尊·红茶之都'云南临沧红茶文化节"在云南省临沧市举行。会上,贵州省湄潭县获选"2017年度中国茶业扶贫示范县名单"(第四名);瓮安县获选"2017年度中国最美茶乡名单"(第八名);凤冈县获选"2017年度中国十大生态产茶县名单"。

11月29日,据贵州出入境检验检疫局通报,截至11月,贵州茶叶2017年出口量为2382.86吨,贸易额达7164万美元。相较于去年同期,出口量增长151.09%,贸易额增长110.51%,是贵州茶叶出口近三年来首次出现出口量和贸易额的双翻倍增长。港澳台地区是贵州茶叶出口的主要地区,占比接近40%,其次为东南亚地区和欧美,还有少量出口到澳大利亚、沙特阿拉伯等国家和地区。出口茶叶类别方面,主要为红茶和绿茶。

11月30日以"绿色·标准·传承·创新"为主题的"2017贵州秋季斗茶赛"决赛,在贵州饭店国际会议中心贵州厅举行。本次斗茶赛以斗安全、斗品质、斗标准、斗工艺、斗规模、斗性价比为标准,经过严格评比,评选出蓝芝玉叶牌"冷香"绿茶获得绿茶茶王;寸心草牌"金黔眉"获得红茶茶王;"八步古茶"获得古树茶茶王。各类茶王和获奖茶,将作为贵州省2018年度重要活动的推荐用茶。

12月11日,2017"多彩贵州·黔茶飘香"茶艺大赛总决赛开幕式在贵阳市茶文化研究发展基地举行。来自全省的16支代表队、个人赛52名选手、团体赛24队、茶席设计赛37席共171人展开角逐,最终将产生茶艺个人赛、团体赛、茶席设计赛金奖、银奖、铜奖、优秀奖若干名。

12月16日,中茶——开阳欧标茶产业共建基地暨国茶研究院国茶标样一期茶园基地16日开阳县揭牌,中粮集团中茶融通(北京)茶业有限公司联合国茶研究院、上海茶川实业发展有限公司和开阳天贵现代种养殖农民专业合作社等单位,打造茶业全产业链一体化合作模式。此次对口帮扶项目落地后,合作各方将筹备成立中国茶产业扶贫联盟。

12月29日,主题为"黔茶——两山论的生动实践"的"第六届贵州茶业经济年会"在贵阳举行。相关领导及各市州茶叶主管部门、行业组织、茶叶企业共计600余人出席盛会。会上,组委会分别为2017贵州最具营销创意公用品牌、2017贵州茶行业最具影响力企业、2017最受消费者喜爱的贵州茶叶品牌进行了颁奖。还举行了贵州绿茶北京地标授牌仪式,贵州十大茶农结对帮扶仪式,特向普安县颁发"2017贵州最具创意公用品牌"荣誉称号。年会当天,普安县人民政府举行了2018年"黔茶第一春"采茶节新闻发布会;北京知投集团及知投基金董事会与湄潭栗香茶业公司在年会上正式签约投资股权资金2000万元,债券资金1亿元,合计1.2亿元。

12月31日,据《贵州年鉴》,到2017年年底,贵州省茶园面积700万亩,其中投产茶园面积527万亩,产量32.7万吨,总产值361.9亿元,综合产值567.8亿元。贵州省推广茶树病虫害绿色防控,贵州省开展绿色防控面积210万亩。

2018年

1月18日,DB52/T442—2010《贵州绿茶》新标准开始施行,该标准由贵州省绿茶品牌发展促进会、贵州省茶叶科学研究所等有关单位和专家组织修订。

3月7日,詹姆斯·芬利(贵州)茶业有限公司在思南县经济开发区开工建设二级茶叶加工厂。詹姆斯·芬利(贵州)茶业有限公司是英国太古集团旗下组建的外资企业,太古集团从2014年来组织专家多次对思南茶产业进行了考察,并于2017年3月决定在思南成立茶叶公司,2018年3月注册成立詹姆斯·芬利(贵州)茶业有限公司,公司计划到2022年公司总投资为1911万美元。

3月26—27日,中摩友谊论坛在摩洛哥首都阿加迪尔隆重举行,其间举行了"贵州绿茶"系列推介活动。

3月31日,铜仁市在北京举行2018年"贵州绿茶·风行天下·梵净山茶·香溢天下"专场推介会。现场签约项目7个,签约金额达6.6亿元。

4月21日,丹寨县万达小镇推出了国内首个扶贫茶园项目"认领一亩茶园,脱贫一户茶农",参与者可出资认领一亩(或一垄)茶园。本项目通过扶贫茶园认领的方式打造丹寨高品质茶叶品牌"丹红""丹绿",用认领定销促产来带动种植、加工环节的良性发展,让农村贫困户直接参与整个茶产业链的务工劳作,取得有尊严的劳动收入,实现"一对一"扶贫。首批推出的1000亩扶贫茶园,共有1906人参与线上认领,帮扶建档立卡贫困户501人,带动1196户农民家庭的就业。

5月2日,由贵州夜之郎影视文化传媒、笛女阿瑞斯传媒联合出品的34集电视连续剧《星火云雾街》在江苏综艺频道首播。该剧是以都匀毛尖茶为线索的故事。2019年1月10日,该剧在中央电视台8套黄金时段播出。

5月6日,"2018中国·贵州国际茶文化节暨茶产业博览会"在湄潭县隆重开幕。本次活动由贵州省人民政府、中国国际茶文化研究会、中国茶叶流通协会主办,遵义市人民政府、贵州省农业委员会承办,以"多彩贵州·最美茶乡"为主题。来自贵州省相关领导及部门负责人,国内外茶业界专家、学者、企业代表,以及联合国粮农组织政府间茶叶小组、意大利茶叶协会、美国茶叶协会、肯尼亚茶叶局、ETP茶叶道德合作联盟、联合利华、英国川宁和俄罗斯、德国、日本、法国等国家知名茶企代表2000余人参会。开幕式上,贵州省质量技术监督局发布了最新修订的《贵州"三绿一红"品牌茶叶质量标准》;中国茶叶流通协会发布了《新时代贵州省茶产业之竞争力报告》;中国茶叶流通协会授予遵义市"中国茶叶出口最具竞争力产区"牌匾;中国国际茶文化研究会授予湄潭县"中国茶工业博物馆"牌匾。本届茶博会将举办第三届国际茶叶采购商大会暨贵州省茶产业招商引资签约仪式、中日韩茶叶企业家交流会、联合利华茶产业高端论坛暨"遵义红"新产品发布会等活动。其间还举办茶产业高端论坛暨立顿牌"遵义红"新产品发布会、中日韩茶叶企业家交流活动、万人品茗暨贵州绿茶第二届全民冲泡大赛等活动。

5月6日,贵州茶博会上,贵州省北极熊、贵州泉、苗西南、母乳泉、归兰山等13家重点水企及知名品牌组团首次以"多彩贵州水"公共品牌亮相茶博会。

首批为2018贵州茶博会定制的"多彩贵州水"生产下线,"贵州水泡天下茶",为培育贵州天然饮用水公共品牌迈出了坚实的第一步。

5月7日,经过一年半的研发,立顿首款完全使用遵义茶制成的袋泡茶系列新品正式面市,立顿"遵义红"袋泡茶将进入全球销售网络。新推出的立顿"遵义红"袋泡茶包含了"遵义红"红茶和"遵义红"绿茶,分别有三角包和双囊茶包等不同形态,非常适合办公及酒店接待用茶。作为联合利华的扶贫产品,袋泡茶每售出一盒,联合利华将捐出一元钱用于精准扶贫项目。联合利华是世界500强企业和全球最大的茶叶采购商和经销商,旗下的"立顿"是年销售额数十亿欧元的茶叶品牌。

5月7日,"第三届国际茶叶采购商大会暨贵州省茶产业招商引资签约仪式"在湄潭县召开,活动现场签约投资项目21个,签约金额达46.58亿元(人民币,下同)。

会上,肯尼亚国家农业和食品管理局与遵义市人民政府签订合作谅解备忘录。本次活动共达成招商引资项目25个,投资金额52亿元,现场签约项目21个,投资金额46.58亿元。

5月19日,"第二届中国当代茶文化发展论坛"上,由第二届中国国际茶博会组委会推选出的"中国茶事样板十佳"揭晓,"中国·贵州国际茶文化节暨茶产业博览会"入围十佳,并摘得该项评比活动的桂冠。自2009年起,贵州省人民政府坚持一年一度举办"中国·贵州国际茶文化节暨茶产业博览会",迄今已成功举办九届,已成为中国最有影响力的茶行业盛会之一。

8月6日,中共贵州省委、贵州省人民政府印发《中共贵州省委、贵州省人民政府关于加快建设茶产业强省的意见》(黔党发〔2018〕22号)文件,力争到2020年全省优质茶园面积稳定在700万亩,茶叶产量达到50万吨,茶产业综合产值达到1000亿元。重点发展"贵州绿茶""遵义红""贵州抹茶""贵州黑茶"等四个茶叶公共品牌。

9月16日,中日韩文化交流论坛第十四次会议在贵州省贵阳市孔学堂举办。此次论坛主题是"挖掘茶文化潜力,构建人类命运共同体",由中国人民对外友好协会、中日友好协会、中韩友好协会共同主办,贵州省外事办公室承办,贵州省茶文化研究会、贵阳孔学堂文化传播中心协办。中国、日本。韩国各界人士出席活动。

9月19日,由黔南州人民政府、贵州省农业委员会、中国国际茶文化研究会、中国茶叶流通协会主办的"2018都匀毛尖(国际)茶人会"在都匀市开幕。本次茶人会以"荟茶、汇人、惠天下"为主题,会议期间举办了国际茶文化高端论坛、贵州绿茶万人冲泡大赛、"黔茶出山"助推脱贫攻坚电子商务产销洽谈会等活动。都匀毛尖(国际)茶人会此前已于2016年、2017年成功举办两届。近年来,黔南州先后颁布了《促进茶产业发展条例实施方案》《发展茶产业助推脱贫攻坚三年行动方案》《茶产业发展指导方案》等一系列促进茶产业发展的扶持政策。

10月18日,以"复兴抹茶产业·重塑抹茶文化"为主题的2018首届贵州梵净山国际抹茶文化节在铜仁市江口县开幕。来自国内外茶行组织、科研机构负责人以及省直有关部门负责人等出席开幕式,并围绕贵州茶产业与茶文化的发展和建设"抹茶之都"进行交流与讨论。开幕式上,贵州省质量技术监督局正式发布《贵州抹茶》省级地方标准,该标准将于2019年1月1日正式实施。

10月20日,浙江安吉黄杜村帮扶的第一批"白叶一号"安吉白茶苗分别到达普安县和沿河自治县。2018年4月,浙江安吉黄杜村20名农民党员给习近平总书记写信,提出愿意捐赠1500万株茶苗帮助贫困地区群众脱贫。习近平总书记做出重要指示,肯定他们的做法,并一直关注着茶苗捐赠种植和受捐地产业扶贫情况。为贯彻落实习近平总书记重要指示精神,国务院扶贫办会同有关方面确定湖南省古丈县、四川省青川县、贵州省普安县和沿河县3省4县的34个建档立卡贫困村作为受捐对象。

10月22—24日,贵阳喀斯特公园文化商业街贵阳市茶文化研究发展基地举办贵州省职业技能大赛——"正山堂普安红杯""多彩贵州·黔茶飘香"茶艺职业技能大赛总决赛。此次大赛由贵州省农业委员会、贵州省人力资源和社会保障厅、贵阳市人民政府主办。大赛严格按照国家级一类赛事实施,设置有茶艺职业技能个人赛、团体赛、"贵州冲泡"竞赛,分别设金奖1名、银奖2名、铜奖3名、优秀奖若干名。贵州省人力资源和社会保障厅将按规定对参加个人赛的获奖选手实施茶艺师资格晋级奖励,并对个人赛获得前三名的授予"贵州省技术能手"称号。作为本次大赛总冠名企业,正山堂·普安红公司现场礼聘获得近三届大赛金、银、铜奖的优秀茶艺师为品牌宣传使者。

10月23日,在"红动中国"新时代优质红茶发展峰会上,中国红茶联盟在"世界茶源地"普安宣告成立,并发布了引领中国红茶发展方向的《中国红茶联盟普安宣言》。

10月24日,以"提质增效·创新发展"为主题的"2018贵州茶业科技年会"在贵阳市孔学堂召开。本次科技年会由贵州省茶叶学会、贵州省农业科学院茶叶研究所、贵州大学茶学院主办,来自全省各地行业主管部门、科研院校、茶叶社团、茶企代表等200余人参会。

11月2日,在湖南长沙国际会展中心举办的第十六届中国国际农产品交易会上,作为全国茶叶类唯一省级地理标志产品的"贵州绿茶"获得农业农村部中国绿色食品发展中心授予的"国家级农产品地理标志示范样板"称号。

11月15日,"第十四届中国茶业经济年会"在福建武夷山隆重开幕。活动现场揭晓了2018年中国茶业百强县榜单,贵州9地入榜:湄潭县、凤冈县、都匀市、黎平县、安顺市西秀区、余庆县、丹寨县、普安县、金沙县。

11月25日,"2018年贵州省秋季斗茶颁奖仪式"在贵阳孔学堂举行。本次斗茶赛历时2个月,在北京、上海等省外8个城市以及省内9个市(州)共设立了20个分赛场,统一使用高水温、多投茶、快出汤、茶水分离、不洗茶的贵州冲泡方式进行评茶。贵定县凤凰茶业有限公司选送的贵世岩牌都匀毛尖获得绿茶类金奖茶王;贵州琦福苑茶业有限公司选送的遵义红牌红茶获得红茶类金奖茶王;镇宁自治县江龙浪风关白沙茶业有限公司选送的浪风关古树茶获得古树茶类金奖茶王。

12月29日,第七届贵州茶业经济年会在贵州饭店国际会议中心召开。本届年会以"乡村振兴战略下贵州茶产业的机会与责任"为主题,由贵州省绿茶品牌发展促进会、贵州省茶文化研究会共同主办,普安县人民政府联办。省领导及全省43个茶叶主产县茶叶主管部门,省内的茶行业的专家,学者,企业、经销商、采购商等各界人士500余人出席。年会发布了2018贵州茶行业十大新闻;举办了"2018年度贵州茶行业十大新锐茶人""2018年度贵州茶行业最具竞争力企业""2018年度消费者最喜爱的贵州茶叶品牌"等系列评选活动。

12月31日,据《贵州年鉴》,到2018年年底,贵州省茶园面积700万亩,其中投产茶园面积561万亩,产量36.2万吨,总产值394亿元。茶产业带动全省贫困户人口45.2万人,脱贫人数13.7万人。贵州省注册茶叶加工企业及合作社4990家,其中,国家级龙头企业7家,省级龙头企业228家,通过SC认证企业672家,通过ISO9001、HACCP质量管理体系认证企业164家,获对外贸易经营资格106家。

2019年

1月27日,在贵州省第十三届人民代表大会第二次会议上,贵州省提出2019年将加大茶园改造力度,着力建设全国优质茶园基地。

1月31日,海关总署官网发布《出口茶叶备案种植场名单(2019年1月25日)》,共包括865家出口茶叶备案种植场,其中贵州入选的有32家。

2月13日,贵州省农村产业革命茶产业发展领导小组第一次会议,安排部署2019年全省茶产业推进工作。

3月15日,2019年都匀毛尖(国际)茶人会之第四届"都匀毛尖·平塘甲茶——

"贵州春茶第一壶"系列活动在平塘县开幕,活动主题为"观中国天眼·品平塘甲茶",举办了"春茶第一壶"贵州春茶展销活动周、"天眼视界·平塘境界"摄影大赛作品展、"茶者仁心"获奖春茶拍卖扶贫活动暨主题赛事颁奖典礼、"观天眼·探天坑·阅天书"平塘之旅等系列活动。自2016年起,每年举办一届"都匀毛尖·平塘甲茶——贵州春茶第一壶"系列活动,已举办三届。

3月20日,第十一届中国·贵州国际茶文化节(茶产业博览会)宣传推介暨"我有贵州半亩茶"网络名人公益活动在"中国茶叶第一街"——北京市西城区马连道茶文化创意街区举行。活动邀请12位嘉宾,以主题海报和微视频等方式,参与"我有贵州半亩茶"网络名人公益活动,为贵州茶代言。活动现场,贵州省领导为嘉宾颁发了"我有贵州半亩茶——贵州茶星大使"荣誉纪念牌。

3月26日,贵州省外事办公室主任率贵州省商务代表团在摩洛哥卡萨布兰卡市默罕默迪亚工业园区贵州茗之天下茶业有限公司驻摩洛哥办事处与摩洛哥中国友好交流协会(简称摩中友协)主席哈利勒等就黔、摩在地方政府、民间友好及茶产业等领域开展务实交流合作进行座谈。贵州省茗之天下茶业有限公司在摩洛哥签订了2100万美元的绿茶出口合同,这是近年来贵州茶叶出口的最大订单,总计4000吨。绿茶主要来自开阳、贞丰、松桃等地。

3月26日,"文明中华生态茶叶基地落户安顺暨中兴互联携手贵州安顺茶业集团打造万亩茶园计划"启动仪式在安顺市九龙山国家森林公园举行。文明中华生态茶叶基地是国家扶贫攻坚战略大政策及贵州省"黔货出山、消费扶贫"等精准扶贫战略政策实施基地。该茶叶基地从2019年起开始建设,预计3～5年时间,以九龙山森林公园为核心范围,分阶段完成万亩茶园的建设。

4月4日,贵州贵茶有限公司第一批红茶经由贵阳龙洞堡机场报关,顺利出口空运至日本,实现了贵州红茶出口日本零的突破。此次红宝石高原红茶出口日本,是贵茶集团与日本泉盛集团强强联合的重要成果。

4月7日,由贵州省农村产业革命茶产业发展领导小组办公室主办,多彩贵州网、惠水县人民政府和黔南州农业农村局承办的"2019年全省春季双手采茶比赛"在惠水县落幕。比赛主要目的是通过宣传推广双手采收技术,提高贵州茶下树率,增加茶农和茶企收益。

4月15日，由中国茶叶流通协会等单位主办，遵义市人民政府、贵州省农业农村厅、贵州省人力资源和社会保障厅、中国茶叶流通协会名茶专业委员会等单位共同承办的"2019年全国茶叶（绿茶）加工技能竞赛暨'遵义红'杯全国手工绿茶制作技能大赛"在湄潭县举办。18个省（自治区、直辖市）及贵州省的120支代表队283名选手参加比赛，是该项赛事参加人数最多的一次。

4月18—20日，中央电视台第10套科教频道推出三集纪录片《黔茶》，是贵州省首次关于茶的大型纪录片在央视播出。《黔茶》由贵州省农村产业革命茶产业发展领导小组、中共贵州省委宣传部出品，中央电视台科教频道、贵州省广播电视局、贵州广播电视台联合制作。

4月19日，"第十一届中国·贵州国际茶文化节暨茶产业博览会"在湄潭县贵州茶博会展中心主会场开幕。本届大会以"黔茶出山·风行天下"为主题，陆续开展"春来喜看贵茶绿"系列主题宣传活动启动仪式、第四届国际茶叶采购商大会暨"黔茶出山·风行天下"高端峰会、2019年"穿越茶海"马拉松赛等多项活动。会议为2019年全国茶叶（绿茶）加工职业技能竞赛暨"遵义红"杯全国手工绿茶制作技能大赛特等奖获得者颁奖、向制茶大师颁发了聘书。

4月19日，第四届国际茶叶采购商大会暨黔茶出山·风行天下高端峰会湄潭县举行。活动现场举行了第四届国际茶叶采购商签约仪式，28个项目进行现场签约，签约总金额达59.8亿元。

4月20日，第十一届中国·贵州国际茶文化节暨茶产业博览会在湄潭县落下帷幕。由遵义供销电子商务有限公司承办的"网上茶博会"充分发挥"互联网+"的优势，分别通过微信朋友圈、淘宝、京东、苏宁易购、百度和地方新媒体等对茶博会进行有计划的阶段性推广，线上展区共有1486家企业参展，一个月总销售额突破5000万元。

4月28日，上海黔茶中心在上海帝芙特国际茶文化广场开业。中共贵州省委宣传部、贵州省人民政府办公厅、贵州省农业农村厅、贵州省人民政府驻上海办事处、遵义市人民政府、各市（州）驻沪办有关负责人、茶叶经销商、茶界人士、部分曾在贵州下乡上海老知青，以及新闻媒体记有等300余人出席了本次活动。上海黔茶中心是加强沪黔两地经贸合作、扶贫帮困的合作交流项目之一，是贵州茶在上海集中销售的重要平台和载体,主推"三绿一红"等贵州优质名茶。

5月7日,中央电视台发现之旅频道《美丽家园》首播贵州少数民族茶俗茶文化宣传纪录片《贵州民族民间茶文化探寻》,时长30分钟。该纪录片由贵州省茶叶协会、中国国际茶文化研究会民族民间茶文化研究中心联合中央电视台发现之旅频道《美丽家园》栏目摄制组,深入到都匀、贵定等苗、布依等少数民族聚居地拍摄制作完成。

5月9日,2019年"5·10中国品牌日"系列活动在上海举行。"贵州绿茶"位列区域品牌(地理标志产品)第25位。据了解,2019年参与评价的品牌数量达1293家,本次发布品牌数量为598个,发布的总品牌价值达74185亿元。"贵州绿茶"于2017年1月年获得国家农产品地理标志登记保护,是全国首个省级茶叶类农产品地理标志产品,到2018年年底,共有320家企业申请使用"贵州绿茶"地理标志,203家企业获得授权使用"贵州绿茶"地理标志。

5月23日,为提升毕节市区域公用品牌"奢香茶"品牌知名度,由毕节市政协、贵州省茶叶协会主办的毕节市2019年"奢香茶"春季斗茶活动在毕节市政协举行。

5月28日,由贵州省总工会、贵州省人力资源和社会保障厅、贵州省供销社联合主办的"贵州省第八届手工制茶技能大赛"在雷山县举办,来自全省的13支代表队127名选手参赛,共设手工扁形绿茶、手工卷曲形绿茶、手工红条茶、手工青茶(乌龙茶)加工等项目。比赛结束后,获得各项目第一名的选手将按程序申报"贵州省五一劳动奖章"称号,获各项目前三名的选手授予"贵州省技术能手"称号,优秀选手按程序申报晋升评茶员职业资格并颁发相应证书。

6月27日,由贵阳市南明区人民政府组织的2019黔茶文化季暨第十三届南明"黔茶飘香·品茗健康"茶文化系列活动在南明区花果园艺术中心启幕。活动历时4天,重点推出探寻茶之起源——中国古茶树群高峰论坛、"黔茶飘香·品茗健康"品茗活动、"贵州绿茶杯"斗茶大赛、"贵州古树茶"茶叶拍卖会、"茶为媒·百业富贵"主题茶会、"我最喜爱的茶空间"评选活动、贵州省第七届全民冲泡大赛、第七届"茶乡风情"歌舞展演八大特色子活动。早在2007年,南明区就发起"黔茶飘香·品茗健康"茶文化系列活动,已连续举办13届。2013年,南明"黔茶飘香·品茗健康"茶文化系列活动在人民网第三届中国节庆创新论坛暨2012中国品牌节庆颁奖盛典上获得"最具地方特色物产品牌节庆"大奖;2015年,被纳入贵州省茶产业提升三年行动计划(2014—2016),成为贵阳市促进品茗业发展实施方案明确的主要品茗节庆会展活动。

6月27日,贵州古茶树系统申报"全球重要农业文化遗产"举行启动仪式。为保护贵州古茶树珍贵稀缺的生物资源,在贵州省农村产业革命茶产业发展领导小组、贵州省农业农村厅领导下组成"申遗工作小组",正式启动申报"全球重要农业文化遗产"项目。

9月6日,2019年贵州茶产业脱贫攻坚夏秋决战行动令暨贵州绿茶加工提升研讨会在安顺召开,来自全省的贵州绿茶用标企业代表等150人参加会议。

9月9日,2019年贵州省茶叶协会年会在贵州经贸职业技术学院贵阳校区举行。会上报告了由协会组织编撰的《中国茶全书·贵州卷》情况,该书是贵州省首次编撰茶全书。年会同时举行了《贵州民族民间茶文化探寻》一书的首发式,该书由贵州省茶叶协会组织人员编写,历时十余载完成。

9月17日,"2019都匀毛尖(国际)茶人会暨黔南州第十三届旅游产业发展大会"都匀市开幕。400多位国内外茶界专家、学者、行业精英参会。黔南州以生态办节会、节俭办节会、高效办节会为原则,将黔南州第十三届旅游产业发展大会、2019都匀毛尖(国际)茶人会、第九届都匀国际摄影博览会"三会"合一举办。会议期间,还举办了茶品集市,都匀毛尖茶旅示范基地参观考察,"都匀毛尖"杯双手采茶比赛、斗茶大赛、冲泡大赛系列活动。当日下午,茶人会主体活动之一的中国茶文化高端论坛举行。

10月10日,以"让天下人喝干净茶"为主题的"贵茶第五届茶产业联盟大会"在江口县举行。本届大会持续推动贵州干净茶走向世界,高质量发展。截至2018年7月24日,农业农村部连续5年对贵州省茶叶质量安全例行监测结果全部合格,合格率达100%,干净茶已成为贵州茶的代名词。

10月17日,英国太古集团旗下全资附属公司詹姆斯芬利公司总投资1.2亿元,年产能2万吨的精制茶加工厂在思南县正式开业投产,这是太古集团在中国国内的首个精制茶加工厂。詹姆斯芬利公司创立于1750年,是全球饮料业供应茶、咖啡及天然成分的主要国际供应商。

10月18日,"2019梵净山抹茶大会"在江口县举行。来自国内外的政府官员、企业代表、专家学者300余人参会。大会期间举行了茶产业考察及产销对接洽谈活动、抹茶采购商大会暨招商签约仪式、抹茶产业发展高端对话、中国茶饮咖啡专业委员会等活动。在抹茶采购商大会暨招商签约仪式上,铜仁市部分县区与有关企业签订了9个茶产业合作项目,签约资金约3.6亿元。2018年,铜仁市被中国茶叶流通协会、中国国际茶文化研究会分别授予"中国抹茶之都""中国国际茶文化研究会铜仁抹茶文化研究中心"和"中国高品质抹茶基地"等称号。2019年,铜仁已建成抹茶原料基地10.29万亩,实现抹茶产量1600吨,抹茶产值达3.2亿元,已向美国、德国、法国等12个国家出口抹茶产品。

10月22日,"第十五届中国茶业经济年会"在广东省英德市召开。会上中国茶业流通协会发布了九个奖项评选结果。贵州入选"2019中国茶业百强县名单"的有湄潭县、凤冈县、都匀市、黎平县、安顺市西秀区、金沙县、普安县、丹寨县、余庆县九个县(市);入选"2019中国茶业百强企业名单"的有贵州湄潭兰馨茶业有限公司和贵州阳春白雪茶业有限公司两家公司。入选"2019中国茶旅融合十强示范县"的有湄潭县。入选"2019中国茶业最受消费者认可品牌"的有遵义茶业(集团)有限公司。入选"2019中国最佳市场运行品牌"的有贵州阳春白雪茶业有限公司。

10月29日,2019年中国技能大赛——"武夷山大红袍杯"第四届全国茶艺职业技能竞赛总决赛开赛。贵州代表团选手在个人、团体、茶席设计三大项目上获3银4铜,是全国27个省区参赛代表队中获奖项目最多的省份。

11月1日,《人民日报》刊载《贵州黔南:真山真水里淘真金》一文,特别报道国家级非物质文化遗产都匀毛尖茶制作技艺传承人张子全成立都匀市摆忙十里茶香茶叶专业合作社,有38家农户加入,茶园基地380亩,年收入超过300万元。黔南州在"来一场振兴农村经济的深刻的产业革命"引领下,依托独具特色的茶产业,将传统毛尖茶制作技艺与品茶、茶园观光相结合,茶旅融合,引来更多外地游客。

11月29日,以"绿色·标准·传承·创新"为主题的"2019年贵州省秋季斗茶赛颁奖仪式"在贵阳举行。斗茶赛自10月8日启动,9个市(州)选送了42个茶叶县的126只茶样,评选出古树茶类、红茶类、绿茶类金奖、银奖、铜奖和优质奖共35个。贵州黔茶联盟茶业发展有限公司选送的皇金苔古树红茶、凤冈县贵州黔知交茶业有限公司金牡丹红茶、毕节花海风景园林工程有限公司九洞天绿茶成为本届斗茶赛"茶王"。自2015年始，贵州连续5年举办了6次斗茶赛，斗出了19个"茶王"，已成为全省茶叶加工、标准、品质、安全比拼的平台。

12月13日，由贵州省委宣传部、贵州省农村产业革命茶产业发展领导小组共同主办的"黔茶出山·风行天下"2019贵州（黔东南）茶产业推介会在山东省济宁市举行。推介会上，黔东南州组织了16家企业开展茶产业推介活动。近年来，黔东南州茶产业发展迅速，已成为全州农村经济发展和脱贫攻坚的重点产业。

12月19日，2019年贵州省茶产业新闻发布会将在贵阳举行，会议指出：2019年以来，全省茶产业发展认真践行"八要素""五步工作法"，坚持抓具体、抓深入，谋划提出"守正创新、正本清源、确立地位"的战略思路和工作举措，统筹推进，全省茶产业高质量发展。

12月20日，"第八届贵州茶业经济年会暨'干净黔茶·全球共享'主题论坛"在贵阳贵州饭店国际会议中心举行。会议邀请英国太古集团、联合利华等国内外知名茶企代表、茶商、采购商等600余人出席。会议进行了"干净黔茶·全球共享"诚信经营倡议书宣读及宣誓活动，对2019年"干净黔茶·全球共享"最具竞争力企业、诚信经销商、优秀茶商进行颁奖，并颁发了外商投资突出贡献奖。会议评选出了2019年贵州茶行业十大新闻。

12月31日，根据《贵州茶产业发展报告（2019）》，到2019年年底，贵州省茶园面积700万亩，其中投产面积601.7万亩，已连续七年居全国第一。茶叶产量40.1万吨，产值451.2亿元，同比分别增10.7%、14.5%。茶产业辐射带动356.1万人，带动贫困户34.81万人，脱贫17.46万人，涉茶人员年人均收入10699.08元，其中涉茶贫困户人均年收入5722.79元。